教育部哲学社会科学系列发展报告

MOE Serial Reports on Development in Humanities and Social Sciences

中东地区发展报告

Reports on Middle East Development

（2016—2017）

刘中民　孙德刚 / 主编

世界知识出版社

本书由上海外国语大学中东研究所组织编写

目 录

摘　要 .... / 5

第一部分　中东地区形势与中国中东外交

中东形势的总体评估 .... 刘中民 / 3
西亚地区形势 .... 包澄章 / 9
北非地区形势 .... 赵　军 / 26
中国的中东外交 .... 刘胜湘　柯炎廷 / 39

第二部分　中东主要国家发展报告

沙特阿拉伯的政治、经济与对外关系 .... 丁　俊 / 51
海湾五国的政治、经济与对外关系 .... 余　泳 / 64
埃及的政治、经济与对外关系 .... 李　意 / 78
伊朗的政治、经济与对外关系 .... 张立明 / 88
土耳其的政治、经济与对外关系 .... 邹志强 / 101
以色列的政治、经济与对外关系 .... 钮　松　张　璇 / 112
阿尔及利亚的政治、经济与对外关系 .... 舒　梦 / 126
苏丹的政治、经济与对外关系 .... 闵　捷 / 141

第三部分 特稿：大使看中东

对塞西执政以来埃及内政与外交的评估与前瞻……………………杨福昌 / 155
中国：中东地区治理的积极参与者……………………………………李成文 / 166

第四部分 中东极端主义与恐怖主义

"伊斯兰国"的极端主义意识形态………………………刘中民　俞海杰 / 171
圣战萨拉菲主义运动的领导权危机………［美］哈伊姆·马尔卡　刘中民译 / 191
叙利亚内战中的外籍武装人员研究……………………………………汪　波 / 208
伊斯兰马格里布基地组织产生的背景、特点及影响……王　涛　曹峰毓 / 224
也门极端组织的发展及其影响…………………………刘中民　任　华 / 246

第五部分 中国参与中东地区治理

中国参与伊朗核问题治理………………………………孙德刚　张玉友 / 265
中国参与中东地区的毒品治理…………………………………………余　泳 / 283
中国参与中东地区难民问题治理………………………………………邢新宇 / 296
中国与伊斯兰大国的全球经济治理合作………………………………邹志强 / 310
中国参与中东地区的卫生治理…………………………………………文少彪 / 324

Abstract ………………………………………………………………………344
Contents ……………………………………………………………………346

Table of Contents

Part 1: Middle East Regional Situation and China's Middle East Diplomacy

General Evaluation on the Middle East Situation (LIU Zhongmin) 3

Situation in West Asia (BAO Chengzhang) 9

Situation in North Africa (ZHAO Jun) 26

China's Middle East Diplomacy (LIU Shengxiang, KE Yanting) 39

Part 2: Reports on Major Countries in the Middle East

Politics, Economy and Foreign Relations of Saudi Arabia (DING Jun) 51

Politics, Economy and Foreign Relations of Five Gulf Arab Countries (YU Yong) 64

Politics, Economy and Foreign Relations of Egypt (LI Yi) 78

Politics, Economy and Foreign Relations of Iran (ZHANG Liming) 88

Politics, Economy and Foreign Relations of Turkey (ZOU Zhiqiang) 101

Politics, Economy and Foreign Relations of Israel (NIU Song, ZHANG Xuan) 112

Politics, Economy and Foreign Relations of Algeria (SHU Meng) 126

Politics, Economy and Foreign Relations of Sudan (MIN Jie) 141

Part 3: Special Reports on Middle East from Ambassadors

Evaluation and Preview of Egyptian Internal and External Affairs during the Sisi Administration (YANG Fuchang) 155

China — Active Participant in Middle East Regional Governance (LI Chengwen) 166

Part 4: Middle East Extremism and Terrorism

Extremist Ideologies of the "Islamic State" (LIU Zhongmin, YU Haijie) 171

Jihadi-Salafi Rebellion and its Crisis of Authority (Haim Malka) 191

Studies on Armed Personnel with Foreign Nationalities in Syrian Civil War
(WANG Bo) 208

An Analysis of the Background, Characteristics and Influences of AQIM
(WANG Tao, CAO Fengyu) 224

The Evolution, Causes and Impact of Extremist Organizations in Yemen
(LIU Zhongmin, REN Hua) 246

Part 5: China's Participation in Middle East Regional Governance

China's Participation in Governance of the Iranian Nuclear Issue (SUN Degang,
ZHANG Yuyou) 265

China's Participation in Governance on Drug Control of the Middle East
(YU Yong) 283

China's Participation in the Middle East Refugee Governance (XING Xinyu) 296

Global Economic Governance Cooperation between China and Islamic Powers
(ZOU Zhiqiang) 310

China's Participation in Public Health Governance of the Middle East
(WEN Shaobiao) 324

Abstract 344
Contents 346

摘　要

《中东地区发展报告（2016—2017）》力图既形成对中东地区和主要国家年度形势发展、中国中东外交的分析与评估，又聚焦中东研究的重点议题和领域，深化对中东形势和中国中东外交的研究。

本报告通过分析形成了对2016年度中东地区形势和中国中东外交的基本评估。2016年的中东形势继续延续了中东变局以来转型与动荡相互交织的基本特征。一方面，中东地区动荡在继续加深、扩散和外溢，并突出表现为沙特与伊朗断交危机、美俄大国博弈加深、土耳其未遂政变、"伊斯兰国"在欧洲和中东发动多起大规模恐怖袭击、打击"伊斯兰国"的反恐斗争艰难、政治解决叙利亚问题陷入僵持、库尔德问题升温、油价持续低迷、中东国家转型艰难等危机事态。另一方面，经历长期动荡的中东也出现了乱中求治的一线生机，从地区层面看，尽管域内外大国的博弈在不断加深，但政治解决叙利亚危机等地区热点问题、共同应对恐怖主义和难民危机、加强打击"伊斯兰国"国际合作的共识有所增强。2016年的中国中东外交取得了重要成就。《中国对阿拉伯国家政策文件》的发布，习近平主席成功访问沙特、埃及、伊朗三个中东地区大国，第七届"中阿合作论坛"部长级会议顺利召开，中国与中东国家共建"一带一路"，都极大地推动了中国与中东国家关系的发展。

本报告对中东主要国家的年度形势进行了研判。在总体上，中东国家主要包括三种类型：一是以埃及为代表的由乱而治的国家，其总体情况是其形势虽有所好转，但前景仍难容乐观，它们在很大程度上只是初步完成了维持国家稳定的任务，还远未找到适合自身发展的道路；二是以叙利亚、也门、利比亚和伊拉克为代表的持续动荡国家，目前尚处于严重动荡之中，国家重建严重受阻；三是面临转型压力的大部分其他中东国家，均在通过政治经济改革解决长期存在的各种问题，增强国家治理能力。前两种类型的国家在2016年仍处于转型与动荡相互交织的胶着状态，并无新的突破；面临转型压力的国家则有两点值得注意的现象，即海湾阿拉伯国家正在积极推动国家经济发展的转型，而土耳其未遂政变的发生则暴露了其面临的深刻压力。但从整个地区层面来看，人心思定、避乱求治、寻求发展正在成为地区国家和人民的共同诉求。

专题报告"中东极端主义与恐怖主义"围绕"伊斯兰国"的极端主义意识形态、"基地"组织和"伊斯兰国"的意识形态和领导权斗争、叙利亚内战中的外籍武装人员、伊斯兰马格里布基地组织的发展、也门极端组织的发展及其影响等专题进行了研究，力图深化对极端主义和恐怖主义意识形态、组织结构、分支机构、地区影响的全面认识。

专题报告"中国参与中东地区治理"，通过研究中国参与中东核问题（伊核）治理、经济治理、毒品治理、难民问题治理、卫生治理的理念与实践，揭示了中国在中东地区经济治理、安全治理、社会治理等领域发挥的重要建设性作用。

关键词：中东；西亚；北非；中东政治；中东经济；中东安全；地区治理；中国外交

第一部分
中东地区形势与中国中东外交

中东形势的总体评估

刘中民[①]

摘要： 2016年的中东形势继续延续了中东变局以来转型与动荡相互交织的基本特征。一方面，中东地区动荡在继续加深、扩散和外溢，并突出表现为沙特与伊朗断交危机、美俄大国博弈加深、土耳其未遂政变、"伊斯兰国"在欧洲和中东发动多起大规模恐怖袭击、打击"伊斯兰国"的反恐斗争艰难、政治解决叙利亚问题陷入僵持、库尔德问题升温、油价持续低迷、中东国家转型艰难等危机事态。另一方面，经历长期动荡的中东也出现了乱中求治的一线生机，从地区层面看，尽管域内外大国的博弈在不断加深，但政治解决叙利亚危机等地区热点问题、共同应对恐怖主义和难民危机、加强打击"伊斯兰国"国际合作的共识有所增强；从国家层面看，中东国家的转型进程仍然十分艰难，但人心思定、避乱求治、寻求发展正在成为地区国家和人民的共同诉求。

关键词： 中东；大国博弈；地区格局；发展转型

一、美俄大国博弈加深，但美国中东政策难有大的改变

在全球战略层面，2016年中东动荡持续加深的根本原因在于美国和俄罗斯中东战略的调整以及二者之间的复杂博弈，但二者的关系仍处于有限对抗、竞争与合作并存的状态，并没有走向大规模的全面对抗。

总体收缩和可控型领导构成了美国中东战略的基本特征，这是美国放松叙利亚政策、缓和与伊朗关系、对打击"伊斯兰国"投入有限的根本原因；而俄罗斯则在美相对退缩的同时，以军事打击"伊斯兰国"助力叙利亚巴沙尔政权，加大对伊朗、埃及等地区大国战略投入等方式加大对中东事务的介入，同时以

---

① 刘中民，上海外国语大学中东研究所教授。

中东作为突破乌克兰危机以来战略困境的主攻方向。"美退俄进"的战略态势以及双方围绕叙利亚危机、打击"伊斯兰国"、争夺地区力量的矛盾都使地区热点问题和地区力量的分化组合更趋复杂化，使中东问题成为梅德韦杰夫所谓"新冷战"的重要组成部分。但同时也要看到，俄罗斯对中东战略投入的增加仍是一种基于局部利益的有限性投入，俄罗斯尚不具备与美国和西方全面争夺中东的实力与意愿。因此，美俄中东博弈具有有限性和可控性的特点，双方在叙利亚问题、打击"伊斯兰国"问题上仍存在合作和利益交换空间，双方的关系并未走向全面的大规模对抗。从未来的发展趋势看，俄美将围绕叙问题政治解决、打击"伊斯兰国"、积极争取地区大国等问题展开争夺，但双方也会围绕地区热点问题进行有限的合作。

特朗普上台后美国的中东政策引人关注，但目前尚很难总结出其中东政策的完整框架，很重要的原因在于其具体中东政策主张彼此之间相互冲突，缺乏内在的逻辑性。但是，可以肯定的是，特朗普的特立独行并无法摆脱中东形势以及美国国内政治的制约。

首先，在反恐政策和叙利亚政策上，特朗普一直强调消灭"伊斯兰国"的优先性，并暗示可能与叙利亚巴沙尔政权以及俄罗斯就打击"伊斯兰国"进行合作，其根本原因还是出于不愿因反恐问题卷入另一场战争的考虑。特朗普同时强调要减少美国对中东盟友尤其是海湾阿拉伯国家的安全义务，这显然不利于美国与中东盟友的反恐合作。另外，特朗普不断强调严厉的移民政策和难民政策，这表明强化本土安全仍将是美国反恐政策的重点，但其粗暴的反穆斯林主张将招致阿拉伯伊斯兰国家以及美国穆斯林的强烈反对，很可能在执政后会有所校正，但其在阿拉伯伊斯兰世界引起的负面影响难以在短期内消除。

其次，在伊朗问题上，特朗普对作为奥巴马政府外交遗产的核协议大放厥词，甚至扬言取消伊核协议、加大对伊朗的制裁，这在很大程度上出于否定民主党伊朗政策的需要，但美国自身难以动摇伊核协议的国际合法性。比较可能的情况是美伊关系会有所恶化，美国也可能加强单方面的制裁，但不会动摇伊核协议。此外，特朗普强调减少对沙特等盟友的支持，建立相对平衡的中东地区结构，这在某种程度上也决定了美国不会与伊朗再度走向全面对抗，因为中东地区权力平衡结构的关键在于伊朗和沙特两强的平衡。如美国奉行强势打压伊朗的政策，中东地区权力平衡就无从谈起。

最后，在美国的盟友政策上，特朗普尽管一味批评奥巴马的中东政策，但其盟友政策很可能就是奥巴马盟友政策的加强版。奥巴马为减轻在中东的战略负担，不断要求地区盟友在反恐和地区热点问题上承担更多责任和义务，沙特等盟友与美国的关系在奥巴马执政时期就已经呈现出龃龉不断的问题。因此，特朗普的中东盟友政策也很难有大的改变，将继续执行战略减负和责任承包的政策，惟一有所不同的是美国与以色列的盟友关系有升温的可能，而美国与土耳其等盟友关系有可能会进一步倒退。

二、地区格局持续失衡，但任何地区大国都难称雄

从中东地区格局层面看，当前中东乱局的根源在于中东剧变、美国中东战略调整、"伊斯兰国"异军突起等因素导致地区格局重建困难重重，始终难以形成相对稳定的力量平衡结构。在2016年，中东地区格局的失衡进一步加剧，突出表现为土耳其、沙特两强的战略环境持续恶化，其大国雄心更因内外交困而连续受挫。

首先，以沙特与伊朗为核心的两大阵营的地缘政治和民族、教派对抗日趋固化，但双方的对抗更多为代理人竞争，并未走向全面的直接对抗。过去几年来，沙特与伊朗围绕巴林、叙利亚、伊拉克和也门展开了持续的代理人竞争。2016年伊始，沙特与伊朗断交危机导致双方的对抗公开化、阵营化，双方的矛盾并非简单的教派矛盾，而是争夺地区主导权的地缘政治矛盾、阿拉伯民族与波斯民族矛盾、逊尼派与什叶派矛盾三大矛盾的叠加。双方对抗的态势呈现龃龉不断但又不会走向战争的"新常态"，中东国家日渐分化成沙特阵营、伊朗阵营和中间阵营。解除制裁后的伊朗崛起的势头日趋明显，但仍难在短期内走出长期遭受制裁的困境；沙特虽然大国地位仍在，但因伊朗崛起、低油价冲击、外交困境、沙美盟友关系倒退而陷入了严重战略焦虑。

其次，土耳其基于谋求大国地位、争夺地区主导权、国内库尔德问题等多重目标四面出击，但其大国雄心在2016年严重受挫。近年来，土耳其在巴以问题上与以色列交恶，在叙利亚问题上与伊朗角力，在穆斯林兄弟会问题上与埃及塞西政权斗法，在库尔德问题上与伊拉克、叙利亚发生冲突，在叙利亚问题和打击"伊斯兰国"问题上与俄罗斯博弈，甚至在争夺逊尼派主导权和伊斯兰世界主导权问题上与沙特存在竞争，并多发挥负面作用。在2016年，土耳其深受未遂政变、库尔德问题、恐怖袭击频发等问题的冲击，伴随"阿拉伯之春"初期的风光不再，土耳其外交已经趋向谨慎和内敛。

最后，传统地区大国权势异位，其力量重组远未到位，埃及和以色列的地位虽不容小觑，但均难有大的作为。从埃及、沙特、伊朗、土耳其、以色列五大地区支点国家的力量对比态势看，除上述伊朗、沙特、土耳其三强外，埃

及因国内动荡和经济不振地位大降,但塞西政权正在谋求重振埃及地区大国地位,成为地区大国的基础依在。以色列安全环境大幅改善,经济和科技实力雄厚,使其成为中东地区大国中的另类稳定国家,但除在巴以问题上采取更加顽固保守的政策外,以色列根本不具备主导地区事务的条件和能力。

总之,在当前的地区格局中,各主要大国的不利地位进一步凸显,各方均难以主导地区事务,其积极影响是各大国的对外战略将趋于谨慎理性,并有利于地区热点问题的政治解决;其消极影响是地区格局继续失衡将导致地区失序加剧,并严重影响地区安全和稳定。

三、中东国家转型艰难,但寻求发展和稳定成大势所趋

在总体上,中东国家主要包括三种类型:一是以埃及和突尼斯为代表的由乱而治的国家,其总体情况是其形势虽有所好转,但前景仍难容乐观,它们在很大程度上只是初步完成了维持国家稳定的任务,还远未找到适合自身发展的道路;二是以叙利亚、也门、利比亚和伊拉克为代表的持续动荡国家,目前尚处于严重动荡之中,国家重建严重受阻;三是面临转型压力的大部分其他中东国家,这些国家均在通过政治经济改革解决长期存在的各种问题,增强国家治理能力。

上述三种类型的国家均面临沉重的转型压力,由乱而治的国家的重任在于探索发展道路和发展模式,严重动荡国家的关键任务在于早日实现稳定,而面临转型压力国家的重任在于通过改革缓解和释放矛盾,通过发展转型避免重蹈"阿拉伯之春"的覆辙。对于前两种类型的国家,2016年仍处于转型与动荡相互交织的胶着状态,并无新的突破;面临转型压力的国家则有两点值得注意的现象,即海湾阿拉伯国家正在积极推动国家经济发展的转型,而土耳其未遂政变的发生则暴露了其面临的深刻压力。但从整个地区层面来看,人心思定、避乱求治、寻求发展正在成为地区国家和人民的共同诉求。

首先,沙特代表的海湾合作委员会国家即传统的能源大国,在积极探索国家转型,力图通过实施中长期经济计划摆脱单一的经济结构。在2016年,沙特提出了"2030愿景"规划,阿联酋制定了"2021战略规划",卡塔尔也制定了"2030国家发展规划",试图摆脱对石油的依赖,实现经济的多元发展,但其前景仍有待观察。

其次,未遂政变的发生反映了土耳其存在的深层次矛盾和危机。在2016年,经济增长放缓、恐怖袭击频发、埃尔多安强推总统制、外交困境加深以及

未遂政变的发生，都表明土耳其正义与发展党执政以来的十余年繁荣稳定正在走向终结。当前，世俗与宗教、国家与社会、威权与民主、军队与政府、民族与宗教、国族与族裔的矛盾，构成了土耳其转型过程中面临的主要问题。土耳其的政治、经济与社会发展均进入了深刻调整与转型的时期，并有可能陷入经济衰退和政治动荡的双重困境。

最后，在经历中东变局以来的长期动荡后，发展和稳定成为中东地区国家和人民的共同诉求，尤其是阿拉伯国家避乱求治的愿望更加强烈。有民意调查显示，由于政局长期动荡、极端主义和恐怖主义泛滥、经济持续低迷，无论是阿拉伯民众还是知识精英，对所谓"阿拉伯之春"都已经丧失信心，并强烈渴望国家实现政治稳定和经济发展。例如，一项名为《阿拉伯舆情指数》的调查显示，对"阿拉伯之春"持积极态度的阿拉伯民众的比例已经从2013年的61%下降至2015年的34%。2016年的《阿拉伯青年调查》数据显示，53%的阿拉伯青年认为稳定比民主更重要，持相反态度的比例仅为28%。[①] 因此，民心思定、避乱求治、寻求发展，正在日益成为中东地区国家和人民的共同诉求，这或许是动荡中东的希望所在。

四、"伊斯兰国"遭到重创，但外溢和扩散风险不断扩大

进入2016年后，极端组织"伊斯兰国"攻城略地的扩张势头得到初步遏制；进入下半年后，"伊斯兰国"在叙利亚和伊拉克两线接连失去大片控制区域。在西线的叙利亚，"伊斯兰国"接连丢失从拉卡到代尔祖尔之间的大片土地，叙政府军和北方库尔德人武装从南、北两侧向拉卡推进，已形成合围之势，而年底叙政府军收复阿勒颇也对混迹其中的极端组织造成重创。在东线的伊拉克战场，在以美国为首的国际联盟支持下，伊拉克军队接连收复辛贾尔、费卢杰、拉马迪等军事城镇，并向"伊斯兰国"在伊拉克的最后堡垒摩苏尔发起进攻，并最终于2017年7月收复摩苏尔。

"伊斯兰国"在2016年失去大片控制区域，并已面临严重生存危机的原因在于国际反恐力量加大了打击"伊斯兰国"的力度，同时也加强了相关的反恐合作。2015年9月俄罗斯军事介入叙利亚，对"伊斯兰国"进行空袭，成为打击"伊斯兰国"斗争的重要转折点；2015年11月巴黎恐怖袭击后，促成了

---

① 包澄章：《阿拉伯世界对中东剧变的认知变化与反思》，载《阿拉伯世界研究》2016年第6期，第70页。

美、欧、俄打击"伊斯兰国"新联盟的形成，美欧与俄罗斯协调打击行动，进而对"伊斯兰国"构成了实质性压力。除控制区域大幅缩小外，由于其石油生产设施和运输工具遭到俄空袭，"伊斯兰国"的资金来源大幅减少。据外媒报道，2016年3月该组织石油贸易收入从2015的每月8000万美元降至5600万美元；美军对"伊斯兰国"的金库进行了系统性轰炸，至少炸毁8亿美元现金。资金锐减削弱了"伊斯兰国"的人员招募能力，美国五角大楼的报告显示，2016年一季度该组织招募外籍人员数量从2015年的每月1500至2000人减至200人。[①] 此外，美、俄等国还加大了对"伊斯兰国"领导层的打击力度，"伊斯兰国"多名核心领导人在2016年被炸身亡。因此，"伊斯兰国"的领土控制能力、资金来源、人员招募、核心领导层在2016年都遭到重创。

从2017年的发展趋势看，如美俄及地区国家继续合作，对"伊斯兰国"保持高压态势，"伊斯兰国"的生存危机将更趋严重，甚至不排除消灭作为物理实体的"伊斯兰国"，但其外溢和扩散可能给世界造成更严峻的威胁。首先，在意识形态上，"伊斯兰国"特别强调建立所谓"哈里发国家"，顽固坚持反对什叶派极端思想，强调打击"远敌"（西方）和"近敌"（世俗的阿拉伯政权及其支持者）并重的"进攻性圣战"，这种宗教极端主义对于极端分子具有巨大的蛊惑力。其次，在国际反恐联盟打压下，"伊斯兰国"采取内线阵地战与外线袭扰战并重的策略，导致巴黎恐怖袭击后全球恐怖主义进入新的活跃期。第三，"伊斯兰国"极端分子与难民问题相交织且不断外溢，已构成全球治理的难题，并在国家、地区及全球层面冲击不同文明的关系和族群关系，彰显了"伊斯兰国"外溢效应的持续扩大。最后，"伊斯兰国"分支机构、极端分子回流、"独狼"式极端主义分子将继续在世界各地尤其是欧洲和广大伊斯兰世界扩散，并频繁制造恐怖袭击。

---

① 陈航辉：《连吃败仗，"伊斯兰国"还能撑多久？》，http://blog.sina.com.cn/s/blog_78d5c6920102ws3z.html。

西亚地区形势

包澄章[①]

摘要： 在2016年，西亚地区安全脆弱、秩序失衡、转型艰难的特征进一步凸显。在政治层面，危机迭出、冲突加剧、大国博弈成为西亚地区政治形势的主要特征，突出体现在沙特和伊朗断交、叙利亚危机、地区反恐等热点问题上。在经济层面，受全球经济复苏乏力、国际油价持续低迷和地区冲突升级等因素影响，西亚国家经济发展的内外环境较上一年有所恶化。在此背景下，西亚国家尤其是海湾阿拉伯国家先后推出了旨在调结构、促发展的国家中长期发展战略。在安全层面，西亚地区呈现出动荡持续加深、恐怖主义势力内部分化加剧、恐袭数量持续增加、反恐行动艰难的发展态势。

关键词： 西亚地区；政治形势；经济形势；安全形势

在2016年，西亚地区安全脆弱、秩序失衡、转型艰难的特征进一步凸显。在地区危机和热点问题上，美国和俄罗斯的激烈博弈使地区力量进一步分化与重组。国际油价的持续低迷令西亚地区产油国经济复苏乏力、转型艰难，数个国家先后推出了旨在调结构、促发展的国家中长期发展战略。地区恐怖主义势力内部分化加剧，恐怖袭击仍保持高发态势，袭击手段日趋多元，小规模袭击频度上升。

一、西亚地区的政治形势

在政治层面，危机迭出、冲突加剧、大国博弈成为2016年西亚地区政治形势的主要特征，突出体现在沙特和伊朗断交事件、叙利亚危机、地区反恐等

---

① 包澄章，上海外国语大学中东研究所副研究员。

热点问题上。

(一) 沙伊断交危机

2016年1月2日，沙特以"犯有恐怖主义罪行"为由处决了47名囚犯，其中包括什叶派教士尼姆尔·尼姆尔，引发了以伊朗为代表的中东国家什叶派的大规模抗议。当晚，伊朗抗议者冲击沙特驻伊朗大使馆和驻马什哈德领事馆，打砸使馆门窗并纵火焚烧使馆建筑物。1月3日晚，伊朗最高领袖哈梅内伊表示将对沙特进行"神圣的报复"。随后不久，沙特宣布与伊朗断交，并责令伊朗外交人员48小时从沙特离境，沙伊两国关系急剧恶化。

此后，沙伊断交事件不断发酵，导致中东地区多个国家与伊朗断交或关系恶化。沙伊断交后的数日内，巴林、苏丹、索马里、科摩罗、吉布提相继宣布与伊朗断交，科威特和卡塔尔宣布召回驻伊朗大使，阿联酋宣布降低与伊朗的外交关系等级。阿曼未对伊朗采取外交行动，只对沙特使馆遇袭事件表示"极大遗憾"，反映了海合会成员国对伊朗的不同态度。

沙伊断交事件还引发了两国的各种报复性行为。在地区层面，该事件导致沙伊两国在也门和叙利亚的代理人战争进一步升级，沙特对也门萨那发动了数十次密集空袭。在国际层面，沙特"希拉勒"（Al Hilal）和"纳绥尔"（Al Nassr）足球俱乐部宣布拒绝前往伊朗参加2016年亚足联冠军联赛；伊朗足协主席也警告亚足联，除非将伊朗与沙特俱乐部的客场比赛改在中立国，否则将禁止伊朗俱乐部参赛。2016年朝觐前夕，沙特和伊朗大打口水仗，相互指责对方将朝觐政治化。伊朗要求沙特允许朝觐者在朝觐期间举行什叶派宗教仪式和进行示威抗议活动，但遭到沙特当局的拒绝。伊朗因此禁止其公民赴沙特参加朝觐，导致大批伊朗穆斯林聚集在伊拉克什叶派圣城卡尔巴拉进行替代性的朝觐活动。

有分析指出，尼姆尔被处决事件实际上是沙特对其一名军事指挥官在叙利亚战场遇害的报复行为。2015年12月25日，叙利亚反对派武装"伊斯兰军"的沙特籍军事指挥官扎赫兰·阿洛什（Zahran Alloush）在叙遇害。于是，沙特选择处决与阿洛什具有"同等级别影响力"的什叶派著名教士尼姆尔进行报复。[①] 对于该事件，伊朗外交官认为，伊朗作为沙特的假想敌，是沙特为自己的地区政策进行辩护的借口，沙特试图通过制造敌人，转移各方对沙特国内矛

[①] 《在处决尼姆尔和阿洛什遇害之间》（阿拉伯文），Elbalad网站，2016年1月5日，http://www.elbalad.news/1902664，登录时间：2017年1月5日。

盾的注意力。① 有评价指出，沙特处决尼姆尔，是以一种高度情绪化的方式来故意攻击伊朗的"革命分子"。②

2008年以来，尼姆尔因发表批评沙特政府的过激言论多次被捕。"阿拉伯之春"发生后，尼姆尔煽动沙特东部盖提夫省的什叶派穆斯林发起反政府抗议活动，并于2012年被沙特警方逮捕。2014年，沙特刑事法院以"煽动教派冲突和叛乱罪"判处尼姆尔死刑。2016年年初，沙特选择在地区冲突升级、叙利亚和谈的关键时期，无视时任美国国务卿克里和时任联合国秘书长潘基文的劝告，执意处决尼姆尔，有其特殊的政治考量。

一方面，沙特试图转移国内经济和社会矛盾。在经济层面，国际油价的持续下跌导致沙特石油收入锐减，面临巨额财政赤字压力。受油价暴跌影响，2015年沙特出现了367亿里亚尔（近980亿美元）的财政赤字，创历史新高。③在社会层面，沙特国内尤其是东部什叶派聚居区的反政府抗议活动时有发生，沙特将其归咎于伊朗的煽动和挑拨。沙特王室既可利用尼姆尔事件转嫁因国内经济和社会矛盾引发的政权危机，也可以通过挑起事端、激化冲突来提振油价。

另一方面，沙特力图借尼姆尔事件试探盟友美国的立场。在奥巴马任期内，美国寻求同时与逊尼派国家和作为什叶派国家的伊朗建立良好关系，改善同伊朗关系成为美国中东政策调整的重要标志。伊朗核问题的解决打破了中东地区原有的力量平衡，有利于美国在中东建立起新的秩序，但同时令地区盟友以色列和沙特深感不安，导致美以关系和美沙关系龃龉不断。尼姆尔事件凸显了伊核协议达成后沙特对伊朗崛起和谋求地区秩序主导权的担忧，沙特因此借此事件试探美国立场。尼姆尔的兄弟穆罕默德·尼姆尔在接受美国媒体采访时指责奥巴马未能有效对沙特政府施压，④ 美国在这一事件总体上持观望态度，只是呼吁沙伊双方保持克制，体现了奥巴马政府不愿卷入地区冲突的审慎立场

---

① Ali Hashem, "How Will Saudi-Iranian Crisis Affect the Region?" *Al-Monitor*, January 5, 2016, http://www.al-monitor.com/pulse/originals/2016/01/saudi-arabia-iran-crisis-nimr-execution-regional-impact.html，登录时间：2017年1月5日。

② Tom Rogan, "The Execution of Nimr al-Nimr and Obama's Failed Policy in the Middle East," *National Review*, January 4, 2016, http://www.nationalreview.com/article/429193/iran-vs-saudi-arabia-tensions-boil，登录时间：2017年1月5日。

③ "Saudi Arabia Posts Record \$98 Billion Deficit in 2015: Ministry," *Gulf News*, December 28, 2015, http://gulfnews.com/business/economy/saudi-arabia-posts-record-98-billion-deficit-in-2015-ministry-1.1644803，登录时间：2016年12月7日。

④ Michael Isikoff, "Obama Blamed for Failing to Prevent Shiite Cleric's Death," *Yahoo*, January 5, 2016, https://www.yahoo.com/news/obama-blamed-for-failing-to-prevent-shiite-022355900.html，登录时间：2017年2月4日。

以及美沙之间存在裂痕的现实。

（二）俄美围绕叙利亚危机和地区反恐的博弈

在2016年，俄罗斯和美国围绕叙利亚危机、打击"伊斯兰国"组织等地区热点问题展开了复杂博弈，但两国在叙利亚问题上出现了对抗中求合作的趋势。为对抗美国的地区影响力，俄罗斯选择同土耳其、沙特等与美国关系恶化的地区大国加强合作。

第一，叙利亚战场局势出现逆转，俄美对抗与合作并存。自2015年8月底俄罗斯军事介入叙利亚危机以来，叙利亚战场局势实现逆转，美国对叙利亚问题的主导权遭到削弱。2016年3月14日，俄罗斯总统普京表示，俄在叙利亚的军事任务"整体上已经完成"，并宣布从次日起从叙利亚撤出主要军事力量。[1] 2016年年底，叙利亚政府的优势更趋明显。12月22日，叙利亚军方宣布政府军完全收复阿勒颇；12月29日，叙利亚宣布实现全国停火。俄罗斯通过有限的军事投入，帮助叙政府军收复大片失地，使"伊斯兰国"组织及西方支持的叙反对派武装遭受重创，巩固了其在中东地区的战略存在，实现了与西方国家关系的缓和，打破了因乌克兰危机导致的外交孤立，同时转移了国内经济矛盾。俄罗斯在叙利亚的军事行动迫使美国不再寻求推翻阿萨德政权，2016年俄美两国在叙利亚问题上仍保持总体对抗态势，但确实出现了积极合作的一面。2月26日，联合国安理会一致通过根据俄美共识达成的旨在实现叙交战各方全面停火的2268号决议；[2] 9月10日，俄美就叙利亚冲突各方实施新的停火协议达成一致。虽然上述停火协议生效后不久即遭打破，但一定程度上体现了俄美两国就政治解决叙利亚危机寻求合作的意愿。

第二，俄罗斯和美国在地区反恐问题上的博弈加剧。打击"伊斯兰国"组织是俄罗斯和美国围绕叙利亚危机进行博弈的重要内容之一，但俄美各自主导的国际反恐联盟及其作战目标和策略上的差异，决定了两国在反恐问题上的对抗。2016年，俄罗斯在叙利亚主导了阿勒颇战役，美国在伊拉克主导了摩苏尔战役，凸显了俄美两国之间在反恐问题上的深刻矛盾，以及借反恐争夺中东地区事务主导权的现实。俄罗斯主导的阿勒颇战役借反恐之名，清除了西方和部分地区国家支持的叙反对派武装，巩固了阿萨德政权，并借此提升了俄在

---

[1] "Syria Conflict: Russia's Putin Orders 'Main Part' of Forces out," *BBC*, March 14, 2016, http://www.bbc.com/news/world-middle-east-35807689，登录时间：2017年2月1日。

[2] 根据协议，停火对象不包括"伊斯兰国"组织和"支持阵线"。叙利亚政府与约100个反政府武装同意遵守该项停火决议，停火于叙当地时间2016年2月27日0时开始生效。

叙利亚问题上的话语权和地区影响力。美国主导的摩苏尔战役则借打击"伊斯兰国"组织之名，将伊拉克境内的恐怖分子向西挤压至叙利亚境内，图谋拖垮俄罗斯在叙利亚的军事和反恐行动，消解俄罗斯在叙利亚的反恐成果，夺回美国因俄罗斯介入叙利亚危机以来被削弱的反恐主导权。

第三，俄罗斯加强同西亚地区大国的合作。在2016年，俄罗斯充分利用近年来美国与土耳其、沙特等国关系出现裂痕、国际油价持续低迷等契机，基于共同的能源和经济利益，加强对地区大国的投入，进一步挑战美国的地区影响力。

首先，俄罗斯与伊朗继续加强对叙利亚的军事和经济支持，以及在叙利亚危机、地区反恐等问题上的协调。2016年11月26日，伊朗国防部长侯赛因·达赫甘（Hossein Dehqan）表示，伊朗将允许俄罗斯使用该国西部哈马丹省附近的诺杰（Nojeh）空军基地，以满足俄罗斯在叙利亚开展反恐行动的需求。

其次，土耳其主动向俄罗斯示好，土俄关系重回正轨。2016年6月27日，土耳其总统埃尔多安致函俄罗斯总统普京，就2015年11月土方击落俄战机事件向普京道歉，土俄外交关系实现正常化；2016年7月15日土耳其未遂政变后，土耳其选择了"疏美亲俄"的立场，土俄关系改善的步伐进一步加快；8月，埃尔多安访问俄罗斯并与普京会面，土俄关系进一步升温；12月19日，俄罗斯驻土耳其大使卡尔洛夫在安卡拉遭枪击身亡，但事件发生后俄罗斯和土耳其均保持了克制，该事件也未影响土俄关系正常化的进程。

最后，俄罗斯积极发展同中东能源大国的关系。2016年10月，俄罗斯与土耳其在伊斯坦布尔举行的世界能源大会上签署了重启俄土天然气管线的协议。12月，欧佩克成员国与非欧佩克成员国就石油减产达成一致，欧佩克13个成员国承诺在未来6个月内逐步实现120万桶/天的减产量，俄罗斯、墨西哥、哈萨克斯坦等非欧佩克成员国承诺减产量为55.8万/天。

总的来看，在叙利亚危机、地区反恐等热点问题上，美国的战略守势与俄罗斯的战略攻势使2016年西亚地区力量出现进一步分化与重组的趋势。

二、西亚地区的经济形势

在经济层面，受全球经济复苏乏力、国际油价持续低迷和地区冲突升级等因素的影响，2016年西亚地区国家经济发展的内外环境较上一年有所恶化。沙特等产油国经济增长放缓、石油收入锐减、财政状况恶化；叙利亚、也门等动荡国家的经济依然处于停滞状态；部分国家仍面临高失业率的发展困境。在此背景下，阿曼、沙特、阿联酋等国先后推出了中长期发展战略。

（一）西亚地区国家的经济表现

2016年西亚国家经济增长放缓，突出表现在海湾国家经济增长乏力，叙利亚、也门两个动荡国家经济呈现负增长态势。西亚国家国内生产总值（GDP）增长率较上一年总体呈现下降趋势（见表1）。

表1　2015—2016年西亚国家国内生产总值（GDP）增长率[①]

国家	2015年	2016年（预测值）
阿联酋	4.0%	2.3%
阿曼	3.3%	1.8%
巴林	2.9%	2.1%
卡塔尔	3.7%	2.6%
科威特	1.1%	2.5%
黎巴嫩	1.0%	1.0%
沙特阿拉伯	3.5%	1.2%
土耳其	4.0%	3.3%
叙利亚	−9.9%	−4%[②]
也门	−28.1%	−4.2%
伊朗	0.4%	4.5%
伊拉克	−2.4%	10.3%
以色列	2.5%	2.8%
约旦	2.4%	2.8%

首先，海合会成员国经济增长放缓趋势进一步凸显。在全球经济复苏乏力和国际油价持续低迷的背景下，2016年海合会成员国经济增长继续放缓，

[①] 数据来源：International Monetary Fund, *World Economic Outlook*, October 2016, http://www.imf.org/external/pubs/ft/weo/2016/02/pdf/text.pdf, pp.42, 46; "The World Factbook," Central Intelligence Agency, https://www.cia.gov/library/publications/resources/the-world-factbook/rankorder/2003rank.html，登录时间：2017年2月20日。

[②] 数据来源：World Bank, "Syria's Economic Outlook - Fall 2016," http://pubdocs.worldbank.org/en/925291475460799367/Syria-MEM-Fall-2016-ENG.pdf，登录时间：2017年2月25日。

财政状况恶化。除科威特外，海合会成员国均出现了经济增长下滑的趋势（见表1）。据国际货币基金组织预计，2016年海合会成员国的经济增长率仅为1.7%，较2015年3.4%的增长率下降了50%；① 海合会成员国的财政赤字超过1530亿美元，政府债务占国内生产总值比重21.3%，经常项目盈余恶化，总体赤字占国内生产总值比重达6.6%。② 自2014年6月以来，受美国页岩油开采等因素的影响，国际油价持续低迷，西亚产油国的经济遭受重创，其中尤以沙特经济受低油价冲击最为严重。2016年11月，欧佩克达成石油减产协议，沙特同意将原油日产量削减50万桶，卡塔尔、阿联酋和科威特同意减产30万桶，伊拉克同意减产21万桶，制裁解禁后刚重返国际石油市场的伊朗被允许继续提高产量。③

其次，经济发展内外环境的改善使伊朗经济逐渐回暖。一方面，伊朗与西方国家关系的缓和为其经济发展提供了有利的外部环境。2015年7月14日，伊朗核问题全面协议达成。2016年1月16日，协议正式执行，美欧解除了对伊朗的经济制裁。据伊朗海关数据统计，2016年伊朗对外贸易额达1398亿美元，其中出口额达888亿美元，进口额达510亿美元。④ 伊朗积极发展同中国、俄罗斯和欧盟国家的贸易关系。2016年伊朗与中国贸易额达310.24亿美元，⑤ 与俄罗斯贸易额达20亿美元，较上年增长80%。⑥ 另一方面，鲁哈尼领导的温和保守派与改革派结盟并在议会选举中取得突破性胜利，为伊朗国内改革和经济发展注入了动力。2016年2月29日，伊朗新一届议会选举结果揭晓，改革派的异军突起打破了伊朗议会长期由保守派垄断的格局，伊朗政坛由此进入了

---

① Staff of the International Monetary Fund, *Economic Prospects and Policy Challenges for the GCC Countries*, International Monetary Fund, October 26, 2016, https://www.imf.org/external/np/pp/eng/2016/102616b.pdf.

② Santhosh V. Perumal, "GCC Budget Deficits Could Cross $153bn in 2016," September 27, 2016, *Gulf Times*, http://www.gulf-times.com/story/515306/GCC-budget-deficits-could-cross-153bn-in-2016，登录时间：2017年2月7日。

③ Larry Elliott, "Oil Price Surges as Opec Agrees First Cut in Output since 2008," *The Guardian*, November 30, 2016, https://www.theguardian.com/business/2016/nov/30/oil-price-opec-cut-in-output-saudi-arabia-deal-market，登录时间：2017年2月20日。

④ "Iran Customs Administration Report on ECO Countries Trade," Ministry of Economic Affairs and Finance, Islamic Republic of Iran, https://goo.gl/WPUwfd，登录时间：2017年3月4日。

⑤ 《伊中贸易额增加》，Pars Today，2017年2月6日，http://parstoday.com/zh/news/iran-i19129，登录时间：2017年3月1日。

⑥ "Iran-Russia Trade Turnover Rises 80% in 2016," *Tehran Times*, February 11, 2017, http://www.tehrantimes.com/news/410959/Iran-Russia-trade-turnover-rises-80-in-2016，登录时间：2017年2月20日。

保守派和改革派势均力敌的新时代。① 随着伊朗外部和国内发展环境的改善，伊朗通过发展对外贸易、吸引投资、开展经济合作等积极融入国际社会，国际货币基金组织预测伊朗2016年GDP增长率有望达到4.5%。② 制裁解禁后的伊朗逐渐走上了经济复兴的道路，但伊朗的石油增产也引发海湾地区其他产油国尤其是沙特的担忧，导致两国关系持续恶化。

再次，叙利亚内战对叙周边国家的经济造成严重冲击。自叙利亚内战爆发以来，660万叙利亚人在叙境内流离失所，500万难民涌入了其他国家尤其是叙周边国家。③ 随着叙利亚内战的持续发酵及其外溢，难民问题严重冲击着黎巴嫩、约旦、土耳其等周边国家的经济。截至2016年10月，黎巴嫩已接收了150万叙利亚难民，其中联合国难民署（UNHCR）登记的难民数量达101.7万；黎巴嫩境内还有近40万的巴勒斯坦难民。④ 难民的涌入导致黎巴嫩人口数量增加了25%，⑤ 其中贝卡地区难民数量已占当地人口的77%。⑥ 难民问题给黎巴嫩的经济、社会治安、基础设施、住房、医疗、卫生、就业、教育等造成了巨大压力，难民的大量涌入还导致黎巴嫩和约旦的旅游外汇收入继续减少。难民问题同样对土耳其的经济与社会发展构成了巨大压力，2016年在土耳其注册的叙利亚难民数量已达275万，占该国人口的3.5%。⑦ 难民问题导致土耳其财政压力增加、社会治安恶化、犯罪率上升、非法劳工数量激增等一系列问题，并使土耳其与欧盟的关系中的不确定因素陡增。

---

① 在伊朗议会290个议席中，保守派获得78个议席，改革派获得83个议席。其中，德黑兰地区的30个议席全部被改革派所斩获。

② International Monetary Fund, *World Economic Outlook*, October 2016, http://www.imf.org/external/pubs/ft/weo/2016/02/pdf/text.pdf, p.46.

③ Björn Rother et al., *The Economic Impact of Conflicts and the Refugee Crisis in the Middle East and North Africa*, International Monetary Fund, September 2016, p.12, https://www.imf.org/external/pubs/ft/sdn/2016/sdn1608.pdf，登录时间：2017年1月8日。

④ UNHCR, UNICEF and WFP, *Vulnerability Assessment of Syrian Refugees in Lebanon 2016*, Relief Web, p.5, http://reliefweb.int/sites/reliefweb.int/files/resources/VASyR2016.pdf，登录时间：2017年2月14日。

⑤ Björn Rother et al., *The Economic Impact of Conflicts and the Refugee Crisis in the Middle East and North Africa*, International Monetary Fund, September 2016, p.8, https://www.imf.org/external/pubs/ft/sdn/2016/sdn1608.pdf，登录时间：2017年1月8日。

⑥ "Lebanon: Selected Issues," *IMF Country Report*, No. 17/20, International Monetary Fund, November 29, 2016, p.12, https://www.imf.org/~/media/Files/Publications/CR/2017/cr1720.ashx，登录时间：2017年1月8日。

⑦ "Turkey's Refugee Crisis: The Politics of Permanence," *Europe Report N°241*, Crisis Group, November 30, 2016, p.i, https://d2071andvip0wj.cloudfront.net/241-turkey-s-refugee-crisis-the-politics-of-permanence_0.pdf，登录时间：2017年1月2日。

最后，动荡国家处于经济停滞或倒退状态。也门危机的爆发令该国经济全面崩溃，社会状况急剧恶化，基础设施遭到严重破坏，大量平民流离失所，粮食短缺问题严重，石油和天然气出口、公共投资和其他经济活动几近停滞。2016年也门经济虽较上一年有所改善，但经济增长仍为-4.2%（见表1）。据世界银行的报告，当前也门外汇储备低于8亿美元，2016年3月汇率贬值达23%；自2014年年底以来，也门国内债务存量上涨了40%。① 叙利亚危机爆发以来，叙利亚经济、人口结构、基础设施等遭受了毁灭性冲击，叙利亚内战导致47万人死亡，120万人受伤，760万叙平民沦为境内流离失所者，登记难民数量已达480万。截至2016年3月，阿勒颇、德拉、哈马、霍姆斯、伊德利卜和拉塔基亚六座城市的直接经济损失预计在59亿至72亿美元之间。据叙利亚政策研究中心估计，过去六年间，叙利亚货币汇率贬值了10倍；叙境内基础设施损失达750亿美元；叙石油收入从2011年的47亿美元缩水至2015年的14亿美元。叙利亚经济若要恢复至内战前水平，至少需要150亿至200亿美元的投资。②

（二）西亚国家的就业情况

西亚国家尤其是动荡国家的失业问题仍十分突出。在阿拉伯国家，青年失业现象不仅普遍存在于低收入和教育水平较低的家庭，同时也困扰着大批受到高等教育的青年群体。国际劳工组织2016年8月发布的《世界就业和社会展望：2016年青年群体趋势》数据显示，2016年阿拉伯地区15至24岁青年失业率高达30.6%，成为全球青年失业率最高的地区。其中，15至19岁青年失业率达17.3%，20至24岁青年失业率达44.1%；③ 男青年失业率达24.7%，女青年失业率达52.6%，④ 早婚、早育仍是限制阿拉伯国家女青年就业的最主要因素。⑤ 2016年西亚国家青年失业率由高到低依次为：叙利亚（50%）、伊拉克（34.6%）、也门（29.9%）、沙特阿拉伯（29.5%）、约旦（28.8%）、巴林（28%）、巴勒斯坦（25.3%）、黎巴嫩（20.7%）、科威特（19.4%）、阿曼

---

① World Bank, "Yemen's Economic Outlook - Fall 2016," http://pubdocs.worldbank.org/en/941121475773070794/Yemen-MEM-Fall2016-ENG.pdf, 登录时间：2017年2月25日。

② World Bank, "Syria's Economic Outlook - Fall 2016," hhttp://pubdocs.worldbank.org/en/925291475460799367/Syria-MEM-Fall-2016-ENG.pdf, 登录时间：2017年2月25日。

③ International Labour Office, *World Employment and Social Outlook: Trends for Youth 2016*, International Labour Organization, August 24, 2016, http://www.ilo.org/wcmsp5/groups/public/---dgreports/---dcomm/---publ/documents/publication/wcms_513739.pdf, p.16.

④ Ibid., p.43.

⑤ Ibid., p.20.

（18.8%）、伊朗（10.7%）、阿联酋（10%）、土耳其（9.8%）、以色列（5%）、卡塔尔（1.3%）。①

受经济增长放缓、财政政策紧缩、国际油价低迷以及地缘政治紧张等因素影响，海湾国家尤其是沙特、巴林、科威特和阿曼四国面临着严重的青年失业问题。多年的国际制裁和国内经济的结构性矛盾，使中东地区第二大经济体伊朗也面临严重的失业问题，其中青年失业率达10.7%。国际制裁解禁后，刺激私营部门经济增长、创造就业机会和解决青年失业问题已成为伊朗政府工作的重点。②此外，叙利亚、伊拉克、也门等国持续动荡，导致大批青年沦为流离失所者或难民而无法正常就业。约旦和黎巴嫩因深受叙利亚难民危机的影响，国内青年失业率也处于较高水平。

（三）西亚国家的经济转型战略

民生凋敝、经济停滞、失业率高、公平缺失、体制僵化、权贵腐败等长期困扰西亚国家的问题使地区国家出现了严重的"治理赤字"。2016年2月17日，国际评级机构标准普尔下调了沙特、巴林和阿曼的信用评级。其中，沙特的评级从"A+"下调至"A–"，阿曼的评级从"BBB+"下调两个等级至"BBB–"，巴林的投资级评级则被取消。③2014年6月以来，国际石油价格暴跌，中东地区产油国的经济遭受重创。国际油价持续低迷以及由此导致的石油出口收入锐减和国际评级下降，迫使西亚产油国开始调整本国经济发展战略、加强国家建设、推进社会改革、降低对石油经济的依赖，并制定了新的国家发展战略。其中，阿曼"第9个五年发展计划（2016—2020年）"、"沙特2030愿景"、"阿联酋未来战略"的推出成为2016年西亚国家谋求经济转型的重要标志。

1. 阿曼"第9个五年发展计划"

2016年1月1日，阿曼苏丹卡布斯签署2016年第1号苏丹令，批准了"第9个五年发展计划（2016—2020年）"，确立了未来五年阿曼的发展目标、重点项目和配套政策。同年11月16日，阿曼宣布即将启动"加强经济多元化国家

---

① 数据来源：Asda'a Burson-Marsteller, *Arab Youth Survey 2016*, Arab Youth Survey, p.45; "The World Factbook," Central Intelligence Agency, https://www.cia.gov/library/publications/resources/the-world-factbook/rankorder/2003rank.html，登录时间：2017年2月20日。

② World Bank, "Iran's Economic Outlook - Fall 2016", http://pubdocs.worldbank.org/en/206581475460660337/Iran-MEM-Fall-2016-ENG.pdf，登录时间：2017年2月25日。

③ Maria Armental, "S&P Downgrades Kazakhstan, Oman, Bahrain, Saudi Arabia on Oil Slump," *The Wall Street Journal*, February 17, 2016, https://www.wsj.com/articles/s-p-downgrades-kazakhstan-oman-bahrain-saudia-arabia-on-oil-slump-1455734291，登录时间：2017年2月20日。

计划（The National Program for Enhancing Economic Diversification）",其简称为"执行（Tanfeedh）"计划。"执行"计划是阿曼"第9个五年发展计划"的组成部分,旨在通过120项具体措施推进阿曼经济的多元化发展,加强政府对制造业、旅游业、运输与物流业、矿业和渔业等领域的投入,增加非石油经济投资和活动,适应国际能源格局的调整和本国石油出口收益减少的现实。①

2. "沙特2030愿景"

2016年4月25日,沙特内阁批准了"沙特2030愿景（Saudi Vision 2030）"计划,该计划确立了沙特成为"阿拉伯与伊斯兰世界核心国家"、"全球投资强国"和"连接亚欧非全球战略枢纽"的三大支柱,并提出社会发展、经济转型和国家建设三大领域的具体目标,包括实现经济多元化、发展私营企业、提高非石油收入、简化政府服务、增加青年就业机会、发展文化资源和旅游业等。②"2030愿景"是沙特在国际能源格局深刻调整、地区力量对比发生重大变化、国内经济持续低迷的背景下提出的国家中长期发展战略,旨在通过全面推进国家改革和经济转型,逐步摆脱对单一石油经济的依赖,这对提升沙特国内经济活力、促进沙特对外经济合作、塑造国际能源新格局等具有重要意义。但也有学者认为,该计划未能消除制约沙特妇女就业的诸多结构性障碍。③

3. "阿联酋后石油战略"和"阿联酋未来战略"

2016年1月30日,阿联酋宣布将在数周内启动"阿联酋后石油战略（UAE Post-Oil Strategy）",确立了以人力资本、知识和创新为重点的发展蓝图,强调通过加强现有经济部门的竞争力、引入新兴行业等手段提升阿联酋的竞争力,确保国家的可持续发展。④ 同年9月28日,该国推出"阿联酋未来战略（UAE Strategy for the Future）",阿联酋副总统兼总理谢赫穆罕默德·本·拉希德将该战略描绘为"预测国家未来、挑战和抓住机遇的综合性战略"。"阿联酋未来战略"旨在通过确定未来的需求和挑战来引导国家的转型发展,注重卫生、教育、发展和环境等部门的未来规划,提升政府运作能力,增强国

---

① 具体内容可参见"执行"计划官方网站：TANFEEDH,http://www.tanfeedh.gov.om/。
② "Saudi Vision 2030," Saudi Vision 2030, http://vision2030.gov.sa/sites/default/files/report/Saudi_Vision2030_EN_0.pdf, p.6/,登录时间：2017年3月1日。
③ "Vision 2030: A New Look for Saudi Arabia?," Arab Gulf States Institute in Washington, July 14, 2016, http://www.agsiw.org/vision-2030-a-new-look-for-saudi-arabia/,登录时间：2017年3月1日。
④ Wam, "UAE's Post-oil Strategy to Be Revealed within Weeks: Mohammed," Emirates 247, January 31, 2016, http://www.emirates247.com/news/government/uae-s-post-oil-strategy-to-be-revealed-within-weeks-mohammed-2016-01-31-1.619343,登录时间：2016年2月2日。

家人力资源建设,加强国际伙伴关系。该战略将分成短期(2016—2021年)、中期(2021—2026年)、长期(2026年以后)三个阶段实施。① 此外,为推进实施2014年12月推出的"迪拜2021战略计划(Dubai Strategic Plan 2021)",阿联酋迪拜酋长国于2016年6月26日宣布启动"2030工业发展战略(2030 Industrial Strategy)",该计划旨在将迪拜打造成"基于知识、创新和可持续工业活动的国际枢纽"。②

三、西亚地区的安全形势

在安全层面,2016年西亚地区总体呈现动荡持续加深、恐怖袭击数量增加、反恐行动艰难的发展态势。"伊斯兰国"组织的疯狂报复、"基地"组织的策略变化以及中东恐怖主义势力内部分化的加剧,增加了地区安全形势的复杂性和国际反恐斗争的艰难性。

(一)"伊斯兰国"组织疯狂反扑

自2014年6月29日宣布"建国"以来,"伊斯兰国"组织已在除伊拉克和叙利亚以外的29个国家③发动了数百起规模不等的恐怖袭击事件。在西亚地区,叙利亚、伊拉克、也门、埃及西奈半岛是"伊斯兰国"组织发动恐怖袭击的重灾区。2016年,国际反恐力量的连续集中打击使"伊斯兰国"组织遭受重创,控制区域受到严重挤压。2016年上半年,在美俄各自主导的反恐联盟的打击下,该组织在叙利亚和伊拉克的控制面积"缩水"了12%。④ 至2016年4月,该组织每月招募的外籍武装人员数量已从峰值时期的2000人降至200人。总之,"伊斯兰国"组织在2016年遭遇了资金短缺、士气低下、领土流失

---

① "Mohammed bin Rashid Launches 'UAE Strategy for the Future'," The Cabinet of UAE, September 28, 2016, https://uaecabinet.ae/en/details/news/mohammed-bin-rashid-launches-uae-strategy-for-the-future,登录时间:2017年3月1日。

② *Dubai Industrial Strategy 2030*, Dubai Plan 2021, http://www.dubaiplan2021.ae/wp-content/uploads/2016/06/Dubai-Industrial-Strategy-2030.pdf, p.4,登录时间:2017年1月4日。

③ Tim Lister etc., "ISIS Goes Global: 143 Attacks in 29 Countries Have Killed 2,043," CNN, February 13, 2017, http://edition.cnn.com/2015/12/17/world/mapping-isis-attacks-around-the-world/,登录时间:2017年1月24日。

④ "Islamic State Caliphate Shrinks a Further 12 Percent in 2016, IHS Says," IHS Markit, July 10, 2016, http://news.ihsmarkit.com/press-release/aerospace-defense-security/islamic-state-caliphate-shrinks-further-12-percent-2016-ihs,登录时间:2017年2月15日。

等困境。① 作为对反恐行动的回应,"伊斯兰国"组织在伊拉克和叙利亚进行了疯狂报复,导致大量人员伤亡。2016年,该组织在伊拉克和叙利亚至少发动了22起死亡人数超过100人的重大恐怖袭击事件(见表2),尤其在10月17日伊拉克政府和美军打响收复摩苏尔战役后的一个月内,负隅顽抗的"伊斯兰国"组织频繁采取种族屠杀等报复性行为。

表2　2016年"伊斯兰国"组织在西亚地区制造的重大恐怖袭击事件②

日期	袭击类型	死亡人数	受伤人数	地点
1月11日	炸弹袭击	100	未知	伊拉克米克达迪耶
1月16日	集体屠杀	300	未知	叙利亚代尔祖尔
2月8日	人质处决	300	0	伊拉克摩苏尔
2月21日	炸弹袭击	134	180	叙利亚赛义达·宰乃卜
3月5日	人质处决	132	0	伊拉克摩苏尔
4月8日	集体屠杀	175	300人被绑架	叙利亚大马士革
4月21日	枪击	250	未知	伊拉克摩苏尔
5月7日	人质处决	160	未知	伊拉克拉马迪
5月17日	汽车炸弹和自杀式袭击、枪击	101	194	伊拉克巴格达
5月23日	自杀式袭击	184	200	叙利亚贾卜莱、塔尔图斯
6月5日	人质处决	400	未知	伊拉克萨克拉维亚
7月3日	炸弹袭击	346	246	伊拉克巴格达
8月6日	人质处决	100	3000人被绑架	伊拉克胡维贾
9月25日	人质处决	100	0	伊拉克
10月21日	人质处决	284	0	伊拉克摩苏尔
10月25日	人质处决	135	0	伊拉克摩苏尔
10月26日	人质处决	232	0	伊拉克摩苏尔
10月29日	人质处决	122	0	伊拉克摩苏尔
10月31日	人质处决	350	0	伊拉克摩苏尔

① Andrew Blake, "Pentagon: ISIS Suffering from Money Shortage, Low Morale," *Washington Times*, April 27, 2016.

② "2016 Terrorist Incidents with Highest Death Tolls," Wikipedia, https://en.wikipedia.org/wiki/List_of_terrorist_incidents_in_2016,登录时间:2017年3月7日。

日期	袭击类型	死亡人数	受伤人数	地点
11月8日	人质处决	300	0	伊拉克摩苏尔
11月11日	人质处决	113	0	伊拉克摩苏尔
11月24日	自杀式炸弹袭击	125	65	伊拉克希拉

（二）国际恐怖主义势力内部分化加剧

"伊斯兰国"组织和"基地"组织近年来围绕全球"圣战"运动领导权的争夺，以及两者在"圣战"运动纲领、路线、目标上的分歧，① 凸显了国际恐怖主义势力内部分化加剧的趋势。2016年"伊斯兰国"组织在西亚地区的活跃程度远超"基地"组织。在袭击数量方面，"伊斯兰国"组织制造了至少472起袭击事件，共造成9340人死亡；"基地"组织制造了至少33起袭击事件，共造成188人死亡。② 在活动范围方面，"伊斯兰国"组织及其分支在叙利亚、伊拉克、也门、利比亚、埃及西奈半岛地区表现活跃；"基地"组织及其分支主要在也门、叙利亚等国家和马格里布地区活动。

2016年1月，"伊斯兰国"组织理论家阿布·梅萨拉·沙米（Abu Maysarah ash-Shami）在线发表了题为《从事"圣战"的犹太人：扎瓦赫里的"基地"组织》（The Jews of Jihad: Zawahiri's Al-Qaeda）的文章。他在文章中将"基地"组织比作犹太人，指责其通过"向哈里发国进行渗透"，实现"从内部扭曲路线"的目的。沙米认为，犹太人假扮成穆斯林渗透至圣城麦加，打探当地情况，并报告给"犹太复国主义长老"（elders of Zion）。③ 在"伊斯兰国"组织的网络宣传中，"基地"组织成员常被描述成叛教者、异教徒和暴徒，但这是该组织首次将其竞争对手描绘成"犹太人"，试图通过在话语层面削弱"基地"组织的合法性，达到分化"圣战"阵营、唆使"基地"组织成员投靠"伊斯兰国"组织的目的。

---

① 参见［美］哈伊姆·马尔卡：《圣战萨拉菲主义运动的领导权危机》，刘中民译，载《阿拉伯世界研究》2016年第5期，第17—31页。
② Esri Story Maps and Peace Tech Lab, "2016 Terrorist Attacks," *Story Maps*, https://storymaps.esri.com/stories/terrorist-attacks/?year=2016，登录时间：2017年3月15日。
③ Jack Moore, "ISIS Ideologue Calls Al-Qaeda the 'Jews of Jihad' As Rivalry Continues," *News Week*, January 25, 2016, http://www.newsweek.com/isis-ideologue-calls-al-qaeda-jews-jihad-rivalry-continues-419320，登录时间：2017年1月8日。

（三）"支持阵线"与"基地"组织的策略调整

"支持阵线"是近年来叙利亚战场上发展最迅猛的极端组织之一，2015年5月其成员规模已达1万人左右，① 其中70%为叙利亚籍武装分子，30%为外籍武装分子。②"支持阵线"主要在叙利亚西北部地区活动，在阿勒颇设有据点。自2011年8月成立以来，"支持阵线"与"伊斯兰国"组织的关系经历了从附属、破裂到敌对的发展。2013年4月，"支持阵线"与"伊拉克伊斯兰国"（"伊斯兰国"前身）关系破裂，并宣布效忠"基地"组织头目扎瓦赫里。在近六年的发展历程中，"支持阵线"始终以推翻叙利亚阿萨德政权为首要目标，通过联合叙反对派和其他极端组织持续坐大。2016年"支持阵线"发动和参与了687起袭击事件，较上一年增加了20%。③

自2015年8月底俄罗斯军事介入叙利亚以来，俄对叙极端组织进行了集中打击。2016年以来，"支持阵线"为确保其在叙反对派中的影响力，加速了本土化进程。首先，"支持阵线"广泛招募叙利亚籍武装分子。2月至6月间，至少有3000名叙利亚籍武装分子被招募加入该组织。④ 其次，"支持阵线"加强了与其他极端组织的战场协调。4月10日，"支持阵线"、"突厥斯坦伊斯兰党"、"伊斯兰山"、"伊斯兰沙姆"、"高加索军"、"海岸第一师"、"海岸第二师"、"解放军"九个极端组织联合发表声明，宣布在拉塔基亚北部的土库曼山发动针对叙政府军及其盟友的新战役。⑤ 通过与其他极端组织联合作战和战场协调，"支持阵线"的影响力不断提升。最后，"支持阵线"宣布与"基地"组织脱离关系。7月28日，"支持阵线"宣布与"基地"组织脱离关系，并更名为"征服

---

① Taylor Luck, "Syria Crisis: Spooked by Rebel Gains, Jordan Doubles down vs. Islamic State (+video)," The Christian Science Monitor, May 4, 2015, http://www.csmonitor.com/World/Middle-East/2015/0504/Syria-crisis-Spooked-by-rebel-gains-Jordan-doubles-down-vs.-Islamic-State-video，登录时间：2016年9月10日。

② Charles Lister, "Profiling Jabhat al-Nusra," Analysis Paper, No. 24, The Brookings Institution, July 2016, p.35, https://www.brookings.edu/wp-content/uploads/2016/07/iwr_20160728_profiling_nusra.pdf，登录时间L2016年9月10日。

③ "Global Militancy on the Rise, IHS Markit Says," IHS Markit, January 24, 2017, http://news.ihsmarkit.com/press-release/aerospace-defense-security/global-militancy-rise-ihs-markit-says，登录时间：2017年2月15日。

④ Charles Lister, "Profiling Jabhat al-Nusra," p.7.

⑤ 《"支持阵线"在拉塔基亚村发动代号为"破门而入"的战役》（阿拉伯文），今日叙利亚网站，2016年4月10日，http://syriaalyom.com/index/ النصرة-تطلق-معركة-ادخلوا-عليهم-الباب /，登录时间：2016年9月10日。

沙姆阵线"（Jabhat Fath al-Sham），以实现同叙反对派更广泛的联合。

"基地"组织的一个分支机构宣布独立，并得到"基地"组织头目的支持，且脱离关系的两个组织仍保持相同的意识形态，这在"基地"组织发展史上尚属首次。①"支持阵线"宣布与"基地"组织脱离关系，主要出于以下几大动机：第一，通过加速本土化进程与叙反对派组织组建更广泛的反政府联盟，卡塔尔等海湾国家早前也曾试图说服"支持阵线"断绝与"基地"组织的关系，以便于这些国家向其提供资金支持来对抗巴沙尔政权。②第二，表面上摆脱"基地"组织的"恐怖标签"并同叙反对派结成联盟，有利于"支持阵线"通过模糊其身份来躲避美俄的空袭，获得免受国际反恐联盟打击的保护伞。第三，通过"虚实结合"的策略，"支持阵线"可转移国际社会的注意力，协助"基地"组织重新夺回对全球"圣战"运动的领导权和重塑自身形象。

（四）2016年西亚恐怖主义发展的特点

第一，恐怖袭击保持高发态势。据"简氏恐怖主义与叛乱中心"报告统计，2016年全球恐怖主义袭击事件数量较上一年上涨了25%，其中80%由"伊斯兰国"组织发动。西亚地区的恐怖主义势力尤为活跃，叙利亚和伊拉克成为全球恐怖主义的重灾区，2016年在叙、伊两国发生的恐袭事件数量占全球的45%。其中，叙利亚发生了7497起恐袭事件，伊拉克发生了3350起恐袭事件。同时，也门和土耳其的叛乱活动数量分别增加了76%和110%。③

第二，恐怖袭击手段日趋多元。2011年恐怖组织对自杀式炸弹、汽车炸

---

① 2016年7月28日，"支持阵线"头目朱拉尼在一段视频中宣布"支持阵线"正式脱离"基地"组织，并将该组织更名为"征服沙姆阵线"，强调"支持阵线"不再同任何外部实体具有隶属关系。朱拉尼强调，"我们决定取消以'支持阵线'名义开展的行动，并组建一个名为'征服沙姆阵线'的新团体。这个新的阵线同任何外部团体都不存在关联。"就在"支持阵线"发布声明前数小时，"基地"组织头目扎瓦希里通过其副手艾哈迈德·哈桑·阿布·哈伊尔（Ahmed Hassan Abu el-Kheir）发表声明，允许"支持阵线"脱离"基地"组织，并向其传达了祝福，表示"支持阵线"在叙利亚应竭力"保护伊斯兰教和穆斯林的利益，保护圣战"，同时敦促"支持阵线"联合其他派系反对"十字军"并组建一个良好的"伊斯兰政府"。参见"Syria's Nusra Front Leader Claims to Cut Ties with Al Qaeda," *CBS News*, July 28, 2016, http://www.cbsnews.com/news/syria-nusra-front-leader-ties-al-qaeda/，登录时间：2016年9月10日。

② Shaul Shay and Dr. Ely Karmon, "Jabhat al-Nusra at Crossroads," International Institute for Counter-Terrorism, June 15, 2016, https://www.ict.org.il/Article/1681/jabhat-al-nusra-at-crossroads，登录时间：2017年2月15日。

③ "Global Militancy on the Rise, IHS Markit Says," IHS Markit, January 24, 2017, http://news.ihsmarkit.com/press-release/aerospace-defense-security/global-militancy-rise-ihs-markit-says，登录时间：2017年2月15日。

弹、路边炸弹和简易爆炸装置等传统袭击手段的使用率达84%，2016年这一数字降至52%。与此同时，恐怖组织对枪支、刀具等手持武器的使用率明显上升。① 2016年9月，美军捣毁了摩苏尔地区的一家制药厂。五角大楼证实，制药厂曾被"伊斯兰国"组织改造成化学武器工厂，用以制造芥子气，② 凸显了恐怖组织袭击手段多元化的发展趋势。

第三，小规模袭击频度呈上升趋势。因国际反恐联盟集中打击而实力受到重挫的"伊斯兰国"等恐怖组织开始转变作战策略，转向低成本、低烈度的小规模攻击。2016年，在伊拉克发生的恐怖袭击事件中，有88.9%是针对"软目标"及伤亡少于10人的小规模袭击；也门境内针对"软目标"的恐怖袭击事件较上一年增长了106%。③

---

① Sherif Elashmawy and Khadijah Qamar, "Terrorism Trends in the Middle East and North Africa," *Middle East Risk Watch*, Issue September 5, 2016.

② Jim Michaels, "Pentagon Confirms ISIL Tried to Use Mustard Gas on U.S. Troops," *USA Today*, September 22, 2016, http://www.usatoday.com/story/news/world/2016/09/22/pentagon-confirms-isil-chemical-attack-near-us-troops-iraq/90841824/，登录时间：2017年3月2日。

③ Sherif Elashmawy and Khadijah Qamar, "Terrorism Trends in the Middle East and North Africa," *Middle East Risk Watch*, Issue September 5, 2016.

北非地区形势

赵 军[①]

摘要： 2016年的北非地区形势整体相对平稳，没有发生引起地区格局变动的重大事件。整体上，北非国家仍然延续了中东剧变后阿拉伯国家艰难转型的明显特征。政治上，利比亚各方政治势力谈判渐成主流；埃及和突尼斯政治重建在有序中进行；摩洛哥政治改革进入攻坚期和矛盾凸显期；阿尔及利亚、苏丹和毛里塔尼亚政治稳定背后藏有深刻危机。安全上，北非地区传统安全与非传统安全交织，恐怖主义泛滥，国内各类矛盾频发，安全形势仍然严峻。经济上，受国际油价低迷或安全环境影响，北非国家经济低速增长甚至负增长，赤字率、通货膨胀率和失业率等高企不下，呈现经济有增长、但社会欠发展的常态。

关键词： 北非地区；政治形势；经济形势；安全形势

在2016年度，北非地区[②]形势总体上起伏不大，地区格局并未出现结构性变化，北非国家仍然延续了中东剧变后阿拉伯国家艰难转型的明显特征。政治上，利比亚政局持续动荡，政治秩序和社会重建举步维艰，但各方政治势力之间谈判日趋频繁；突尼斯和埃及政治秩序趋于稳定，政治重建取得了一定的成果，但仍然面临着诸多挑战；摩洛哥的政治改革有序推进，成果不俗，但君主与议会之间矛盾逐渐显现；阿尔及利亚、苏丹和毛里塔尼亚政治总体稳定，但潜在危机不可小觑。安全上，传统安全与非传统安全交织，北非阿拉伯国家矛盾凸显，冲突频发，加之极端恐怖主义泛滥，安全不确定性有增无减，安全形势依然严峻。经济上，北非各国经济仍处于中东剧变后的缓慢恢复期，形势

---

① 赵军，上海外国语大学中东研究所副教授。
② 北非地区通常指撒哈拉沙漠以北地区，包括摩洛哥、阿尔及利亚、突尼斯、利比亚、埃及和苏丹等国家，出于研究需要，本文将同为阿拉伯国家的毛里塔尼亚也纳入其中。

不容乐观。产油国受国际低油价和美元升值的影响，非产油国受内外安全和自身经济结构与政策不当影响，导致多数国家经济增长较前一年出现整体下滑，赤字率、通货膨胀率高企不下，失业率出现新高，就业形势面临严重挑战。

一、北非地区政治形势

在2016年度，北非国家仍然持续了中东剧变后阿拉伯国家艰难转型的明显特征，在政治秩序构建与政治转型方面，各国存在不同的需求和迥异的政治成果。

（一）积极进取的摩洛哥

自2011年宪法改革和2011—2015年系列议会和地方选举改革以来，摩洛哥的内政外交在2016年方面均取得了不俗的成果。在内政方面，摩洛哥积极推进政治转型，扩大多党政治参与，继续使撒哈拉地区反政府组织合法化，并于10月顺利举行众议院选举，实现了自中东剧变后第二次议会普选的平稳过渡。[1] 值得注意的是，摩洛哥的政治改革成果在相当程度上是国王、议会、执政党之间妥协的结果，一旦失去平衡，一切政治改革成果都将付之东流。这种危机在2016年或多或少有所体现，如议会选举中世俗政党与伊斯兰政党之间的根本分歧、三大工会组织因对政治改革后经济乏力不满而组织的全国罢工，等等。

在对外关系上，在2015年12月欧洲法院取消欧盟和摩洛哥有关农产品和鱼产品自由贸易协定后，摩洛哥开始实施"向东看"和"重返非盟"的双重战略。2016年4月，摩洛哥国王穆罕默德六世访问沙特等海合会国家，宣布从"地缘政治和地缘战略"角度寻求盟友多元化。[2] 5月，穆罕默德六世访问中国，将双边关系提升为"中摩战略伙伴关系"。10月和12月，穆罕默德六世出访卢旺达、坦桑尼亚、埃塞俄比亚、马达加斯加和尼日利亚，签署多个合作协议，涉及经济、政治、安全和教育问题，为扩大区域影响和重返非盟奠定了基础。[3]

---

[1] Policy Analysis Unit, Arab Center for Research & Policy Studies, "Moroccan Parliamentary Elections: Political Parties Jockey for Power", March 2016, http://english.dohainstitute.org/file/get/fd428914-d1b5-45df-a903-a54853ceb477.pdf, 登录时间：2017年2月4日。

[2] 王露编译：《摩洛哥与西方盟友出现不和，转而接近中俄》，载《参考消息》2016年5月20日。

[3] The Moroccan American Center for Policy, "Morocco's Leadership in Africa: A Partner for Progress and Peace", www.moroccoonthemove.com, 登录时间：2017年2月4日。

（二）陷入政治困境的突尼斯

在2016年，突尼斯在"全国对话"框架内实现了政治平稳过渡，并在新宪法框架下举行了总统选举。不过，突尼斯政治内斗问题并未得到根治。2015年2月，哈比卜·埃西德总理组建了包括世俗派"突尼斯呼声党"（Nidaa Tounes）、议会中的多数派"伊斯兰复兴党"（Ennahda）和小党"阿菲克呼声党"（Afek Tounes）等政党成员在内的新联合政府，突尼斯政局经历了短暂的安宁。但自2015年年末以来，埃塞卜西总统试图让其儿子继承执政党权力，在遭致党内抵制后，又试图暴力夺权，使突尼斯"呼声党"陷入分裂状态。由于党内分裂、世俗政党与宗教力量在议会中不断角力，导致哈比卜政府寸步难行。

2016年1—2月，因失业引起的抗议和骚乱席卷突尼斯，利比亚恐怖主义外溢导致的恐怖袭击等问题突出，哈比卜政府的执政能力遭到普遍质疑，各反对派政党以及控制议会的伊斯兰复兴党要求解散联合政府。2016年7月初，各派政治力量通过一系列谈判，就组建全国团结政府达成共识，签署了《迦太基协定》，但要求对哈比卜政府进行信任投票。7月30日，总理哈比卜因执政以来未能有效解决国家经济和安全问题没有通过议会的信任投票而下台。① 2016年8月3日，在突尼斯各界对总统滥用权力的质疑声中，总统埃塞卜西任命其女婿、时年40岁的地方事务部部长尤素福·沙赫德为新总理。8月27日，突尼斯人民议会批准沙赫德提交的新一届政府名单。沙赫德政府试图摒弃政治分歧，并设定五大目标：消除恐怖主义威胁、反腐败、改善经济状况、实现财政平衡和应对环境问题。突尼斯各派政治力量虽然再次就新政府组阁达成共识，但世俗与宗教力量之间的张力并未根除。如果不能在短期内实现设定的目标，新政府重蹈覆辙将为期不远。

（三）稳中求变的埃及

自2014年塞西就任埃及总统后，埃及进入政治稳定期。2016年，埃及在注重政治稳定的同时，继续深化改革，调整对外政策。2016年1月，埃及政府完成了《新公务员法》并获得议会通过，旨在解决公务员效率低下问题。2月，

---

① 此轮议会投票结果：191名议员到场，118人投票反对，3人赞成，70人未投票。另有27名议员没有出席会议。刘锴、潘晓青：《突尼斯政府未通过议会信任表决》，新华网，2016年7月31日，http://news.xinhuanet.com/2016-07/31/c_1119309782.htm，登录时间：2017年2月5日。

埃及政府出台《可持发展战略：埃及的2030愿景》，明确提出增强政府机构效率与透明度。7月，埃及进行内阁重组尝试，为2017年2月政府组阁成功奠定了重要基础。与此同时，埃及政府加大了对穆斯林兄弟会等反对派政治力量的打击力度，使政治反对派至少在短时期内无力组织大规模反击。在外交方面，塞西政权在继续执行"东向"战略的同时，对传统对外关系进行了微调，如重启与伊朗的经贸关系、重新接受美国的军事援助、因"赠岛"失败而与沙特保持距离、进一步提升与中国的关系、摒弃与俄罗斯在叙利亚问题上的分歧并强化提升双边军事合作层次，等等。

（四）守旧如昨的阿尔及利亚、苏丹和毛里塔尼亚

阿尔及利亚、苏丹和毛里塔尼亚属于在中东剧变中躲过一劫的阿拉伯国家。在2014年和2015年先后完成总统大选后，阿尔及利亚的布特弗利卡（80岁）和苏丹的巴希尔（73岁）两位高龄总统并未兑现其政治承诺。尽管2016年两国并未发生冲击政治稳定的重大政治事件，但两国民众不断在社会抗议中表达对现状的不满，进一步彰显了两国的政治困境：政治变迁缺乏制度保障，政治裙带关系严重；政治权力高度集中，总统身兼多职，政党、军队和行政系统对总统负责，其中政党沦为咨询部门，而行政系统则是主要的执行部门，缺乏实际的权力，尤其是议会难以起到应有的监督和决策作用。

毛里塔尼亚阿齐兹总统在2014年成功连任后，作为"代表穷人的总统"，承诺致力于改变贫困和进行社会革新。但是，毛里塔尼亚的政治运作仍存在低水平和低效率的严重问题，所有的政治承诺都未见有效推进。这也是2016年度"废奴运动复兴倡议"（the Initiative for the Resurgence of the Abolitionist Movement）成员多次组织示威游行、要求政府有效解决境内约10万名奴隶及其权利问题的原因。在对外关系方面，毛里塔尼亚采取的政治和外交服务于经济的战略初见成效，并于2016年获得来自中国、美国、法国和海湾阿拉伯国家的经济和项目援助，但这些外援改善经济发展的作用有限。

（五）充满变数的利比亚政局

后卡扎菲时代的利比亚一度演变为四大政治力量争霸的格局，即由国民代表大会支持的图卜鲁格"东部政府"、由宗教势力支持的的黎波里"救国政府"、在联合国主导下成立的民族团结政府以及极端组织"伊斯兰国"在德尔纳"建国"。这种四大力量争雄的分裂状态直到2015年12月利比亚政治和解协议达成、2016年4月"救国政府"宣布解散，以及2016年12月极端组织"伊

斯兰国"被清除出苏尔特后方才结束，最终形成当前世俗派和宗教派对垒的格局。

2016年12月14日，埃及组织召开了利比亚问题开罗会议，邀请利比亚各派政治代表和利比亚周边国家政府代表共商利比亚局势，与会各方承诺实现和解并声明恪守解决利比亚问题的四项原则：维护利比亚主权和领土完整；支持国家机构建设；禁止外国干涉；维持公民国家。但在声明发表不到两周后，图卜鲁格的世俗派力量和的黎波里的宗教势力再次爆发冲突，致使利比亚的政治和解依然遥遥无期。可以预见，权力分配仍是困扰利比亚的核心问题。短期内各派政治力量难以整合，利比亚政府仍会保持当前形式上统一，实质上分裂的状态；政令不出的黎波里的情况仍会继续下去，中央政府仍然难以汲取必要资源进行社会重建。

二、北非地区的安全形势

传统安全与非传统安全交织，国内各类矛盾凸显、冲突频发，极端主义和恐怖主义泛滥，安全不确定性有增无减，致使北非地区安全形势依然严峻。

（一）北非地区的传统安全风险

第一，示威游行、群体性抗议及骚乱频发引起的社会安全风险。阿尔及利亚、埃及、突尼斯和苏丹较为突出，因失业、安全恶化和政府政策失当等引发的规模不等的群体性游行、抗议和骚乱此起彼伏。2016年1—12月，阿尔及利亚发生的抗议和骚乱活动达338次，至少造成20人死亡，数百人受伤；[①] 突尼斯发生692起抗议或骚乱，至少造成33人死亡；[②] 埃及发生共233起示威抗议和骚乱，军警和示威人群冲突至少造成人5人死亡；[③] 苏丹发生的抗议、骚乱和暴力活动（不包括恐怖袭击事件）多达400余起，造成130余人丧生。[④]

[①] Armed Conflict Location & Event Data Project, Algeria (1997-2016), http://www.acleddata.com/data/acled-version-7-1997-2016/，登录时间：2017年2月7日。

[②] Armed Conflict Location & Event Data Project, Tunisia (2016), http://www.acleddata.com/data/acled-version-7-1997-2016/，登录时间：2017年2月7日。

[③] Armed Conflict Location & Event Data Project, Egypt (2016), http://www.acleddata.com/data/acled-version-7-1997-2016/，登录时间：2017年2月7日。

[④] Armed Conflict Location & Event Data Project, Sudan(2016), http://www.acleddata.com/data/acled-version-7-1997-2016/，登录时间：2017年2月8日。

第二，武装暴力冲突不断导致的政治稳定风险。2016年，在埃及、阿尔及利亚、利比亚和突尼斯等国家发生了数百起各类冲突，包括伊斯兰极端组织、不明武装人员或民兵武装与政府武装之间的战斗，部落或氏族冲突，民兵武装之间争夺地盘的冲突，以及边境冲突，等等。2016年埃及政府军与伊斯兰极端组织或不明身份武装人员之间发生的正面武装冲突至少有219次，包括政府军警在内至少有1400人死亡。在阿斯旺省和明亚省发生两起部落冲突，造成10余人死亡。① 阿尔及利亚政府军警与伊斯兰极端组织之间的武装冲突共（不包括军警明确打击恐怖组织的战斗）26起，死亡20余人。② 在2016年度，利比亚各派武装冲突此起彼伏，除政府军和极端组织外，至少还有25个③ 地方武装参与了规模不等的武装冲突，多达400余起，死亡人数至少有2844人。④ 在苏丹，2016年达尔富尔地区全境动荡，政府军、地方民兵武装、伊斯兰极端组织、武装走私分子等各类武装之间的冲突层出不穷，全年约有三十多

---

① Armed Conflict Location & Event Data Project, Egypt (2016), http://www.acleddata.com/data/acled-version-7-1997-2016/，登录时间：2017年2月8日。

② Armed Conflict Location & Event Data Project, Algeria (1997-2016), http://www.acleddata.com/data/acled-version-7-1997-2016/，登录时间：2017年2月8日。

③ 这些地方武装分别是：班加西革命舒拉委员会、利比亚军哈夫塔尔派、塔卜部族民兵武装（Tabu Ethnic Militia）、苏尔曼联合民兵武装（Surman Communal Militia）、兹坦部族民兵武装（Zintan Ethnic Militia）、基克拉联合民兵武装（Kiklah Communal Militia）、坎尼营（Al-Kanni Brigade）、纳贾部族民兵武装（Najaa Ehtnic Militia）、阿基达比亚革命舒拉委员会（Ajdabiya Revelotionaries Shura Council）、阿布 萨里姆营（Abu Salim Brigade）、本纳亚尔部族民兵武装（Ben Nayal Ethnic Militia）、马尔加尼氏族民兵武装（Margahni Clan Militia）、米斯拉塔联合民兵武装（Misratah Communal Militia）、正义与平等运动（Justice and Equality Movement）、卡德哈德法部族民兵武装（Qadhadhfa Ethnic Militia）、萨伯拉塔联合民兵武装（Sabratha Communal Militia）、奥马尔穆克塔尔营（Omar Mukhtar Brigade）、萨哈瓦特部队（Sahawat Forces）、艾哈迈德谢里夫营（Ahmad Al-Sharif Battalion）、扎维亚联合民兵武装（Zawiya Communal Militia）、威尔什法纳联合民兵武装（Weshefana Communal Militia）、吉布里尔 阿巴亚民兵武装（Jibreel Abaya Militia）、巴布 塔旧拉旅（Bab al-Tajoura Brigade）、赫尼什氏族民兵武装（Henish Clan Militia）、奥拉德 苏莱曼部族民兵武装（Awlad Suleiman Ethnic Militia）

④ Armed Conflict Location & Event Data Project, Libya (1997-2016), http://www.acleddata.com/data/acled-version-7-1997-2016/，登录时间：2017年2月8日。

个[1]武装组织在达尔富尔发生了至少249起武装冲突,而仅在苏丹解放运动军、苏丹民族解放运动、正义与平等运动组织之间及其与其他地方民兵之间的冲突,就造成至少3810人死亡。[2] 突尼斯政府军、警部队与伊斯兰极端武装分子、不明身份武装分子等发生37起交火事件,有20余名军警人员被杀。[3]

第三,边境冲突所带来的国家安全风险。2016年北非国家之间还发生了至少一起边境冲突事件。8月28日,在西撒哈拉地区,"波利萨里奥阵线"(The Polisario Front)武装人员越过缓冲区与摩洛哥驻军发生冲突,虽未造成人员伤亡,但使西撒地区一度处于高度紧张状态。

(二)北非地区的非传统安全风险

在非传统安全方面,北非地区长期受到恐怖主义的困扰。2016年度西北非地区受到袭击相对较少,而东北非地区恐怖主义依然泛滥,反恐形势严峻。除毛里塔尼亚和摩洛哥外,其他北非国家均不同程度地受到恐怖袭击。据2016年度全球恐怖主义指数显示,埃及和利比亚进入全球十个最易遭到恐怖袭击的国家名单,而毛里塔尼亚和摩洛哥成为北非地区最为安全的国家。[4]

---

[1] 这些武装组织分别是:苏丹解放运动、苏丹民族解放运动、圣灵抵抗军、阿巴拉部族民兵武装(Abala Ethnic Militia)、萨拉玛特部族民兵武装(Salamat Ethnic Mitilia)、菲拉部族民兵武装(Fella Ethnic Militia)、兹予德部族民兵武装(Al-Ziyud Ethnic Militia)、米塞里亚部族民兵武装(Misseriya Ethnic Militia)、黎扎伊加特部族民兵武装(Rizaygat Ethnic Militia)、玛丽亚部族民兵武装(Maaliya Ethnic Militia)、萨伯赫·哈马尔部族民兵武装(Sabeh Hamar Ethnic Militia)、正义与平等运动、正义与平等联合运动(United Justice and Equality Movement)、丁卡·恩勾克部族民兵武装(Dinka Ngok Ethnic Militia)、努瓦伊巴部族民兵武装(Nuwayba Ethnic Militia)、马萨里特部族民兵武装(Masalit Ethnic Militia)、阿拉伯部族民兵武装(Arab Ethnic Militia)、扎里格联合民兵武装(Zalingei Communal Militia)、瓦迪联合民兵武装(El Wadi Communal Militia)、巴噶拉-穆拉哈林部族民兵武装(Baggara-Murahaleen Ethnic Militia)、土恩古尔部族组织(Tungur Ethnic Group)、卡伯卡比亚联合组织(Kabkabiya Communal Group)、哈巴尼亚部族民兵武装(Habbaniya Ethnic Militia)、玛哈利亚部族民兵武装(Mahariya Ethnic Mitilia)、奥拉德·拉什丹氏族民兵武装(Awlad Rashdan Clan Militia)、基米尔部族民兵武装(Gimir Ethnic Militia)。

[2] Armed Conflict Location & Event Data Project, Sudan (1997-2016), http://www.acleddata.com/data/acled-version-7-1997-2016/,登录时间:2017年2月10日。

[3] Armed Conflict Location & Event Data Project, Tunisia (2016), http://www.acleddata.com/data/acled-version-7-1997-2016/,登录时间:2017年2月10日。

[4] 说明:恐怖主义指数总分10分,得分在1.0分以下,表示没有遭受恐怖袭击或恐袭被提前遏制;得分在1.0分以上,分数越高表明受到恐怖袭击的次数越高,毛里塔尼亚(0.07)、摩洛哥(0.89)、阿尔及利亚(4.28)、突尼斯(4.96)、苏丹(6.6)、利比亚(7.28)、埃及(7.33),资料来源:Global Terrorism Index 2016, https://www.statista.com/statistics/271514/global-terrorism-index/,登录时间:2017年2月10日。

"伊斯兰国"组织和"基地"组织马格里布分支最为活跃,频频发动恐怖袭击。其中,利比亚、埃及和突尼斯成为袭击的重灾区。2016年1—12月,效忠于"伊斯兰国"的"耶路撒冷支持者"(又名"伊斯兰国西奈省")① 在埃及认领的恐怖袭击多达32次,至少造成71人死亡,数百人受伤,② 袭击目标包括天然气管道、工业区、警察、安保人员、外国游客、跨国公司、军事基地和军事检查站等;袭击地点遍及埃及各省,北西奈省仍是重灾区。在利比亚,"伊斯兰国"组织在昔兰尼加地区和的黎波里地区发动的大小不一的恐怖袭击达96起,至少造成255人死亡,数千人受伤。③ 在突尼斯,原来效忠"基地"组织、后来效忠"伊斯兰国"组织的"哈里发战士"(Soldiers of the Caliphate)共制造了17次恐怖袭击,至少造成84人死亡,数百人受伤。④ "基地"组织马格里布分支的"乌克巴·本·纳法营"(Katibat Uqba Ibn Nafi)也在突尼斯制造了2起炸弹袭击事件,造成4名士兵死亡。在阿尔及利亚,"基地"组织马格里布分支认领的恐怖袭击事件为4起,"哈里发战士"认领的恐怖袭击为5起。⑤

除了上述恐怖组织活动外,2016年在北非国家发动恐怖袭击的极端组织还包括:埃及境内有"埃及战士"(恐袭3次)、"人民抵抗阵线"(恐袭2次)、"断箭"(恐袭1次)、"革命旅"(恐袭2次)、哈萨姆运动(恐袭4次)和埃及巴勒斯坦民族运动(恐袭1次);利比亚境内有"伊斯兰教法支持者"(恐袭22次)和福尔克·萨迪萨营(恐袭2次);突尼斯境内有伊斯兰圣战组织"乌克巴·本·纳法营"(1次);⑥ 苏丹境内有"圣灵抵抗军"(1次),等等。

(三)北非地区安全的特点和趋势

第一,北非各国内部社会安全风险总体可控。埃及、阿尔及利亚、苏丹、突尼斯和毛里塔尼亚等国总统选举所引发的国内冲突已经得到控制;摩洛哥深

---

① 注:埃及政府使用"耶路撒冷支持者"或"圣城支持者","西奈省"是该组织2014年10月宣布效忠"伊斯兰国"组织后的自我称谓。

② Armed Conflict Location & Event Data Project, Egypt (1997-2016), http://www.acleddata.com/data/acled-version-7-1997-2016/,登录时间:2017年2月15日。

③ Armed Conflict Location & Event Data Project, Libya (2016), http://www.acleddata.com/data/acled-version-7-1997-2016/,登录时间:2017年2月15日。

④ Armed Conflict Location & Event Data Project, Tunisia, 2016, http://www.acleddata.com/data/acled-version-7-1997-2016/,登录时间:2017年2月16日。

⑤ Armed Conflict Location & Event Data Project, Algeria, 2016, http://www.acleddata.com/data/acled-version-7-1997-2016/,登录时间:2017年2月16日。

⑥ Armed Conflict Location & Event Data Project, Tunisia 2016, http://www.acleddata.com/data/acled-version-7-1997-2016/,登录时间:2017年2月18日。

化政治改革，尤其是议会政治度过了危险期；突尼斯各派政治力量积极参与政治对话，在反恐和经济危机等危及国家安全的问题上能够达成基本共识；利比亚、苏丹等国的内部武装冲突相对严重，但外溢效应有限。另外，随着各国宏观经济好转及政治控制增强（如埃及），由青年人失业率较高、物价飞涨、货币贬值和食品短缺等引起的各国社会抗议或骚乱，也有好转的迹象。

第二，恐怖主义范围不断扩展，意图联手进军萨赫勒地区。在2016年，除埃及、利比亚、突尼斯等恐怖袭击的重灾区外，被誉为西非最安全的塞内加尔遭到了"基地"组织的袭击，另外科特迪瓦的大巴萨姆也遭到袭击。此外，活跃在西非的极端组织"博科圣地"的多名恐怖分子穿越广袤沙漠，从尼日利亚前往利比亚"伊斯兰国"占领区，并联手进军萨赫勒地区。①

第三，极端分子回流的风险上升，突尼斯有可能成为恐怖袭击的重灾区。"伊斯兰国"组织在叙利亚、伊拉克和利比亚失去盘踞之地后，极端分子流散和回流已经不可避免。在2015年，有超过300名摩洛哥人在利比亚训练，部分已回流到摩洛哥并发动恐怖袭击。2016年3月，一批回流武装分子试图袭击摩洛哥政府机构和军事领导人。

突尼斯是面临极端分子回流威胁最为严重的国家。由于军警力量不强、奉行"亲西方"的治国方略、邻国多是恐怖分子的"高产地"（如阿尔及利亚是"基地"组织马格里布分支的发源地和大本营，利比亚是多支恐怖势力的聚集地），加上国内存在高通胀、高失业问题，导致许多青年加入了"伊斯兰国"，部分青年在利比亚参加所谓"圣战"培训后又回流至国内发动恐怖袭击，进而使突尼斯成为"伊斯兰国"的重要兵源地。自"伊斯兰国"组织崛起以来，有数千突尼斯籍公民加入"圣战"，前往叙利亚、利比亚、伊拉克等地，其中年轻人和女性成为主力。据统计，2015年在利比亚有5000多名埃及籍、沙特籍和突尼斯籍"伊斯兰国"极端分子，②在叙利亚和伊拉克的突尼斯籍极端分子有6000多人，③而马格里布地区在叙、伊两国的极端分子人数则高达8000

---

① 刘青海：《非洲安全形势发展的最新态势》，载《东方早报》2016年9月28日。
② Jack Moore, "5000 Foreign Ministers Flock to Libya As ISIS Call for Jihadists," http://europe.newsweek.com/5000-foreign-fighters-flock-libya-isis-call-jihadists-310948?rm=eu，登录时间：2017年2月19日。
③ "Foreign Fighters An Updated Assessment of the Flow of Foreign Fighters into Syria and Iraq," The Soufan Group, December 7, 2015, http://soufangroup.com/wp-content/uploads/2015/12/TSG_ForeignFightersUpdate_FINAL3.pdf，登录时间：2017年2月19日。

人。① 在2016年，突尼斯屡遭"伊斯兰国"分支"哈里发战士"的袭击，恐怖袭击威胁空前严峻（特别是突尼斯和利比亚的交界地带）。2017年1月3日，突尼斯内政部长赫迪·马吉杜卜宣布，截至2016年年底，突尼斯安全部门已把加入"伊斯兰国"组织的2929人定性为恐怖分子，其中约800名恐怖分子已潜回突尼斯，分布在全国各地，以首都地区最多。②

三、北非地区的经济形势

（一）北非国家经济形势总体堪忧

北非国家参与经济全球化的水平和形式大相径庭，还有些国家并未进入全球价值链中，与作为全球经济增长引擎的东亚新兴国家的生产网络联系极为有限。北非国家的经济具有以下常态特征：生产方式落后、中产阶级数量偏少、公共设施严重落后、政治动荡、大学毕业生失业率高居不下、燃料补贴高、社会治理水平低下、绝大多数妇女未就业。③ 在2016年度，北非国家宏观经济的脆弱性和经济形势的严峻性进一步凸显。

阿尔及利亚和利比亚等产油国因国际油价持续下跌，造成收支失衡，出现高赤字率、高失业率和低增长率并存的状况。目前，利比亚石油产量仅恢复到战前的三分之一左右，由于国际油价下跌，其财政赤字率高达42.5%，外汇储备也从2013年的1076亿美元下降到2016年底的430亿美元，④ GDP增长率为-6%，通货膨胀率29.4%，食品通胀率高达34.8%。营商环境指数排名（第188位）和腐败指数排名（第170）继续下跌。⑤ 同样，60%财政收入依赖石油出口的阿尔及利亚，由于石油价格持续下跌，加之本币第纳尔大幅度贬值

---

① Aamna Mohdin, "Foreign Fighters in Iraq and Syria Come from 86 Countries-and Their Numbers Have Doubled," Quartz, https://qz.com/568503/foreign-fighters-in-iraq-and-syria-come-from-86-countries-and-their-numbers-have-doubled/，登录时间：2017年2月19日。

② 刘锴、潘晓菁：《突尼斯称掌握逾2900人的"恐怖分子名单"》，新华网，2017年1月4日，http://news.xinhuanet.com/world/2017-01/04/c_1120239240.htm，登录时间：2017年2月20日。

③ Pietro Ginefra, "Development Strategies and Industrial Policy in North Africa: How to Seize Opportunities," December 16, 2016, http://www.aspeninstitute.it/aspenia-online/article/development-strategies-and-industrial-policy-north-africa-how-seize-opportunities，登录时间：2017年2月22日。

④ Pietro Ginefra, "Development Strategies and Industrial Policy in North Africa: How to Seize Opportunities," December 16, 2016, http://www.aspeninstitute.it/aspenia-online/article/development-strategies-and-industrial-policy-north-africa-how-seize-opportunities，登录时间：2017年2月22日。

⑤ Trading Economics, Libya, http://zh.tradingeconomics.com/libya/indicators，登录时间：2017年2月24日。

(35%),预算赤字严重、收入调节基金大幅缩水、贸易赤字大幅增加。2016年预计全年GDP增长4.6%,实则仅增长2.6%,而财政赤字则飙升至550亿美元(2015年赤字为250亿美元),失业率高达10.5%(青年失业率29.9%),通货膨胀率为8.21%,食品通胀率为7.97%。① 值得提出的是,安全形势与石油价格左右着利比亚未来的经济发展,而阿尔及利亚深受石油价格影响,其经济发展的替代选择有限,当前降低补贴、调低公共部门的投资和运营支出等结构性改革都是权宜之计。②

2016年是埃及2011年"一·二五"革命以来经济最为糟糕的一年,诸多主要经济指标堪忧:货币危机(1美元=14—20埃镑)及汇率不稳定直接导致物价上涨;全年通胀率高达30.2%,食品通胀率37.3%;负债率高,2016—2017年财政年度,埃及公共债务达到3.1万亿埃镑,占到GDP的97%,其中外债为543亿美元,内债为2.496万亿埃镑;财政赤字严重,2016—2017财政年赤字为3195亿埃镑,占GDP的9.8%;外汇储备日益减少,2015—2016财年外汇减少126亿美元;经济改革所需资金缺口大,埃及经济改革预计需要210亿美元。截至2016年10月,埃及向国际货币基金组织借款120亿美元,向世界银行贷款30亿美元,向非洲发展银行贷款15亿美元,向中国国家开发银行借款10亿美元,但仍存在巨大资金缺口;营商环境指数排名徘徊不前,而腐败指数排名急剧下跌(2015年位列第88位,2016年第108位)。③

近几年摩洛哥经济运行相对顺利,2015年GDP增长率4.5%,④ 位列北非国家之首。受欧盟等外部经济疲软的影响,2016年摩洛哥经济形势较为严峻,GDP仅增长1.2%,失业率9.4%(其中青年失业率22.5%),通货膨胀率2.1%,贸易逆差166.89亿道拉姆。⑤ 摩洛哥各行业直到2016年12月份才出现回暖迹象。从国际经济评价来看,摩洛哥未来经济发展仍被看好。据《全球竞争力报告》(2016)显示,摩洛哥在138个国家和地区中竞争力排名第70位,列非

---

① Trading Economics, Algeria, http://zh.tradingeconomics.com/algeria/indicators,登录时间:2017年2月24日。

② 该基金用于弥补赤字,2016年上半年,阿尔及利亚石油税收几乎为零,基金仅剩余25792亿第纳尔,仅够八个月使用。参见裴文明、谭龙:《浅谈阿尔及利亚经济形势对工程项目的影响及应对策略》,载《经营管理者》2016年第11期。

③ Trading Economics, Egypt, http://zh.tradingeconomics.com/egypt/indicators,登录时间:2017年2月26日。

④ 中国驻摩洛哥大使馆经济商务参赞处:"2015年摩洛哥经济情况",http://ma.mofcom.gov.cn/article/ddgk/201608/20160801376064.shtml,登录时间:2017年2月26日。

⑤ Trading Economics, Morocco, http://zh.tradingeconomics.com/morocco/indicators,登录时间:2017年2月28日。

洲大陆第5名，北非地区第1名；从12项经济评估指标来看，摩洛哥在制度、基础设施和宏观经济环境三项指标方面表现良好，分别排西亚北非国家的第1位、第2位和第3位。

突尼斯经济增长不佳。受国内政治形势和安全形势影响，2016年国内生产总值增长率仅为1.2%，国家财政状况面临结构风险，外债比例越来越高，货币持续贬值，物价一直上涨，失业率高达15.5%，贸易逆差122.2亿第纳尔。①

苏丹的经济形势也不容乐观。2016年GDP虽然增长4.9%，但失业率高达20%，贸易逆差4.8亿美元，营商环境（第168位）和腐败指数排名（第170位）继续下跌，是世界上最腐败的国家之一。②

毛里塔尼亚被联合国认定为世界最不发达国家之一，经济结构单一，基础薄弱，铁矿业和渔业是国民经济的两大支柱，外援在国家发展中起重要作用。自2014年阿齐兹连任总统以来，毛里塔尼亚实行经济自由化政策和减贫战略，制定吸引外资的优惠政策，推进市场经济体制改革，加大对农业和基础设施的投入。毛里塔尼亚经济一直保持低速增长状态。2016年国内生产总值增长3.1%，通货膨胀率2.8%，食品通胀率4.5%，贸易逆差79.64亿乌吉亚，竞争力排名上升至第137位，营商环境指数排名较2015年（165）也有所提升（160），但腐败指数排名急剧下跌至第142位（2015年第112位）。③

（二）北非经济的特点和趋势

第一，从各国积极采取的应对措施来看，部分国家的经济宏观向好和微观风险并存。埃及政府加强政权建设，为经济改革创造条件，如2017年初内阁重新改组，重组经济决策团队，推动各项政治和经济改革，彰显了政府促进经济发展的决心。突尼斯新总理及其政府着力打击恐怖主义，努力改善营商环境，恢复和调整经济结构等措施都使该国经济在向好的方向发展。当然，也要清醒地认识到，短时间内北非国家还很难摆脱困扰经济发展的"三高一低"（高失业率、高通胀率、高赤字率和低增长率）的状态。

第二，积极争取国际合作和支持。国际社会对埃及、突尼斯、摩洛哥等国

---

① Trading Economics, Tunisia, http://zh.tradingeconomics.com/tunisia/indicators，登录时间：2017年2月28日。
② Trading Economics, Sudan, http://zh.tradingeconomics.com/sudan/indicators，登录时间：2017年3月2日。
③ Trading Economics, Mauritania, http://zh.tradingeconomics.com/mauritania/indicators，登录时间：2017年3月2日。

经济给予了正面评价和积极支持。如埃及获得国际货币基金组织等外部机构的贷款或援助，并与欧盟、俄罗斯、韩国、日本、中国等开展产能合作，加强与沙特、约旦、厄立特里亚等周边国家合作，国际合作不断深化；突尼斯获得欧盟和美国等西方国家的贷款和援助；摩洛哥获得了海湾阿拉伯国家和中国的支持等。

第三，积极改善国内整体营商环境，但结构性矛盾依然存在。埃及、摩洛哥、突尼斯、阿尔及利亚和毛里塔尼亚等国家整体营商环境虽问题严重，但已有所改善。此外，深层次、结构性矛盾对北非国家经济复苏或发展仍构成长期挑战。

中国的中东外交

刘胜湘　柯炎廷[①]

摘要： 在2016年，中国的中东外交取得了重要成就。1月13日，《中国对阿拉伯国家政策文件》的发布奠定了中国中东外交的基石；1月19日至23日，习近平主席对沙特、埃及、伊朗三国的访问使中国中东外交迈上新台阶；5月12日召开的第七届"中阿合作论坛"部长级会议构成了中国与阿拉伯国家关系发展的助推器。尽管中东局势动荡，然而中国进一步加强了与中东国家在政治领域、投资贸易领域、社会治理领域、安全领域、人文交流领域的全面合作，深化中阿战略合作关系，与中东国家共建"一带一路"，推动中国与中东国家发展战略对接等举措成效显著。中国继续推动政治解决中东热点问题，并首次任命叙利亚问题特使，推动联合国通过了有利于中东和平与稳定的决议。中国已成为中东地区事务的重要参与者，在中东地区发挥着负责任大国的建设性作用。

关键词： 中国中东外交；政治互信；经济合作；人文交流

2016年1月，首个《中国对阿拉伯国家政策文件》发布，奠定了中国中东外交的基石。随着中国国家主席习近平出访中东三国及"中阿合作论坛"部长级会议召开等一系列外交活动的展开，特别是中国提出的"一带一路"倡议受到了更多中东国家的响应，使中国与中东国家在许多领域的合作更加深入，双边关系更加密切，并取得重要合作成果。

一、2016年中国中东外交回顾

在2016年，中国与中东的关系迈入了全面深化发展的新阶段。

[①] 刘胜湘，上海外国语大学中东研究所教授；柯炎廷，中南财经政法大学国际问题研究所研究生。

（一）发布《中国对阿拉伯国家政策文件》

2016年1月，首个《中国对阿拉伯国家政策文件》正式发布，文件包括前言和五个部分，描绘了中阿互利合作的宏伟蓝图。一是回顾和总结了中阿关系发展的历史经验。60年来，从开始建立外交关系到建立全面合作、共同发展的战略合作关系，从在捍卫国家主权和领土完整、争取和维护民族权益中的相互支持到共建"一带一路"，"中阿友好合作在广度和深度上都实现了历史性跨越，成为南南合作典范"。[①] 二是清晰界定了中阿关系的性质。深化全面合作、共同发展的中阿战略合作关系既是对发展中阿双边关系的准确定位，同时也指明了今后发展的努力方向。三是阐述了发展中阿关系的指导原则。始终坚持和平共处五项原则、坚持互利共赢务实合作、坚持多样性发展和交流互鉴、坚持磋商协调、公平正义，在地区、双边和国际事务上加强团结合作，实现合作共赢、共同发展。四是全面规划了中阿互利合作的蓝图。在政治、投资贸易、社会发展、人文交流、和平与安全五大领域明确了合作目标，细化了合作事项，务实全面，路线清晰，可操作性强。五是承诺继续致力于中阿合作论坛的建设和发展，继续加强同阿盟和海合会等阿拉伯区域组织的交往与合作，为中阿关系的长期持续发展提供有力依托、创造有利条件。文件将历史与现实相统一、原则与措施相融合，是新时期发展中阿关系的行动指南。[②]

（二）习近平主席出访中东三国

应沙特阿拉伯国王萨勒曼、埃及总统塞西、伊朗总统鲁哈尼的邀请，习近平主席于2016年1月19日至23日对上述三国进行国事访问。此次出访受到三国的热烈欢迎，获得圆满成功，取得了丰硕成果。

一是会晤了上述三国领导人及区域组织负责人。1月19日，习近平在利雅得会见了沙特阿拉伯国王萨勒曼等政要；20日至21日，习近平会见了埃及总理伊斯梅尔、总统塞西和议长阿里；23日，习近平分别会见了伊朗总统鲁哈尼、最高领袖哈梅内伊和议长拉里贾尼。会晤中双方领导人就双边关系、地区和平、国际合作等诸多问题进行了深入交谈，达成了广泛共识，表达了协作发展、合作共赢的共同愿望。访问期间，习近平主席还会见了海湾阿拉伯国家合作委员会秘书长扎耶尼、伊斯兰合作组织秘书长伊亚德和阿盟秘书长阿拉比。

---

① 《中国对阿拉伯国家政策文件》，载《人民日报》2016年1月14日。
② 王毅：《携手共创中阿关系更加美好的未来》，载《人民日报》2016年1月14日。

这些组织的负责人都赞成同中国建立更加紧密的联系,进一步提升与中国的双边战略关系。

二是与三国签订了52项合作文件。中沙签署了《中华人民共和国和沙特阿拉伯王国关于建立全面战略伙伴关系的联合说明》等14项合作文件;中埃签署了《中华人民共和国政府和阿拉伯埃及共和国关于加强两国全面战略伙伴关系的五年实施纲要》等21项合作文件;中伊签署了《中华人民共和国和伊朗伊斯兰共和国关于建立全面战略伙伴关系的联合说明》等17项合作文件,这些合作文件涵盖了双边关系定位、经贸合作、人文交流等诸多领域,极大拓展了双方交流合作的广度与深度。[1]

三是出席了四十多场活动。在五天的访问中,习近平主席还出席了中沙延布炼油厂投产启动仪式、中埃建交60周年暨2016年中埃文化年开幕式和苏伊士经贸合作区二期揭牌仪式;习近平主席还访问了阿盟总部并发表重要演讲。这些活动充分展现了大国元首的风范,拉近了与三国人民的感情,表达了与三国发展世代友好关系的意愿。

(三)中国—阿拉伯国家合作论坛第七届部长级会议

2016年5月12日,中国—阿拉伯国家合作论坛第七届部长级会议在卡塔尔多哈举行,外交部长王毅率团出席会议。双方进行了深入磋商,探讨了如何加强和深化经济、社会和文化等领域的合作,签署了《多哈宣言》和《2016年至2018年行动执行计划》两项重要文件。《多哈宣言》的主要内容有:中阿双方表示以和平共处五项原则处理双边关系,尊重各国主权独立、领土完整,强调在涉及对方核心重大利益的问题上相互支持,反对任何形式的恐怖主义;加强经贸合作机制,深化在贸易投资、金融环保、人才培养等领域的战略合作关系;促进中阿双方人文、社会、新闻等方面的交流及双方文明的对话。拥有22个成员的阿盟还宣布支持中国在南海问题上的立场。《2016年至2018年行动执行计划》重申继续加强中阿合作论坛机制建设,全面推进包括18大类36个领域的合作,进一步提升中阿"全面合作、共同发展"的战略合作关系水平。[2] 第七届部长级会议有利于中阿共建"'一带一路',完善'1+2+3'合作

---

[1]《共叙友好,共话合作,共谋发展——习近平主席访问沙特、埃及、伊朗和阿盟总部成果丰硕意义重大》,载《人民日报》,2016年1月25日。

[2]《王毅谈中阿合作论坛第七届部长级会议成果》,http://news.xinhuanet.com/world/2016-05/13/c_128979221.htm。

(四)中国与海合会举行三轮自由贸易协定谈判

2016年1月17日,中国与海湾阿拉伯国家合作委员会恢复了2004年开启的自由贸易协定谈判。5月8日至10日,中国—海湾阿拉伯国家合作委员会第七轮自贸协定谈判在广州举行。商务部副部长王受文和海合会自贸谈判总协调人——沙特财政副大臣巴兹分别率代表团出席谈判。② 12月19日,第九轮自贸协定谈判在沙特首都利雅得举行。在为期三天的谈判中,中国与海合会就服务贸易、投资、电子商务以及货物贸易等遗留问题进行了深层次的交流。③ 中海自由贸易协定谈判有利于进一步加强双边贸易关系。中国是海合会第二大贸易伙伴,海合会是中国第九大贸易伙伴。在全球经济不景气的背景下,2015年双方贸易额突破了1300亿美元。中海双边自由贸易协定如果达成将是"第二个中国与区域组织商签的自由贸易安排"。④

(五)借助G20机制密切双边关系

2016年9月4日至5日,第11届二十国集团领导人峰会在杭州举行。沙特和土耳其作为G20成员国参会,埃及作为特邀嘉宾国与会。9月3日,习近平主席会见了出席会议的土耳其总统埃尔多安。习近平主席充分肯定了中土两国双边关系发展所取得的可喜成果,表示愿同土方一道努力,推动中土战略合作关系得到更大发展。埃尔多安希望与中方加强在更多领域的合作,进一步拓宽第三方市场。会见后,两国元首见证了能源、检验检疫等领域合作文件的签署。⑤ 9月4日,习近平主席会见了参加峰会的埃及总统塞西。习近平强调,中方高度重视中埃关系,要将两国经贸合作落到实处,推动重点合作项目早日实施。塞西表示,埃方愿加强与中方在更多领域的合作,不断推动埃中关系取得新进展。

---

① 《中阿合作论坛第七届部长级会议在多哈闭幕》,http://news.xinhuanet.com/world/2016-05/13/c_1118857504.htm。
② 《中国与海合会第七轮自贸协定谈判举行》,http://world.people.com.cn/n1/2016/0513/c1002-28346806.html。
③ 《"一带一路"推动中阿合作升级》,载《人民日报》,2016年12月22日。
④ 《中国与海合会将启动新一轮自贸协定谈判》,http://www.chinanews.com/cj/2016/12-17/8096911.shtml。
⑤ 《习近平会见土耳其总统埃尔多安》,载《人民日报》2016年9月4日。

二、中国中东外交的主要成就

（一）传统友好关系再上台阶

中国与中东国家友谊源远流长。两千多年以来，陆上、海上丝绸之路一直把中国与中东连接在一起。在2016年，双方高层互访频繁，政治互信加强，民间交流加深，双边传统友好关系更加紧密。

高层互访更加频繁。在2016年，除习近平主席对中东三国进行国事访问以外，中国其他领导人也多次对中东国家进行友好访问。国务院副总理刘延东于3月25日至31日对埃及、以色列、巴勒斯坦进行正式访问；全国人大常委会委员长张德江于9月19日至22日对以色列进行正式友好访问；11月5日，土耳其总统埃尔多安在伊斯坦布尔会见了在土访问并主持中土政府间合作委员会首次会议的国务院副总理汪洋。2017年3月，沙特国王萨勒曼和以色列总理内塔尼亚胡相继访华，密切了双边高层往来。除双方领导人互访外，双方部长级访问也随着全年的各种论坛和会议而相继展开。王毅外长于4月27日在京会见来华出席亚洲相互协作与信任措施会议第五次外长会议的巴勒斯坦外长马勒基和土耳其外长恰武什奥卢；应突尼斯共和国外交部长杰希纳维邀请，外交部长王毅于5月13日至14日对突尼斯进行正式访问。

政治互信进一步加强。在习近平主席访问中东三国期间，中国与沙特阿拉伯和伊朗签订了关于建立全面战略合作伙伴关系的联合声明，提升了双方之间的伙伴关系等级；与埃及签订的文件则加强了双边的全面战略合作伙伴关系。在此次访问期间，中方表示支持中东人民独立自主选择自身政治制度和发展道路的权利，反对以任何名义干涉中东国家事务，支持中东各国政府在打击恐怖主义、维护本国及其周边地区安全稳定等方面所作出的努力。沙特、埃及和伊朗三国同样强调将继续坚定奉行"一个中国"原则，台湾是中国不可分割的一部分，支持中方在涉及中国主权和领土完整问题上的立场，支持中国实现统一，反对外部势力干涉中国内政。中国—阿拉伯国家合作论坛第七届部长级会议签订的《多哈宣言》强调，阿拉伯国家支持中国同相关国家根据双边协议和地区有关共识，通过友好磋商和谈判，和平解决领土和海洋争议问题；强调应尊重主权国家及《联合国海洋法公约》缔约国享有的自主选择争端解决方式的权利。[①]

[①] 《王毅谈中阿合作论坛第七届部长级会议成果》，http://news.china.com.cn/rollnews/news/live/2016-05/13/content_36047140.htm。

民间交流越发广泛。中国与中东国家的来往已有几千年的历史，双方的文化交流也比较频繁。中国与中东国家在2016年展开了丰富多彩的民间交流活动。习近平主席在出访中东三国期间，就中国与沙特、埃及和伊朗三国进一步加强文化交流进行了讨论。双方表示鼓励两国民间文化交流，支持在新闻、教育、科研等领域的务实合作，积极参与对方所举行的文化活动，在文化、体育等领域相互交流学习与合作，以此增进两国人民的沟通与友谊。中国与沙特两国的专家学者在习主席出访期间参加了利雅得举办的"中国与沙特及海湾国家能源合作"研讨会。习近平主席出访埃及正值中埃建交60周年，中国驻埃及使馆与埃及视频制作公司联合推出的中埃关系形象片于1月6日在开罗首映，数十位中埃媒体代表参加了首映式。"2016中埃文化年新闻发布会"也相继在北京国家大剧院和埃及国家档案馆举行。双方计划2016年全年举办包括文化艺术、旅游教育、新闻出版广电、青年体育、文物档案、友城交流等在内的活动共计102场，其中中方举办63场，埃方举办39场。[①] 除此之外，中国与中东国家还相继举办了多场论坛，提升双方的民间文化交流。8月3日，中阿合作论坛第三届中国艺术节在突尼斯开幕，来自北京、四川等地的80多名演员参加演出。[②] 8月23日，"丝绸之路经济带建设与中伊友好交流合作"论坛在伊朗首都德黑兰举行，中伊两国专家学者就"一带一路"建设中经贸往来、人文交流等议题进行了深入的研讨。[③]

（二）经贸合作关系日益加强

政府推动力度加大。习近平主席在访问中东三国期间与三国分别签订了共同推进"丝绸之路经济带"和"21世纪海上丝绸之路"建设的谅解备忘录。习近平主席访问期间与沙特就进一步加强在石油能源领域的合作进行了协商，宣布帮助埃方建设能够真正提振经济的产能项目，与伊朗签署《中华人民共和国国家发展和改革委员会与伊朗伊斯兰共和国工业、矿产和贸易部关于加强产能、矿产和投资合作的谅解备忘录》等文件。在双方高层互访中，中东各国纷纷表示支持中国为推动"一带一路"建设所做出的努力，并将积极参与"一带一路"建设。

合作领域进一步拓宽。在2016年，中国与中东的经贸合作领域不断拓

[①]《2016中埃文化年新闻发布会在京举行》，载《人民日报》2016年1月12日。
[②]《中阿合作论坛第三届中国艺术节在突尼斯举办》，载《人民日报》2016年8月6日。
[③]《"丝绸之路经济带建设与中伊友好交流合作"论坛在伊朗举行》，载《人民日报》2016年8月24日。

宽。习近平出访期间，中国与沙特、埃及、伊朗三国共签订了五十多项合作文件，包含能源、经贸、金融、通信以及航空航天等诸多领域，使得中国与中东国家的经贸合作迈上了一个新的高度。①《中国对阿拉伯国家政策文件》提出中阿要共建"一带一路"，构建以能源合作为主轴，以基础设施建设、贸易和投资便利化为两翼，以核能、航天卫星、新能源三大高新领域为突破口的"1+2+3"合作格局。②例如，中埃苏伊士经贸合作区二期的揭牌，将引进包括纺织服装、石油装备、太阳能等一百多家企业，可以为埃及创造出超过1万个就业机会。③而在开罗举行的"2016中国—阿拉伯国家博览会走进埃及"活动中，一项重要内容就是"中国（宁夏）—埃及投资贸易洽谈会"，超过50家涵盖农业、卫生、食品、文化等领域的企业参与了此次洽谈会。④

经贸合作趋热。习近平主席在阿盟总部演讲时表示："中方愿同阿方探索'石油、贷款、工程'一揽子合作模式，参与中东工业园区建设，启动中阿科技伙伴计划，设立150亿美元的中东工业化专项贷款，分别向中东国家提供100亿美元商业性贷款和100亿美元优惠性质贷款，同阿联酋、卡塔尔设立共计200亿美元共同投资基金……"⑤习主席访沙特期间，中国商务部与海合会秘书处共同宣布恢复了自由贸易协定的谈判，并计划在一年内达成一份确实可行的协定。协议虽然尚未达成，但双方在各领域的谈判都取得了积极的进展。在习近平主席访问埃及期间，中埃双方企业签署12项贸易协定，合同金额达到6040万美元，涉及橄榄油、水果、医疗器械、金属制品、化工材料、大理石荒料和纺织原料等埃方优势行业。⑥中国建筑股份有限公司表示已成功签约总额约为27亿美元的埃及新首都建设项目，这是我国推进"一带一路"建设的又一重要项目。国家电网公司也与埃及电力与新能源部签署了埃及EETC500千伏输电线路项目合同。在中国—阿拉伯国家合作论坛第七届部长级会议之前，中国在阿拉伯国家新签工程承包合同金额达646亿美元，双方在

---

① 《共叙友好，共话合作，共谋发展——习近平主席访问沙特、埃及、伊朗和阿盟总部成果丰硕意义重大》，载《人民日报》，2016年1月25日。
② 《"中东之问"的中国答案——解读习近平主席阿盟总部演讲》，载《人民日报》2016年1月24日。
③ 《迈向共同发展新征程——国家主席习近平访问沙特、埃及、伊朗综述》，载《人民日报》2016年1月25日。
④ 《互补优势明显，蕴藏大量商机，中埃经贸往来势头向好》，载《人民日报》2016年6月6日。
⑤ 《"中东之问"的中国答案——解读习近平主席阿盟总部演讲》，载《人民日报》，2016年1月24日。
⑥ 《中埃企业签署超6000万美元贸易协定》，载《解放军报》2016年1月21日。

产能对接、石油炼化、港口基建等领域均有重大合作项目。①埃及等7个阿拉伯国家成为亚洲基础设施投资银行创始成员，中阿成立了总额200亿美元的共同投资基金。中国已是阿盟的第二大贸易伙伴，也是其中10个阿拉伯国家的最大贸易伙伴。②

（三）安全合作关系不断深化

维护地区安全稳定达成新共识。《中国对阿拉伯国家政策文件》倡导在中东实践共同、综合、合作、可持续的安全观，支持阿拉伯和地区国家建设包容、共享的地区集体合作安全机制，实现中东长治久安与繁荣发展。在习近平访问中东国家期间，中国与沙特双方表示共同防止各类大规模杀伤性武器在中东地区的扩散，支持根据有关国际决议，使中东地区成为无核武器及其他大规模杀伤性武器区。中国与埃及希望继续加强在军事领域的交流，扩大在军事装备与联合训练方面的合作。中方和伊朗双方强调要加强双方军队及防务部门的交流，在反恐、情报交流和装备技术等领域进行合作。2016年4月1日，习近平在华盛顿出席伊朗核问题六国机制领导人会议并发表重要讲话。习近平主席强调，加强全球的安全治理刻不容缓，而对话谈判是解决热点问题的最佳选择，大国协调是有效途径。中国始终是伊朗核问题解决进程的积极参与者、推动者、贡献者。③中国在解决伊朗核问题的过程中起到了不可或缺的作用，不仅是在促进和谈方面，而且也为阿拉克重水反应堆的改造做出了技术贡献。

在地区热点问题上贡献中国智慧。在中东地区，最突出的问题就是巴以冲突及叙利亚问题。在处理这些地区问题时，中国在多次会议上贡献了中国智慧及中国方案。2016年6月3日，支持中东和平倡议外长会议在巴黎举行，中国外长王毅出席会议并表示，巴以问题是中东的一大根源性问题，不能将其边缘化。中方坚持主张"三个停止"和"三个探索"，也就是停止暴力冲突、停止扩建定居点、停止对加沙的封锁，以及探索更大范围促和努力、探索和谈后续跟进措施、探索建立和平激励机制。④习近平主席在阿盟总部发表演讲时承诺，中国向巴勒斯坦提供5000万元人民币的无偿援助，向叙利亚、约旦、黎

---

① 《共建"一带一路"，深化中阿战略合作——写在中阿合作论坛第七届部长级会议召开之际》，载《人民日报》，2016年5月11日。
② 同上。
③ 《习近平出席伊朗核问题六国机制领导人会议》，载《人民日报》2016年4月2日。
④ 《支持中东和平倡议外长会在巴黎举行》，载《人民日报》，2016年6月4日。

巴嫩、利比亚、也门人民提供2.3亿元人民币的人道主义援助。① 中国还积极为政治解决叙利亚问题创造条件。2016年1月7日,中国外长王毅在北京会见了应中国人民外交学会邀请访华的叙利亚反对派组织——"反对派和革命力量全国联盟"主席胡杰一行。王毅表示,联合国安理会通过的2254号决议,明确了推进叙问题政治解决的大方向,中方希望叙利亚国内分歧双方抓住机遇,支持联合国的促和努力,从现实出发,争取早日达成和平共识。② 3月底,中国任命解晓岩出任叙利亚问题特使,充分显示了中国对叙利亚问题的重视。9月21日,王毅参加了联合国安理会关于叙利亚问题高级别会议并发言。王毅表示,希望各方从政治方面解决问题,通过和谈减小分歧,"兼顾各方利益,寻求持久、可持续的解决方案;坚持标本兼治,改善民生,培育宽容文化,努力和谐共处;坚持多边主义,发挥联合国及其安理会主渠道作用,其他力量要秉持公正客观立场。""作为联合国安理会常任理事国,中国将继续履行我们的责任,为实现中东和平与安全发挥应尽的作用。"③

三、未来中国中东外交展望

今后中国将以《中国对阿拉伯国家政策文件》为基础,以习近平主席提出的打造"人类命运共同体"和"一带一路"倡议为指导,发展与中东国家的外交关系,并为推动中东和平与发展发挥建设性作用。

(一)继续落实元首访问达成的共识

习近平主席在出访期间与沙特、埃及与伊朗三国在各个领域签订了多项文件,未来中国将以文件为指导,与中东三国进一步开展合作。今后中国将更多地与中东国家进行高层互访,提升与更多中东国家的战略合作关系,进一步增强政治互信,加强政策沟通。

在习近平主席访问期间,中国与中东三国达成了许多合作框架,双方有关部门应在此基础上加强沟通,为进一步深化合作创造条件。习近平主席在访问

---

① 《"中东之问"的中国答案——解读习近平主席阿盟总部演讲》,载《人民日报》2016年1月24日。
② 《王毅会见叙利亚反对派"全国联盟"主席》,http://news.xinhuanet.com/world/2016-01/07/c_1117705828.htm。
③ 《外交部长王毅出席联合国安理会叙利亚问题高级别会议》,http://www.fmprc.gov.cn/web/wjbzhd/t1399818.shtml。

阿盟总部时承诺，中国将与阿拉伯国家实施"百千万"工程，即开展100部中阿典籍互译，提供1000个阿拉伯青年领袖培训名额，提供1万个奖学金名额和1万个培训名额，落实1万名中阿艺术家互访，建立中阿改革发展研究中心。[①]在接下来的时间里，中阿需要继续落实这项工程，争取早日取得成果。

（二）持续推动"一带一路"建设

由于所处位置的特殊性，中东是"一带一路"建设的重要板块。习近平主席表示，中国提出的"一带一路"倡议不仅仅是修路架桥，不只是平面化和单线条的联通，而是全方位、立体化、网络状的大联通，是生机勃勃、群策群力的开放系统。[②]中国期待沿线国家加入并与"一带一路"实现战略对接，开展互利互惠的合作，促进双方的共同发展。因此，中国在今后要继续加强与"一带一路"沿线中东国家的合作，充分发挥各国的特色产业优势，拓宽与沿线中东国家的合作领域。

（三）促进中东和平进程

巴以问题是中东问题的核心，但始终没有找到一个很好的出路。中国一贯主张支持建立以1967年边界为基础、以东耶路撒冷为首都、享有完全主权的独立的巴勒斯坦国。巴以问题一直得不到妥善的解决并且越来越边缘化，主要是因为原有的促和机制已经无法起到有效作用。中国在处理巴以问题时，应该积极提出顺应时代形势发展的"中国方案"。

[①] 《迈向共同发展新征程——国家主席习近平访问沙特、埃及、伊朗综述》，载《人民日报》2016年1月25日。

[②] 中共中央宣传部：《习近平总书记系列重要讲话读本》，北京：人民出版社2016版，第267页。

第二部分
中东主要国家发展报告

沙特阿拉伯的政治、经济与对外关系

丁 俊[①]

摘要：2016年沙特阿拉伯的内政外交面临多重危机与挑战。在政治方面，尽管萨勒曼国王自2015年继位以来持续整饬朝政、改组政府、更换朝臣，较为顺利地完成了高层人事安排，但王室内部不同派系间的权力之争依然存在，政权稳定性潜藏诸多危机，局部地区族群、教派矛盾突出，恐怖主义威胁加剧，国家安全形势严峻。在经济方面，由于国际油价持续走低，使得长期以石油收入为支柱的沙特经济面临空前压力，贫富差距拉大，失业率居高不下。沙特王室于2016年4月发布了"2030愿景"规划，力图全面调整经济结构，但规划过于宏大，短期内恐难有显著成效。在外交方面，由于周边形势持续动荡，特别是与邻国伊朗关系恶化，对峙加剧，加之深陷也门、叙利亚危机，使得沙特谋求中东地区大国地位的雄心受挫，诸多方面力有不逮，与传统盟友美国关系日趋疏远，其外交亮点之一是"向东看"趋势进一步加强，特别是与中国深化合作的意愿日益强烈。

关键词：沙特阿拉伯；政治形势；经济形势；对外关系

一、2016年沙特的政治形势

（一）政府机构大幅调整改组，王室权力重心开始转移

自2015年继位以来，沙特阿拉伯（下文简称沙特）国王萨勒曼持续整饬朝政，改组政府，更换朝臣，排除异己，较为顺利地完成了高层人事安排。在萨勒曼国王新的人事安排和布局中，最为引人注目的是委任自己的儿子穆罕默德·本·萨勒曼担任副王储兼国防大臣、经济与发展委员会主席，全面掌控国

[①] 丁俊，上海外国语大学中东研究所教授。

家政治、经济和军事大权，此举被视为沙特政治权力重心开始由王室第二代向第三代过渡的标志。2016年4月，副王储穆罕默德·本·萨勒曼亲自发布沙特"2030愿景"规划，显示出他将作为沙特王室位高权重的核心人物，掌控沙特未来改革与发展方向的雄心，使沙特朝政有望逐步摆脱长期以来的"老人政治"生态。

在"2030愿景"发布后不久，萨勒曼国王于2016年5月发布昭令，再度大幅改组政府机构，调整人事任免，进行第二轮朝臣大洗牌。在这次改组中，原石油和矿产资源部改组为能源、工业和矿产资源部；原水电部撤销，成立环境、水利和农业部；原工商部改为贸易和投资部；原劳工部和社会事务部合并为劳工和社会发展部；国家民航总局被并入运输部。在人事调整中，原石油大臣、卫生大臣、运输大臣、朝觐事务大臣、央行行长等均被更换，其中最为引人关注的是，沙特国家石油公司董事长哈立德·法利赫接替履职二十多年的石油大臣阿里·纳伊米，出任新组建的能源、工业和矿产资源部大臣。哈立德·法利赫于2015年刚刚担任卫生大臣，2016年又移职更重要的能源、工业和矿产资源部，足见其深得国王赏识和信任。阿里·纳伊米于1995年出任石油大臣以来，一直是国际石油市场上的风云人物，他的离职或与其石油政策主张与副王储穆罕默德·本·萨勒曼存在分歧有关，去职后的阿里·纳伊米被安排担任阿卜杜拉国王科技大学理事会主席一职。舆论认为，这位石油重臣的离职或将标志着能源领域一个时代的终结，国际能源市场普遍关注沙特未来石油战略的走向，以及由此而可能导致的相关政治震荡与政策变化。

萨勒曼国王有关政府机构改组及朝臣任免的一系列举措，既是为有效推进国家改革发展，特别是实施"2030愿景"规划铺路架桥，也意在确立以副王储穆罕默德·本·萨勒曼为核心的权力中心，实现王室权力重心由第二代向第三代的平稳过渡。在沙特王国的政治生活中，这些改革举措无疑具有重要意义和深远影响。然而，萨勒曼国王的改革举措也触及不少高层权贵的利益，因此其新政并未获得王室上下的一致认同和拥戴，甚至被指责昏庸无能，理政乏术，任人唯亲，培植亲信。且不说这些举措能否有效推进国家改革，仅就派系权力斗争激烈的沙特王室而言，如此大规模的人事变动无疑为未来的宫廷争斗埋下了隐患。况且萨勒曼国王本人已年逾八旬，身体健康每况愈下，加之近年来沙特政教关系紧张，宗教界对王室长期以来的腐败现象及其奉行的依附美国的政策颇为不满。因此，沙特王室政权的稳定性仍潜藏着诸多危机。

（二）暴力恐怖威胁加剧，国家安全形势严峻

在2016年，沙特社会矛盾增多，局部地区教派矛盾及族群矛盾突出，暴力恐怖活动频发，国家安全形势日益严峻。2月29日，沙特东部地区一座什叶派清真寺遭自杀式炸弹袭击，造成2名平民遇难、7人受伤。自2015年以来，沙特东部地区的什叶派清真寺屡遭极端组织"伊斯兰国"的恐怖袭击；7月4日，在伊斯兰教斋月即将结束之际，沙特的吉达、盖提夫和麦地那三个城市遭遇恐怖袭击。盖提夫的袭击发生在一座什叶派清真寺附近的停车场，一辆汽车被摧毁，爆炸现场发现有人体残骸。吉达的袭击发生在美国驻沙特总领事馆附近，一名自杀式袭击者在试图闯入总领馆时被安全人员拦截，袭击者随即引爆身上的爆炸物并当场被炸身亡，另有两名安全人员被炸伤。麦地那的爆炸袭击发生在著名的先知清真寺附近，导致4名保安人员死亡，5人受伤。沙特在同一天遭遇三起连环恐怖袭击，且袭击目标中还包括圣地麦地那的先知清真寺，足见沙特恐怖威胁的严重程度。沙特政府强烈谴责这次恐怖袭击事件，斥责袭击者是伊斯兰教的公敌，萨勒曼国王誓言要与恐怖主义战斗到底。据沙特官方统计，2016年沙特全境遭遇的恐怖袭击数量高达34起，政府共发起了8次反恐行动，成功摧毁了12起恐怖袭击阴谋，逮捕"伊斯兰国"的恐怖分子190人。[①]

沙特频遭恐怖袭击，与其周边地区及国内安全形势持续恶化密切相关。2016年以来，由于国际社会合力反恐力度不断加强，特别是对盘踞于叙利亚、伊拉克境内的极端组织"伊斯兰国"打击力度加强，使得该组织开始面临节节溃败、人员外逃的危机，其恐怖威胁也随之外溢，沙特、土耳其、埃及等中东国家成为"伊斯兰国"外溢人员首当其冲的攻击目标；与此同时，"基地"组织等其他恐怖组织以也门等地为据点，不断对沙特进行渗透，伺机发动恐袭；此外，沙特本土长期存在的宗教宗派主义与极端主义思潮，也日益成为滋生恐怖主义的温床，对沙特的社会稳定构成威胁。

恐怖主义是人类社会的公敌，有效反对恐怖主义，不仅需要国际社会共同合作，齐心协力，而且需要摒弃反恐的双重标准，采取标本兼治的政策。显然，沙特面临的恐怖主义威胁日趋严重，反恐维稳任务异常艰巨，要有效打击并彻底根除恐怖主义威胁，沙特还需要进一步加强与国际社会特别是与周边国

---

① 《2016年沙特遭遇恐怖袭击34起》，中华人民共和国驻吉达经济商务室网站，http://jedda.mofcom.gov.cn/article/jmxw/201701/20170102499505.shtml，登录时间：2017年2月28日。

家的合作，在运用军事手段打击恐怖主义势力的同时，更需要高度重视思想文化建设，旗帜鲜明地反对各种极端主义和宗派主义，大力弘扬伊斯兰教的和平精神，恪守中正之道，稳步推进政治改革，维护社会正义，反腐倡廉，抑恶扬善，铲除滋生恐怖主义的社会土壤与精神温床。

二、2016年沙特的经济形势

（一）石油经济面临空前压力

自2014年以来，由于"国际石油价格不断下跌，并在2016年2月跌破30美元/桶，导致沙特财政收入大幅减少，财政危机日趋严重。在严重依赖石油的沙特这类国家，油价低迷极易滋生财政危机乃至政治危机。"[①] 持续的低油价使沙特经济运行承受空前压力，除了石油收入锐减之外，由于深陷也门及叙利亚危机，对也门的军事行动耗资高昂，对叙利亚反对派的援助及对叙利亚难民的人道救助数额也大幅攀升，使得沙特在2016年的财政开支不堪重负，失业率居高不下，贫富差距拉大。因此，向来阔绰的沙特也被迫开源节流。2016年9月26日，萨勒曼国王下令大幅削减王室成员及政府官员的工资和福利，其中部长级官员降薪高达20%，国家最高咨政机构沙特协商会议成员的福利也被削减15%，涉及四年任期内的住宅、汽车和燃油等诸多方面的福利待遇。[②] 沙特内阁还要求，在2016财政年度结束前，所有由政府支付报酬的工作领域不得再新增雇员，在政府部门工作的外籍人在非必要的情况下也不再续约。事实上，自2014年油价暴跌以来，沙特就一直在努力控制和压缩政府开支，但削减王室高官及公共部门人员的薪资尚属首次，由此可见沙特经济面临的巨大压力。

自叙利亚危机爆发以来，难民危机日益严重，沙特在救助难民方面捐助了大量资金。除资金捐助外，沙特还通过多种方式收留难民，自叙利亚国内冲突爆发以来，沙特已陆续接收大约250万叙利亚难民，其各类公立学校已接收10万多名叙利亚籍学生。此外，沙特还为约旦、黎巴嫩等国的叙利亚难民提供了经济援助。据统计，沙特为叙利亚难民提供的援助总额已达7亿美元。但由于石油经济的持续低迷及叙利亚难民危机不断加剧，使沙特在救助叙利亚难民方

---

① 刘中民、王然：《沙特的石油不减产政策与国际能源新格局》，载《现代国际关系》2016年第5期。
② 沙特通讯社新闻：《国王颁令削减朝臣薪资》，http://www.ajel.sa/local/1792306，登录时间：2017年2月20日。

面也日益感到力不从心,以致从民间募集捐款。2016年12月27日,萨勒曼国王发起全国为叙利亚难民捐款的大型募捐活动,国王带头捐资2000万沙币。①在国际及地区人道救助方面,沙特政府向来出手大方,但由国王亲自带头发起全国性的民间募捐活动在过去并不多见,这也从一个侧面反映了沙特经济拮据、捉襟见肘的窘境。总体来看,2016年沙特经济运行压力增大,经济增速进一步趋缓。据沙特官方统计,2016的增长率降至1.4%,远低于过去12年4%的平均增长率。

(二)"2030愿景"描绘经济改革蓝图

2016年4月25日,沙特发布一项庞大的经济改革计划——"2030愿景"(Vision 2030)规划,力图全方位推进经济结构的调整与改革。"愿景"将"阿拉伯伊斯兰世界的心脏"、"全球性投资强国"、"连接亚非欧三大洲的枢纽"确立为沙特发展的三大支柱性目标,以"活力社会"、"繁荣经济"、"雄心国家"为三大发展主轴,描绘未来15年间沙特经济变革的宏伟蓝图,旨在使沙特逐步减少对石油的依赖,进而摆脱长期以来单一石油经济对国家发展的困扰与制约,致力于实现经济产业的多元化发展与全面可持续发展。主持国家经济工作的副王储穆罕默德·本·萨勒曼在发布"愿景"规划时充满信心的宣称:"到2030年,我们将不再依赖石油!"

"愿景"规划强调,未来15年沙特将大力发展金融投资业、房地产业、民用工业和军事工业、旅游业、娱乐业、体育、医疗卫生、水利、采矿、环保等诸多领域的非石油产业,推进国家经济转型。"愿景"规划提出了一系列重大举措,设定了一系列宏大的发展目标和具体指标:至2030年,沙特经济总量从2015年的世界第19大经济体提升为第15大经济体;非石油出口占国内生产总值的比例从16%提高至50%;非石油收入从目前的1630亿里亚尔提高到1万亿里亚尔;外国直接投资占GDP的比例从3.8%提升至5.7%;私营企业对GDP的贡献率从40%提高至65%;中小型企业对国内生产总值的贡献率从20%提升至35%;全球竞争力指数排名从第25位提升至第10位;社会资本指数排名从第26位提升至第10位;石油和天然气产业的本土化程度从40%提高到75%;通过出售阿美石油公司股份等方式,使沙特公共投资基金扩大至2万亿美元,成为全球最大的主权财富基金;大力发展军工产业,使其能承接本国50%的军

---

① 沙特《利雅得报》新闻:《萨勒曼国王号召国民为救助叙利亚难民捐款》,http://www.alriyadh.com/1558257,登录时间:2017年2月22日。

需支出；加大人力资源开发力度，不断提高就业率，特别要提高妇女就业率，至2020年新增就业岗位100万个，失业率从目前的11.6%降至7%，妇女在劳动力市场的参与率从22%提升至30%；在人口密集区实现90%的高速宽带覆盖率，在郊区实现66%的覆盖率；政府效能指数全球排名从第80位提升至第20位；电子政务调查指数全球排名从第36位提升至第5名；至2020年现代贸易和电子商务在零售业中的比例提高到80%；居民拥有自住房的家庭比例从目前的47%提升到52%；发展文体事业与娱乐业，至2020年建立450个专业化业余俱乐部，提供各类文体活动服务，家庭文娱支出占比从2.9%提高到2030年的6%；居民每周至少进行一次体育锻炼的人口比例从13%提升至40%；国民平均寿命从目前的74岁提高至80岁；通过远程教育的方式，在2020年前对50万名政府职员进行培训；到2030年，至少要有5所沙特大学跻身世界大学排名前200名；要进一步扩建麦加、麦地那两大圣地的基础设施，大幅提升朝觐接待能力，使前来两圣地的外国穆斯林朝觐者人数由2015年的每年800万人次提升至2020年的每年1500万人次、2030年的每年3000万人次[①]……等等。

"2030愿景"是一项雄心勃勃的庞大经济改革规划，同时涉及社会、文化、宗教以及政府管理等领域的变革与维新，强调要倡导包容开放、敬业进取的价值理念，恪守伊斯兰文明的中正之道，建设高效、透明、负责、廉洁的政府管理机制，营造良好的社会环境与投资环境，表明沙特王室已经深刻认识到国家在经济、社会发展中存在的重大危机以及实施改革的必要性和迫切性。

（三）经济转型任重道远

"2030愿景"的出台显示出沙特王室致力于改革与发展的勃勃雄心，标志着这个中东石油王国已经吹起了强劲的改革之风，这在动荡不定的中东地区无疑具有重大意义。沙特国民对"2030愿景"普遍表示欢迎和支持，阿拉伯舆论对"2030愿景"给予了积极评价，期待它能够带动周边地区的改革与发展，进而为中东地区的区域经济治理有所贡献。约旦国王、摩洛哥国王等阿拉伯国家领导人称赞"2030愿景"是明智而勇敢的抉择，世界银行中东北非地区主管纳迪尔·阿卜杜·拉提夫认为，"2030愿景"是一项宏伟的经济转型计划，实施该计划不仅有助于沙特经济的可持续发展，而且也将给中东地区带来积极影响。《中东报》认为，"2030愿景"是一项实实在在的计划而非口号，有理

---

① Saudi Vision 2030：沙特政府网，http://vision2030.gov.sa/en，登录时间：2017年2月25日。

由相信沙特政府的执行力。①

然而，由于"2030愿景"规划过于宏大，对于沙特眼下的经济困境而言，恐怕一时难见成效，而要真正实现一系列改革目标可谓阻力重重，特别是实现国家经济结构的顺利转型更是任重道远。首先，现有的王室政治体制僵化，管理部门工作效率低下，相关政策、法律与机制建设严重滞后，高官贪腐奢靡之风盛行，廉政建设、投资环境的改善等方面任务异常繁重；其次，国家经济长期依赖石油，国家财政"油瘾"深重，工业基础薄弱，经济结构单一，由此导致的深层次问题积重难返；第三，社会创新能力不足，劳动力资源匮乏，高层次专业技术人才奇缺，众多领域的建设与发展需要借助大量外籍劳工，教育发展滞后，科学技术落后，国民保守、慵懒和享乐习气浓重；第四，改革必然会触动不少垄断集团及保守势力的既得利益，这些势力势必会阻滞改革的进行；第五，周边环境动荡不宁，安全形势严峻。所有这些因素都将严重制约经济改革的顺利实施与推进。伦敦经济学院学者分析指出，沙特追求经济多样化面临结构性障碍，"2030愿景"或能实现部分目标，但要取得总体成功，改革道路将会十分艰难。②2016年12月22日，沙特发布的2017年度财政预算显示，新财年中依然有超过三分之二的财政收入源于石油收入，在1840亿美元的预测财政收入中占比高达69%，远高于2016年62%的水平。因此，沙特要顺利摆脱对石油的依赖，成功实现经济转型，绝非一朝一夕之功即可实现，其改革前景并不十分乐观。

三、2016年沙特的对外关系

（一）周边外交险象环生，危机加剧

2016年沙特的对外关系面临诸多严峻挑战，尤其是其周边外交，可谓险象环生，危机重重。2016年1月3日，沙特外交大臣朱拜尔宣布断绝与邻国伊朗的外交关系。他指责伊朗支持恐怖分子，插手阿拉伯国家事务，破坏阿拉伯国家的安全与稳定，表示沙特将采取一切手段回击伊朗的威胁。导致沙特与伊朗断交的直接起因是沙特驻伊朗使领馆于1月2日遭伊朗示威者冲击，而伊朗示威者冲击沙特使领馆的原因则是沙特于同日处决被指控犯有恐怖主义罪行的什叶派宗教人士尼姆尔·尼姆尔。

---

① 刘水明、韩晓明：《沙特推出经济改革十五年计划》，《人民日报》2016年4月29日，第22版。
② 同上。

长期以来，沙特与伊朗为争夺地区主导权明争暗斗，积怨甚深，断交事件实际上是多年来双方在地缘政治、民族、宗教等领域多重矛盾不断累积叠加的结果。沙伊断交不仅使两国外交关系破裂，对峙加剧，同时也引发了一系列周边外交震荡，使地区形势更趋紧张。巴林、苏丹、吉布提等国紧跟沙特，相继宣布与伊朗断交，阿联酋宣布召回驻伊朗大使并下调与伊朗的外交关系级别。事实上，沙特与伊朗的长期博弈早已扩展到也门、巴林、叙利亚、伊拉克、黎巴嫩等诸多周边国家。2016年以来，双方在也门、叙利亚等国家的博弈更是日趋激烈。

沙特与也门的关系因双方边界争端以及教派、部族等诸多问题而颇为复杂，恩怨纷繁。也门长期政局不稳，社会动荡，近年来"基地"组织趁机在也门安营扎寨，什叶派胡塞武装强势崛起并颠覆也门合法政府，而沙特则指责伊朗扶持胡塞武装。也门的动乱局势令沙特的安全面临直接威胁，迫使其强力介入，并组建军事联盟，于2015年3月开始对胡塞武装实施军事打击。2016年以来，沙特不断加大军事打击力度，频繁发动空袭，但效果并不如意。面对沙特的军事打击，胡塞武装不仅频繁袭扰沙特边境，甚至向其境内发射火箭，威胁境内安全。显然，沙特意欲通过军事手段快速平定也门乱局的意愿难以实现，单靠军事手段实难从根本上化解也门危机。分析人士指出："沙特固然可以通过此举重创乃至剿灭胡塞的军事力量，但真正考验沙特的是如何对未来的也门进行安排以及处理相关的外交挑战。"[①]

沙特还深度介入叙利亚危机，自叙利亚冲突爆发以来一直坚持要巴沙尔政权下台，支持叙反政府武装，与力挺巴沙尔政权的伊朗展开激烈博弈。在2016年的博弈中，沙特同样未能尽如其愿。巴沙尔政权在俄罗斯、伊朗等国的强力支持下于2016年12月收复战略重镇阿勒颇，扭转战场危局，转守为攻，这一形势变化使沙特在叙利亚的战略意图遭到重挫。

为打开周边外交困局，协调地区事务，特别是在制衡伊朗方面寻求更多支持，营建逊尼派阵营，彰显沙特地区大国的地位，萨勒曼国王于2016年4月出访埃及和土耳其，并出席在伊斯坦布尔举行的第13届伊斯兰合作组织首脑会议。萨勒曼国王对埃及的访问意在促进沙特与埃及在安全、经济等领域的合作。沙特国王允诺将为埃及提供大量经济援助并增加在埃投资，双方签署了多项合作协议，宣布将共建一座跨海大桥连接两国。作为回报，埃及答应向沙特

---

① 刘中民：《沙特与也门关系很复杂》，载《世界知识》2015年第9期。

移交红海两座无人岛屿的主权,① 这被认为是萨勒曼国王访问埃及的最大外交成果,然而埃及此举却在国内引发抗议,导致埃及国务委员会行政法院于6月21日、11月8日两度裁定向沙特"还岛"协议无效。② 沙特与埃及同为阿拉伯大国,两国在阿拉伯事务主导权方面一直明争暗斗,在叙利亚等重大地区问题上的立场也颇不一致,因此双边关系一直冷暖无定。2016年10月,埃及在安理会投票支持俄罗斯提出的关于叙利亚问题的决议草案,沙特对此表示强烈不满,随即宣布冻结对埃及的石油出口,并称将"无限期停止"对埃及的经济援助,这表明年初因萨勒曼国王访问而一度升温的沙埃关系再度冷却。

在结束对埃及的访问后,萨勒曼国王出访土耳其,与埃尔多安总统就包括叙利亚问题在内一系列地区事务以及双边合作议题进行了会谈。但国王的土耳其之行并未取得预期的外交成果。由于土耳其自身面临一系列内外挑战,迫使其做出一系列重大外交政策调整,不仅与俄罗斯快速修好,且在叙利亚问题上急速转向,不断加强与俄罗斯、伊朗在叙利亚问题上的沟通与协调,这对期待从土耳其借力以制衡伊朗的沙特而言,不啻是一种严重的背弃,未来沙土关系仍将面临重建政治互信的难题。

总体来看,2016年的沙特周边外交频遭挫折,其谋求中东地区大国地位的雄心严重受挫。显然,日益严峻的周边安全形势与外交困局正在考验着沙特当局的政治智慧与外交方略。如何有效化解危机,排除风险,妥善处理与周边邻国特别是与伊朗的关系,以对话取代对抗,谋求发展睦邻友好关系,是今后沙特周边外交需要认真应对的重大战略问题。

(二)沙特与传统盟友美国关系日趋疏离

沙特是美国在中东地区的重要战略盟友,长期以来,建立于安全与石油领域相互需求之上的沙美关系不仅十分密切,而且似乎异常稳固。然而进入21世纪后,随着国际政治、经济形势的深刻变化,沙美同盟关系的根基开始松动,双边战略关系发生微妙变化,特别是2001年的"9·11"事件使沙美同盟关系遭受重创。近年来,双方在诸多重大国际与地区问题上分歧不断加深,相

---

① 即蒂朗岛(Tiran)和塞纳菲尔岛(Sanafir),是红海北端重要军事要塞,扼守亚喀巴湾,沙特于1923年在英国主导下划归己有,但埃及自第一次中东战争起就对两岛行使实际管理权,岛上无常驻居民,但一直有埃及驻军。

② 2017年1月16日,埃及国务委员会行政法院做出终审判决,维持此前的裁决。行政法院院长在宣读终审裁决时说:"埃及军队从来不是占领军,从未离开过埃及国土,埃及政府没能提供新的证据证明两岛属于沙特。"

互间的不满、抱怨甚至指责与日俱增,这种相互疏离的情势在2016年以来表现得尤为明显。

从沙特方面来说,美国在中东地区的收缩政策,尤其是美国在伊朗核问题、叙利亚问题以及"阿拉伯之春"等诸多地区问题上的一系列政策和做法令沙特颇为不满和失望,使其对长期作为自身安全"靠山"的美国心生疑意,信任危机加剧。沙特曾多次就伊朗核问题对美提出警告,强调伊朗崛起对沙特及海湾地区安全的现实威胁。然而奥巴马政府并未重视沙特的安全关切,不仅与伊朗达成核协议,而且解除对伊朗的大部分制裁。在沙特看来,美国对伊朗的"松绑"就是对沙特安全利益的损害与背弃。沙特对美国在叙利亚问题上的做法也一直耿耿于怀,沙特期待美国通过军事干预推翻作为伊朗盟友的巴沙尔政权,然而奥巴马总统对叙的军事干预不仅引而不发,且最终通过"化武换和平"的方式放巴沙尔政权一马,使急于看到巴沙尔倒台的沙特王室颇感失望。沙特曾以拒绝担任联合国安理会非常任理事国的方式表达不满,认为联合国安理会在处理诸如叙利亚冲突、巴以问题和中东大规模杀伤性武器等问题上持双重标准,未能真正履行维护世界和平的责任。沙特表面上是对安理会不满,实则对美国不满,沙特高官甚至不断放言将与美国在外交上保持距离。

从美国方面来说,由于能源领域页岩油的开发以及奥巴马政府在中东地区的战略收缩,使其对沙特的战略倚重明显减弱,并对沙特未能在中东地区为美国承担更多义务感到不满。2016年3月,奥巴马总统在接受媒体采访时公开批评沙特对伊朗的强硬政策,直言沙特一直在搭乘美国的便车,只要求安全保护却不愿承担义务。沙特前国家情报局局长、前驻美大使图尔基亲王随即对奥巴马的批评予以反驳,指责奥巴马将数十年的沙美战略同盟关系与美国和伊朗关系相提并论。①

2016年4月,卸任在即的奥巴马总统访问沙特,与萨勒曼国王就双边关系及也门、叙利亚等地区热点问题进行磋商,这是奥巴马八年任期中第四次访问沙特。由于沙特对美信任危机加深,与奥巴马政府在叙利亚危机、伊朗核问题等方面的分歧难以弥合,加之奥巴马政府即将谢幕,沙特方面对奥巴马的这次到访表现异常冷淡,不仅给予低规格接待,甚至连欢迎仪式也没有按照惯例在国家电视台直播。舆论普遍解读奥巴马此访具有明显的安抚意味,意在修补出

---

① 新华网:《沙特和美国的盟友关系风雨飘摇》,http://news.xinhuanet.com/world/2016-04/20/c_1118685161.htm,登录时间:2017年2月28日。

现裂痕的美沙关系,但访问并未取得实质性成果。①

此外,"9·11"事件的后遗症依然影响着沙美关系,"9·11法案"掀起的外交风波使美沙同盟关系蒙上了一层挥之不去的阴影。"9·11法案"要求追究沙特政府涉嫌"9·11"事件的相关责任,沙特方面则坚决否认与"9·11"事件有牵连。2016年3月,访问美国的沙特外交大臣朱拜尔对"9·11法案"相关指控表示强烈不满,甚至直言警告美方,为应对"9·11法案",沙特或将被迫做出防范措施,抛售其总价值为7500亿美元的美国债券及其他资产。尽管奥巴马政府并不支持该法案,但美国国会参众两院于9月28日投票推翻了奥巴马的否决,强行通过该法案。沙特外交部9月29日发表声明,警告美国国会强行通过"9·11法案"将会给两国关系带来严重后果。舆论认为,该法案的通过,将使本已陷入低谷的沙美关系更趋复杂。②

由于国际政治、经济形势特别是中东地区形势变化等诸多因素的影响,沙特在处理与美国、俄罗斯、中国等大国的关系方面开始更加倾向于发展多边平衡外交,沙美同盟关系日趋疏离,战略互信弱化。由于美国新当选总统特朗普及其中东政策尚为完全成形,未来沙美关系发展走向仍充满不确定性,值得持续关注。

(三)与中国建立全面战略伙伴关系为外交亮点

在2016年,沙特外交"向东看"的趋势日益明显,与亚洲经济体深化合作的意愿日益增强,尤其是进一步提升和拓展与中国全面交往与合作的愿望日趋强烈。沙特舆论普遍认为,强化与中国的关系已成为沙特朝野的共同意愿和迫切期待。

2016年1月19至20日,中国国家主席习近平访问沙特,沙特以超高规格接待习近平主席的来访,出动战机护航,王储继承人兼第二副首相(副王储)、国防大臣穆罕默德·本·萨勒曼等众多高层官员亲临机场迎接。萨勒曼国王与习近平主席举行了会谈,就双边关系及一系列重大地区与国际问题达成广泛共识,并共同宣布建立中沙"全面战略伙伴关系",以推动两国关系在更高水平、更宽领域、更深层次不断发展。习近平指出,在国际和地区形势复杂变化之际,中沙作为重要发展中国家,有必要提高两国关系水平,携手应对挑战;

---

① 新华网:《美国总统奥巴马访问沙特意在修补美沙关系》,http://news.xinhuanet.com/world/2016-04/21/c_1118688200.htm,登录时间:2017年2月26日。
② 光明网:《9·11法案让美沙关系再添阴影》,http://news.gmw.cn/2016-04/20/content_19774226.htm,登录时间:2017年2月26日。

建立中沙全面战略伙伴关系将深化双方战略互信，引领两国互利合作取得更大成果，有利于维护和拓展双方在国际和地区事务中的共同利益。萨勒曼国王表示，沙中建立全面战略伙伴关系，将有利于造福两国人民，沙方支持中国"一带一路"倡议，愿深化同中方在贸易、投资、能源、教育、科技、信息安全等领域的合作，相信习近平主席的访问必将推动两国友好合作迈上新台阶。会谈后，萨勒曼国王还向习近平主席授予沙特最高级别的勋章——阿卜杜勒·阿齐兹勋章。访问期间，习近平主席与萨勒曼国王共同为延布大型石化炼厂投产按下启动键；萨勒曼国王还陪同习近平主席参观了沙特老王宫"四方宫"。在习近平主席访问沙特期间，沙特与中国共同签署了14项合作文件，涉及能源、产能、通信、环境、航天、文化、科技等众多领域。[①]

习近平主席对沙特的访问，有力地推进了中沙全面合作关系的发展，双方政治互信进一步加强，高层交往日趋频繁。2016年8月29日，沙特王储继承人（副王储）兼第二副首相、国防大臣穆罕默德·本·萨勒曼率高级代表团访华，旨在进一步强化和推进与中国的战略对话与经济合作，与中国领导人共谋"2030愿景"规划与"一带一路"建设的对接。习近平主席于8月31日会见了副王储，中国国务院副总理张高丽与副王储联合签署了《中国政府和沙特政府关于成立中沙高级别联合委员会的协定》和《中国政府和沙特政府高级别联合委员会首次会议纪要》，共同主持了中沙高级别联合委员会首次会议，并共同见证了双方政治、能源、金融、投资、住房、水资源、质检、科技、人文九个领域合作文件的签署，副王储一行于9月4日至5日出席了G20杭州峰会，期间与中方高层政要及工商界领袖进行了广泛接触与交流。

在2016年，中国最高领导人的成功到访以及中沙关系的全面提升，为沙特外交增添了信心，也为沙特乃至中东地区的和平发展带来了希望和动力。中沙全面战略伙伴关系的成功确立，无疑是2016年沙特对外关系中最为引人瞩目的亮点和成就。

四、结语

沙特是具有重要地区影响力并在较长时期内保持相对稳定的中东国家，对于动荡不宁的中东地区而言，沙特的稳定至关重要。"沙特阿拉伯若发生动荡，

---

① 人民网：《习近平同沙特阿拉伯国王萨勒曼举行会谈　两国元首共同宣布建立中沙全面战略伙伴关系》，http://politics.people.com.cn/n1/2016/0119/c1024-28068127.html，登录时间：2017年2月23日。

将对世界经济、伊斯兰世界的未来与世界和平产生深远的影响。"[1] 从2016年的总体形势看,沙特在政治、经济、社会以及对外关系方面均面临着多重忧患与危机,其欲在中东地区及阿拉伯伊斯兰世界谋求地区大国地位的雄心频频受挫,国内安全形势严峻,周边外交险象环生,情势堪忧。面对重重危机与挑战,如何有效应对,更好地顺应时代发展与本国民意,稳步推进政治经济改革以及社会变革与宗教维新,积极探索适合自身国情的发展道路,内安百姓,外和邻邦,确保国家的稳定与发展,无疑将是沙特当局在未来较长一段时期内需要面对的严峻考验。

---

[1] [美]亨利·基辛格:《世界秩序》,胡利平、林华、曹爱菊译,北京:中信出版社2015年8月版,第177页。

海湾五国的政治、经济与对外关系

余 泳[①]

摘要： 在2016年，持续低迷的国际油价继续冲击阿联酋、阿曼、巴林、卡塔尔、科威特五个海湾阿拉伯君主国的政治与经济，地区内外形势变幻莫测促使它们加快变革求新的步伐。在政治方面，五国均加大转型力度，着力改善民生以维护社会稳定；在经济方面，五国都采取措施提高非石油经济收入，以增加国家财政收入、抑制通货膨胀；在对外关系方面，五国基本上追随海合会盟主沙特，维护海合会国家对外关系大局。一年来，海湾五国在转型发展方面取得了阶段性成果，但未来发展道路难言平坦。

关键词： 海湾五国；政治形势；经济形势；对外关系

在2016年，阿联酋、阿曼、巴林、卡塔尔、科威特五个海湾阿拉伯君主国国内政局总体稳定，它们都继续推行2011年阿拉伯大变局以来所采取的改善民生措施，并几乎集体性地发布了关于经济与社会发展的宏大规划，力求尽快提升经济多元化水平，适度降低对油气收入的依赖程度，应对低油价的冲击。在对外关系方面，海湾五国基本上维护了海合会的整体形象，但亦存在一定的个体特征，成员国之间也存在竞合关系。综合来看，各国仍基本上站在与伊朗争夺地区主导权和宗教话语权的沙特一边，并以此为对外政策基调，域外大国在该地区的博弈对五国的内政外交也有一定影响。

[①] 余泳，上海外国语大学中东研究所副研究员。

一、2016年海湾五国的政治形势

（一）政权现状及其王权继承中的隐忧

海湾五国均系世袭家族执政的君主制国家，其政权秉性决定了施政的第一要务为确保家族统治的安全。五国虽都有名义上的现代成文宪法，但基本前提是代表世袭家族的国家元首拥有至高权力，同时确定伊斯兰教为国教。如阿曼的《国家基本法》（相当于宪法）是以苏丹（国家元首）敕令形式颁布的，且苏丹兼首相和外交、国防、财政大臣，享有绝对权威。情况稍微特殊一点的是阿联酋，其最高权力机构是由7个酋长国酋长组成的联邦最高委员会，阿布扎比酋长出任总统兼任武装部队总司令，迪拜酋长任总理兼副总统，除外交和国防相对统一外，各酋长国拥有相当的独立性和自主权。五国还都禁止一切政党活动。因此，这些国家政治、安全事务的决策均以维护世袭家族统治为前提。

王位继承问题仍是海湾国家政治的焦点问题。2016年10月23日，卡塔尔前任埃米尔哈利发逝世再次引发世界对该问题的关注。哈利发尽管于2013年让位于其第四子，但仍是资政的"太上皇"，且所立王储为现任埃米尔塔米姆的同父异母兄弟而非其儿子。这次王权继承尽管开启了青年国王执掌王权的先河，但其未来发展仍有待观察。[①] 而其余四国的情形则更为堪忧，其核心问题仍然是饱受争议的"老人政治"（参见表1）。

表1 海湾五国世袭家族及国家元首一览表[②]

国家	世袭家族	元首			备注
		称谓	出生年月	任职时间	
科威特	萨巴赫	埃米尔	1929年6月	2006年1月	
巴林	阿勒哈利法	国王	1950年1月	1999年3月	
卡塔尔	阿勒萨尼	埃米尔	1980年6月	2013年6月	
阿联酋	阿勒纳哈扬（阿布扎比）	总统	1948年1月	2004年11月	7个酋长国组成的联邦国家，由阿布扎比酋长出任国家元首
阿曼	赛义德	苏丹	1940年11月	1970年7月	

---

① 参见 Simon Henderson, "Gulf Succession: Qatar's Model Could Be a Way Forward," October 25, 2016, The Washington Institute for Near East Policy. Http://www.washingtonginstitue.org/policy-analysis/view/gulf-succession-qatars-model-could-be-a-way-forward，登录时间，2017年1月24日。

② 本表由作者综合外交部等网站资料自制。

如表1所示,至少科威特和阿曼都存在十分紧迫的王位继承难题。科威特埃米尔萨巴赫已是87岁高龄,因科威特规定王储必须得到国民议会认可方可继位成为埃米尔,为此埃米尔于10月16日解散了国民议会,并于11月末选出了新议会,12月10日组建了新一届内阁,但反对派占据了议会50席中的20席,王储未来是否能得到新议员的认可仍未可知,且王储本人也已79岁,即使他将来顺利接位,但马上就面临下任王储人选问题,这些都是引人关注的问题。在阿曼,卡布斯苏丹2016年76岁、在位46年,虽不算极端高龄领导人,但身体状况也已堪忧,在11月18日国庆阅兵式上,出现在公众面前的卡布斯苏丹已无法站立。更为不确定的因素是苏丹本人并无子嗣,需要从整个赛义德王室内部挑选继承人。因此,阿曼内部在2016年已呈现出较为激烈的权力博弈状态。

(二)政局基本稳定但尚存隐忧

民生和民主问题是引发2011年"阿拉伯之春"的重要因素。近几年来,海湾五国基本围绕这两个民众普遍关切的问题施策,确保了政权和社会的基本稳定。根据相关评估报告的数据,2016年海湾五国犯罪率较低、安全指数较高,其中卡塔尔犯罪指数最低、安全指数第一(详见表2)。

表2 海湾五国2016年在全球的犯罪指数和安全指数排名表[①]

国家	犯罪指数	排名	安全指数	排名
巴林	35.35	89	64.65	37
科威特	33.48	93	66.52	33
阿曼	24.47	111	75.53	15
阿联酋	20.66	121	79.34	5
卡塔尔	15.7	125	84.3	1

科威特是世界上幸福感最高的国家之一,政府实行高福利制度,免缴个人所得税,享受免费教育和医疗,并提供就业、物价、房租和结婚等补贴,保障男女平等以及少数团体的合法权利。与其他海湾国家相比,科威特新闻制度相对开放、自由。为进一步完善国家形象,科威特于2016年初拟定了一项

---

① *Crime Index for Country 2017*, https://www.numbeo.com/crime/rankings_by_country.jsp. 该报告反映了2016年下半年全球125个国家犯罪与安全指数,表格由作者自制。

提升国家海外形象的计划，拟在10年内投资1.02亿科第（每年约1000万科第），支持文化、艺术和信息产业发展，改善科威特在自由、民主和人权方面的形象。①

但是，科威特内部仍存在着一定的政治和社会风险。2016年4月，科威特石油工人举行了为期三天的罢工，造成经济损失约1.75至2亿美元，此次事件凸显了低油价综合效应对社会稳定的影响，以及外籍劳工问题对科威特社会的冲击。据报道，2016年科威特共有260万有合法居留身份的外国人，而科本籍居民只有130余万人。随着越来越多的激进人士通过11月26日的大选进入议会，关于外国劳工问题的争议日趋激烈，有议员甚至声称外国人在马路上行走都应缴纳费用。②

巴林与其他海湾阿拉伯国家相比较为开放，其宜居指数位列海湾第一、世界第九。在2016年一项外国人生活状况调查报告中，巴林连续第三年位列海合会最受外国人欢迎的国家。该调查报告由生活质量指数、易融入指数、出国工作便利指数、家庭生活指数等组成，巴林各项指数均名列前茅。③ 但巴林也面临着较为棘手的教派矛盾和极端分子威胁等问题，一方面是什叶派聚居区的非法集会，另一方面是极端分子的潜在威胁。2016年8月31日，3名什叶派宗教人士因参与迪拉兹地区非法集会被判处1至2年有期徒刑；12月21日，巴警方在迪拉兹地区展开反恐清剿，最终逮捕10余名嫌疑人。巴林还担心出生于巴林的"伊斯兰国"组织精神领袖之一、二号人物图尔基的地位可能进一步上升，将刺激国内极端分子，恶化安全环境。为进一步防范和控制反对派的活动，巴林内政部要求各省设立安全委员会，众议院也于12月27日审议通过了《反恐法》修正案。

卡塔尔是海湾国家中第一个实行宪政和直选的国家，全民享受免费教育和医疗等高福利待遇，政治与社会长期稳定。在2016年，卡塔尔发布多项出入境便利措施，旨在吸引外国旅客中转或入境卡塔尔，如9月21日宣布简化国际邮轮乘客申请卡塔尔签证措施；9月26日宣布凡经多哈中转时间超过5小时的旅客，不分国籍，均可在机场移民局办公室申请4天的中转签证。2016年12

---

① 张伟：《科威特将投资1.02亿科第用于提高其海外形象》，http://kw.mofcom.gov.cn/article/jmxw/201603/20160301265875.shtml，登录时间：2017年1月24日。

② Habib Toumi, "Deep rifts emerge in Kuwait over expatriates' status," http://m.gulfnews.com/amp/news/gulf/kuwait/deep-rifts-emerge-in-kuwait-over-expatriates-status-1.1964054，登录时间：2017年2月7日。

③ 中国驻巴林使馆经商处：《巴林被评为最适宜外国人居住的国家》，2016年9月22日，http://bh.mofcom.gov.cn/article/jmxw/201609/20160901399281.shtml，登录时间：2017年1月24日。

月13日，卡塔尔政府宣布正式废止担保人制度（Kafala制度），启用新的以合同为基础的劳工法，该法律将使210万外籍劳工获益。

阿联酋政局长期稳定，社会文化较为开放。在教育领域，阿布扎比政府于2016年10月批准了一项重大重组案，对石油学院、马斯达尔科技学院和哈利法大学进行整合，以期建立科研实力更强大的大学，形成更有优势的竞争力。2016年12月26日，阿联酋政府公布社会发展指数，展示《2021阿联酋愿景》所取得的成就。报告援引的来自联合国的数据表明，在157个国家的幸福指数排名中，阿联酋位列28位，为阿拉伯国家之首。在满分为十分的国民满意度评价中，阿联酋得分为7.06分，较2015年的6.9分继续上升，排名全球第15位，其中55岁以上国民的满意度最高。①

阿曼多年来政局稳定，社会发展较为平稳。阿曼政府实施严格的劳务法规，工会也致力于保障劳动者权益。例如，不允许劳动者从事不雅工作，全力禁止强迫劳动现象，确保劳动者获取合理收入，通过协商或法律途径保护劳动者权益等。②阿曼石油行业的公司被禁止随意解雇阿曼籍员工，政府要求石油公司在与员工签署合同时要明确工种和到期协议，并尽力把外籍员工替换为阿曼籍员工。截至2016年5月，阿曼私营部门本国员工数量达到211,370人，同比增加0.6%。其中，女性员工达51,618人，占总员工数的四分之一。为响应联合国反腐公约，更有力地打击违规、违法敛财行为，阿曼国家金融和行政监管署于2016年8月宣布实施2013年第24号皇家谕令批准的关于个人财产公开的新规定，要求政府高层官员需在一个月内公开个人全部财产，实施对象为所有政府官员和政府占资40%及以上企业的职员，并且不论国籍。为改善公共运输体系，阿曼政府计划以马斯喀特为中心，根据人口增长的需求逐步扩张道路网。2016年4月，阿曼国家运输公司对350辆多类型公共汽车供货项目和自动控制公交候车亭项目进行了招标。

二、2016年海湾五国的经济形势

（一）海湾五国的发展规划和改革举措

在油气价格低迷的背景下，海湾五国能够维持政治与社会稳定，推动经

---

① 中国驻阿联酋使馆经商处：《阿联酋政府发布国家社会发展指数》，2016年12月27日，http://ae.mofcom.gov.cn/article/jmxw/201701/20170102495615.shtml，登录时间：2017年1月23日。

② 中国驻阿曼使馆经商处：《阿曼法律保障劳工权益》，2016年5月4日，http://om.mofcom.gov.cn/article/ddgk/201605/20160501311054.shtml，登录时间：2017年1月23日。

济发展与变革，其重要前提之一就是拥有数量庞大的主权财富基金（SWFs），可以有效对冲内部发展资金不足和外部投机风险等带来的压力。2016年，海湾五国11家主权财富基金资产总额达22,403亿美元，约占全球份额的30.12%，其中石油/油气类基金20,292亿美元，占全球的47.8%（详见表3）。最新统计数据表明，海湾五国的主权财富基金（SWFs）结构相似，主要来源为油气出口收入，只有迪拜和巴林因资源相对匮乏，基金收入主要为商贸旅游等带来的外汇盈余。2016年海湾五国的全球竞争力仍然可圈可点，相对于地区大国伊朗和埃及优势明显，阿联酋、卡塔尔还明显高于以色列、土耳其以及海合会盟主沙特（详见表4）。

表3 海湾五国主权财富基金（SWFs）一览表①（单位：亿美元）

国名	基金名称	成立时间	资产总额	国别小计	基金类别	世界排名
科威特	科威特投资局	1953年	5920	5920	石油基金	5
巴林	塔拉卡特控股公司	2006年	106	106	非商品基金	38
卡塔尔	卡塔尔投资局	2005年	3350	3350	油气基金	9
阿联酋	阿布扎比投资局	1976年	7920	12627	石油基金	3
	迪拜投资公司	2006年	2005		非商品基金	11
	阿布扎比穆巴达拉投资公司	2002年	1250		石油基金	14
	阿布扎比投资委员会	2007年	1100		石油基金	15
	联邦储备基金	2007年	340		石油基金	29
	哈伊马角投资局	2005年	12		石油基金	55
阿曼	国家总储备基金	1980年	340	400	油气基金	29
	阿曼投资基金	2006年	60		石油基金	43
海湾五国11家主权财富基金			22403	其中油气基金20292		
全球77家（含中国内地4家）主权财富基金			74375.3	其中油气基金42453.3		

① 本表根据美国主权财富基金研究所2016年11月更新的数据整理而成，原始数据参见其官网 http://www.swfinstitute.org/sovereign-wealth-fund-rankings/，登录时间：2017年1月27日。

表4 2016—2017年度海湾五国及中东地区大国的全球竞争力排名对比[①]

国家	科威特	巴林	卡塔尔	阿联酋	阿曼	以色列	伊朗	土耳其	沙特	埃及
得分	4.53	4.47	5.23	5.26	4.28	5.18	4.12	4.39	4.84	3.67
排名	38	48	18	16	66	24	76	55	29	115
上年排名	34	39	14	17	62	27	74	51	25	116

2016年3月14日，科威特政府宣布了一项全面改革战略——"六支柱改革战略"，其核心内容是支持中期财政调整，鼓励私营部门发展和多样化，为不断增长的国家劳动力创造就业机会。该战略的六大支柱是：第一，使政府支出合理化，增加非石油收入；第二，使国家的作用现代化；第三，促进私营部门发展；第四，鼓励公民参与；第五，使劳动力市场和公务员制度更有效率；第六，立法和体制改革。[②]该战略共包括41项短期和中期措施。"六支柱改革战略"的核心是应对低油价冲击，实现经济发展转型。科政府还制定了"2035发展愿景"，争取把科威特建设成为地区商业和金融中心，发挥私营企业在经济发展中的重要作用，保障人民生活全面均衡发展，实现社会公正。

在2016年9月18日召开的首届政府论坛上，巴林王储兼第一副首相萨勒曼发表重要讲话，强调为实现"2030愿景"，可持续、公平性和竞争力将成为经济发展三大支柱。巴林版"2030愿景"（Vision 2030）发布于2008年，远早于沙特的同类经济发展计划，"基本立足点是使巴林在2030年实现石油经济之外的经济多样化，特别强调金融服务、工业、物流、商业服务和旅游业

---

① 表中数据是根据世界经济论坛《2016—2017年全球竞争力报告》相关内容摘录汇编。2016—2017年度共138个经济体参与排名，最高得分5.81、最低得分2.74；2015—2016年度共140个经济体。详情参阅World Economic Forum: *The Global Competitiveness Report 2016-2017*, September 28, 2016, http://www3.weforum.org/docs/GCR2016-2017/05FullReport/TheGlobalCompetitivenessReport2016-2017_FINAL.pdf; "Regional highlights: Middle East and North Africa," http://reports.weforum.org/global-competitiveness-index/regional-highlights-middle-east-and-north-africa/，登录时间：2017年1月23日。

② "Kuwait's Six-Pillar Reform Strategy," IMF Country Report No. 17/15, January 2017, p.5, http://www.imf.org/en/News/Articles/2017/01/17/pr1712-IMF-Executive-Board-Concludes-2016-Article-IV-Consultation-with-Kuwait，登录时间：2017年2月15日。

等行业的重要性"。① 该规划旨在使巴林公民成为经济和社会发展的主要受益者。

卡塔尔"2030国家愿景"规划的核心是到2030年把卡塔尔打造成为一个可持续发展、具有较强国际竞争力、国民生活水平高的国家，而近期拉动经济提升的重要抓手是举办2022年的多哈男足世界杯。2016年5月，卡塔尔正式发布了2022卡塔尔世界杯相关商务合作机会的文件，详细罗列了场馆电器、水暖、灯饰、机电设备、信息通讯、安全设备、基础材料等具体需求信息。② 2016年7月，卡塔尔发展规划与统计部发布了2016至2018年卡塔尔经济发展前景展望，其中非油气产业是经济增长的主要推动力。

阿联酋曾于2015年1月11日发布为期7年"2021愿景"规划，计划于2021年建国50周年时完成。在阿布扎比，设立于1966年的阿布扎比执行委员会（ADEC）负责制定并监督实施阿联酋联邦发展方案及阿布扎比发展计划，并授标政府投资项目、对外公告法律法规。2016年该委员会发布了新的五年发展计划，以支持"阿布扎比2030经济愿景"。在迪拜，政府于2016年6月宣布启动"2030工业发展战略计划"，已成立了6个工作组分别推进重点工业部门的发展，包括航天、海运、制药和医疗器械制造、铝业和金属加工、食品饮料及机械设备等。该战略计划的目标是在上述重点工业部门新创造27000个工作岗位，并新增1650亿美元GDP。

2016年1月1日，阿曼苏丹卡布斯签署2016年第1号苏丹令，批准第九个五年发展规划（2016—2020年），也是1995年推出的"2020愿景"规划的收官阶段，其总体目标是未来五年实现国内生产总值达到近3%的年均增长率，油气产业和非油气产业年均增长率分别为0.2%和4.3%；核心目标是实现真正意义上的经济多元化，希望到"九五规划"末期将石油和天然气产业在国内生产总值中的比重由"八五规划"（2011—2015年）期间的44%和3.6%分别下降到26%和2.4%。同时，确保安全稳定的通货膨胀率，促进私有企业发挥作用，使投资在国内生产总值中的所占比重达到28%。

---

① Jasim Ali, "Bahrain's vision until 2030: A new paradigm," *Gulf News*, November 1, 2008, http://gulfnews.com/business/analysis/bahrain-s-vision-until-2030-a-new-paradigm-1.141550，登录时间：2017年2月15日。

② The Supreme Committee for Delivery & Legacy, *Business Opportunities Related to the 2022 FIFA World Cup Qatar^{TM}*, http://d1xsmafo5mar9t.cloudfront.net/Vault/VaultOutput?ID=10625&ts=1460569358，登录时间：2017年2月17日。

（二）促进经济多元化并辅以开源节流

2014年6月以来，国际油价急剧下跌使海湾五国的经济发展受到严重冲击。经过各方博弈，欧佩克于2016年11月30日一致决定自2017年上半年起减产，海湾五国为减产协议的出台和落地做出了积极努力。2016年，海湾五国继续积极应对油价下跌，推动经济的多元化发展，并采取多种措施开源节流以弥补国家财政缺口。

2016年6月，科威特国民议会预算委员会宣布，政府将在2016/2017财政年度减少燃料和气体补贴预算拨款约7.9亿美元。9月底，科威特政府提出了大力推动工业化发展的目标，力争把工业占该国GDP比例从9%提升至25%。为便利工业领域投资项目落地，科威特通过多部门合作设立一站式服务窗口这一全新服务系统，完成了150个新项目的登记审批，并着力推进五岛综合自由区开发项目，以逐步打造开放、自由经济为主导的发展模式。据测算，五岛项目建成后，每年将形成350亿美元的经济总量，吸引外商直接投资15亿至20亿美元，将为带动私营经济发展，实现经济多元化、促进非油气产业发展发挥重要作用。

国际货币基金组织（IMF）对巴林2016年和中长期的经济增长前景并不乐观，预测巴林2016年全年通胀率为3.6%。为填补部分财政预算缺口，巴林政府于2016年2月发售了总额6亿美元的5年期和10年期国债，随后于5月发售了4.35亿美元的私募伊斯兰债券，又于10月发售了总额20亿美元的主权债券，其中包括10亿美元的12年期传统债券。①

通过近年来的努力，卡塔尔非石油产业增速在2015年达到7.8%，在2016年上半年达到5.8%，均显著高于同期整体GDP增速。2016年卡塔尔政府的财政预算案旨在提高政府财政开支使用效率，并促进非石油经济产业的增长。卡塔尔埃米尔下令停止向部分国有公司提供财政补贴，并启动其他部分国有公司的私有化进程。卡塔尔金融服务业在2016年的表现也较为抢眼。卡塔尔政府还通过各种政策刺激经济增长，确保多个重大基建项目按时落成完工，做好2022年世界杯的各项前期准备工作。

2016年10月12日，阿联酋的阿布扎比国家能源公司（TAQA）通过发行5年期和10年期债券，筹资7.5亿美元。在2016年，迪拜众多贸易伙伴国和地区

---

① Oxford Business Group, "Bahrain Year in Review 2016," December 19, 2016, https://www.zawya.com/mena/en/economy/story/Bahrain_Year_in_Review_2016-ZAWYA20161220082958/，登录时间：2017年2月8日。

邻国深受国际油价低迷的困扰，但迪拜经济却凭借非石油领域的发展而表现不俗。为迎接2020年世博会，迪拜政府通过增加基础设施开支，发展零售业和旅游业等措施刺激经济发展，其中多家大型主题公园在2016年开门营业，为旅游业的发展注入了巨大活力。例如，世界最大的室内主题公园——"IMG冒险世界"于9月在迪拜开幕。该主题公园位于迪拜市郊，占地14万平方米，总耗资近10亿美元，最高日接待能力可达2万人次。在2016年12月，迪拜又推出了总投资额35亿美元的迪拜公园度假村。①

据初步统计，2016年阿曼财政支出比预算多6%，全年赤字预计将达53亿里亚尔（1里亚尔≈2.6美元），为历史最高水平。②面对这种压力，阿曼政府通过采取修订石油产品价格机制，降低国内燃料价格补贴，削减许多公共部门雇员的薪酬福利等措施来克服财政困难。阿曼还通过发行国际债券、获得商贷和信贷、发售伊斯兰债券获得100多亿美元资金，但受此影响，阿曼的债务快速增加，2016年年底已达GDP的29%。尽管如此，阿曼负债率仍普遍低于海合会其他成员国。另外，为吸引外部投资和增加就业，阿曼还大力推进工业区和自由贸易区建设，目前共有九个工业区和四个自由贸易区。工业区提供的优惠政策包括所有工业项目免5年利润税，可续期；免所得税；对项目所需的机械设备、备件、原材料、半成品材料、包装材料等产品免进口关税等。③四个自由贸易区的优惠政策包括允许100%外资公司、免除最长至30年的所得税等。④

三、2016年海湾五国的对外关系

（一）海湾五国的地区外交

海湾五国的对外关系在海合会机制下各具特征。科威特自认为是海合会国家中国内政治氛围最为自由的国家，对其他成员国干涉其内政颇为警惕，特别是反对其他国家对其打压国内反对派势力指手画脚。巴林王室则紧随沙特严防国内什叶派受到伊朗的影响，其对外关系的出发点就是要严防死守任

---

① Oxford Business Group, "Dubai Year in Review 2016," January 24, 2017, http://www.oxfordbusinessgroup.com/news/dubai-year-review-2016，登录时间：2017年2月8日。
② 中国驻阿曼使馆经商处：《阿曼2016年创下历史最高财政赤字》，2017年1月5日，http://om.mofcom.gov.cn/article/ddgk/201701/20170102496383.shtml，登录时间：2017年1月23日。
③ 中国驻阿曼使馆经商处：《阿曼工业区情况简介和入驻指南》，2016年12月27日，http://om.mofcom.gov.cn/article/ddgk/201612/20161202395178.shtml，登录时间：2017年1月23日。
④ 中国驻阿曼使馆经商处：《阿曼自由区情况简介》，2016年12月27日，http://om.mofcom.gov.cn/article/ddgk/201612/20161202395180.shtml，登录时间：2017年1月23日。

何来自伊朗方面的渗透。卡塔尔因支持埃及穆斯林兄弟会与海合会其他成员国有明显的外交分歧，并最终演变成2017年6月以来的断交危机。阿联酋政府虽极力参与打击本地区的伊斯兰极端势力，但对沙特和卡塔尔存在不满，因为阿联酋认为其境内的极端主义组织得到了这两个国家的支持与资助，而最终的目的就是削弱其国家主权独立。五国中相对更为独特的是阿曼，它一直游离于沙特领导的海合会集体对外政策之外，但还是于2016年年底宣布加入沙特组建的打击也门胡塞武装军事联盟，维护了沙特的颜面。

2016年海湾五国的地区外交有两个重要看点。首先是海湾五国对伊朗和沙特断交的反应。2016年1月，在沙特和伊朗因沙特处决什叶派教士尼姆尔断交后，巴林宣布与伊朗断交，科威特和卡塔尔宣布召回驻伊朗大使，阿联酋宣布降低与伊朗的外交关系等级，阿曼则未对伊朗采取外交行动，只对沙特使馆遇袭事件表示"极大遗憾"，反映了海合会成员国对伊朗的不同态度。其次是海合会2016年首脑峰会。2016年12月7日，海合会第37届首脑峰会在巴林首都麦纳麦落幕。会议公报显示，除强调军事、反恐合作等议题外，本届峰会的核心议题是经济一体化，公报强调经济一体化是海合会维护安全和稳定的重要支柱，并将以一定的机制性措施加快一体化进程。

（二）海湾五国与美国的关系

海湾五国与美国的关系被比喻为"一桩小吵小闹不断，但绝不会轻易分手的婚姻"。虽然双方的关系充斥着多种复杂性，但在共同利益的推动下，双方不断深化在安全、经济等领域的广泛合作关系。[①] 美国在海湾五国均建有军事基地或其他军事设施，被视为五国自身安全最重要的外部保障。但在2016年，由于伊朗在核协议签署后开始摆脱国际制裁，在海湾五国看来，美国提供的安全保障已不足以消除伊朗崛起带来的安全威胁。此外，2016年考验美国与海湾五国关系的问题还包括美国在许多地区问题上的态度和举措。例如，如何对待叙利亚巴沙尔政权、也门胡塞武装、"伊斯兰国组织"以及巴以问题等。

具体而言，美国采取了一定的手段来安抚海湾盟国。2016年11月，美国国务院国防安全合作局批准向科威特出售40架波音F/A-18E/F"超级大黄蜂"，向卡塔尔出售72架波音F-15"先进鹰"战斗机。这两项合同分别价值101亿美元和211亿美元。据悉，这两项采购请求都已经因为照顾以色列方面的担忧

---

① Lori Plotkin Boghardt and Simon Henderson, "Rebuilding Alliances and Countering Threats in the Gulf," February 2017, http://www.washingtoninstitute.org/policy-analysis/view/rebuilding- alliances-and-countering-threats-in-the-gulf?winzoom=1，登录时间：2017年2月28日。

而被推迟多年。① 但是,奥巴马政府始终不对叙利亚巴沙尔现政权采取实质行动,使卡塔尔等国颇为失望。2016年9月20日,卡塔尔埃米尔在出席联合国大会时不无抱怨地指出:"对巴沙尔政权的红线早已划定,但划定红线的人却不愿再多动一根手指头"。② 在特朗普当选美国总统后,海湾国家对其竞选时声称会与俄罗斯共同解决叙利亚问题同样充满担忧。

(三)海湾五国与中国的关系

对于中国而言,如能在海湾地区成功推进"一带一路"建设,将对整个阿拉伯世界产生积极的示范效应并能辐射亚欧非经济板块的核心区域。③ 在2016年,海湾五国与中国经贸关系发展(参见表5和表6)④ 的情况表明,海湾五国是中国重要的原油进口国,双方经贸合作具有很强的互补性,但受多重因素影响贸易增幅有所降低。2016年5月,"中阿合作论坛"第七届部长级会议公报明确把推进互联互通、产能合作、人文交流作为双方共建"一带一路"三大支柱,并设定了重点合作领域和项目。近三年多来,中国"一带一路"倡议的推进与海湾国家"向东看"战略正在逐步磨合、相互对接,双方在经贸、能源、投资和文化等领域的交流合作不断增强。

表5 2016年中国与海湾五国双边贸易额一览表(单位:亿美元)

序号	国家	贸易额	增幅(%)	中国进口	中国出口
1	科威特	93.73	−16.8	63.66	30.07
2	巴林	8.56	−23.8	0.64	7.92
3	卡塔尔	55.27	−19.8	40.09	15.18
4	阿联酋	400.79	−17.5	99.9	300.89
5	阿曼	141.72	−17.6	120.23	21.49

---

① 观察者网:《美国批准向卡塔尔、科威特出售战斗机,总价312亿美元》,http://www.guancha.cn/military-affairs/2016_11_19_381109.shtml,登录时间:2017年2月19日。
② Giorgio Cafiero, "Trump win further distances US from GCC on Syria," http://www.al-monitor.com/pulse/originals/2016/11/trump-election-distance-us-gcc-syria-policy-russia.html,登录时间:2017年2月19日。
③ 参见柳莉、王泽胜:《"一带一路"建设在海湾地区进展与挑战》,载《国际问题研究》2017年第2期。
④ 表格由作者自制,表中数据是综合海关等相关信息获得。

表6　2016年中国自海湾五国进口原油数据一览表

序号	国家	原油量（万吨）	增幅（%）	金额（亿美元）	增幅（%）
1	科威特	1633.9	13.3	48.3	−15.5
2	巴林	未统计	未统计	未统计	未统计
3	卡塔尔	48	79.7	1.6	46.3
4	阿联酋	1218.2	−3.1	38.6	−24.2
5	阿曼	3506.1	9.3	111.3	−20.4

在2016年1月中国国家主席习近平访问沙特的带动下，中国—海合会自贸区谈判在当年举行了第六、七、八、九共四轮谈判，双方已就15个谈判议题中的9个结束谈判，并就技术性贸易壁垒（TBT）、法律条款、电子商务等3部分的内容接近达成一致，在核心的货物、服务等领域也已取得积极进展。①2016年12月17日，"中国—海湾国家经济合作智库峰会"在北京举行，峰会主题为"'一带一路'背景下中国与海湾国家经济合作新格局、新机遇"，成为中国与海湾国家规格最高、规模最大、涵盖政商产学研等领域的对话交流会。

2016年9月，科威特与中国的直接支付业务中人民币使用比例已超过10%。2016年8月，中国文化部与巴林文化与文物局正式签署在巴林设立中国文化中心谅解备忘录，这是中国在海湾地区设立的首家中国文化中心。2016年11月，海湾地区首个以"中国制造"为主题的专业采购展会——"2016中国制造卡塔尔展"在多哈隆重进行。2016年9月，阿联酋内阁决定向中国公民实施机场落地签政策，预计中国游客赴阿联酋旅游的增速将从目前的年均30%增长到年均50%以上。在2016年，阿联酋航空"迪拜—银川—郑州"航线、阿曼航空马斯喀特—广州航线也分别实现通航。

四、结　语

在2016年，海湾五国政治形势总体特征是：以维护家族统治和政权安全为基调，防范外部风险，管控内部异见，制定或强化发展愿景，多措并举提升就业和改善民生，并推行适度改革，但王权交接的不确定性如影随形。为应对低

---

① 商务部新闻办公室：《中国—海合会自贸区第九轮谈判在沙特利雅得闭幕》，http://www.mofcom.gov.cn/article/ae/ai/201612/20161202312450.shtml，登录时间：2016年12月26日。

油价的冲击，海湾五国政府也都采取了相似的对策：通过促进贸易和加大吸引外资来推动私营经济发展，尝试在一些部门和领域实施私有化，削减政府支出和财政补贴，改革担保人制度等外籍劳务管理体系等，并都在2016年有了实质性推进。不过，2016年海湾五国的对外关系却经受了较大考验，突出表现为伊朗和沙特地区博弈带来的地缘政治风险，以及与美国盟友关系冷淡等问题。

埃及的政治、经济与对外关系

李 意[①]

摘要： 在2016年，埃及政治转型在艰难的环境下初见成效，逐步完成了政治重建任务，国家开始正常运作。但安全局势仍不容乐观，特别是"伊斯兰国"组织西奈分支在埃及境内大肆扩张并制造多起恐怖事件。在塞西政府的严厉打击下，其发展势头得到了一定的遏制。在经济上，埃及经济十分困难，百姓生活拮据，埃及政府推出埃镑汇率自由浮动等新政，取得了阶段性成果。在外交上，埃及的对外关系仍然延续了塞西的务实政策，以复苏经济、反恐合作、提升影响力为目标，采取温和的多元外交策略，以期重塑埃及的阿拉伯强国地位。

关键词： 埃及；政治形势；经济形势；对外关系

自2014年6月塞西执政以来，埃及重回政治强人的威权统治，维稳和发展是其执政重点。随着2015年11月议会选举的完成，埃及逐步完成了政治重建任务，国家开始正常运作。2016年的埃及局势体现出其安全局势依旧复杂、经济下行压力加大、重塑地区大国地位艰难等特点。

一、2016年的埃及政治形势

2016年的国际形势可谓跌宕起伏，全球"黑天鹅"事件频发，国际格局经历复杂深刻的调整与变化；传统安全问题与非传统安全问题交织显现，风险与挑战增多；全球经济下行压力增大，发达经济体分化加剧，新兴经济体在曲折中前行。在这种国际环境下，埃及面临的机遇与挑战并存，机遇主要表现在

[①] 李意，上海外国语大学中东研究所副研究员。

埃及初步完成国内政治重建，逐渐由乱而治；挑战主要来自国内屡屡发生的恐怖袭击事件，由此造成埃及社会动荡加剧，安全局势堪忧。

（一）转型初见成效，社会整体趋稳

2011年发生的"1.25"革命是埃及国家历史上的一个转折点。六年来，埃及政坛不仅经历了穆巴拉克下台—军方管制—穆尔西上台—军方管制—塞西上台的反复更迭，还通过了新的宪法修正案，出台了新的《选举法》，并多次进行议会和总统选举。

塞西政权执政后，通过严格管控媒体和强化军方权力，基本上稳定了国内局势。在经历了中东剧变以来的长期动荡后，发展和稳定成为中东地区国家和人民的共同诉求，尤其是阿拉伯国家避乱求治的愿望更加强烈。2016年的《阿拉伯青年调查》数据显示，53%的阿拉伯青年认为稳定比民主更重要，持相反态度的比例仅为28%。[1] 民心思定、避乱求治、寻求发展，正在日益成为包括埃及在内的阿拉伯国家人民的共同诉求。

2016年2月23日，塞西总统发布国家发展计划"埃及2030愿景"（Egypt's Vision 2030），该计划涉及社会、经济和环境等方面，主要关注民生、国家建设和经济增长等事宜。文件指出，埃及将塑造以科学技术为基础的社会，以科学管理为基础的经济，并着力打造"透明政府"。经济层面的重点是计划吸引外资300亿美元，使埃及经济增长率从4.2%上升到12%，将预算赤字从目前的11.5%削减到2.28%，在世界经济体中的排名（以国民生产总值计算）由现在的41位提升至30位。[2] 社会层面的重点是维护社会公正，发展全民医疗保健系统，改革现有的社会福利体系，增强教育和培训力度，降低失业率和文盲率。主要目标有两个：一是制定青年的可持续发展计划；二是致力于重塑埃及的国际地位。随着"苏伊士运河走廊"的贯通，埃及新首都计划的推进，塞西政府通过"2030愿景"向世界展示了发展决心。

在国家内政方面，出于控制官员腐败之风、降低财政赤字水平等目的，埃及于3月23日对内阁进行了部分改组。此次改组涉及交通部、司法部、民航部、财政部等十个部，原有的33个部长更换了9人。总理谢里夫·伊斯梅尔（Sharif Ismail）还任命了财政部负责财政计划、公共财政、税收政策和金融政策的四名副部长。此后，塞西总统主持了新内阁就任仪式，他要求新内阁成员致

---

[1] "The Arab Youth Survey 2016," http://www.arabyouthsurvey.com/en/whitepaper.
[2] "Sustainable Development Strategy: Egypt's Vision 2030," http://www.mfa.gov.eg/arabic/Pages/default.aspx.

力于改善经济状况、提升公共服务水平、促进旅游业发展，还要求各部门之间加强协调，坚决打击渎职和腐败行为。近年来的社会动荡使埃及的支柱产业旅游业遭受重创，在内阁改组之后，埃及民航部、文物部与旅游部都表示要通过加强协调恢复和促进旅游业发展，增强该行业的创收能力。

在反腐败问题上，塞西在多种场合发表演讲，承诺政府不允许任何人多拿多占，并要求各监督部门提交有关财务诚信和政府官员表现的报告。塞西指出："没有什么能阻止我们继续反腐败斗争，它带来的危险和灾难与恐怖主义活动一样大。政府会竭力通过改善经济为每一个公民提供平等的机会。"[①] 2016年4月11日，农业部原部长萨拉赫·希拉勒（Salah Helal）及其同伙穆罕·丁·赛义德（Mohey El-Din El-Saied）受到开罗刑事法院审判，被判刑10年。希拉勒腐败案于2015年曝光，当时他出任农业部长才半年。希拉勒等人收受的贿赂包括一幢价值约100万美元的别墅、约2.8万美元的服装、约1750美元的美食以及运动俱乐部会员卡等。[②] 腐败是蚕食埃及经济的毒瘤，希拉勒的落马是塞西上台以来反腐败取得的最大成果。然而，农业部的腐败只是政府腐败的冰山一角，如果防止腐败滋生的政策、法律和体系不能得到完善，腐败问题将不可避免地一再发生。

（二）恐怖袭击频发，政府严厉打击

在埃及境内活动的恐怖组织有数十个之多，它们或效忠于"基地"组织，或隶属于"伊斯兰国"组织，或来自穆斯林兄弟会的极端派别，或是自成一体的伊斯兰极端组织，甚至还有无宗无派的"独狼"型狙击手。

在诸多恐怖组织中，"伊斯兰国"组织西奈分支最为活跃。该组织建立于2011年，近几年制造了多起恐袭事件，特别是2015年10月，该组织宣称对造成224人死亡的俄罗斯客机坠毁事件负责。2016年以来，"伊斯兰国"组织西奈分支的活动更加猖獗，截至10月月底就认领了三十多起恐袭事件。3月，北西奈省首府阿里什附近的一处哨所遭到该组织武装分子的袭击，造成十多人死亡。4月，该组织在北西奈省的阿里什和谢赫祖韦德附近实施多起袭击，造成数十人伤亡。8月，阿里什一辆警方的装甲车在市中心广场附近例行巡逻时，遭遇该分支埋设的路边炸弹袭击，造成多人死伤。该组织还于8月5日炸毁了

[①] "11 Top Officials at Egypt's Agriculture Ministry Referred to Judiciary Over Corruption Charges," *Ahlam Online*, September 14, 2015.

[②] "Egypt's Former Agriculture Minister Jailed for 10 years on Graft Charges," *Ahlam Online*, April 11, 2016.

一个连接埃及、以色列和约旦的重要天然气管道。为有效控制安全局势，埃及政府发动了针对该组织的打击行动，对其聚集点发动突袭，并将嫌疑人送交军事法庭审判。据外媒称，埃及法院从11月起开始审讯292名恐怖分子，他们大多来自"伊斯兰国"组织西奈分支，他们被指控图谋暗杀埃及总统塞西与沙特阿拉伯王储穆罕默德，以及在西奈半岛发动恐怖袭击。①

频频发生的恐怖袭击事件严重影响了埃及的安全与稳定，迫使使埃及政府不得不采取高压政策，严厉打击恐怖主义，加大惩治力度。埃及内阁于2015年8月出台的新反恐法，为打击和惩罚恐怖分子提供了更完备的法律依据。塞西政府还积极会同地区国家和国际社会展开合作，打击极端组织。如埃及已经与沙特共同谋划组建"反恐部队"，积极利用阿拉伯国家联盟的平台，深化阿拉伯国家的反恐合作；埃及也与以色列在增兵西奈、协调打击极端组织等敏感问题上进行了密切的沟通。2016年8月10日，埃及军方在西奈半岛北部实施了一起"先发制人"的军事行动，沉重打击了"伊斯兰国"组织西奈分支，包括该组织首脑安萨里在内的45名恐怖分子被击毙。埃及军方指出："这次成功的军事行动证明，埃及武装力量有能力为烈士们复仇。无论恐怖分子在哪里，我们都能够坚持与他们斗争，直至将他们消灭殆尽，以保障国家和人民的安全与稳定。"②

二、2016年的埃及经济形势

塞西就任埃及总统之初曾表示，要通过发展工业、农业和吸引直接投资来促进经济复苏。尽管政府努力复苏经济并提升竞争力，如主推两个大型项目，即苏伊士运河走廊开发项目和核电站项目来振兴经济，但埃及经济形势仍不容乐观，依然没有摆脱依赖国际援助的窘境。2017年1月25日，塞西在纪念埃及"1.25革命"六周年大会上发表演讲指出："2016年是埃及经济形势最差的一年。自2011年初以来，埃及经济一直在苦苦挣扎。作为货币资金收入的主要来源——旅游业和外国投资急剧下降。"③ 埃镑仅在2016年内就贬值近

---

① 《外媒称埃及将审讯292名恐怖分子：涉嫌暗杀总统》，载新加坡《联合早报》2016年11月22日。

② "ISIS Leader is Killed by Egyptian Military in Sinai Along With 45 Militants in a Series of Airstrikes," http://www.ghanacelebrities.com/，登录时间：2016年8月4日。

③ "Egypt's January 25 Revolution Will Remain A Turning Point in History," *Ahlam Online*, January 25, 2016.

200%，不但物价飞涨，失业率也居高不下，旅游恢复缓慢，出口创汇也十分有限。

（一）国家经济困难，百姓生活拮据

由于埃及经济频频受到政治动荡的冲击，很多海外投资者和旅行者纷纷避开，严重阻碍了经济发展和外国直接投资（FDI）的增长，也使外汇储备锐减。作为全球最大的大宗商品进口国之一，埃及进口的小麦和柴油等大宗商品，都不同程度地面临着付款困难的问题，因为埃及的外汇储备严重不足。据埃及央行统计，2015年12月底，埃及的净外汇储备仅为164.45亿美元。为缓解外汇储备严重不足的困境，从2016年3月1日起，埃及政府决定向海外侨民出售国债，希望吸引更多外汇回流。埃及的海外侨民人数约900万，平均每年收到的侨汇达190亿美元。① 在埃及旅游业不景气的前提下，侨汇已经成为埃及外汇的重要来源。截至2016年上半年，埃及已有三家银行向埃及海外公民发行国家债券，用他们手里的外汇支持埃及经济。

随着外汇储备的减少，埃镑贬值在所难免。埃及央行陷入两难境地，如果继续维持埃镑汇率，外汇行将枯竭；如果让埃镑贬值，则会导致通胀恶化，影响本已凋敝的民生，还很可能引发社会动荡，危及政权稳定。在不得已的情况下，埃及政府两害相权取其轻。为了避免外汇枯竭，增加出口收入，在美元兑埃镑汇率为8.85的基础上，埃及监管机构于2016年3月15日向当地银行抛售了1.981亿美元资产，埃及央行埃镑贬值近13%，即美元兑埃镑汇率达到8.95。这是埃镑13年来最大幅度的贬值。2016年埃镑的黑市汇率跌幅超过50%，一度跌至12.99的历史最低水平。②

受埃镑贬值的影响，埃及日用品的价格飞涨，普通牛肉已经涨至约120埃镑/公斤，成为穷人眼中的"奢侈品"。食糖危机构成了美元短缺和部分进口商暂停进口带来的严重恶果之一。白糖是埃及人生活中不可或缺的用品，每年进口大约100万吨，因为外汇减少，白糖一时成为限购的稀缺物，优质砂糖涨至17埃镑/公斤。2016年下半年以来，食糖短缺严重扰乱了埃及市场，黑市贩糖活动猖獗。据悉，一商家因囤积白糖被法院判处5年徒刑及1.1万美元罚款。③

---

① "Egypt's Public Banks to Issue Euro Certificates for Citizens Abroad," *Ahlam Online*, March 12, 2016.
② 《被指太迟　埃镑迎13年来最大幅度贬值》，载《香港商报》2016年3月16日。
③ Patrick Werr, "Sugar Shortage in Egypt Leaves A Bitter Taste," *The National Business*, October 19, 2016.

在医疗方面，埃及各省普遍存在医院床位少、医护人员不足、工作环境和待遇差、治疗水平不高、医患矛盾严重等问题。在2014—2015财政年度，埃及政府花在公共医疗方面的预算占GDP的比例只有1.7%，明显低于2014年宪法规定的3%，而国际通行惯例是4%，有的国家则高达15%。与此同时，受外汇短缺及汇率变化影响，市场上药品短缺严重，价格也急剧增长。埃及医药生产协会称，由于埃及药品90%的原材料依靠进口，在埃镑贬值之后，药品生产成本增加了70%。为避免药品生产企业面临停产的危机，埃及卫生部决定提高部分药品的价格：国产药品价格每半年上涨15%，进口药品价格每半年上涨20%。药品价格调整后，50埃镑以下药品价格上涨50%，50—100埃镑药品价格上涨40%，100埃镑以上药品价格上涨30%。① 随着药品价格的上涨，埃及民众医药费用支出陡增，生活负担可想而知。

（二）政府推出新政，国际社会施以援助

为了摆脱经济困境，埃及政府推出了一系列改革办法，如埃镑自由浮动、打击黑市、电费提价、建设基础设施、提高苏伊士运河通行费、提高增值税和减少燃油补贴等，力求解决经济发展中面临的问题。为改善经济状况和降低失业率，埃及央行在2016年1月到9月期间，向中小企业和微型企业提供了170亿埃镑的贷款，受资助企业近1.5万家。此外，政府的举措还包含实行浮动汇率制以及推进能源补贴改革等。11月3日，埃及中心银行宣布允许埃镑汇率自由浮动，埃及各商业银行获准依据市场情形自行定价，当天就导致埃镑兑美元贬值48%以上。货币自由浮动是一系列旨在增强外界对埃及经济信心的改革措施之一，也是获得国际货币基金组织（IMF）援助必须满足的关键条件之一。受此影响，在股市交易中，埃及基准的EGX30股指飙升超过8%。② 由供求机制决定埃镑汇率有助于加强投资者信心，对埃及宏观经济大有助益。

国际社会的援助对埃及恢复稳定和发展至关重要。为创造工作机会和提高公民的生活水平，世界银行计划为埃及提供30亿美元的贷款，其中第一笔10亿美元于2016年9月初发放。③ 11月11日，国际货币基金组织（IMF）同意向埃及提供120亿美元贷款，首笔27.5亿美元贷款即时拨付，其余部分将根据评

---

① 埃及使馆经商处：《部分埃及药企同意卫生部药品价格上涨计划》，http://www.mofcom.gov.cn/article/i/jyjl/k/201612/20161202364642.shtml，登录时间：2017年4月11日。
② "Egypt's Stocks Hit 8-year High after Flotation of Pound," *Ahlam Online*, November 4, 2016.
③ "Egypt Receives First $1 blnTranche of World Bank Loan," *Ahlam Online*, September 9, 2016.

估成果在未来三年内分批发放。① 来自国际货币基金组织的贷款不但可在短期内帮助埃及缓解外汇短缺问题，而且有助于提振国际市场对埃及经济的信心，提升埃及经济形象并吸引投资。埃及还将根据此前签订的协议接受来自海湾国家的资金援助。目前来看，从下埃及的苏伊士运河走廊计划，到上埃及的黄金三角洲规划，再到遍布埃及境内在建的大型电厂工程，以及备受民众赞誉的公路网建设都初见成效。这些大型工程的建成与投产，将极大改善埃及的投资环境和民众的生活水平。特别是2017年2月以来，埃镑升值近10%，说明埃及实施的经济改革取得了阶段性成果，国家经济向好势头开始显现。

三、2016年埃及的对外关系

塞西执政以来，在对外关系方面积极破解外交困局，力图重塑外交格局，并获得不少成果，具体包括恢复埃及在非盟的成员国资格、争取到海湾阿拉伯国家经济支持、改善与周边国家政治关系，以及全面平衡与大国关系等。2016年埃及的对外关系仍然延续了塞西执政以来的务实外交政策，将联合反恐合作、提升国际影响力作为重点，一定程度上维护了国家的安全与稳定。

（一）埃及与沙特的关系曲折不定

蒂朗（Tiran）岛和塞纳菲尔（Sanafir）岛扼守亚喀巴湾进入红海的通道，地理位置相当重要。这两座岛屿原本属于沙特，埃及在1950年应沙特方面要求对岛屿进行实际管辖，以使其免遭以色列入侵。目前两岛驻扎着埃及军事人员以及多国军事观察员。2016年4月7日，在沙特国王萨勒曼访问埃及期间，允诺给予埃及大量援助和投资，作为回报，埃及政府同意把两座岛屿的主权转还给沙特。然而，这一协议引发了埃及民众大规模抗议，"还岛"拉锯战由此开始。此后，埃及政府一直面临巨大的舆论压力。为避免进一步激怒民众，维护国内政治稳定与安全，在权衡利弊后，埃及国务委员会行政法院于2017年1月18日做出终审裁定，埃及政府与沙特签署的有关蒂朗、塞纳菲尔两岛主权归属沙特的协议无效，且不得再提出上诉。② 不过，这一裁决却使政府面临更大压力，因为以沙特为首的海湾国家是埃及塞西政府最坚定的支持者和重要的

---

① 《IMF批准向埃及提供120亿美元贷款》，http://world.huanqiu.com/hot/2016-11/9668972.html，登录时间：2017年1月1日。

② "Egypt High Court Declares Void Transfer of Tiran and Sanafir to Saudi Arabia," *The Orion Africa Global News*, January 18, 2017.

援助提供者。

除两岛主权问题外，埃及与沙特的最大分歧在于双方对叙利亚问题的不同态度。埃及学者指出："对于沙特来说，推翻巴沙尔政权是多年来既定的政策。但在埃及看来，叙利亚的团结与稳定，哪怕是暂时的，对于埃及东北部的安全局势来说都至关重要，这就是埃沙两国在叙利亚问题上的分歧所在。"[①] 2016年10月，埃及作为联合国安理会非常任理事国，和中国及委内瑞拉一起投票支持俄罗斯提出的关于叙利亚的决议草案，反对法国的决议草案。埃及的举动激起了沙特阿拉伯的强烈不满，沙特石油巨头阿美公司当即表示暂停对埃及的石油供应。

（二）推动利比亚实现和平，旨在维护本国安全

自2014年8月以来，利比亚就出现两个政府、两个议会对立的局面。在联合国的斡旋下，双方于2015年12月签署了《利比亚政治协议》，同意结束分裂，共同组建民族团结政府。2016年以来，政治对话产生的九人总理委员会先后提交了两份民族团结政府名单，但一直未获得利比亚国民代表大会表决通过。作为利比亚邻国，埃及在多个场合表达努力推动利比亚实现和平的决心，明确反对外国军事干预利比亚，强调政治解决利比亚问题是唯一途径。7月28日，在埃及的主持下，利比亚民族团结政府总理与利比亚国民代表大会主席在开罗举行直接对话，以期解决政治僵局。尽管利比亚已走出内战阴霾，但其分裂和僵持的局面对埃及来说，仍是极其危险的安全威胁。例如，埃及西部沙漠地区恐怖分子使用的武器多来自利比亚。因此，埃及有意愿、有能力推动利比亚分歧双方进行协商与对话，这种努力对利比亚问题的最终解决将会产生积极作用。

（三）持续改善与以色列的关系

塞西上台后，基于维护西奈半岛安全和反恐需要，埃及与以色列越走越近。随着国内形势趋稳，塞西开始谋划提升埃及的地区影响力，而巴以问题自然就成为埃及发力的首选。无论是在2016年1月重新向以色列派遣大使，还是在5月提出构建以色列与埃及"暖和平"(Warmer Peace)的倡议，抑或是在7月派出外长舒凯里访以，都是塞西政府继续深化与以色列合作的表现。关于巴以问题，塞西提出了"埃及方案"，该方案既没有提到重启巴以和谈需要满

---

① 新华社开罗11月9日电：《埃及与沙特是否渐行渐远》，http://www.010lm.com/roll/2016/1110/4164062.html。

足的条件（如以色列停止修建定居点），也没有规定时间表或引入任何国际监督，因此很快便被以色列接受。①毫无疑问，打出巴以牌有助于埃及深化与以色列在西奈的反恐合作，尤其是获得以色列的情报支持。由于强敌环伺，以色列的情报机构在运用大数据技术反恐和军事打击行动方面一直走在世界各国的前列。据悉，在辛贝特（以色列国家安全总局）和以军的情报部门，大数据分析已被广泛使用，专门用来追踪和预防恐怖分子的行动。

塞西的"埃及方案"推出后，以色列总理内塔尼亚胡发表声明表示欢迎。据2016年11月的以色列媒体报道，为了帮助埃及改善经济，以色列正着手准备就一系列大型项目与埃方进行商讨。这不但反映了以埃两国间具有的良好关系，也是改善埃及经济状况的迫切需要。据悉，以色列对埃及的海水淡化项目表示出较大兴趣，还可在太阳能开发和利用、电力生产、灌溉和天然气等领域提供帮助。此外，埃以还准备加强旅游领域的合作。②

（四）埃及与俄罗斯关系不断升温

近年来，塞西政府"亲俄疏美"的态势逐渐明朗。随着埃俄关系呈现跨越式发展，双方在政治、经济、军事、能源等诸多领域加强了合作。2014年8月12日，塞西出访俄罗斯，俄成为其就任总统后出访的首个非阿拉伯国家。2015年2月10日，普京回访埃及，称埃及是俄"可信赖的伙伴"。埃俄关系升温后，两国经贸活动日趋活跃，埃及从俄进口商品范围逐步扩大，包括先进军事装备、汽车、天然气、石油制品和农产品等，向俄出口的大批食品、纺织品、水果蔬菜等轻工产品和农产品的数量持续增长。当然，军事安全合作是塞西政权与俄罗斯关系发展中的核心内容，也是双边合作中发展最快、影响最大的领域。

2016年以来，埃俄关系不断发展，其中最有代表性的事件是俄罗斯帮助埃及建立首座核电站。2015年11月19日，俄罗斯与埃及达成政府间合作协议，运用俄技术在地中海沿岸的达巴（Dabaa）地区建设埃及首座核电站，双方商定由俄罗斯提供贷款。2016年5月20日，由俄罗斯提供250亿美元贷款用于埃及首座核电站建设的协议正式生效，俄为核电站建设项目提供85%的资金，埃及仅支付项目总价的15%。7月31日，埃及与俄罗斯商定了这一商业合同的所有条款。据悉，埃及首座核电站将由4个功率各为1200兆瓦的机组组成，所需

---

① 唐恬波：《埃及和以色列走向"暖和平"》，载《世界知识》2016年第17期。
② 中华人民共和国商务部网站：《以色列有意参与埃及经济大项目建设》，http://www.mofcom.gov.cn/article/i/jyjl/k/201611/20161101557125.shtml，登录时间：2017年1月2日。

资金总额约为300亿美元，预计在13年内（2016年至2029年）完成，埃及在22年内偿还俄贷款。首笔还款时间定于2029年10月15日，利率为每年3%。①

埃及还加强了与俄罗斯的反恐合作。2016年10月15日至26日，俄罗斯与埃及空降兵举行了代号为"友谊卫士-2016"的联合反恐演习。双方共派出500余名空降兵参加此次演习，使用了6个机场保障，动用了15架不同型号的飞机以及10套能够空投的作战技术装备。在演习中，俄罗斯与埃及军方成立了演习导演部联合指挥中心，设在埃及的埃里—哈巴姆军事基地。此次联合反恐军事演习，参演兵力主要是空降兵，演练内容为联合空降和消灭恐怖分子，演习地区为埃及沙漠地区，其主要目的在于警告和震慑北非的恐怖组织。②

（五）中埃关系翻开崭新篇章

中埃关系被誉为"南南合作的典范"。无论世界风云如何变幻，两国始终保持友好，经贸合作不断加强，文化交流持续延绵。2014年12月，上任仅半年的埃及总统塞西便对中国进行了国事访问，中埃两国元首共同决定将1999年以来的中埃战略合作关系进一步提升为全面战略伙伴关系。2016年是中埃建交60周年，新年伊始，在习近平主席首访中东期间，于1月20日至21日对埃及进行了国事访问。中埃签署了《关于共同推进丝绸之路经济带和21世纪海上丝绸之路建设谅解备忘录》和《关于加强两国全面战略合作伙伴的五年实施纲要》。习近平主席还特邀塞西以嘉宾国元首身份出席20国集团杭州峰会，体现出中方对埃方在国际事务中发挥更大作用的高度重视。③

在中国提出的"一带一路"倡议下，埃及作为一个贯通东西、连接亚非的国家扮演着至关重要的角色。当前，中国与埃及在"一带一路"框架下的合作不断加强，中国企业正在积极参与埃及的基础设施建设项目。以新苏伊士运河项目为例，在苏伊士运河开发区和苏伊士运河经济走廊建设过程中，基础设施建设恰恰是中国的优势领域。④尽管两国的总体经济合作前景很好，但与两国的政治合作相比还存在一定差距，因此，中埃之间有进一步加强经贸合作的巨大空间。

---

① "No Conflict between Egypt and Russia on Dabaa Nuclear Plant," *Ahlam Online*, July 31, 2016.
② 《俄罗斯埃及借联合演习震慑北非恐怖组织》，http://news.xinhuanet.com/world/2016-11/07/c_129353434.htm，登录时间：2016年11月8日。
③ 余建华：《中埃关系迎来重大历史机遇》，载《文汇报》2016年6月1日。
④ Ahmed El-Sayed Al-Naggar, "Developing Egyptian-Chinese Relations," *Ahlam Online*, January 24, 2016.

伊朗的政治、经济与对外关系

张立明[①]

摘要：2016年是伊朗享受解除制裁红利的第一年，无论是内政还是外交都呈现可喜的变化。在政治方面，宗教领袖哈梅内伊为首的保守派仍牢牢地掌控伊朗政局；政治派别重新洗牌，形成支持和反对鲁哈尼政府的两大阵营。在第十届议会选举和第五届专家会议选举中，形成支持政府的温和派和改革派联盟与保守派相抗衡的局面，部分强硬保守派成员出局。在经济方面，随着伊核全面协议的执行，国际社会取消了对伊朗油气、金融、保险等领域的制裁，解冻了伊朗部分资产，伊朗重新回归国际经济体系。2016年伊朗宏观经济形势改善明显，进出口贸易有显著增长，吸引外资方面也取得了长足进步。在外交方面，虽然年初伊朗与沙特的断交风波使伊朗与海湾邻国的关系降至冰点，但总体来看，2016年是伊朗外交丰收年，地区和国际影响力进一步提升。伊朗与欧盟、俄罗斯和中国等大国的关系不断深化，但伊美关系尚无实质性改变。特朗普总统上台，伊美关系的不确定因素进一步上升。

关键词：伊朗；政治形势；经济形势；对外关系

2016年是伊核问题《全面联合行动计划》（下文简称"伊核协议"）执行的第一年。3月20日，伊朗最高领袖哈梅内伊发表新年讲话，强调经济建设将是未来的重中之重，并将新的一年命名为"抵抗经济——行动与实践年"。鲁哈尼总统也在新年致辞中表示，对内将稳步推进专家治国和渐进改革，全面实施第六个五年发展计划，切实提高民生福祉，并将进一步放松对文化、社会等领域的管制；对外继续与国际社会开展"建设性互动"，利用解除制裁的有利时机扩大对外交往和务实合作，用好外国资本、市场和技术促进本国发展。在

[①] 张立明，中国人民解放军外国语学院波斯语专业副教授。

2016年，伊朗内政外交均显示出解除制裁红利带来的可喜变化，但也存在诸多问题与挑战。

一、2016年的伊朗政治

2016年伊朗政局平稳，以宗教领袖哈梅内伊为首的保守派，利用宪法监护委员会、军警和司法机构牢牢控制着国家局势。虽然保守派对鲁哈尼政府内外政策的批评一直存在，对伊核协议的质疑之声也从来没有停止过，但由于哈梅内伊总体上支持鲁哈尼政府的内外政策，谨慎维持保守派与温和改革派政府的平衡，使伊朗国内没有出现大的政治风波。

2016年伊朗政治的典型特征之一是各政治派别重新洗牌，最终形成两大阵营。从哈塔米时代开始，伊朗政坛明显分化成保守派、温和派和改革派三大阵营。2009年总统大选风波之后，改革派遭到重创，领军人物穆萨维和卡鲁遭到软禁，一些领导人被捕入狱，媒体被查封，改革派力量在伊朗政坛日益式微。2013年总统大选时，在前任总统拉夫桑贾尼的协调下，改革派与温和保守派组成联盟，最终促成鲁哈尼当选。鲁哈尼本身为神职人员，但同时又是在西方接受教育的学者，他既忠诚于伊朗现行的体制，同保守的宗教界有密切的联系，又能够以全球化的视野审视伊朗体制的弊端，同时也善于接受改革派的建议。在就任总统后，鲁哈尼对内致力于发展经济、改善民生，较少在政治问题上刺激极端保守派和军方；对外主张与国际社会"建设性互动"。鲁哈尼执政以来，伊朗内政和外交均取得了一些成绩，赢得了部分保守派的认可。

从内贾德时代开始，伊朗保守派内部也发生了分裂。内贾德在竞选总统和执政期间对拉夫桑加尼家族的打压，与拉里贾尼家族的争吵，以及有时不听宗教领袖指示的一意孤行，都引起保守派内部部分人士的不满，加上其奉行强硬的外交政策，使国际社会对伊朗的制裁不断升级，导致国家经济几乎崩溃，民不聊生。在此背景下，愿意同国际社会对话，重视改善民生的部分保守派力量与极端保守派渐行渐远，选择加入支持鲁哈尼的阵营。

目前改革派在伊朗可以说是徒有其名，鲁哈尼无论如何也不能称为改革派领袖，原先的改革派和保守派划分逐渐失去其意义。将眼下的伊朗政坛划分为支持和反对鲁哈尼政府的两个阵营似乎更符合实际。

2016年2月26日，伊朗迎来了第十届议会和第五届专家委员会选举，结果鲁哈尼阵营与保守派呈现势均力敌的局面。在议会选举前，奥列夫领导的改革派和鲁哈尼主导的温和保守派再次组成联盟，提出了"希望名单"，同前议长哈达德·奥迪尔为代表的保守派联盟展开竞争。选举结果有些出人意料，根据伊朗内政部公布的投票结果，鲁哈尼阵营与保守派呈现势均力敌的局面，打破了伊朗议会从第七届开始一直由保守派把持的局面。在德黑兰选区，鲁哈尼阵营的"希望名单"获得全部30个席位，而保守派哈达德·奥迪尔落选。在专家委员会选举中，共有166人争夺88个席位。虽然最终入选的仍以保守派居多数，但务实派拉夫桑贾尼以最多选票当选（但遗憾的是拉夫桑贾尼于2017年1月8日逝世，对务实派是很大的损失。），鲁哈尼排名第三当选，而一贯强硬反对与西方进行任何谈判的前任专家委员会主席穆罕默德·雅兹迪和极端保守教士穆罕默德·塔基·雅兹迪都意外出局。在德黑兰选区的16个席位中，鲁哈尼阵营支持的候选人占据15席，只有宪法监护委员会主席艾哈迈德·贾那提低票当选。总体上看，保守派中趋于温和的人士将成为议会和专家委员会的主流，伊朗政坛中的极端保守人士已经被排除在外。

2016年的议会选举和专家委员会选举，再次提振了伊朗民众对宗教民主体制的信心，也显示了民众对鲁哈尼政府的信心。伊朗民众经历哈塔米总统激进改革和强硬保守总统内贾德的极端保守，对激进改革派喊口号式的执政方式感到不满和厌倦，更倾向于温和、务实和均衡的政策。经历过2009年选举风波，见证了"阿拉伯之春"给地区带来的冲突和动荡后，伊朗民众的政治心理趋向成熟，对于国家变革方式趋向理性。而这种理性从2013年的总统大选就初露端倪，民众意识到可以通过选票把支持的候选人选为国家领导人。

在2016年的选举中，有投票资格的选民约5500万人，其中62%参加了投票。最高领袖在选举后的讲话中充分肯定了选举结果，强调民众积极参与选举向世界展现了伊朗宗教民主制度的光明前景及其在民众中所享有的合法性。有评论认为，"高投票率不仅向世界传达了伊朗政权稳固的信息，而且向西方国家释放出伊朗通过公民政治参与走向民主化的希望。"[1] 这也说明伊朗的宗教民主制经过三十多年的运行，得到了伊朗民众的认同。"伊朗的政治体制基本上容纳了各种政治派别的内部博弈和利益诉求，体现出一定的包容性和开放性。"[2] 有评论认为，此次选举结果对于2017年鲁哈尼总统连任将产生积极影响。

如果说鲁哈尼2016年初承诺的经济和外交目标逐步得到实现的话，他在社会和文化方面却鲜有建树。不仅竞选总统时承诺的解除改革派领导人穆萨

---

[1] 刘岚雨：《透过大选看伊朗：稳步迈向开放》，载《世界态势》2016第6期，第53页。
[2] 冀开运：《伊朗发展报告（2015—2016）》，北京：社会科学文献出版社2016年版，第110页。

维和卡鲁比软禁的诺言至今仍未兑现,改革派领袖前总统哈塔米也被司法部门限制出境,禁止公开发表演讲和在媒体上露面,甚至不允许参加拉夫桑贾尼的葬礼。

二、2016年的伊朗经济

鲁哈尼总统上台后,主张专家治国,选用了一批富有经验的人员组成内阁,推出了调整宏观经济政策、改善国内营商环境、调整金融与货币政策等一系列举措。2015年8月,鲁哈尼签署了新税法,削减部分伊斯兰基金会和革命卫队下属公司的经济特权,促进公平市场竞争机制的建立,增加政府税收收入。鲁哈尼政府还不断吸引外资,加大国内外投资力度。2016年1月18日,鲁哈尼在向议会提交的财政预算中指出,伊核协议执行后政府的主要政策就是吸引外资。2016年2月24日,伊朗公布了第六个五年社会经济发展计划,以期稳步推进经济发展,促进就业。随后鲁哈尼总统又提出了雄心勃勃的十年远景规划,推出了涵盖能源、基建、交通、旅游等领域,合计超过2000亿美元的一揽子发展项目。① 这些投资计划,对促进经济发展、增加就业、改善民生都产生了积极影响。

鲁哈尼的经济政策在过去两年已初见成效。伊朗的经济增长率从2013年上台时的-1.9%上升到2015年的3%,通胀率由2013年的37.5%下降到2015年的15.6%,汇率也基本保持了稳定。2016年1月16日,伊核协议正式实施,国际社会解除了对伊大部分制裁,伊朗经济继续回升。2017年1月17日,鲁哈尼在接受国内外媒体采访时称政府已兑现2016年初的承诺,伊朗中央银行统计的经济增长率达到了7.4%(伊朗国家统计中心的数字是5.4%,美国中央情报局的数字是4.5%,② 世界银行公布的数字是4.6%),通货膨胀下降到8.6%③(美国中央情报局的数字是8%,世界银行公布的数字是4.6%④)。伊朗汇率基本保持稳定,2014年和2015年外汇市场平均汇率同比上涨3.0%和5.2%,2016

---

① 朱丽涵:《"两会"选举后,伊朗向何处去?》,载《当代世界》2016年第4期,第65页。
② 新闻在线网站:《美国中央情报局关于2016年伊朗12个宏观经济数据的报告》,http://www.khabaronline.ir/(X(1)S(gnfx3shlper1amylvjfmjwu0))/detail/628625,登录时间:2017年1月25日。
③ 伊朗总统府官网:《鲁哈尼接受国内外媒体采访》,http://president.ir/fa/87560,登录时间:2017年1月17日。
④ 伊朗经济在线网站:《预测伊朗2017年经济增长5.2%》,https://www.eghtesadeiranonline.com/vdch6qnx-23nzmd.tft2.html,登录时间:2017年1月11日。

年11月与2015年相比同期上涨4.5%。①2016年12月中旬，尽管受各种因素影响汇率出现明显上涨，但鲁哈尼称这只是暂时现象，随着石油收入的增加，汇率会保持相对稳定。

伴随国际制裁的解除，伊朗油气生产和出口恢复迅速。伊朗石油产量由2013年的265万桶/日上升到2016年底的390万桶/日，预计2017年3月可达400万桶/日；天然气的产量由2013年的4.9亿立方米上升到2016年的8.4亿立方米；石油出口由2013年的将近100万桶/日上升到2016年底的233万桶/日，加上60万桶天然气凝析油，实际出口量达到293万桶/日。②2016年11月30日，欧佩克成员国在维也纳达成了八年来的第一次限产保价协议，各成员国同意每天减少120万桶产量，总产量限制在3250万桶，但同意伊朗在达到制裁前的390万桶/日之前，可以继续保持和增加现有产量。12月10日，以俄罗斯为首的12个非欧佩克产油国也签署协议，同意减产55.8万桶/日。在石油出口国总体限产的情况下，对伊朗开绿灯，无疑是利好的消息，所以伊朗国内有媒体称这是继伊核全面协议之后的又一大胜利。

伊朗油气产业是西方油气巨头投资的主要领域，随着制裁的解除，世界油气巨头纷纷回归伊朗市场。2016年11月，道达尔携手中石油与伊朗国家石油公司（NIOC）签署了一项协议，共同开发全球最大天然气田南帕尔斯气田11期项目。该项目总价值达48亿美元，日产量将达18亿立方英尺，约37万桶石油当量。12月，壳牌与伊朗签署了一份针对阿扎德甘油田、雅达瓦兰油田以及基什气田的初步协议。2016年12月26日，伊朗石油部宣布已经同壳牌、道达尔、俄气、俄油、卢克石油、印度ONGC等外国油气公司签署了12份谅解备忘录。2017年1月2日，伊朗公布了被批准参与该国油气项目招标的12个国家的29家油气公司，几乎囊括了除英国BP和美国能源巨头埃克森美孚和雪佛龙之外全球所有的能源企业，伊朗油气产业有望在2017年取得更大的发展。

由于受到西方的经济制裁，伊朗各航空公司的飞机严重老化。当前，伊朗航空业存在着巨大商机。伊朗交通部长阿洪迪预测，在未来几年伊朗大约需要400架中远程客机和100架短程客机。2015年7月，伊核协议签署不久，波音飞机制造公司和空中客车制造公司就迫不及待同伊朗航空管理部门和航空公司洽谈购买飞机事宜。期间尽管有美国国会百般阻挠，但美国财政部外国资产控

---

① 伊朗劳动通讯社：《伊核协议执行一年，经济指数证实积极变化》，http://www.ilna.ir//44910，登录时间：2017年1月17日。

② 油气通讯社：《国家公司总经理称：伊朗石油生产和出口增长的势头将继续》，http://iscanews.ir/news/728916/2017-2-4，登录时间2017年2月4日。

制办公室最终颁发了许可，准许两家航空公司向伊朗销售客机。2016年12月19日，伊朗航空公司与空客公司达成了总价值100亿美元、100架客机的订购合同。2017年1月12日，首架空客A321型客机交付伊朗航空公司。2016年12月11日，波音公司与伊朗航空达成80架飞机、价值166亿美元的订购合同。首架波音777–300ER宽体机将于2018年开始交付。

伊朗在吸引外资和对外贸易方面也都有利好消息。伊朗媒体报道，伊核协议执行一年来，外商投资审批委员会共批准外国投资114亿美元，主要投资来自欧洲的法国、德国、意大利和亚洲的中国和阿联酋。预计到伊朗历年底（公历3月20日），吸引外资可达150亿美元。[①] 伊朗进出口贸易也有长足的发展，据美国中央情报局公布的数字，2015年伊朗出口额为646亿美元，进口额为524.2亿美元；2016年的出口额为875亿美元，进口额为621.2美元，同比增长35.5%和14.1%。[②]

尽管官方公布的统计数字表明伊朗经济正在好转，但解除制裁以来的经济发展状况仍大大低于民众的预期。这种情况有国内外两方面的原因。在国内，鲁哈尼政府尽管通过修改银行货币政策、财务税收政策，在应对通胀方面取得了一定成效，但并没有触及伊朗经济体制的弊端，突出表现在国营企业、伊斯兰革命卫队掌握的基金会下属企业挤压民营企业的生存空间；官僚主义严重，在政策法令和实际操作层面对外国投资设置重重障碍，使外商投资的风险和成本增大；等等。从国际方面看，解除国际制裁适逢国际市场石油价格低迷，伊朗预期的石油收益并未在解除制裁后如期而至，美国解除对伊制裁的幅度和速度也远远低于预期。此外，由于持续多年的制裁使伊朗经济遍体鳞伤，历史欠账太多，基础设施投资短期内难以见效；经济发展的成就尚未惠及民生，失业率没有太大改善，房地产业仍然低迷。要想摆脱经济困境，政府需进一步努力，老百姓需耐心等待。

三、2016年的伊朗外交

2015年7月伊核全面协议签署以来，伊朗迎来了长期遭受制裁后的外交春天，仅在2015年下半年，就有包括德国、意大利、法国、日本和中国在内

---

① Tinn网站：《伊朗吸收超过110亿美元外资》，http://www.tinn.ir/fa/doc/news/117154/，登录时间：2017年1月9日。

② 新闻在线网站：《美国中央情报局关于2016年伊朗12个宏观经济数据的报告》，http://www.khabaronline.ir/(X(1)S(gnfx3shlper1amylvjfmjwu0))/detail/628625，登录时间：2017年1月25日。

的数十多个大型经贸代表团访问伊朗，抢占商机。2016年伊朗外交更趋活跃，鲁哈尼总统年初开启访问意大利、梵蒂冈和法国的欧洲之行，签订了大量合作文件和经贸大单；包括中国国家主席习近平、印度总理莫迪、时任韩国总统朴槿惠在内的14个国家首脑也在2016年紧锣密鼓地访问伊朗，双方签署多个政治、经济、文化合作文件。当然，由于地区和全球层面仍存在诸多结构性矛盾，尤其是伊朗与沙特在中东地区的全面对峙，伊朗和美国的敌意难消，致使伊朗外交仍存在着诸多难以回避的问题和挑战。

（一）伊朗与地区国家的关系

2016年伊朗的地区影响力进一步加强，但与沙特为首的海湾逊尼派国家的关系则降到冰点，与以色列的关系也持续紧张。

2016年1月新年伊始，沙特政府处决什叶派教士尼姆尔，引发伊朗抗议者冲击沙特驻伊朗使馆，沙特立即宣布与伊朗断交，阿拉伯国家巴林、苏丹、科摩罗和索马里也宣布与伊朗断交，阿联酋则降低与伊朗的外交级别。伊朗和沙特断交是双方民族、教派矛盾和争夺地区主导权等矛盾的叠加。近年来，双方在叙利亚、也门等国一直在进行代理人战争。

伊朗一直深度介入叙利亚事务，向叙利亚巴沙尔政府提供军事和财政援助。虽然伊朗否认向叙利亚派遣军队，但却承认向叙利亚派遣军事顾问。2016年下半年，由于土耳其的加入，俄、土、伊构成了实际的同盟，增强了对叙利亚问题的影响。伊朗同时高调支持也门的胡塞武装和前总统萨利赫，反对沙特主导的多国联军对也门的武装轰炸。

尽管伊朗与海湾国家的关系严重紧张，但伊朗在2016年为改善与周边其他国家的关系付出了不小的努力。例如，2016年鲁哈尼总统先后访问了巴基斯坦、土耳其、亚美尼亚、阿塞拜疆和中亚的哈萨克斯坦和吉尔吉斯斯坦，签署多项协议，深化了彼此的政治和经贸关系。

（二）伊朗与欧盟国家的关系

在西方制裁伊朗之前，欧盟是伊朗最大的贸易伙伴，欧洲的石油巨头曾经在伊朗有巨大的经济利益。2015年7月伊核协议签署后，德国、法国、意大利都迫不及待地向伊朗派出大型商贸代表团寻找商机。2016年1月25日至28日，鲁哈尼总统访问了意大利、梵蒂冈和法国，多名内阁部长和由120名商人组成的经贸团队殖行。这是伊朗总统十多年来首次访欧，也是多国宣布解除对伊制裁后伊朗领导人进行的一次重要外交行动，旨在努力打开外交新局面。访意期间，鲁哈尼会晤了意大利总理伦齐和罗马教皇方济各。伊朗与意大利签署了12份总额达180亿美元的经贸合同，其中包括与意大利钢铁设备制造商达涅利集团签署的约62亿美元的商业合同，与基建企业孔多特公司签署的约43亿美元的基础设施建设合同。在访法期间，鲁哈尼会见了法国总统奥朗德、总理瓦尔斯，并同欧洲空中客车公司签署了一项价值250亿美元的协议，购买118架空客客机。法国第一大汽车制造商标致—雪铁龙集团计划投资4.3亿美元，与伊朗主要汽车制造商建设合资工厂。法国道达尔石油公司也与伊方签署购买石油协议。鲁哈尼还与意、法领导人就共同打击"伊斯兰国"、支持联合国斡旋叙利亚危机等议题达成共识。有分析认为，鲁哈尼此行表明伊朗与西方国家关系在经过长期敌对后开始回暖。当前欧洲经济增长乏力，需要伊朗庞大的市场来提振经济。伊朗也希望通过意、法这两个欧洲大国推动欧洲改变对伊政策，进而确保伊核协议的顺利执行。伊朗的深层次考虑在于即便美国单方面撕毁协议，伊朗也可以利用同欧盟的紧密经济关系来制约美国。在2016年，瑞士、塞尔维亚、波黑、斯洛文尼亚、芬兰等国的首脑对伊朗进行国事访问，签署多项合作文件，使伊朗与欧洲的关系得到进一步改善。

英国与伊朗的关系多有反复。2011年11月，因伊朗激进学生冲击英国驻伊朗大使馆和外交人员官邸，英国宣布断绝与伊朗的外交关系。2013年鲁哈尼当选总统后，两国关系开始回暖。2013年11月双方互派临时代办，2015年8月23日双方大使馆重新开馆，2016年9月5日双方互派大使，恢复大使级外交关系。然而双方关系在2016年底又因英国新任首相特蕾莎·梅的不当言论再起波澜。2016年12月7日，英国首相特蕾莎·梅应邀访问巴林，并列席第37届海湾合作委员会首脑会议，她在发言中发表了针对伊朗的刺激性言论，宣称英国将与海合会国家"携手努力，共同挫败伊朗在地区的进攻性举措"。这一言论招致了伊朗强烈不满，12月10日，伊朗外交部召见英国驻伊朗大使，表示强烈抗议，一些伊朗议员甚至提交议案，要求降低两国外交关系级别。

（三）伊朗与中国等亚太国家的关系

在2016年，中国与伊朗两国高层交往不断，双方关系持续深入发展。2016年1月22日，习近平主席对伊朗进行国事访问，这是中国国家主席时隔14年后再次访问伊朗。访问期间，习近平会见了鲁哈尼总统、最高领袖哈梅内伊和议长拉里贾尼，双方发表了《关于建立全面战略伙伴关系的联合声明》，一致同意建立中伊全面战略伙伴关系。两国元首还见证了十余项协议的签署，这些协议涉及能源、产能、金融、投资、通信、文化、司法、科技、新闻、海关、气候变化、人力资源等各领域。双方还签署了《关于共同推进丝绸之路经济带和21世纪海上丝绸之路建设的谅解备忘录》。在2016年，习近平主席与伊朗总统鲁哈尼还在多个国际场合会面。

在经贸领域，中国连续7年保持伊朗最大贸易伙伴的地位，是伊朗最大的石油及非石油产品出口市场。2014年，中伊双边贸易额达到518.5亿美元，创历史最高水平。受石油等国际市场大宗商品价格下跌因素影响，2015年中伊贸易有所回落，但中国继续维持伊朗最大进出口贸易伙伴国的地位。此外，中伊两国在工程承包、技术合作、基础设施等多个领域开展了富有成效的合作。在习近平主席访伊期间，伊朗总统鲁哈尼表示，中国和伊朗将扩大双方经贸合作，未来10年使双方的贸易额增加至6000亿美元。

西方解除对伊朗的制裁后，中国在伊朗的经贸活动难免受到冲击。有报道指出，2016年1月至11月中国对伊朗出口146亿美元，较上年同期162亿美元的出口额下降了9.5%。同期中伊双边贸易额为278亿美元，较2015年同期的310亿美元贸易额下降10.4%。[①] 预计中伊贸易额在短期内会出现暂时性下降。此外，当前美伊关系的结构性矛盾尚未解决，特朗普上台后美伊关系的不确定性因素进一步上升，这也将对中伊关系的发展产生一定的影响。

日本传统上是进口伊朗油气的大国，日本企业曾经在伊朗开发油气田，双方在汽车工业方面也有合作。伊核协议生效后，日本第一时间宣布解除对伊朗的制裁，但两国关系总体还比较冷淡。2015年8月，日本经济产业省大臣山崎大治郎访问伊朗，试图恢复两国关系；10月13日，日本外相岸田文雄访伊，意在推动双方经贸合作。2016年2月，伊朗经济和财政部长塔伊布尼亚访问东京，签署双边投资协议。2016年5月9日，安倍夫人访问伊朗，有报道说此举旨在为安倍8月访伊做准备，但安倍访伊始终未能成行。2016年9月，鲁哈尼在参加联合国大会期间同安倍举行会晤，双方商定制订十年合作路线图。2016年4月，日本驻伊朗大使在伊朗一个朋友家做客时，遭伊安全部队人员突然搜查，由于未能出示外交证件而被伊朗安全机关短时间拘留，成为日伊改善关系过程中一个不和谐的插曲。

2016年5月1日至4日，原韩国总统朴槿惠率领庞大经贸代表团对伊朗进行国事访问，双方签署了多达66项谅解备忘录。两国首脑在记者会上表示，双方将共同促进规模达371亿美元的经济合作计划，以尽早将两国经贸合作恢

---

① 中国驻伊朗使馆经参处：《前11个月中国对伊出口下降9.5%》，http://ir.mofcom.gov.cn/article/jmxw/201701/20170102490796.shtml，登录时间：2017年1月3日。

复至伊朗受制裁以前的水平,双方承诺将努力把年贸易额从目前的60亿美元提高至180亿美元。据报道,韩国企业将大举参与伊朗铁路、机场和水资源管理等基础设施建设以及炼油设施和管道建设等能源项目。

在2016年,伊朗与东南亚国家的关系进一步发展。2016年10月5日,鲁哈尼总统利用参加泰国亚洲合作对话领导人峰会的机会,顺访了马来西亚、越南和泰国;2016年3月和12月,越南国家主席张晋创和印尼总统佐科分别对伊朗进行了国事访问,伊朗希望加强同东盟国家的合作。

伊朗与印度的关系也得到明显加强。2016年5月23日,印度总理莫迪访问伊朗,双方签署了12项合作备忘录,涉及能源、基础设施建设、文化、科技等诸多领域,其中印度投资建设伊朗恰巴哈尔港口项目尤为引人瞩目。在莫迪访问伊朗期间,伊朗总统鲁哈尼、印度总理莫迪、阿富汗总统加尼共同签署了一项协议,三国将打造一条运输走廊。据报道,这一走廊将绕过巴基斯坦,经伊朗恰巴哈尔港通往阿富汗。莫迪在签字仪式上宣布印度将为恰巴哈尔港口建设项目投资大约5亿美元,并称此举为两国关系的"重要里程碑"。

恰巴哈尔港位于伊朗锡斯坦—俾路支斯坦省(Sistan and Baluchestan Province)南端,靠近伊朗与巴基斯坦的边境地区,距离中巴经济走廊的终点、巴基斯坦的瓜达尔港不到100公里。有媒体分析称,控制恰巴哈尔港将使印度绕过由巴基斯坦主导的陆上路线,直接从海上与伊朗和阿富汗建立商业联系,在方便获取来自伊朗的石油供应的同时,还将挑战中国通过投资巴基斯坦瓜达尔港而获得的在地区贸易方面的"控制地位",并减少印度对沙特阿拉伯等海湾产油国的能源依赖。①

(四)伊朗与俄罗斯的关系

伴随伊核协议签署以及俄罗斯加大对中东事务的介入,伊朗与俄罗斯的战略合作不断加强。2015年11月,俄罗斯总统普京访问伊朗,双方重点就解决叙利亚危机、打击恐怖主义、加强经贸合作进行了深入交流。俄方表示愿意向伊朗提供50亿美元的贷款,双方在能源、房地产、港口、铁路电气化改造等领域提出了35个合作项目,签署了建设布什尔核电站的二期和三期工程协议。俄罗斯能源部长也于2016年10月和11月连续访问伊朗,双方承诺每年的贸易额不低于400亿美元。俄罗斯还打算在阿巴斯港修建1400兆瓦的热电厂。

---

① 凤凰资讯:《印度总理15年后再访伊朗,投资恰巴哈尔港欲"一举三得"》,http://news.ifeng.com/a/20160524/48833329_0.shtml,登录时间:2017年5月24日。

伊朗与俄罗斯的军事合作和军工贸易更为引人注目,双方军事交往十分频繁。2016年2月,在不到两周的时间,伊朗防长达赫甘和俄罗斯防长绍伊古进行互访。2月20日,伊朗与俄罗斯签署了一项新的军事合作协议,其内容包括扩大两国在反恐合作、军事人员交换,并就双方海军使用对方港口方面达成谅解。

2016年4月11日,伊朗外交部宣布,根据俄罗斯与伊朗新签订的合同,俄罗斯已于当天开始向伊朗交付S-300防空导弹系统的第一部分组件。伊朗国防部门官员说,希望能在2016年完成这一合同的全部交付工作。根据合同,伊朗将得到4个导弹营的S-300PMU2新型防空导弹系统,合同金额超过10亿美元。德匡媒体认为,伊朗一旦部署S-300防空导弹系统,"将使得针对伊朗境内单个设施的所谓外科手术式打击变得不可能。任何针对德黑兰的军事行动将变得极为困难、代价高昂"。① 2016年11月17日,英国《每日电讯报》透露,俄罗斯正与伊朗就一项价值100亿美元的武器协议进行谈判,莫斯科将向伊朗提供先进的坦克、火炮系统、飞机和直升机。

2016年8月17日,俄罗斯战机从伊朗哈马丹空军基地起飞,执行打击叙利亚境内极端组织的任务。这是俄罗斯首次利用第三国军事基地空袭叙境内目标。俄使用伊朗空军基地因伊朗议会部分议员质疑而一度叫停,但在2016年8月16日,伊朗议长在接受凤凰卫视专访时称,俄罗斯可以再次使用伊朗空军基地。据伊朗媒体报道,伊朗国防部长达赫甘也于12月27日表示,如果俄罗斯提出请求,伊朗可以考虑允许俄军机再次借用哈马丹空军基地。

伊朗与俄罗斯在地区和国际事务中的合作也十分引人注目。俄罗斯、伊朗和土耳其在叙利亚战场紧密合作,帮助叙政府军收复阿勒颇,并促成叙政府和反政府武装停火和阿斯塔纳会谈。同为能源出口大国,俄伊两国在油气领域也加强了合作。2016年12月30日,欧佩克八年以来首次达成限产协议,但却给伊朗开了绿灯,其中俄罗斯居间调停功不可没。2016年8月8日,俄罗斯总统普京、伊朗总统鲁哈尼和阿塞拜疆总统阿利耶夫在阿塞拜疆首都巴库举行会晤,商谈重新启动南北运输走廊(NSTC)项目② 建设。

---

① 西陆网:《美干瞪眼没招,俄给伊朗这种导弹将其军事计划全报废》,http://junshi.xilu.com/wypl/20160415/1000010000939753.html,登录时间:2017年4月15日。

② 南北运输走廊项目最早由印度、俄罗斯和伊朗在2000年提出,拟采用轮船、铁路及公路等方式,建立由南亚经过中亚、高加索、俄罗斯到达欧洲的货运通道。该项目自印度孟买始,经过伊朗阿巴斯港,远至阿塞拜疆首都巴库以及俄罗斯的莫斯科和圣彼得堡,最终到达北欧国家,全长7200公里,原计划2017年建成,但由于伊朗遭受制裁而搁置。

(五）伊朗与美国的关系

伊核协议是奥巴马总统和鲁哈尼总统顶着国内保守派压力签署的协议。鲁哈尼政府认为协议维护了伊朗的核权利，是伊朗的胜利，奥巴马也视该协议为其执政期间最大的外交遗产。但协议的签署并没有从根本上解决两国的结构性矛盾，2016年的美伊关系犹如过山车，时而因奥巴马政府释放善意有所改善，时而又因国会的阻挠陷入低谷，双方的争吵一直不断，有时还在波斯湾出现小规模的军事摩擦。2016年1月12日，2艘美军巡逻艇在科威特和巴林之间的波斯湾水域训练时，因机械故障闯入伊朗海域，伊朗革命卫队随即将舰艇上10名美军士兵扣押，但第二天很快被释放。8月23日，4艘伊朗革命卫队舰艇在霍尔木兹海峡附近海域对美国"尼采"号驱逐舰进行了"高速拦截"。在美国驱逐舰发出多次警告后，伊朗舰艇才掉头离开。

2016年1月17日是美伊关系史上是很特别的一天。1月16日，伊核全面协议正式生效，奥巴马总统旋即颁布行政命令，取消对伊朗的部分制裁。但仅仅过去一天，美国就于1月17日宣布因伊朗试射精确制导弹道导弹，对伊朗实施一系列新制裁，禁止参与导弹研发项目的11家单位和个人使用美国银行系统。同样是在1月17日，经过14个月的谈判，伊方释放了4名持伊朗和美国双重国籍的囚犯，美方则宽赦7名此前违反美国对伊制裁规定的伊朗人。

美国和伊朗围绕空客和波音公司向伊朗销售客机问题也是波澜不断。2016年1月，鲁哈尼访问法国期间，空客与伊朗签下127架新飞机的总价值约250亿美元的大订单。5月，波音与伊朗航空公司达成价值166亿美元的协议，决定向伊朗出售80架客机并协助租用29架客机。然而要达成交易，必须获得美国财政部国外资产办公室颁发的许可。美国国会分别于7月8日和11月17日两次通过议案，企图阻止向伊朗出售客机。美国政府随后表示，奥巴马总统决定否决有关禁止向伊朗出售飞机的法案，理由是这一法案将违反伊核协议。此后，奥巴马政府顶住了来自国会的压力，先后在9月份和11月份，向这两家飞机制造公司颁发了向伊朗出口飞机的许可证。

根据伊核全面协议，美国将逐步归还伊朗政府被冻结的资产。然而，美国最高法院于2016年4月20日裁定，美国将冻结伊朗的20亿美元，用于赔偿在"受伊朗支持"的恐怖袭击中伤亡的美国人。对于美方指控，伊朗一直否认与这些恐怖袭击案有任何关联。2016年6月，伊朗向海牙国际法院提出诉讼，追索被美国最高法院裁决处理的20亿美元伊朗资产。

美国延长《对伊朗制裁法案》也是美伊关系中的一大矛盾。《对伊朗制裁法案》最早于1996年生效,原名《对伊朗和利比亚制裁法案》,2006年改为现名。该法案允许美国对一些与伊朗在石油和核能方面有合作的公司进行制裁。该法案于2016年12月31日到期,但美国国会众议院于11月15日通过了将该法案延长10年的决议,并于12月1日在参议院获得通过。这意味着只要奥巴马签字,该法案的效力就会延长至2026年底。美国此举引起伊朗强烈不满,伊朗最高领袖哈梅内伊曾警告,美国如果重新启动对伊朗的制裁,将遭到报复。伊朗总统鲁哈尼于12月4日在伊朗议会指出,此举是对伊核协议的"公然侵犯"。鲁哈尼强调,伊朗不会容忍任何伊核协议签署方违反协议精神,他随即签署行政命令,要求外长扎里夫及伊朗原子能机构主席萨拉赫,就美国延长《制裁伊朗法案》,破坏伊核协议研究采取反制措施。迫于伊方的压力,美国白宫发言人欧内斯特于12月15日称,美国政府认为该法案的延续没有必要,但延续该法案也不违反伊核协议的规定。因此,根据美国长期以来秉持的立场,该法案将在美国总统不签署的情况下自动生效。美国国务卿克里于12月12日给伊朗外长扎里夫打电话称,《伊朗制裁法案》在任何方面都不影响伊朗应免除的制裁,也不影响公司根据伊核协议规定与伊朗开展贸易。

特朗普政府上台后,美伊关系进一步恶化。在竞选期间特朗普就曾强烈批评伊核协议,称伊核协议是"一场灾难"和"最糟糕的谈判结果",并扬言要"撕毁这个灾难性的协议"。特朗普上台后的种种情况表明,美伊关系进一步恶化将在所难免。

土耳其的政治、经济与对外关系

邹志强[①]

摘要：在2016年，土耳其内政外交经历了重大变化，国内政治集权化趋势明显，恐怖主义袭击频繁导致安全局势恶化，经济失速与疲弱态势难以扭转，外交政策更趋务实但仍深陷困局。政治上，埃尔多安的强人地位更加巩固，总统制修宪改革不断加速；未遂政变深刻影响国内政治格局，大规模清洗和打击"居伦运动"导致动荡加剧，维持国内稳定的压力增大。经济上，土耳其经济的疲弱态势始终未有明显改观，不仅阻碍了其崛起步伐，也凸显了其外交目标与能力之间的落差。外交上，土耳其与欧盟裂痕加大，土欧关系更加微妙；与美国龃龉不断，美土关系若即若离；与俄罗斯大幅缓和关系，加大务实合作；与地区国家伊朗、以色列的互动增强；对中东地区事务的参与有进有退，打击库尔德人分离势力成为土耳其地区政策的首要考虑。

关键词：土耳其；政治形势；经济形势；对外关系

在2016年，中东地区大国土耳其国内政局动荡有所加剧，安全局势不断恶化，总统埃尔多安在国内的强势地位有增无减，2016年7月未遂军事政变的发生更使国内政治生态发生重大变化，总统制修宪改革加快推进。土耳其外交困局依然难解，与美国、欧盟、俄罗斯的关系出现重大危机或调整；作为中东地区大国之一，土耳其也以自己特有的方式不断搅动地区局势，如强势出兵伊拉克与叙利亚北部，与俄罗斯的外交关系出现出人意料的反转。与此同时，土耳其"经济增长奇迹"终结带来的内外效应正在逐步显现，其崛起势头严重受挫。

[①] 邹志强，上海外国语大学中东研究所助理研究员。

一、国内政治经历剧烈动荡，埃尔多安权势大为增强

在2016年，土耳其国内热点事件频发，政治格局经历重大变化，日益增强的威权化倾向与严峻的安全形势使国内政治陷入持续的紧张状态。土耳其作为中东地区"安全岛"和"稳定极"的地位不复存在，正日益成为地缘政治中新的不稳定因素。①

首先，未遂军事政变凸显土耳其的严重政治危机。2016年7月15日发生的未遂政变造成1000多人伤亡，包括200多名平民丧生。政变发生后，埃尔多安和正义与发展党（以下简称正发党）政府迅速反应，宣布全国进入紧急状态，镇压反叛者，平息政变，巩固正发党的执政地位。同时，土耳其政府迅速把矛头指向"居伦运动"，指责居住在美国的费图拉·居伦及其在土耳其的追随者策划并发动了政变，并据此在全国范围内实施大规模清洗行动，抓捕了数千名涉嫌参与政变的军官、警察以及持不同政见的公务员、律师、记者和知识分子等，在军队、内务、警察、司法、新闻、教育等领域受牵连者高达10余万人。根据有关统计，土耳其国内共有128,398人被解雇，91,658人被拘捕，②远远超过历史上历次军事政变后遭清洗的人数。2017年1月31日，位于华盛顿的"自由之家"发布年度"世界自由报告"，土耳其在195个国家中排名下降幅度最大，总得分从前一年的53下降到38（100分为最自由）。③

经过此次政变，长期执政的正发党（AKP）的独大地位更加巩固，共和人民党（CHP）、民族行动党（MHP）等反对党均受到不同程度的打击，制衡能力大为削弱。代表库尔德人等少数民族利益的人民民主党（HDP）受到重创，同时军方势力进一步遭到削弱。

其次，总统埃尔多安的权力和政治影响力进一步加强，总统制修宪进入"快车道"。埃尔多安早已成为现代土耳其历史上权势仅次于国父凯末尔的领导人，威权化倾向日益明显。有分析指出，当前土耳其面临着两种选择：埃尔多安日益增强的威权主义统治，或通过修改宪法将这一现状合法化。④2016年

---

① 李亚男：《土耳其的"多事之秋"》，载《世界知识》2016年第15期，第39页。
② Burak Bekdil, Turkey's Record-breaking Academic Purge, *The Gatestone Institute*, February 16, 2017, http://www.meforum.org/6539/turkey-record-breaking-academic-purge.
③ "Freedom in the World", *Freedom House*, January 31, 2017, http://www.freedomhouse.org/.
④ Burak Bekdil, "Dateline: Erdoğan's One-Man Islamist Show," *Middle East Quarterly*, Vol.23, No.2, Spring 2016, pp.3-7.

5月5日，土耳其时任总理、正发党主席达武特奥卢宣布辞职。长期追随和辅助埃尔多安的达武特奥卢黯然离职，反映了二人之间存在重大分歧，部分原因在于达武特奥卢未能积极推动总统制改革。随后，耶尔德勒姆被选为新总理，成为埃尔多安政策的忠实执行者，并积极协助推动总统制修宪。土耳其总理的更换可以说是埃尔多安推动总统制改革的必然产物。

在度过未遂军事政变的短暂动荡期之后，土耳其政府加快了推进总统制的修宪步伐。2016年10月12日，耶尔德勒姆表示，一个强大的总统制对于土耳其稳定至关重要，"土耳其必须给予事实上的现状一个法律地位"，"我们将立即朝着这个方向采取行动，然后让议会或者人民来决定。"毫无疑问，这个"事实上的现状"就是指埃尔多安日益加强的实权总统地位。12月10日，正发党正式向议会提交宪法修正案草案，其主要内容就是改共和国的议会制为总统制，从宪法上赋予总统实权；总统下设两名副总统，总统将直接任命政府部长，总理职位将被废除；总统有权力宣布国家进入紧急状态，接管一切权力机关。经过协商，总统修宪草案得到民族行动党多数议员的支持，但遭到共和人民党和人民民主党的坚决反对。埃尔多安表示，总统制将为土耳其带来稳定，帮助处于恐怖威胁和内部冲突之中的土耳其重新恢复稳定。2017年1月21日，土耳其议会以339票赞成、142票反对的结果通过了宪法修正草案。2017年4月16日，土耳其就宪法修正草案举行全民公投，最终以51.37%的微弱优势获得通过。

最后，恐怖袭击事件频发，安全挑战严峻。进入2016年，土耳其国内的恐怖袭击事件急剧增加，暴恐袭击呈现常态化趋势，首都安卡拉、第一大城市伊斯坦布尔成为重灾区，民众的不安全感愈加强烈，安全压力急剧增大。2016年1月7日和12日，伊斯坦布尔发生两起自杀式恐怖袭击，分别造成2死1伤、10死17伤；2月17日，安卡拉发生自杀式炸弹袭击造成102人死亡，200人受伤；3月13日和19日，在安卡拉和伊斯坦布尔发生两起自杀式炸弹袭击，分别造成37死125伤、5死36伤；6月28日,伊斯坦布尔阿塔图尔克国际机场发生两起自杀式爆炸事件，造成40多人死亡、200多人受伤；12月10日，伊斯坦布尔市再次发生爆炸，造成重大人员伤亡；12月19日，俄罗斯驻土耳其大使卡尔洛夫在安卡拉参加活动时被恐怖分子当场枪杀。2017年1月1日凌晨，伊斯坦布尔的一家夜总会又发生严重的跨年恐怖袭击事件，造成数十人死伤。

此外，土耳其东南部靠近叙利亚的边境地区也频频发生恐怖袭击，并多次遭到跨境炮击，如加济安泰普遭受的恐袭，造成大量人员伤亡。土耳其对叙利亚政策的转变及直接出兵叙利亚北部，导致多股势力针对土耳其国内连续进行恐怖袭击,主要是"伊斯兰国"等极端组织和库尔德人分裂组织,土耳其境内发生的爆恐袭击大多来自于这两股势力。"伊斯兰国"组织在叙利亚、伊拉克遭受重大打击后,把矛头直指转变政策而又防御薄弱的土耳其,不断发动恐怖袭击。"库尔德工人党"和"库尔德自由之鹰"等分离组织也趁乱发动袭击,特别是在支持库尔德群体的人民民主党主席德米尔塔什及其他多位领导人被土耳其政府拘捕之后,针对土耳其军队发动的恐怖袭击日益增多。暴恐袭击事件频发对土耳其的国际形象、社会稳定、经济发展、旅游观光甚至国内政局造成重大打击,土耳其已沦为全球恐怖主义肆虐的重灾区。[①] 国内安全局势的恶化以及外交政策的转变也促使土耳其更加积极地参与国际反恐行动。

总体来看,土耳其国内各种矛盾和问题在未遂军事政变后受到压制,但并没有得到根本解决,国内政治纷争与动荡隐患依然存在。而长期滞留境内的300万叙利亚难民安置及其带来的内外压力也对土耳其政府提出了重大挑战。土耳其国内政治的包容性正日益丧失,社会分裂与对抗不断扩大,维持国内政治稳定的压力空前增大。

二、经济失速与疲弱态势未有改观

近年来,受诸多全球与地区不利因素的影响,土耳其经济增长速度急剧下降,经济疲弱态势始终未有明显改观。在2016年,土耳其经济依然未有明显起色,并在军事政变、安全形势恶化等不利因素的冲击下更趋疲软。

首先,土耳其经济增速大幅下滑。根据国际货币基金组织(IMF)的数据,2012—2015年土耳其经济增长率分别仅为2.2%、4%、2.9%、3.8%。[②] 而2016年前三季度土耳其经济增长率分别为4.5%、4.5%、-1.8%,[③] 第三季度的经济负增长为2009年以来首次发生。国际货币基金组织预测土耳其2016年的经济增长率仅为2.7%,与此前的高增长完全不可同日而语

其次,高通货膨胀率和失业率并存。近年来土耳其通货膨胀率多在7%以上,个别年份甚至高达10%,均远超正常水平和政府的控制目标(5%);失业率也一直维持在10%左右,青年人、女性失业率以及东部和东南部地区的失

---

① 陆忠伟:《土耳其为何屡遭恐袭》,载《光明日报》2016年7月3日,第5版。
② IMF Executive Board Concludes 2014 Article IV Consultation with Turkey, November 21, 2014. IMF Executive Board Concludes 2016 Article IV Consultation with Turkey, April 22, 2016. IMF, Turkey: Concluding Statement of the 2017 Article IV Mission, November 4, 2016.
③ Turkish Statistical Institute, http://www.turkstat.gov.tr/.

业率更高。土耳其政府的统计数据显示，2011—2016年的通货膨胀率分别为10.5%、6.1%、7.4%、8.2%、8.8%和8.53%；同期失业率分别为9.8%、9.2%、9.7%、9.9%、10.3%和11.8%，2016年达到了六年来的新高，[①] 而15—24岁青年人的失业率达到19.9%。[②] 考虑到近年通货膨胀率达到经济增长率的两倍甚至更高，民众可支配收入大幅缩水，甚至可以说土耳其经济已陷入了衰退状态。国际货币基金组织在2016年11月的报告中预测，30%的最低工资增长与预期决定了2016—2017年土耳其通货膨胀率将超过8%。[③]

再次，土耳其经常账户赤字虽有所收窄，但对外贸易总额持续萎缩，财政赤字有扩大趋势。根据土耳其国家统计局的数据，2013—2016年土耳其外贸总额分别为4035亿美元、3998亿美元、3511亿美元和3412亿美元，外贸赤字分别为999亿美元、846亿美元、634亿美元和560亿美元。[④] 贸易对经济的拉动作用下降导致财政状况有所恶化，土耳其财政部估计2016年财政赤字大约为105亿美元。

最后，土耳其货币不断贬值，外债规模特别是短期外债水平持续攀升。近年来土耳其货币里拉成为最易受冲击的新兴国家货币之一，经历了不断贬值的过程。2015年里拉对美元贬值了14%以上，2016年又贬值了18%，从2015年年初到2016年年底的两年间，里拉对美元汇率从2.5跌至历史新低的3.5左右。土耳其总统埃尔多安甚至呼吁民众将手中的外汇兑换为里拉或黄金以支撑本国汇率稳定；同时土耳其寻求与俄罗斯、伊朗、中国等贸易伙伴使用本币结算。土耳其外债也出现了大幅攀升趋势，外债总额占GDP的比重从2011年的39.2%增长到2015年末的56%。根据土耳其的GDP规模来推算，2015年土耳其的外债总额已经超过4000亿美元。[⑤] 在此背景下，土耳其经济信心指数不断下滑，国际评级机构穆迪、标普、惠誉也纷纷下调了其主权信用评级与未来展望。

土耳其政府一直试图通过财政与货币政策刺激出口、提振经济和稳定市场信心，但却面临左右两难的政策困境。利息升降或流动性增减均有重大风险，里拉已经严重贬值，如果土耳其央行诉诸宽松政策，就会导致通货膨胀大幅度

---

① Turkish Statistical Institute, http://www.turkstat.gov.tr/.
② "One of 5 young Turks unemployed in September", *Hurriyet Daily News*, December 15, 2016.
③ IMF, "Turkey: Concluding Statement of the 2017 Article IV Mission", November 4, 2016.
④ Turkish Statistical Institute, http://www.turkstat.gov.tr/.
⑤ IMF Executive Board Concludes 2014 Article IV Consultation with Turkey, November 21, 2014. IMF Executive Board Concludes 2016 Article IV Consultation with Turkey, April 22, 2016. IMF, Turkey: Concluding Statement of the 2017 Article IV Mission, November 4, 2016.

提升，物价上涨也会反过来加剧货币贬值的压力，而财政状况也不理想，难以承受大规模财政赤字。同时土耳其的信用评级被大面积调降，其对投资者的吸引力受到直接影响；货币贬值和资金外流也使坏账陡增的风险变大。通胀率居高不下制约了土耳其央行进一步采取降低利率以刺激经济增长的政策手段，而经济增速放缓又对央行采取独立货币政策构成巨大压力。2015年土耳其央行曾两次降息，但没有取得显著效果；2016年11月，土耳其央行三年来首次加息，也并未扭转土耳其里拉贬值的趋势。

未遂军事政变造成土耳其社会严重分裂，经济发展环境恶化，进一步加剧了汇率下跌与资本外逃。有分析认为，军事政变以来的政治动荡使得土耳其经济更加脆弱，很可能造成外国投资逃离，金融部门受到冲击，最终演变成长期经济危机。[①] 经济增速的急剧下滑、通货膨胀的持续高企，以及债务激增与财政手段的不足，深刻反映了土耳其经济发展遭遇瓶颈、动力丧失以及发展模式的不可持续性，"土耳其模式"也失去了往日的光彩。

土耳其经济陷入危机的原因主要有三。首先，内外多重危机与不确定性的冲击是土耳其经济走弱的直接原因。国内政局动荡与安全环境恶化，全球经济增速放缓，地区动荡加剧，土耳其与欧盟、俄罗斯、中东国家等主要贸易伙伴的经济关系因政治、安全、难民等纷争而陷入低谷，都使土耳其经济的敏感性与脆弱性暴露无遗。中东地区乱局特别是邻国叙利亚和伊拉克的战乱与危机的持续外溢，对土耳其经济造成了日益严重的冲击，与中东国家的经贸往来也受到极大冲击。

其次，内部增长动力减弱与结构性弊端的凸显是土耳其经济陷入危机的根本原因。近年来推动土耳其经济增长的内在驱动力逐步减弱，国内私人投资、外贸与外资对经济的拉动作用不断弱化，经济增长更加依赖居民消费与政府支出；同时，高企不下的通胀水平、对外资的高度依赖、持续的经常账户赤字以及低储蓄率对经济的消极影响日益凸显。

最后，国际组织规范作用的消减甚至逆转是导致土耳其经济陷入危机的重要因素。欧盟和以国际货币基金组织为代表的国际经济机构是最为重要的外部规范力量，在引领土耳其内部政治经济改革、塑造土耳其对外关系方面曾发挥至关重要的作用。由于对外关系的显著变化，当前欧盟对土耳其经济改革与发展的推动作用正在逐步减弱，国际货币基金组织与世界银行对土耳其经济改革

---

① 《政变导致土耳其资本外流　经济危机到来》：中华网，http://finance.china.com/news/11173316/20160725/23139783_1.html。

与发展的规范作用也趋于弱化。

三、外交更趋务实但困境难改

中东剧变发生后,土耳其急于介入中东地区事务、发挥大国影响力,但却因自身实力不足和战略判断失误遭遇严重外交困境。在屡遭挫折之后,2016年土耳其的外交政策趋于务实,但其所面临的困境并无实质性改变。日益深化的地区与全球危机使土耳其过去积累的地区大国地位与影响力遭到严重削弱,其中下降最为明显的就是在中东地区。① 在经历了2015年末至2016年上半年的外交困境之后,由于叙利亚库尔德人崛起和"伊斯兰国"对土耳其安全威胁增大,土耳其外交政策在2016年下半年出现重大调整,更趋务实和理性。受未遂政变、库尔德问题、恐怖袭击频发等问题的冲击,2016年下半年土耳其外交已经趋向谨慎和内敛。② 但与此同时,土耳其在地区政策上依然呈现出强硬与一意孤行的一面,机会主义与反复无常的外交行为使其深陷外交危机。

第一,借难民危机与欧盟讨价还价,土欧裂痕加大,入盟进程陷入危机。

2016年3月18日,经过双方讨价还价,土耳其与欧盟达成有关难民问题的协议,包括欧盟向土耳其提供30亿欧元的难民安置援助,加快土耳其入盟谈判进程,欧盟给予土耳其公民免签待遇等。土耳其原本希望通过该协议推动入盟,但后来受到双方内部反对及形势变化的影响,致使效果不佳,双方的相互指责不断。土耳其甚至向欧盟发出警告,如果欧盟无法兑现承诺,土耳其将单方面终止协议。而欧盟认为土耳其故意以难民问题相要挟,甚至有意扩大难民危机,对土耳其的不信任甚至是厌恶情绪明显上升,多个欧盟国家明确反对接纳土耳其,甚至要求停止入盟谈判。例如,奥地利总理克恩2016年8月初公开表示,土耳其加入欧盟不过是一个外交空想,并呼吁欧盟停止有关土耳其加入欧盟的谈判。

2016年7月未遂军事政变发生后,土耳其政府开展大规模的镇压与清洗行动,甚至考虑恢复死刑,这与欧盟对土耳其的自由民主改革期待完全背道而驰,招致欧盟的强烈批评与反制。欧盟及其成员国对埃尔多安政府"打击异己"、"侵犯人权"、"践踏民主"、"法治倒退"等指责不绝于耳。欧盟还就恢

---

① Emel Parlar Dal, "Conceptualising and Testing the 'Emerging Regional Power' of Turkey in the Shifting International Order," *Third World Quarterly*, Vol.37, No.8, 2016, p.1445.

② 刘中民:《2016年的中东:历乱求治,危中有机》,载《光明日报》2016年12月23日,第12版。

复死刑问题多次警告土耳其。① 面对欧洲的指责，土耳其也不示弱，2016年8月，土外长恰武什奥卢在接受媒体采访时表示，土耳其为加入欧盟做出了积极努力，但从欧盟那里得到的"只有威胁、羞辱和全面的封锁"，并警告说，如果欧盟不给予土耳其公民免签待遇，那么双方签订的有关限制难民的协议就应该搁置。埃尔多安也多次抨击欧盟的态度，指责西方是土耳其动乱的根源。②

由于双方龃龉不断，原计划于2016年10月落实的土耳其公民访欧免签政策被搁置。11月24日，欧洲议会在投票中又以压倒性多数决定冻结土耳其入盟谈判，土入盟进程再次陷入危机。埃尔多安多次对欧盟因民主、人权等为理由拖延土耳其入盟进程表达不满，他曾公开表示："土耳其不会无限制地等待欧盟的决定，2023年是最后期限"。土耳其常驻欧盟代表塞利姆·叶尼尔也在2016年8月接受采访时表示，土耳其政府正在对加入欧盟失去耐心。2016年11月，埃尔多安明确表示，加入欧盟不是"唯一"选择，土耳其正与俄罗斯总统普京和哈萨克斯坦总统纳扎尔巴耶夫研究加入上海合作组织。③ 在此背景下，土欧关系更加微妙，土加入欧盟的前景更加遥遥无期。

第二，美土关系龃龉不断，引渡居伦与库尔德人问题成为美土关系的主要矛盾。

近年来，土耳其与美国围绕库尔德问题矛盾不断。土耳其认为，叙利亚库尔德民主联盟党（PYD）隶属的民兵组织"人民自卫部队"（YPG）是库尔德工人党在叙利亚的分支，是和"伊斯兰国"一样的恐怖组织，极力反对美国对叙利亚库尔德人进行军事援助，指责美国在反恐问题上使用"双重标准"。2016年6月28日，埃尔多安曾表示，"我谴责他们（美国）对人民自卫部队提供的支持。"④

2016年7月的未遂政变后，埃尔多安政府对美国的不信任继续上升，围绕"居伦运动"的争执导致土美两国关系急转直下。美国国务卿克里在未遂军事政变后表示，"希望土耳其保持稳定与和平"，并未明确表示对土耳其政府的支持，引起土耳其政府强烈不满。更为关键的是，土耳其指责流亡美国的居伦是政变幕后主使，甚至指责美国情报部门暗地支持居伦运动、图谋颠覆埃尔多

---

① Burak Bekdil, "Erdoğan's Galloping Despotism," *The Gatestone Institute*, November 3, 2016, http://www.meforum.org/6362/erdogan-alloping-despotism.

② 冯雪珺、韩晓明:《土耳其入盟之路再起波折》，载《人民日报》2016年8月6日，第3版。

③ 郑东超:《浅析土耳其难民问题及其与欧盟的关系》，载《和平与发展》2016年第4期，第102页。

④ 方向明:《土耳其指美国支持库尔德 美稍安抚后大政不改》，载《第一财经日报》2016年5月30日，第A04版。

安民选政府，并要求美国协助引渡其回土耳其。美国则以"证据不足"为由拒绝引渡居伦，坚持要求土耳其政府提供有力证据，并经过司法程序审定。美国的态度激怒了土耳其政府，甚至因此一度关闭了美军在土耳其最重要的军事基地——因吉尔利克空军基地，导致美军对"伊斯兰国"的空袭行动被迫暂停。受土耳其未遂政变和美土关系恶化的影响，美国开始将部署在因吉尔利克军事基地的战术核航空炸弹秘密转移到罗马尼亚，也鲜明体现了美国对土耳其信任度的下降。

未遂军事政变后，针对美国和欧盟不仅未能真正予以支持，且多有批评与指责之声，土耳其不断释放强硬信号，包括退出北约等。2016年8月10日，土耳其外长恰武什奥卢称，若北约不再提供必要支持，土耳其或"考虑退出北约"；同时他还曾警告称，如果西方国家失去土耳其，那也是他们"咎由自取"。2016年8月和9月，美国国务卿与副总统、欧盟外交代表与北约秘书长等西方高官相继访问土耳其，希望通过重申盟友关系与安全承诺来安抚土耳其。尽管矛盾不断，土耳其与西方之间在安全、反恐、难民等领域拥有的广泛共同利益依然突出，二者都不会轻易放弃对方。

第三，缓和与俄罗斯的关系，加大务实合作。

未遂军事政变后，土耳其与俄罗斯关系迅速修好，并开展实质性合作。在政变发生之前，埃尔多安已就2015年的击落战机事件公开向俄罗斯道歉，表明土耳其已决定恢复土俄关系。由于俄罗斯在政变前向埃尔多安提供了至关重要的情报，协助其挫败了此次军事政变，使土俄关系迅速回暖。俄罗斯也利用此次难得的机会扩大了在中东地区的政治影响力。[①] 2016年8月9日，埃尔多安访问俄罗斯，与普京进行会谈并发表联合声明，正式修复了两国关系。此后，土耳其与俄罗斯、伊朗就解决叙利亚问题达成了共识，共同推动叙利亚实现停火与和谈，对叙利亚问题及地区国际关系产生了重大影响。8月20日，土耳其总理耶尔德勒姆甚至表示，如果有必要可以向俄罗斯开放因吉尔利克空军基地；之后土耳其还与俄罗斯商洽购买S-400防空导弹系统。土俄关系的转变与升温甚至引发了土耳其是否会"弃美投俄"的猜疑。

土耳其与俄罗斯的合作并未因俄驻土大使被刺事件受到影响，俄土关系继续保持了改善与升温的势头。埃尔多安表示，不能因为恐怖主义"改变土耳其的发展路径"，土俄双方在叙利亚问题上的合作不会中断。分析认为，刺杀俄

---

① 孙德刚：《土耳其政局与未来中东地区格局》，载《中国社会科学报》2016年8月11日，第3版。

驻土大使事件旨在搅乱地区局势，相关方面唯有破除阻力，加强合作，才能在推动地区稳定的同时维护本国利益和安全。①

第四，对中东地区事务的参与有进有退，改变在地区事务中的孤立处境。

打击国内外库尔德人势力是土耳其地区政策的首要考虑。进入2016年，叙利亚库尔德人在政治与军事上均不断壮大，大有在整个叙北部建立库尔德联邦之势，被土耳其视为最大的安全威胁。为打击极端组织"伊斯兰国"和防范库尔德武装控制区连成一片，控制土叙边境，土耳其军队于2016年8月24日进入叙利亚北部，发动"幼发拉底河之盾"军事行动，从两国边境城镇杰拉布卢斯向南延伸，涵盖战略要地曼比季，一直推进至距离阿勒颇约50公里的巴卜，在方圆数千平方公里的地区内建立了自己主导的"安全区"，并直接支援亲土耳其的"叙利亚自由军"等反对派武装，将库尔德武装赶至幼发拉底河以东，阻止了库尔德势力在叙利亚北部的汇合。2017年3月底，土耳其宣布结束"幼发拉底河之盾"军事行动，但并未完全撤军，依然伺机而动。

此外，自2015年12月派兵进入伊拉克北部以来，土耳其坚持在伊拉克摩苏尔以北的巴希加地区驻军，并强硬要求参与解放摩苏尔的战役。围绕这一问题，伊土两国相互指责，甚至召回大使，关系一度十分紧张。伊拉克总理阿巴迪要求土耳其尊重伊拉克领土主权并撤离伊拉克；土耳其总统埃尔多安则坚持不撤军，称土军必须参与摩苏尔战役，声称打击"伊斯兰国"事关土耳其的国家安全，甚至还斥责阿巴迪根本不配和自己争辩。

在地区事务上，土耳其在叙利亚问题上立场已大有缓和，不再要求推翻巴沙尔政权，同时谋求与伊朗、以色列等国改善关系。务实外交逐渐回归土耳其外交舞台，与以色列、俄罗斯关系修好是此次外交政策调整的标志性事件。②军事政变后，伊朗总统鲁哈尼在第一时间与埃尔多安通话，表达了对土耳其政府的支持。8月20日，土耳其议会正式批准了与以色列的和解协议，两国取消了施加给对方的制裁措施，并重新互派大使，两国关系重新恢复正常。在与俄罗斯改善关系的背景下，土耳其与俄罗斯、伊朗形成了在叙利亚问题上的三国合作机制，"这成为叙利亚危机爆发以来最具转折意义的重大事件之一。"③2016年12月，俄土伊三国在莫斯科会谈达成一致，决定共同推动叙利亚实现

---

① 王云松、徐伟：《土耳其绷紧反恐这根弦》，载《人民日报》2016年12月22日，第21版。
② 郑东超：《"7·15军事政变"后土耳其的外交政策选择》，载《当代世界》2016年第8期，第63页。
③ 唐志超：《叙利亚战争面临重要转机？》，中国网，http://opinion.china.com.cn/opinion_84_158284.html，2017年2月24日。

停火并提供担保，推动叙利亚和谈与和平进程。在俄土伊三国的直接推动和参与下，2017年1月和2月，叙利亚政府和反对派代表在哈萨克斯坦首府阿斯塔纳举行了两次会谈，就继续实行停火、举行和平谈判、新宪法草案等议题举行了直接会谈，取得了重要进展，也推动了日内瓦和谈的重启。

总体来看，当前土耳其打击库尔德人势力、深度介入地区事务、发挥地区性大国作用的目标和雄心未变，外交政策依然激进甚至某些方面超过以往，但其政策目标与能力之间的结构性矛盾并没有解决，其外交困局虽有所好转，但面临的风险也随之增大。

以色列的政治、经济与对外关系

钮 松 张 璇[①]

摘要: 2016年以色列的内政和外交发展总体平稳,但在年底其面临的国际压力有所增加。在政治方面,在2015年以色列大选中以微弱优势上台的利库德集团联合政府保持了一定的政策延续性,但右翼力量的内部分化在不断加强。在经济方面,以色列经济总体保持较强增长势头,改善了此前的低迷态势。从安全方面来看,以色列的总体安全环境大幅改善,本土发生的恐怖主义袭击呈减少趋势,叙利亚战争也未外溢到以色列境内。在外交方面,以色列同美国和土耳其等国家外交关系取得了较大进展;但在年底,联合国安理会就犹太定居点问题达成协议,引发了以色列的极度不满。中以关系在2016年持续升温,双方启动了自贸区谈判,签署了多项合作协议;2017年3月内塔尼亚胡访华,中以建立"全面创新伙伴关系"。

关键词: 以色列;政治形势;经济形势;对外关系

从政治、经济和外交关系来看,2016年以色列总体发展较为顺利。内塔尼亚胡领导下的联合政府实现了平稳过渡,巩固了执政基础;遭受恐怖袭击次数基本呈下降趋势,内部安全环境有所改善,而外部区域性战争也未溢入以色列境内;经济保持平稳增速,外交也取得了丰硕的成果。但从年末开始,犹太定居点问题使以色列面临的国际压力有所增加,其对外关系也因此受到了一定影响。

---

① 钮松,上海外国语大学中东研究所副研究员;张璇,上海外国语大学中东研究所硕士研究生。

一、以色列的政治与安全形势

(一) 政治局势

在2015年3月的以色列大选中,赢得多数席位的利库德集团联合库拉努党、犹太人家园党、圣经犹太教联盟、沙斯党等五个政党组成了右翼联合政府。该执政联盟在以色列议会的120个席位中占61席,刚好达到以色列基本法规定的组阁席位,本雅明·内塔尼亚胡第四次出任以色列总理。由于此届政府的核心政党仍然是在过去近半个世纪中执掌以色列政坛的利库德集团,而内塔尼亚胡也是第三次连任总理,因此其内外政策方面保持了一定的延续性。然而,由于此届内阁在议会中的席位并未占据绝对优势地位,仅仅达到组阁的标准,因此政府仍然存在一定的不稳定性,很容易受到议员离职等事件的冲击。

2016年以色列政坛发生的最重要的事件之一,就是原国防部长、利库德集团成员摩西·亚阿隆的辞职。在以色列士兵枪杀失去抵抗能力的巴勒斯坦袭击者事件中,亚阿隆与总理内塔尼亚胡出现了较大分歧,这导致亚阿隆于5月22日正式宣布辞职。亚阿隆出走的深层原因在于对内塔尼亚胡拉拢极右翼党派入阁的不满。为扩大和稳固执政基础,内塔尼亚胡力邀阿维格多·利伯曼领导的"以色列是我们的家园"党入阁,并同意任命利伯曼担任防长,而亚阿隆在该改组方案中将转任外交部长。

内塔尼亚胡扩大内阁的努力在亚阿隆辞职之前就已经展开。在与左翼的工党和中间派未来党商谈未果后,利伯曼领导的极右翼党派成为内塔尼亚胡的第一也是唯一选择。5月30日,以色列议会通过了对利伯曼担任国防部长的任命,利伯曼于当天宣誓就职。① "我们的家园以色列"党入阁后,联合政府在议会中的席位扩大到了66席。这届以色列政府也被称作是"史上最右"的内阁。②

亚阿隆的辞职不仅引发了内阁的扩大和改组,而且对右翼政治力量的分化也有一定的影响。亚阿隆作为以色列政坛中的重要右翼政治人物,他的"落单"很可能促使"未来党"等中间党派与其展开合作,凭借其威望逐渐实现向中右翼政党的转变。③ 因此,以色列政坛的此次变动会对未来右翼和中间派政治力量的分化重组产生巨大影响。

---

① Knesset, "Knesset Approves MK Liberman's Appointment as Defense Minister," May 31, 2016, http://www.knesset.gov.il/spokesman/eng/PR_eng.asp?PRID=12087.
② 王水平:《以色列政坛洗牌 新内阁"史上最右"》,载《光明日报》2016年5月28日,第5版。
③ 王晋:《以色列防长辞职与右翼重组》,载《联合早报》2016年6月7日。

在现任内阁执政超过一年并历经改组之后,以色列各政党的支持率和影响力也发生了变化。根据以色列广播电台2016年11月5日的民意调查结果,利库德集团以26席保持第一大党的位置;而未来党由当前的11席增加到21席,对利库德集团构成了挑战。赫尔佐格领导的工党联盟影响力持续衰落,从24席减为13席。其余几个比较有影响力的政党中,犹太人家园党获13席,以色列家园党获8席,全民党7席,库拉努党、圣经犹太教联盟和沙斯党分别获得7席,梅雷兹党获6席。①

2016年12月22日,内塔尼亚胡政府的2017—2018年度国家预算获得议会的最终批准,②这也使得现任内阁的稳定性获得了保证。两年的预算获得通过,这意味着在没有重大变故的前提下,内塔尼亚胡可以基本保证能够连任到2019年,无需因为政府预算不获批准的问题而自动启动大选。

从2016年末起,围绕阿莫纳定居点的对峙使得定居点问题在以色列国内政治中的重要性再度排上了首要地位。根据2014年最高法院的判决,所有在阿莫纳的定居者都必须在2016年12月25日之前搬离,③以色列政府在执行这项法案过程中引发了定居者的大规模抗议,军警与定居点支持者发生了肢体冲突;而大量右翼和极右翼定居支持者在阿莫纳和耶路撒冷都举行了集会,表示"决不放弃以色列国土"。这一事件给内塔尼亚胡领导的右翼政党联合政府造成了极大的压力,因为拆除定居点一直以来都是左翼反对党派的要求,而广大的定居点支持者和右翼人士都希望政府能够在定居点问题上通过新的法令与左翼抗衡。利库德集团和联合政府中的其他党派已经因定居点问题在其选民中备受指责,国防部长、"我们的家园以色列"领导人利伯曼甚至被部分定居点支持者攻击为"向左翼和阿拉伯人投降"。④

除来自国内选民的压力之外,联合国安理会2334号决议的出台更是给本已发酵的定居点问题"火上浇油"。该决议谴责以色列非法建立定居点,并要求以色列立刻取消所有在巴勒斯坦领土上的定居点行动,包括东耶路撒冷地区。这一决议获得14票赞成、一票弃权通过,其中美国投了弃权票。内塔尼亚胡对这项决议明确表示了反对,并对投票的相关国家进行了强硬回应。在国

---

① "Likud Rebounds in Latest Poll," *Jerusalem Post*, November 4, 2016.
② Knesset, "Knesset Gives Final Approval to 2017-2018 State Budget," December 22, 2016, http://www.knesset.gov.il/spokesman/eng/PR_eng.asp?PRID=13315.
③ Tsvi Sadan, "Amona's Fate Is Israel's Own Doing," *Israel Today*, November 17, 2016.
④ 王晋:《阿莫纳定居点之争——重揭以色列社会的伤痕》,载《以色列时报》2016年12月20日,http://cn.timesofisrael.com。

内，以色列政府首先就该问题提请最高法院，要求将阿莫纳定居点的拆除期限推迟到七个月后，但遭到了最高法院驳回。① 之后，内塔尼亚胡政府又推动内阁于2016年12月5日通过了一项法案，允许政府在约旦河西岸未被开发的"无主地"上修建犹太人定居点。② 定居点问题持续发酵并一直延续到2017年初，以色列政府在巨大的国内外压力下促成了定居点合法化法案于2月6日出台。

（二）安全局势

总体而言，2016年以色列国内安全环境大幅改善。负责国内安全事务的国家安全机构辛贝特总负责人在2016年末举行的一项颁奖仪式上表示，辛贝特在2016年共阻止了400多次恐怖袭击的发生。③ 辛贝特的报告显示，2016年以色列的总体安全环境大幅改善，除10月份以外，以色列本土发生的恐怖主义袭击总体上呈逐月减少的趋势，叙利亚内战也未外溢到以色列境内。④

根据辛贝特的每月恐怖袭击报告，2016年以色列国内发生的恐怖袭击各月份数量分别为：1月169次，与上月相比各个区域的数量都有所下降⑤；2月155次，撒玛利亚和朱迪亚地区降幅最为明显⑥；3月123次，绝大部分地区都有所下降⑦；4月115次⑧；5月105次⑨；6月103次，加沙地区数量减少，其他

---

① Becca Noy, "Supreme Court Rejects Government's Request to Postpone Amona Evacuation," November 14, 2016, http://www.jerusalemonline.com/news/in-israel/local/israeli-supreme-court-am ona-evacuation-will-not-be-postponed-24791.
② 高尚涛：《以色列强硬背后暗藏理性和玄机》，2016年12月30日，http://opinion.huanqiu.com/opinion_world/2016-12/9880417.html。
③ Stuart Wine, "Shin Bet Foiled over 400 Significant Terror Attacks in 2016, Service Says," *The Times of Israel*, December 28, 2016.
④ Israeli Security Agency, "Terror Data and Trends-Monthly Summary," http://www.shabak.gov.il/English/EnTerrorData/Reports/Pages/ReportE112016.aspx.
⑤ Israeli Security Agency, "Monthly Summary –January 2016," http://www.shabak.gov.il/English/EnTerrorData/Reports/Pages/ReportE010216.aspx.
⑥ Israeli Security Agency, "Monthly Summary –February 2016," http://www.shabak.gov.il/English/EnTerrorData/Reports/Pages/ReportE0140316.aspx.
⑦ Israeli Security Agency, "Monthly Summary –March 2016," http://www.shabak.gov.il/English/EnTerrorData/Reports/Pages/ReportE032016.aspx.
⑧ Israeli Security Agency, "Monthly Summary – April 2016," http://www.shabak.gov.il/English/EnTerrorData/Reports/Pages/ReportE042016.aspx.
⑨ Israeli Security Agency, "Monthly Summary – May 2016," http://www.shabak.gov.il/English/EnTerrorData/Reports/Pages/ReportE090616.aspx.

地区略有增加①；7月101次，分布与上月大致相同②；8月93次，耶路撒冷的袭击数量明显减少③；9月109次，全国范围内数量都有所上升④；10月袭击数量显著增加，达153次⑤；11月再次下降至95次，其中耶路撒冷明显减少⑥；12月98次⑦。

因此，2016年以色列的国家安全状况总体向好，恐怖袭击事件的数量在2015年11月达到顶峰后开始逐渐下降，最低值出现在2016年8月，仅有93起；但9月和10月增幅较大。10月以色列共发生了153起恐怖袭击事件，其中约有1/3发生在耶路撒冷；而9月恐怖袭击事件的数量为109起，部分原因在于耶路撒冷的袭击事件数量从9月的26起上升至10月的48起，几乎翻了一番。与8月的13起袭击相比，10月耶路撒冷的袭击事件数量更是增加了两倍多。不过，10月份的袭击事件数量仍低于2015年每月的平均170起。⑧

从2016年11月21日起，在以色列发生了全国范围内的严重火灾。据《耶路撒冷邮报》报道，这场大火的着火点遍布全国220处，约1850英亩的森林和农田被毁，100余人因为吸入大量烟尘被送往医院。⑨以色列警方认为这场火灾很可能是激进分子故意纵火所致，利库德集团议员海斯克将这场迫使75000名公民紧急疏散的火灾称作是"生态恐怖主义"，并在议会提出法案，要求将纵火犯与恐怖分子同等对待。⑩但在辛贝特的每月报告中，并未把此次全国范

---

① Israeli Security Agency, "Monthly Summary – June 2016," http://www.shabak.gov.il/English/EnTerrorData/Reports/Pages/ReportE0616.aspx.

② Israeli Security Agency, "Monthly Summary – July 2016," http://www.shabak.gov.il/English/EnTerrorData/Reports/Pages/ReportE0716.aspx.

③ Israeli Security Agency, "Monthly Summary – August 2016," http://www.shabak.gov.il/English/EnTerrorData/Reports/pages/ReportE0816.aspx.

④ Israeli Security Agency, "Monthly Summary – September 2016," http://www.shabak.gov.il/English/EnTerrorData/Reports/pages/ReportE0916.aspx.

⑤ Israeli Security Agency, "Monthly Summary – October 2016," http://www.shabak.gov.il/English/EnTerrorData/Reports/Pages/ReportE1016.aspx.

⑥ Israeli Security Agency, "Monthly Summary – November 2016," http://www.shabak.gov.il/English/EnTerrorData/Reports/Pages/ReportE112016.aspx.

⑦ Israeli Security Agency, "Monthly Summary – December 2016," http://www.shabak.gov.il/English/EnTerrorData/Reports/Pages/ReportE122016.aspx.

⑧ 犹太通讯社：《以色列十月恐袭数增幅创年内新高》，载《以色列时报》2016年11月14日，http://cn.timesofisrael.com/以色列十月恐袭数增幅创年内新高/。

⑨ Daniel K. Eisenbud, Sharon Udasin, "Nationwide Fires Under Control, Firefighters Say," *Jerusalem Post*, November 27, 2016.

⑩ Gil Hoffman, "Israeli Politicians Propose Bill to Treat Arsonists as Terrorists," *Jerusalem Post*, November 26, 2016.

围内的火灾计入11月份的恐怖袭击中，① 以色列媒体在后续报道中也指称"没有证据能够证明此次火灾系恐怖分子纵火。"②

2016年以色列周边地区的安全形势始终处于紧张状态，其中尤以南部加沙地区和北部叙以边境为甚。5月5日，以色列在加沙南部地带发起打击"伊斯兰圣战组织"（吉哈德）、清除地下秘密通道的行动，由于在行动中遭到加沙武装人员炮击，引发了巴以自2014年8月停火以来最严重的交火。经由埃及调停，以色列军队于次日撤出了加沙地带。③

作为叙利亚的南部邻国，以色列一直密切关注着叙利亚内战的走势，尤其是叙利亚南部边界地区局势的发展。④ 2016年11月27日，以色列国防军戈兰尼旅和"伊斯兰国"武装人员发生了短暂交火。这是"伊斯兰国"成立以来首次与以色列直接交火。⑤ 28日，以色列空军对"伊斯兰国"在叙利亚境内的一处军事目标实施打击，以回应此前发生在戈兰高地的以军遭袭事件，防止极端武装对以色列造成安全威胁。但从总体来看，2016年以色列周边的安全形势并未从根本上影响到以色列的国土安全。

二、以色列的经济形势

根据国际货币基金组织发布的《2017年以色列经济展望报告》，2016年以色列经济实现了稳步增长，失业率下降，通胀率较低。报告估计2016年经济增长率为3.8%，新增就业率接近3%，第四季度失业率降至4.4%，工资水平不断上升。2016年以色列总体CPI为–0.2%，核心CPI降至0.4%。⑥ 以色列央行也于2017年1月18日公布了2016年经济发展数据。

2016年以色列经济总体呈稳定增长态势。据以色列中央统计局8月16日发布的数据，尽管一季度经济数据不容乐观，但在二季度出现了明显改善，经

---

① Israeli Security Agency, "Monthly Summary – November 2016," http://www.shabak.gov.il/Engli sh/EnTerrorData/Reports/Pages/ReportE112016.aspx.
② Nir Hasson, "Despite Netanyahu's Claim, Still No Evidence of 'Terrorist Arson' in Israel Fires," *Haaretz*, January 22, 2017.
③ 《加沙地区局势再度趋紧》，载《人民日报》2016年5月7日，第11版。
④ 王晋：《俄罗斯撤离叙利亚，以色列有点慌》，http://opinion.china.com.cn/opinion_70_145870.html。
⑤ 王晋：《伊斯兰国对以色列的威胁有多大？》，载《以色列时报》2016年11月29日，http://cn.timesofisrael.com/伊斯兰国对以色列的威胁有多大/。
⑥ 《IMF发布<以色列2017年经济展望报告>》，2017年2月，http://www.mof.gov.cn/pub/ytcj/pdlb/wmkzg/201702/t20170209_2532215.html。

济增长3.7%，整个上半年经济增长了2.9%。在2016年上半年，私人消费增长了7.3%，成为近两年来经济发展的新引擎；固定资产投资增长13%，表现抢眼；货物和服务贸易出口增长4.9%，改变了此前的出口低迷态势。① 而第三季度以色列经济增长3.2%，增速相比第二季度有所放缓，但仍好于预期，显示出以色列经济仍然保持着较强增长势头。其中固定资产投资出现12.2%的增长，成为经济增速的重要动力；消费支出第三季度增长相对温和，达2.9%；货物和服务出口继续低迷，下降6.3%，进口则增长了6.3%。②

据以色列出口与国际合作协会2016年12月27日发布的初步统计报告，2016年以色列货物和服务贸易出口总额950亿美元，相较2015年增长3%。高科技出口（含货物和服务）总额达到410亿美元，占以色列货物和服务贸易出口总额达到43%，相较2015年同期增长4%。这一增长得益于电脑、软件以及研发服务出口的快速增长。该协会预测，以色列2017年出口额将超过1000亿美元，实现6%的增长。③

根据以色列中央统计局公布的数据，2016年以来以色列货物贸易（船舶、飞机、钻石和能源材料除外）的逆差达到了289亿新谢克尔，相较2015年同期45亿的逆差扩大了6倍。其中9月至11月，以色列高科技出口同比下降15.5%，消费品进口下滑4.1%。11月以色列贸易逆差为27亿新谢克尔，中央统计局数据表明进出口贸易受到了货币汇率变化的一定影响。④

2016年年底的统计数据显示，以色列外汇储备达983.6亿美元，为历史上最高。⑤ 为缓解新谢克尔升值压力，以央行仅12月就购买了11.4亿美元外汇储备。尽管美元对世界主要货币汇率达到14个月高点，但美元对新谢克尔在2016年贬值2.5%。2016年新谢克尔名义有效汇率升值5.6%，欧元兑新谢克尔汇率达到14年低点，英镑兑新谢克尔贬值18%。以色列经济面临新谢克尔持续升值带来的压力，增加外汇储备成为以色列央行缓解本币升值的重要

---

① 中国驻以色列大使馆经济商务参赞处：《以色列上半年经济增长2.9%》，2016年8月17日，http://il.mofcom.gov.cn/article/jmxw/201608/20160801381538.shtml。
② 中国驻以色列大使馆经济商务参赞处：《以色列经济三季度增长3.2%，固定资产投资大幅增长》，2016年11月16日，http://il.mofcom.gov.cn/article/jmxw/201611/20161101784381.shtml。
③ 中国驻以色列大使馆经济商务参赞处：《以色列2016年出口增长3%》，2016年12月28日，http://il.mofcom.gov.cn/article/jmxw/201612/20161202410718.shtml。
④ 中国驻以色列大使馆经济商务参赞处：《以色列贸易逆差同比扩大六倍》，2016年12月14日，http://il.mofcom.gov.cn/article/jmxw/201612/20161202199816.shtml。
⑤ The Marker, "Political Uncertainty to Shadow Israel's Credit Rating, Moody's Analyst Says," *Haaretz*, February 7, 2017.

手段。①

2016年11月，国际评级机构惠誉（Fitch Ratings）将以色列的最新信用评级调整为A+。内塔尼亚胡在社交网站"脸书"上写道："以色列经济迎来了更多好消息——国际信用评级机构惠誉把以色列的信用评级提高到A+，前景展望为稳定。（截至目前）全球三大国际评级机构标普、穆迪和惠誉均对以色列给出了这样的评级。"他将这一调整归功于政府推行的"负责任的经济政策"。目前，以色列的前景展望被三大机构均评为"稳定"或"正面"。②

在能源产业方面，在地中海发现大规模气田后，以色列能源不仅能够满足国内需求，而且多余的天然气资源可供出口。尽管长久以来煤是以色列发电的主要资源，但随着天然气产业的快速增长，燃气发电正逐渐替代燃煤发电，因此煤的使用量不断下降。2016年度塔马尔（Tamar）气田产出天然气的发电量超过了以色列用电需求的一半以上。以色列十分重视开发区域性天然气管道，目前正在修建一条通往约旦的天然气管道，预计于2017年开始运营，而另一条管道将在此后不久投入使用。随着天然气行业的快速发展，以色列逐渐成为能源净出口国，并且已经与多个国家拟定了出口合同。③2016年10月，以色列利维坦气田与约旦电力公司签署了供气协议，总价值达100亿美元，开启了以色列天然气出口的序幕。根据该协议，未来15年，以色列利维坦气田投资商——诺贝尔能源公司及合作伙伴，将向约旦国家电力公司提供1.6万亿立方英尺的天然气。④

国际货币基金组织（IMF）的报告指出，虽然近期以色列经济前景乐观，但也面临日益增加的挑战。据估计，以色列2017年实际GDP增长将维持在3%左右，但区域紧张局势和贸易合作伙伴不确定性上升将带来重大风险。⑤

---

① 中国驻以色列大使馆经济商务参赞处：《以色列2016年外汇储备大幅增长，意在缓解本币升值压力》，2017年1月11日，http://il.mofcom.gov.cn/article/jmxw/201701/20170102499570.shtml。

② 《以色列经济获A+评级，总理归因"负责任的经济政策"》，载《以色列时报》2016年11月14日，http://cn.timesofisrael.com。

③ 《EIA报告：以色列油气行业现状分析》，2016年8月8日，http://www.oilsns.com/article/70586。

④ 《以色列、约旦签署供气协议》，2016年10月13日，http://news.cnpc.com.cn/system/2016/10/13/001615296.shtml。

⑤ 《IMF发布〈以色列2017年经济展望报告〉》，2017年2月，http://www.mof.gov.cn/pub/ytcj/pdlb/wmkzg/201702/t20170209_2532215.html。

三、以色列的对外关系

在2016年，以色列外交成绩显著，同中国、俄罗斯、哈萨克斯坦、日本、韩国、新加坡、印度、阿塞拜疆、捷克、希腊、塞浦路斯及14个非洲国家都取得了丰硕的合作成果；以色列的安全环境也获得了较大改善，包括与土耳其关系正常化、埃以关系回暖，与部分海湾国家的关系也取得了较大的进展。然而，以色列的对外关系在这一年里也遇到了很多问题，尤其是巴以问题和美以关系都是以色列外交面临的挑战。

（一）巴以问题

巴以问题的边缘化已经是不争的事实，对于地区国家和域外大国的重要性都在持续下降。中东变局、"伊斯兰国"的坐大、难民危机、恐怖袭击等都转移了域内外国家的注意力，国际社会对巴以和平进程的主导能力大幅下降。

2016年1月，法国提出了促进巴以和谈的建议，表示如果未来几周内打破巴以僵局的努力无果，法国将宣布承认巴勒斯坦国，并提出尽快着手筹备一次有巴以双方以及美国、欧盟和阿拉伯国家参加的国际会议。① 然而以色列坚持巴以"双边谈判"和"直接对话"的立场，拒绝了这一建议。

2016年10月13日，联合国教科文组织（UNESCO）通过了一项关于耶路撒冷圣殿山的决议，对以色列管理巴勒斯坦宗教场所的做法进行了谴责和批评，引发了以色列领导人的强烈反对，以色列政府也宣布暂停与联合国教科文组织的所有专业活动。②

2016年12月23日，联合国安理会通过第2334号决议，谴责以色列在包括耶路撒冷在内的"被占领土"上修建定居点的行为，并要求以色列停止定居点活动。③ 第2334号决议以14票赞成、1票弃权获得通过，④ 其中美国投弃权票，引发了以色列的强烈不满。

---

① 《巴以和平进程有新希望？》，载《人民日报海外版》2016年2月2日，第6版。

② "PM Netanyahu's Speech at the United Nations General Assembly," September 22, 2016, https://www.likud.org.il/en/members-of-the-knesset/benjamin-netanyahu/benja min-netanyahu-articles/1709-pm-netanyahu-s-speech-at-the-united-nations-general-assembly.

③ "UN Tops Wiesenthal Center's List of 10 Worst Anti-Semitic Offenders," *Israel Hayom*, December 30, 2016.

④ "Israeli Official Accuses Obama, Kerry of 'Abandoning Israel'," *The Times of Israel*, December 23, 2016.

2017年1月，中东和平会议在巴黎举行，然而以色列总理内塔尼亚胡和巴勒斯坦权力机构主席阿巴斯均未出席。会议的最终声明强调了"两个国家"方案的重要性，但以色列认为这次会议偏离了巴以双方直接协商的目标，并表示不会采取任何努力去恢复在2014年中断的巴以和谈。内塔尼亚胡政府官员声明："我们明确地向法方表明立场：巴以和平进程谈判只会在巴以领导人之间进行"。①

（二）美以关系

尽管美以之间存在"牢不可破"的特殊关系，但奥巴马任期内双方关系的发展并不顺利。在经历了2015年3月内塔尼亚胡绕过白宫直接访问国会事件和2015年11月首脑会谈中的分歧之后，2016年的美以关系一直没有走出低潮。

2016年3月，美国副总统拜登在访问以色列时提出了重启巴以和谈的建议，但以方却指出，巴勒斯坦当局支持对以色列的暴力袭击表明双方重启和谈的时机还不成熟，因而拒绝了他的提议。同月，内塔尼亚胡拒绝了白宫提出的到华盛顿与奥巴马会面的提议，②并取消了原定对美国的正式访问。③

由于美以军援协议将于2017年10月到期，2016年初两国开始就未来十年的新军事援助计划进行谈判。以色列最初希望将每年30亿美元的军事援助增至50亿美元，④最终双方于9月14日达成了2019年至2028年军事援助协议，其间美国将向以色列提供380亿美元的军事援助协议，这是美国对盟国的最大单笔军事援助计划。⑤然而，根据新协议，以色列从2019财年起将不得再向美国申请额外的军援资金，且以色列目前可投入本国军工行业的26.3%的军援资金必须用于购买美国军品。⑥此外，以色列将全额支付从美国进口武器的费用，并停止用13%美国援助的资金购买军用燃油。⑦从签署协议外交人员级别的降低以及协议数额与以色列预期的落差来看，美以关系仍未走出低谷。

---

① 陈小茹：《特朗普"迁馆"计划点燃中东和会》，载《中国青年报》2017年1月18日，第6版。
② 慕小明：《美以军援关系为何如此"拧巴"》，载《世界知识》2016年第22期，第38页。
③ 周戎：《内塔尼亚胡为何拒与奥巴马会面》，载《文汇报》2016年3月10日，第6版。
④ 王晋：《美国与以色列关系进入"垃圾时间"》，2016年3月30日，http://opinion.china.com.cn/opinion_69_146569.html。
⑤ Office of the Press Secretary, "White House Fact Sheet: Memorandum of Understanding Reached with Israel," September 14, 2016, https://www.whitehouse.gov/the-press-office/2016/09/14/ fact-sheetmemoran...understanding-reached-israel.
⑥ Josh Ruebner, "Obama's Legacy on Israel/Palestine," *Journal of Palestine Studies*, Vol.46, No.1, 2016, p.50.
⑦ 慕小明：《美以军援关系为何如此"拧巴"》，载《世界知识》2016年第22期，第38页。

2016年12月23日，美国在安理会投弃权票，没有否决谴责以色列定居点政策的决议，这一事件再次激化了美以之间的矛盾。以色列言辞激烈地批评奥巴马政府的"背叛"[①]和国务卿克里的发言，指责美国的做法是在恐怖主义猖獗、中东地区陷于战火之时攻击中东唯一的民主国家。[②]美以关系之所以龃龉不断，一方面是因为美国总统换届在即，奥巴马与特朗普在中东问题上多有分歧；但更深层的原因却反映出美以两国利益重合度在缩小。中东地缘政治格局的改组，已经使美国的中东战略与以色列的区域定位不再那么一致。[③]

2017年2月15日，内塔尼亚胡在总统特朗普上台后首次访问美国。在会晤中，双方强调了美以关系的重要性，内塔尼亚胡称特朗普为"犹太人和犹太国家最有力的支持者"。特朗普在迁移使馆问题、"两国方案"问题和定居点问题上不同于前任政府的态度，也表明其有意调整与以色列的关系，美以双边关系在特朗普上台以来获得了改善。

（三）中以关系

自1992年中以建交以来，中以双边关系在多领域都取得了迅速发展，而近年来中国的"一带一路"倡议也为中以合作提供了契机。

2016年3月，国务院副总理刘延东访问以色列，与以方签署了包含签证、联合科研、农业、高等教育、文化等领域的13项互惠合作协议。内塔尼亚胡表示，以方将把中国作为对外关系的重中之重，以色列愿成为中国创新合作的理想伙伴；双方进一步加强在创新、农业、教育、科技、医疗卫生、基础设施和能源等领域的务实合作，对两国各自未来发展至关重要，符合双方战略利益，同时也有利于促进地区乃至世界的繁荣与发展。[④]访问期间，双方宣布正式启动中以自贸区谈判。

[①] "Prime Minister Benjamin Netanyahu Made the Following Remarks on the First Night of Chanukah Last Night at An Event in Salute of Wounded IDF and Security Forces Veterans and Victims of Terrorism," December 24, 2016, https://www.likud.org.il/en/members-of-the-knesset/benjamin-netanyahu/benjamin-netanyahu-articles/1762-prime-minister-benjamin-netanyahu-made-the-following-remarks-on-the-first-night-of-chanukah-last-night-at-an-event-in-salute-of-wounded-idf-and-security-forces-veterans-and-victims-of-terrorism；孙德刚：《美国与以色列的安全合作关系探析》，载《西亚非洲》2017年第2期。

[②] Barak Ravid, Jonathan Lis, "Netanyahu Leads Onslaught of Right-wing Rejection of Kerry's Speech," *Haaretz*, December 28, 2016.

[③] Geoffrey Aronson, "Shifting Allegiances: The Israel-Gaza-Egypt Triangle," April 9, 2014, http://www.mei.edu/content/shifting-allegiances-israel-gaza-egypt-triangle.

[④] 《刘延东对以色列进行正式访问》，载《人民日报》2016年3月31日，第2版。

1992年中以正式建交时,两国贸易额仅有5000万美元,而截至2016年双边贸易额已突破110亿美元。中国已成为以色列在亚洲的最大贸易伙伴,也是其全球第三大贸易伙伴。中国对以投资总额已超过60亿美元。2016年,中国赴以游客数量接近8万人次,短短一年内大幅增长69%。①

2016年1月,中以双方已经宣布实现持外交、公务护照人员相互免签。② 4月,以色列与海南航空合作开通了北京和特拉维夫之间的直飞航线。11月11日,中国和以色列双边10年多次往返签证协议正式生效,以色列驻华大使馆于11月15日在北京举行了"以中十年多次往返签证启动仪式"。③

中以两国政府高层互访频繁也显示出两国关系持续升温。2016年9月,全国人大常委会委员长张德江访问以色列。④ 12月,联合国安理会2334号决议通过后,以色列暂停与12个投赞成票国家的外交关系,中国也被包括在内。对此,以色列驻华大使馆于12月27日发表声明指出,以色列并未切断与中国的外交关系,并期待2017年中以建交25周年之际双方能以高层访问等活动推进中以友谊。⑤ 2017年3月,以色列总理本杰明·内塔尼亚胡访华,庆祝中以建交25周年,中以建立"创新全面伙伴关系"。

(四)以色列的其他外交进展

在大国关系方面,除了维持和发展美以、中以关系以外,以色列与俄罗斯也有较为频繁的积极接触。双方围绕叙利亚戈兰高地问题、人道主义援助问题、伊朗问题、反恐情报交流问题等多次展开交流,并取得了很多共识。⑥ 12月底,内塔尼亚胡与普京通电话,再次强调了双方在叙利亚安全方面的合作,

---

① Linda Gradstein, "Israel and China Deepen Economic and Cultural Ties," January 28, 2017, http://www.ynetnews.com/articles/0,7340,L-4914154,00.html.

② 《中国公民赴以色列十年多次往返签证申请指南出炉》,载《以色列时报》2016年11月10日,http://cn.timesofisrael.com。

③ 以色列驻华大使馆:《以中十年多次往返签证启动仪式》,2016年12月1日,http://embassies.gov.il/beijing/NewsAndEvents/Pages/tenyearsvisa.aspx。

④ 《内塔尼亚胡:2017年将访问中国,庆祝中以建交25周年》,载《以色列时报》2016年12月21日,http://cn.timesofisrael.com/内塔尼亚胡:2017年将访问中国——庆祝中以建交25周年/。

⑤ 《以色列暂停对多国外交关系》,载《以色列时报》2016年12月28日,http://cn.timesofisrael.com。

⑥ Knesset, "Top Russian official to Foreign Affairs and Defense Committee delegation: We Never Questioned the Right of Jews, and Others, to the Temple Mount," November 8, 2016, http://www.knesset.gov.il/spokesman/eng/PR_eng.asp?PRID=13277.

主张通过双边协调避免误解的产生。①

在周边外交关系中,以色列与土耳其的和解也是一大突破。从2010年"蓝色马尔马拉号"事件以来,土以关系由于在加沙等问题上的矛盾迅速恶化,双方陷入了长达六年的"冷战"。由于双方都希望打破在中东地区的孤立地位,共同应对"伊斯兰国",土以两国开始谋求关系的正常化。6月26日以色列与土耳其签署了和解协议,②内容包括两国取消制裁措施、撤销2010年的法律诉讼、以色列对土耳其进行赔偿,两国重新互派大使;8月,该协议在土耳其议会正式获得批准。

此外,以色列还加强了与逊尼派阿拉伯国家的务实合作。伊朗和沙特之间的教派纷争促使沙特向以色列靠拢,为应对"伊朗的威胁",双方秘密外交往来频繁,以外交部总司长道尔·戈尔德也在多个外交场合公开会见沙特代表。③以色列与埃及也于2016年初互派大使;7月,以色列总理内塔尼亚胡在耶路撒冷接见了来访的埃及外交部部长萨迈赫·舒凯里。

内塔尼亚胡对阿塞拜疆和哈萨克斯坦的访问也体现了以色列外交取得的重要进展。在出访期间,以色列与两国达成了多项共识和协议,增强了能源、经济和安全等方面的合作。④内塔尼亚胡在2016年7月还对非洲的乌干达、肯尼亚、卢旺达和埃塞俄比亚四国进行了"历史性出访",并称这次访问意味着"以色列大规模回归非洲",在外交、经济和安全层面具有"非常重要的"意义。⑤以色列还在2016年与几内亚恢复了外交关系。以色列与非洲国家加强合作,旨在打破因巴勒斯坦问题而在联合国备受孤立的局面。⑥

在经济交往方面,以色列积极致力于修复与欧盟的关系。由于在犹太定居点问题上的分歧,欧盟对以色列定居点生产的商品实行了抵制政策。在经过

---

① Israel Ministry of Foreign Affairs, "PM Netanyahu Speaks with Russian President Putin," December 31, 2016, http://mfa.gov.il/MFA/PressRoom/2016/Pages/PM-Netanyahu-speaks-with-Ru ssian-President-Putin-31-December-2016.aspx.

② Knesset, "At NATO Assembly in Istanbul, Turkish FM Tells MKs 'We Must Strengthen the Cooperation between Our Countries'," November 20, 2016, http://www.knesset.gov.il/spokesman/e ng/PR_eng.asp?PRID=13288.

③ 王水平:《中东洗牌 以色列很不安》,载《光明日报》2016年8月20日,第11版。

④ Israel Ministry of Foreign Affairs, "PM Netanyahu Visits Azerbaijan and Kazakhstan," December 13, 2016, http://mfa.gov.il/MFA/PressRoom/2016/Pages/PM-Netanyahu-visits-Azerbaija n-and-Kazakhstan-13-December-2016.aspx.

⑤ 《以总理访非:站在兄长倒下的地方"百感交集"》,2016年7月6日,http://news.xinhuanet.com/world/2016-07/06/c_129118137.htm。

⑥ 同上。

外交努力和磋商后,以色列与欧盟恢复了正常关系,并积极与希腊、塞浦路斯等东地中海邻国开展"天然气外交"。① 以色列与日本、韩国的关系也得到了发展。2016年3月,以色列与日本签订了加强双边贸易和经济联系的谅解备忘录,② 并在5月与韩国开启了自贸区谈判。③ 2016年年底,以色列总理内塔尼亚胡还在耶路撒冷分别接见了危地马拉和乌拉圭的领导人,强化了与拉美国家的双边经贸往来。④

四、结语

综合来看,以色列2016年的内政外交称得上是"顺利",具体表现为政局平稳过渡、恐怖袭击数量下降、经济增长、外交突破等方面。2016年12月,内塔尼亚胡在联合国大会上的发言总结了以色列的外交成果,并特别强调了以色列与中国、俄罗斯、印度、日本和非洲国家关系发展的成就;在阿拉伯世界,以色列与埃及和约旦的关系在中东地区始终发挥着稳定器作用,而很多其他的阿拉伯国家也开始改变对以色列的看法。因此,以色列的外交关系正在经历一场"革命。"⑤ 然而,对以色列来说比较严峻的挑战都出现在2016年末到2017年初,从国内持续发酵的阿莫纳定居点问题到安理会谴责以色列定居点建设的决议,以色列面临的国内外压力陡然增加。从长远来看,定居点问题仍然是困扰以色列内政和外交的一个重要的矛盾焦点。

---

① 艾仁贵:《貌合神离的以色列与欧盟》,载《世界知识》2016年第6期,第51页。
② Ministry of Economy and Industry, "Israel, South Korea Announce Opening of Negotiations for Establishment of Free Trade Zone," May 26, 2016, http://economy.gov.il/English/NewsRoom/Press Releases/Pages/IsraelSouthKoreaFreeTradeZone.aspx.
③ Ministry of Economy and Industry, "First-ever Israeli-Japanese Agreement to Promote Economic Cooperation Signed between Israel and Japan's Second Most Important Commercial Region, Kansai," March 10, 2016, http://economy.gov.il/English/NewsRoom/PressReleases/Pages/JapanKan sai.aspx.
④ Israel Ministry of Foreign Affairs, "PM Netanyahu Meets with Uruguayan FM Nin Novoa," December 1, 2016, http://mfa.gov.il/MFA/PressRoom/2016/Pages/PM-Netanyahu-meets-with-Uruguayan-FM-Nin-Novoa-1-December-2016.aspx; Israel Ministry of Foreign Affairs, "PM Netanyahu Meets with Guatemalan President Morales," November 29, 2016, http://mfa.gov.il/MFA/PressRoom /2016/Pages/PM-Netanyahu-meets-with-Guatemalan-President-Morales-29-November-2016.aspx.
⑤ Likud, "PM Netanyahu's Speech at the United Nations General Assembly," September 22, 2016, https://www.likud.org.il/en/members-of-the-knesset/benjamin-netanyahu/benjamin-netanyahu-articles/1709-pm-netanyahu-s-speech-at-the-united-nations-general-assembly.

阿尔及利亚的政治、经济与对外关系

舒 梦[①]

摘要：2016年阿尔及利亚的局势总体稳定，同时也面临若干挑战。在政治方面，由于经济环境恶化、军方干政、抗议呼声此起彼伏、总统健康情况堪忧，使阿尔及利亚政治的不确定性上升。在经济方面，形势较2015年有所好转，但也不容乐观，货币大幅贬值，赤字增加，通胀压力大，对能源出口的严重依赖，投资环境不完善，地区经济合作缺失，政府应对措施成效甚微，使其依然有陷入经济危机的风险。在安全方面，阿尔及利亚面临着复杂地区局势、与摩洛哥关系紧张和恐怖主义威胁三重安全挑战，国内柏柏尔少数族裔维护民族权利和争取自主的政治诉求也一直影响着国家安全形势的变化。在外交方面，阿尔及利亚以反恐为抓手扩大其地区影响力，并开始更多关注北非和撒哈拉以南地区事务。

关键词：阿尔及利亚；政治形势；经济形势；对外关系

一、2016年阿尔及利亚的政治形势

作为少数几个没有被"阿拉伯之春"波及的阿拉伯共和制国家，阿尔及利亚政治形势比较平稳，但也面临一些隐患。

首先，政权稳定性仍存在严重问题。目前阿尔及利亚的总统仍为阿卜杜勒–阿齐兹·布特弗利卡（Abdelaziz Bouteflika），执政党为民族解放阵线（Front de Libération Nationale）。布特弗利卡政权的不稳定性主要来自于两方面，一方面是总统长期执政，另一方面是总统健康问题。

布特弗利卡于1999年第一次当选阿尔及利亚总统，2004年4月连选连任，

[①] 舒梦，上海外国语大学中东研究所助理研究员。

2009年再度当选连任。在2014年选举中，布特弗利卡第四次当选，引发了部分民众抗议，反对党认为这是选举欺诈的结果。由于选举机构运作不透明，导致民众对布特弗利卡当选的质疑呼声不断，不满情绪有所上升。

总统健康问题也是政权不稳的重要原因之一。2013年，布特弗利卡罹患中风，身体右侧瘫痪，此后一直坐轮椅面对公众，甚至在轮椅上就职。他的身体状况经常引发猜测，"总统病情恶化"的消息时常见诸报端。反对派认为布特弗利卡的身体情况已经没有能力主政，而支持者则坚称布特弗利卡健康状况良好。《阿尔及利亚宪法》（2016年修订版）第102条规定，"如总统因患长期或严重疾病而完全无法履行职责，由宪法委员会……向议会宣布总统行为能力……在此后的45天内必须举行大选。"① 如果布特弗利卡的健康难以为继，那么继任者问题是横亘在该国面前的一个重要问题。从短期看，年迈的布特弗利卡连续执政对阿尔及利亚也具有一定的积极意义：他拥有精英分子的支持，是阿尔及利亚政坛的关键人物，对暂时维持阿尔及利亚政局稳定有着重要作用。但从长远来看，这种"强人政治"、"老人政治"如果不加以改变，不利于政治改革的推行。

其次，军方影响力上升。阿尔及利亚政权一直由军事和政治精英共同掌握，② 1992年阿尔及利亚军队迫使来自"伊斯兰拯救阵线"的民选总统下台，此后军队一直在国家政治中扮演重要角色。尽管军方一直宣称不干预政治，但其实际行为依然备受质疑。在2014举行的竞选中，每位候选人都会在发言中宣布支持军方，以期赢得选举。军队与总统布特弗利卡之间也一直处于一种权力博弈之中。目前布特弗利卡的健康情况堪忧，控制能力下降，军方力量更是有所抬头。

军方对于国家的重要性还体现在其军费支出方面。阿尔及利亚的军费支出在北非地区一直排名前列。从2006年开始，阿尔及利亚的军费一直不断增加，到2011"阿拉伯之春"后，军费支出进一步激增，占GDP的6.2%，位居世界第五。③ 在周边地区中，阿尔及利亚是唯一军费支出占GDP比重超过4.31%的国家。④ 在西亚北非地区增强军备的大背景下，阿尔及利亚不断加强军事能力建设，其苏霍伊苏–30MKA飞行队于2016年12月再次购入8架战机，还准

---

① Constitution de la Republique Algerienne Democratique et Populaire, Article 102, http://www.joradp.dz/FTP/jo-francais/2016/F2016014.pdf.
② Francisco Serrano, "Algeria on the Brink?" *Foreign Affairs*, May 27, 2016.
③ World Bank, "Military expenditure (% of GDP)," http://data.worldbank.org/indicator/MS.MIL.XPND.GD.ZS?end=2015&locations=DZ&name_desc=false&start=1988&view=chart.
④ World Bank, "Military expenditure (% of GDP)", http://data.worldbank.org/indicator/MS.MIL.XPND.GD.ZS?end=2013&locations=DZ&start=1988&view=map&year=2015.

备再采购6架，全部到货后，战机总数将达到58架。① 该国还进口了980辆狐轮-2（Fuchs）系列装甲运兵车，② 为护航舰配备了先进的矛抢（Umkhonto）防空系统，③ 还从俄罗斯进口了一批T-90坦克。④ 阿尔及利亚是一个尚处于政治转型过程中的国家，在过渡阶段，军事实力的上升并不一定有利于国家稳定。在民主转型阶段，军队影响力过大有可能影响国家的民主改革进程。一旦布特弗利卡政权无力维持政局，军方很可能会像1992年那样再度出手。

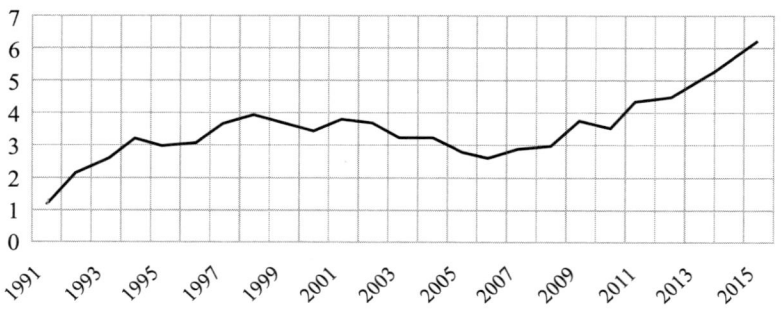

图1　阿尔及利亚军费占GDP百分比变化⑤（%）

再次，社会稳定性低，改革压力大。失业率、住房问题、物价上涨是阿尔及利亚社会不稳定的重要原因。阿尔及利亚的失业率一直比较高，官方公布的2016年失业率是10.5%，失业人数达127.1万人，且还在不断攀升，预计到2020年失业率将达到12.56%。⑥ 在16—24岁年龄段，失业率已经超过25%。在2016年，女性失业率为16.6%，青年失业率为29.9%。⑦ 在城市，大部分穷人

---

① IHS Jane's Defence Weekly, "Fighter programmes begin to bear fruit," http://www.janes.com/article/67920/fighter-programmes-begin-to-bear-fruit-idex17d2.
② IHS Jane's Defence Weekly, "Enhanced capability is MENA message," http://www.janes.com/article/67876/enhanced-capability-is-mena-message-idex17d1.
③ IHS Jane's Defence Weekly "Algerian MEKOs to test Umkhonto air defence in 2017," http://www.janes.com/article/65885/algerian-mekos-to-test-umkhonto-air-defence-in-2017.
④ IHS Jane's Defence Weekly, "North African rivals receive new tanks," http://www.janes.com/article/62622/north-african-rivals-receive-new-tanks.
⑤ World Bank, Military expenditure (% of GDP), http://data.worldbank.org/indicator/MS.MIL.XPND.GD.ZS?end=2015&locations=DZ&name_desc=false&start=1988&view=chart.
⑥ Trading Economics, "Algeria 2016-2020 Outlook," http://www.tradingeconomics.com/algeria/forecast.
⑦ Trading Economics, "Algeria Unemployment Rate," http://www.tradingeconomics.com/algeria/unemployment-rate.

没有正式职业，只有公务员和国企员工的生活才有保障。[①]

随着阿尔及利亚人口的快速增长，住房短缺现象日趋严重。中东变局后，总统曾承诺新建240万套住房以改善住房问题，但此后尽管很多住房在建，但短缺问题依然严重。在2016年公布的"2017年政府财政预算案"中，公共支出再次减少，导致住房压力预期进一步增大，预算案颁布后便引发了民众的示威游行。[②]

在物价方面，2016年中期阿尔及利亚的通货膨胀率为6.95%，高于正常的5%；CPI指数为199.4，这一指数在2012年还不到160；[③] 生产者价格指数为1310.8，在2012年不到1220，足见价格波动幅度之大。[④] 2016年初，阿尔及利亚财政部长曾提出在未来1—3年逐步减少对牛奶、糖和食用油的补贴，[⑤] 这无疑会刺激价格上涨。物价上涨、高失业率和住房短缺让很多年轻人冒险偷渡去欧洲。[⑥] 在这种背景下，阿尔及利亚社会中的不满情绪不断上升。

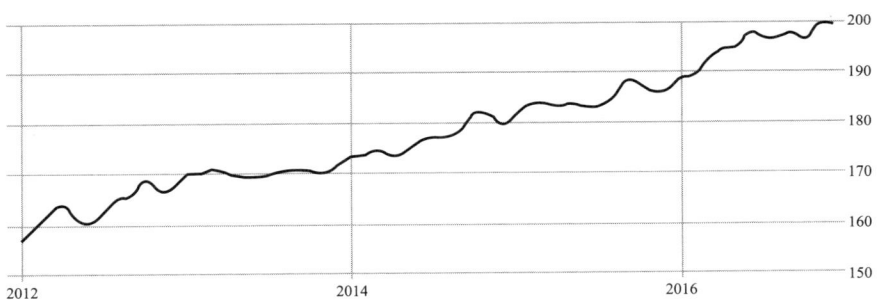

图2　阿尔及利亚CPI指数变化（数据来源：Trading Economics[⑦]）

---

① Robert S. Ford, Middle East Institute based Washington, "Challenges Ahead for Algeria in 2016," http://www.mideasti.org/content/article/challenges-ahead-algeria-2016.

② "New budget law sparks riots in Algeria amid calls for calm," Xinhua.net, Jan 5, 2017, http://news.xinhuanet.com/english/2017-01/05/c_135955532.htm.

③ Trading Economics, "Algeria Consumer Price Index (CPI) ," http://www.tradingeconomics.com/algeria/consumer-price-index-cpi.

④ Trading Economics, "Algeria Producer Prices Change," http://www.tradingeconomics.com/algeria/producer-prices-change.

⑤ Robert S. Ford, Middle East Institute based Washington, "Challenges Ahead for Algeria in 2016," http://www.mideasti.org/content/article/challenges-ahead-algeria-2016.

⑥ World Bank, Report on Algeria 2016, http://pubdocs.worldbank.org/en/267701475460651472/Algeria-MEM-Fall-2016-ENG.pdf.

⑦ Trading Economics, "Algeria Consumer Price Index (CPI) ," http://www.tradingeconomics.com/algeria/consumer-price-index-cpi.

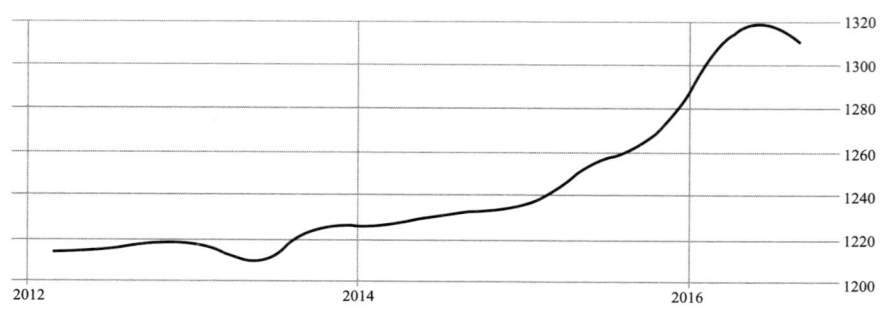

图 3　阿尔及利亚生产价格指数变化（数据来源：Trading Economics[①]）

面对政权不稳和民众的抗议呼声，布特弗利卡政府采取了一定的应对措施。2016年2月7日，阿尔及利亚通过宪法修正案，对总统任期、新闻报道自由、国民权利等方面进行了较大修改，部分履行了阿拉伯剧变后布特弗利卡为平息局势所作出的承诺。宪法修正案耗时五年，首次提出是在2011年，2014年布特弗利卡再次当选时再度承诺将会推行宪法改革，但直到2016年2月7日，宪法修正案才以499票赞成、2票反对、16票弃权获得通过。

2016年宪法修正案的修正幅度比较大，包括74处修改和38条新增内容，对国家政治建设有积极意义。首先，新宪法规定，总统任期最多两任，这意味着布特弗利卡最迟执政到2019年，阿尔及利亚的老人政治将告一段落。其次，在民主自由方面，新宪法提出要保证言论、集会、新闻和宗教自由。再次，新宪法鼓励阿尔及利亚社会世俗化，鼓励两性平等，引起了一些伊斯兰派别的反对。但是，宪法修正案事实上并未就两性平等在各方面的具体要求进行全面阐述，妇女在生育、继承、离婚等方面的权利没有得到明确保障。最后，针对腐败问题，新宪法规定任何军队或者政府官员在上台前都要公示财产，并决定为打击腐败成立一个处于总统直接监管之下的独立调查机构。[②]

宪法修订案的通过有利于扩大民主、改善民生，标志着阿尔及利亚民主政治在形式上得到了基本保障。但值得注意的是，这次修宪主要从形式上做出了相应规定，但在实际执行方面并不会削弱民族解放阵线和军队将领等原有政

---

①　Trading Economics, "Algeria Producer Prices Change," http://www.tradingeconomics.com/algeria/producer-prices-change.

②　新宪法内容详见 Constitution de la Republique Algerienne Democratique et Populaire, http://www.joradp.dz/FTP/jo-francais/2016/F2016014.pdf.

治精英的影响力。除了总统不再连任之外，阿尔及利亚的政治结构并不会因为新宪法而出现大幅度调整，也不能从根本上解决阿尔及利亚面临的诸多政治问题，只能暂时缓解局势。在这种环境下，阿民众对政府甚至政体都持不信任态度。在2012年5月和2017年5月举行的两次议会选举中，阿尔及利亚民众参与度都比较低。[①]

综上所述，阿尔及利亚的政治环境在2016年发生了一定的变化，存在的问题主要表现为政权不稳定，底层民众不满情绪上升，而总统的健康问题则成为一颗定时炸弹。阿尔及利亚目前之所以能维持现状，主要有以下两方面的原因。

首先，反对派力量分散。在阿尔及利亚内战期间，反对派势力比较弱，一直没有对民族解放阵线形成大的威胁。内战后至今，阿尔及利亚一直没有大的反对派别出现，虽然存在很多小的反对党，但较为分散，彼此之间也存在不和。2011年，在突尼斯抗议浪潮的影响下，一些阿尔及利亚反对派成立了"国家变革和民主协调委员会"（National Coordination Committee for Change and Democracy），呼吁实现彻底的政治改革。但由于这个协调委员会内部分歧难以调和，未能形成合力，也无法制衡民族解放阵线。

其次，阿尔及利亚民众并未走出"黑色十年"（指1992年军人镇压"伊斯兰拯救阵线"后动乱的十年）的阴影，因而不会轻易引发乱局。20世纪90年代出现的暴力与动荡让阿尔及利亚损失惨重，民众至今记忆犹新，不愿意再现政治动荡所引发的暴力和失序。但当前阿尔及利亚没有出现政治失序状态，并不意味着国家政治稳定或民众满意度高，仅仅说明政治压力与民众维持稳定的意愿尚处于一种平衡状态。一旦这个平衡点被突发事件打破，政局随时可能失控。

二、2016年阿尔及利亚的经济形势

在2016年，阿尔及利亚经济形势较2015年有所恢复，其经济增长率为3.6%，但其经济形势依然不容乐观，因为这种增长很大程度上是以财政赤字增加、个人消费和投资额有所下降为代价的。随着2015年国际油价下跌，一直以石油出口为支柱产业的阿尔及利亚经济增速趋缓，这种趋势在2016年变得尤为明显。2016年阿尔及利亚的能源收入从2014年的600亿美元降至275

---

① "Election campaigning makes muted start in Algeria," News24, http://www.news24.com/Africa/News/election-campaigning-makes-muted-start-in-algeria-20170409.

亿美元。2016年上半年，为避免外汇储备大幅度减少，阿货币第纳尔再次贬值，通胀压力一直较大，通胀压力指数在2016年中达到了8.2%，年末回落到6.95%，2017年2月再度攀升至8.3%。如表1所示，2016年阿尔及利亚的多项经济指数高于正常范围。针对这种情况，政府的应对措施成效甚微，国家依然存在陷入严重经济危机的风险。阿尔及利亚经济继续疲软的核心问题主要有三，分别是国家对能源生产的严重依赖、经济自由度低以及地区合作的缺失。

表1　2016年阿尔及利亚经济指数[①]

	阿尔及利亚的数值	正常值
通货膨胀率	6.95%	0–2%
CPI通货膨胀率	4.204%[②]	2–3%
食品通货膨胀率	4.92%	0–2%
生产者价格指数	1310.80	数值高则影响CPI变化幅度
进口价格指数	259.10	高于100意味着价格上涨

（一）经济结构失衡，国家经济严重依赖能源生产

长期以来，阿拉伯国家普遍存在产业单一、工业化程度低、现代化进程滞后、制造业发展薄弱等结构性弊端，阿尔及利亚也不例外，其能源出口在其总出口之中占绝对比重。根据阿尔及利亚国家信息和海关统计中心公布的数据，2016年上半年阿尔及利亚总出口额为126.8亿美元，油气出口为118.6亿美元，占整个出口额的93.55%，其他出口仅为8.18亿美元。[③] 能源交易占GDP总值的31%。在2015年，随着油价下跌，产油量曾呈下降趋势，增长率为–0.8%。2016年前半年，油气产量回升，保证了阿尔及利亚经济的增长，而非油气经

---

① 数据来源：Trading Economics, "Algeria Consumer Price Index (CPI)", "Algeria Producer Prices Change", "Algeria Import Prices", "Algeria Food Inflation", "Algeria Export Prices", http://www.tradingeconomics.com/algeria. 部分数值在2017年再度攀升，如通胀率在2017年2月达到8.3%，食品通胀率跃升至9.1%。

② 2016年年底阿尔及利亚CPI指数为199.4，由于没有找到最新的CPI通货膨胀百分比，此处沿用了2015年数据。

③ 原文载阿尔及利亚《马格里布报》，转引自中国商务部网站，http://mt.sohu.com/20160724/n460780837.shtml。

济则进一步降低。2016年的恶劣天气状况给农业带来了很大影响，导致非油气生产占总经济的比重中进一步减少，国家经济对能源出口的依赖进一步加剧，经济结构严重不平衡和产业单一化的问题更加严重。[①] 阿尔及利亚对能源出口的依赖有以下两方面的消极影响。

首先，由于国家一直依赖于油气增长，全球石油价格的波动使阿尔及利亚经济更加脆弱。自2015年油价下降以来，阿尔及利亚财政赤字达到了275亿美元，占GDP总额的16.3%，为有史以来的最高值。阿尔及利亚政府以往一直用能源出口盈余带来的外汇储备金填补财政赤字。随着石油价格下降，外汇储备金也大幅度缩水。截至2016年中期，阿尔及利亚外汇储备金为1370亿美元，与2013年相比降低约30%，[②] 难以起到金融减震器的作用，无法应对经济震荡。

其次，由于能源收入占政府财政收入的60%以上，使政府的公共政策深受油价波动的影响。在油价高涨的情况下，政府利用石油出口来获得资金，甚至用这些资金来购买选票和支持率。有报道称，选举期间政府给农民提供大量贷款，并向他们承诺，如果政府再次当选，这些贷款将无需偿还。但在油价下降的情况下，政府支出则会大幅度削减，进而无力支撑公共事业的发展，给社会稳定带来了很大风险。

2017年4月，阿尔及利亚政府发布了名为"新增长模式"的报告，报告承认阿经济增长模式对油气资源高度依赖的不可持续性，并制定了非油气生产的相关规划，加强对农业、服务业、工业等领域的扶持。[③] 但可以预测，由于油气资源出口长期主导国家经济发展，阿经济多样化发展仍需要很长的时间才能真正实现。

（二）经济自由度低

在非石油出口持续下降的情况下，政府亟需促进私人投资并提高经济竞争力，但阿尔及利亚的投资环境尚不完善。在美国传统基金会的评级报告中，阿

---

① Oxford Business Group, *The Report: Algeria 2016*, http://www.oxfordbusinessgroup.com/algeria-2016.

② Oxford Business Group, "Deficits become more common in Algeria," http://www.oxfordbusinessgroup.com/algeria-2016/economy.

③ "Algeria to Implement 'New Growth Model' to Cope with Oil Price Drop," *Reuters*, July 27, 2016, http://www.rigzone.com/news/oil_gas/a/145866/Algeria_to_Implement_New_Growth_Model_to_Cope_with_Oil_Price_Drop/?pgNum=1.

尔及利亚的经济自由度在西亚北非地区倒数第二。① 经济自由度低主要是由于政府在外资方面的严格限制。针对外国投资，阿尔及利亚目前依然坚持51/49原则。该原则出自2009年财政补充法案，要求任何与外国共同投资的项目中阿方股份至少占51%，以确保在投资合作关系中维护阿尔及利亚的利益。② 这项原则并不局限于油气等重要战略领域，而是被广泛应用于所有外国投资之中。该原则执行后，在阿外国投资持续下降。2014年，迫于加入世界贸易组织的压力，阿尔及利亚曾考虑放开该原则，③ 但至今并无新进展。布特弗利卡政府也试图通过税收减免来获取更多投资，但在吸引外资方面，并没有相关的重要政策出台。在这种经济环境下，阿尔及利亚很难吸引到大量的外国投资，私营企业难以发展。

（三）地区合作缺失

同大部分中东国家一样，阿尔及利亚的自然资源并没有成功转化为国家发展潜力。在能源出口方面，阿主要针对域外市场，而区域内能源合作相对缺失。以阿尔及利亚与邻国摩洛哥为例，欧洲是阿尔及利亚天然气出口的重要对象，到欧洲的天然气输送主要依靠跨地中海管道来实现，其中一条管道建设计划经过摩洛哥。然而，由于阿尔及利亚和摩洛哥在西撒哈拉问题上的分歧，在摩洛哥部分的管道建设在很长时间都处于搁置状态。中间虽然有些许进展，④ 但由于两国关系再次恶化，致使阿尔及利亚被迫改变线路，跨大陆的天然气管道两条直接输至西班牙，另外一条则取道突尼斯至意大利。⑤ 事实上，阿尔及利亚和摩洛哥在能源方面有很大的合作潜力，两国在油气生产过程中分别擅长不用的游段，双方合作对降低成本十分有利，但由于西撒哈拉问题，双方一直处于僵持状态。阿尔及利亚与周边其他国家的经济合作也很少，在市场上难以形成地区经济竞争力。

---

① Robert S. Ford, "Challenges Ahead for Algeria in 2016," http://www.mideasti.org/content/article/challenges-ahead-algeria-2016.
② 中国驻阿尔及利亚使馆经济商务参赞处：《阿尔及利亚总理宣布维持外国投资51/49原则不变》，http://dz.mofcom.gov.cn/article/jmxw/201209/20120908360761.shtml。
③ 《迫于入世压力，阿尔及利亚有望部分松动51/49%投资政策》，凤凰财经转引自商务部网站，http://finance.ifeng.com/a/20140608/12498931_0.shtml。
④ Abdelghani Henni, "Algeria to supply gas to Morocco from September," *Arabian Oil and Gas*, August 2, 2011.
⑤ US Energy Information Administration, *Algeria Energy Profile: Leading Natural Gas Producer in Africa–Analysis*, http://www.eurasiareview.com/15032016-algeria-energy-profile-leading-natural-gas-producer-in-africa-analysis/.

面对低迷的经济，阿尔及利亚采取了一系列措施刺激经济发展，但成效甚微。

首先，拉动旅游业发展以提高GDP产值。阿政府过去一直忽视旅游业的发展，近年来开始加强对旅游业的关注，以期带动经济发展。阿尔及利亚旅游资源丰富，但由于入境手续复杂，旅游业一直发展不起来。在油价下跌和经济放缓的形势下，政府开始促进旅游业发展以实现新的增长。政府鼓励有兴趣的投资者投资旅游项目，当地银行还可以提供低息贷款，截至2016年5月，已有1400多个旅游项目享受了旅游项目优惠贷款。①

其次，加强与中国的合作。近年来，中国与阿尔及利亚之间的经贸往来不断增多。2013年后，阿尔及利亚是中国在马格里布地区最大的贸易伙伴。2014年，中国超过法国成为阿尔及利亚最大的商品进口国。但中国对阿尔及利亚的投资并不多，主要集中在商业贷款方面，中国对阿直接投资总额为15亿美元，不足中国对外投资额的0.3%，② 投资环境问题是主要制约因素。

2016年12月，布特弗利卡总统签署了2017财政预算案，通过提高税收来弥补财政空缺，表明公共支出已经入不敷出，更难以对大量商品实现补贴。如不拓宽融资渠道，阿尔及利亚政府经济政策的回旋余地将进一步缩小，现有应对措施在短期内也难以取得成效。阿尔及利亚对2017年的经济增长预期仅为2.1%，财政赤字预计要持续到2020年。③

三、2016年阿尔及利亚的安全形势与对外政策

（一）地区安全形势复杂

阿尔及利亚处在不稳定的地区环境之中，周边地区的动荡很容易对该国产生消极影响。作为马格里布地区的核心国家，阿尔及利亚与七个马格里布和萨赫勒国家接壤，然而自2011年以来，这七个国家的边界地区都不安定。即便阿尔及利亚一直被视为一个较稳定的国家，这种稳定也比较脆弱，边界不稳定给国家安全带来很大压力。2011年西亚北非动荡以来，阿尔及利亚南部的冲

---

① 《阿尔及利亚发展旅游业，实施经济多元化战略》，http://mt.sohu.com/20160518/n450079186.shtml。
② Carnegie Middle East Center, "The China Syndrome", http://carnegie-mec.org/diwan/66145.
③ "Algeria," Website of *The Economist*, http://country.eiu.com/algeria.

突不断增多，① 这一局面在2016年有所缓和，但北部的暴力活动却迅速增加，甚至较2011年更高。在周边环境中，最不稳定的边界地段是阿尔及利亚与摩洛哥边界，双方紧张的关系使边界地区一直处于军事化状态。在2016年，影响阿尔及利亚周边地区安全的威胁主要来自于四个方面：

首先是摩洛哥。阿尔及利亚和摩洛哥长期存在西撒哈拉争端，摩洛哥、毛里塔尼亚和阿尔及利亚三国之间曾为此发生冲突。目前，摩洛哥与阿尔及利亚之间的边界依然处于关闭状态。近年来，两国边境发生的偶发事件频率增高，再加上阿尔及利亚国内压力攀升，很可能会导致民族主义情绪的上升，激化边境矛盾。2017年2月，西撒哈拉地区与毛里塔尼亚交接地带局势紧张，摩洛哥军队与阿尔及利亚长期支持的西撒哈拉人民解放阵线处于对峙状态。2017年4月，摩洛哥政府召见阿尔及利亚大使，指责阿尔及利亚"在阿摩边界制造麻烦"。② 然而，尽管两国一直处于紧张关系中，双方发生大规模武装冲突的可能性不大。阿尔及利亚在军事装备方面占有数量上的优势，它的军事预算是摩洛哥的四倍，但摩洛哥在军事技术上占有优势。③ 双方如果发生冲突，将是两败俱伤，这是双方政府都不愿意看到的。因此，在可预见的将来，双方很难爆发大规模战争，但将延续这种紧张态势。

其次是利比亚。在利比亚乱局后，阿尔及利亚曾经是受益方之一。卡扎菲政权倒台后，阿尔及利亚东部边界的紧张局势大为缓解。然而利比亚处于无序状态，对阿尔及利亚也产生了消极影响，流入阿尔及利亚的武器数量增多，④ 性能更高，导致很多更具危险性的现代武器流入阿尔及利亚境内，⑤ 对国家安全构成了威胁。此外，在利比亚出现权力真空的情况下，"伊斯兰国"组织趁机坐大，不断扩大在利比亚的控制地区，并向周边的阿尔及利亚、突尼斯等国家渗透。阿尔及利亚的阿米纳斯（In Amenas）天然气处理厂就位于阿尔及利亚与利比亚边境线附近，其产量在国家天然气总产量和出口量中占有重要比

---

① Louisa Dris-Ait Hamadouche, "Algeria Post Arab Spring: The Forced Virtualization of the Borders," *Journal of Mediterranean Knowledge*, Vol. 1, 2016.

② "Morocco summons Algeria envoy over Syrian refugees," *Reuters*, April 23, 2017, http://www.swissinfo.ch/eng/morocco-summons-algeria-envoy-over-syrian-refugees/43128272.

③ Raphaël Lefèvre, "Morocco, Algeria and the Maghreb's cold war," *The Journal of North African Studies*, Vol. 21, No. 5, 2016.

④ Lamine Chikhi, "Wary of disorder in Libya and Mali, Algerian army targets southern smuggling," *Reuters*, May 11, 2015.

⑤ Akram Kharief, "Saisies d'armes : Du jamais vu dans l'histoire de l'Algérie," *El Watan*, April 15, 2016.

重。^①利比亚境内的混乱局势一旦越过边境线，将给阿尔及利亚能源生产带来严重安全威胁。

再次是西非。长期处于无序和混乱状态的西非对阿尔及利亚的挑战有二。一是西非严重的贩毒问题。西非地区目前已成为连接毒品产地与国际市场的重要中转站，并且已经开始自行生产毒品，并流入阿尔及利亚。第二是贩卖人口问题。2016年联合国毒品与犯罪办公室的报告指出，人口贩卖的一条重要路径是经由尼日尔到达利比亚，随后到达阿尔及利亚。[②] 近年来，随着极端组织的资金来源日益多样化，除了绑架勒索之外，越来越多的组织以毒品和人口贩卖等不同形式来获取资金，[③] 严重恶化了阿尔及利亚的周边安全局势。2016年3月，执政的民族解放阵线宣布实施"国家防卫墙计划"（National Defending Wall），并号召一切政治力量团结起来应对国内外安全威胁。但这个计划的实施并不顺利，一方面政府在财政上捉襟见肘，另一方面反对派以政府缺乏合法性为由对此加以抵制。

最后是恐怖主义。阿尔及利亚面临严重的恐怖主义威胁。2016年3月，阿尔及利亚萨赫勒天然气厂遭到"基地"组织马格里布分支的火箭弹袭击；[④] 8月，罕西拉省（Khenchela）的瑟亚镇（Seyar）附近发生简易爆炸装置炸毁汽车事件，4人被炸死；[⑤] 12月，阿尔及利亚一电视台总部和一学校发生未遂恐怖袭击。[⑥] 2017年2月，康斯坦丁（Constantine）的警察局再次出现自杀性爆炸事件，造成多人伤亡。阿尔及利亚国防部称，2016年政府共剿灭125名恐怖分子，逮捕恐怖分子225人。[⑦]

---

① US Energy Information Administration, *Algeria Energy Profile: Leading Natural Gas Producer In Africa–Analysis*, http://www.eurasiareview.com/15032016-algeria-energy-profile-leading-natural-gas--in-africa-analysis/.

② United Nations Office on Drugs and Crime, *Regional Programme for West Africa 2016-2020*, http://www.unodc.org/documents/westandcentralafrica//UNODC_Regional_Programme_for_West_Africa_2016-2020.pdf.

③ Ibid.

④ 《阿尔及利亚天然气厂遇袭》，法制法规网，2016年3月19日，http://www.lc123.net/xw/rd/2016-03-19/305320.html。

⑤ IHS Jane's Terrorism Watch Report, "ED attack kills four people in Algeria's Khenchela," http://www.janes.com/article/62922/ied-attack-kills-four-people-in-algeria-s-khenchela.

⑥ IHS Jane's Terrorism Watch Report, "Security services foil suicide attack in Algeria's Algiers," http://www.janes.com/article/66488/security-services-foil-suicide-attack-in-algeria-s-algiers.

⑦ "Algerian defense ministry: 125 'terrorists' killed this year," http://www.mail.com/news/world/4842452-algerian-defense-ministry-125-terrorists-killed-th.html, "Bomb found in school southern Algeria," Xinhua.net, http://news.xinhuanet.com/english/2016-12/05/c_135879985.htm.

阿尔及利亚面临的恐怖主义威胁主要来源于组织和个体两个层面。在组织层面，阿面临的恐怖主义威胁主要来自"基地"组织马格里布分支和"伊斯兰国"等组织。"伊斯兰国"一直计划向阿尔及利亚扩张，其战略目标之一就是建立阿尔及利亚行省。而阿尔及利亚的"哈里发战士"组织（Jund al-Khilafah）公开表示效忠"基地"组织，还曾在阿策划绑架西方人。"基地"组织马格里布分支（Al-Qaeda in the Islamic Maghreb）产生于阿尔及利亚，长期与政府开展武装斗争。① 在2016年，"基地"组织马格里布分支在阿尔及利亚的存在和影响略有减弱，有传闻称该组织领导人已离开阿尔及利亚，② 但其在阿尔及利亚的活动依然有迹可循。据报道，"基地"组织马格里布分支近期在南部地区以油气资源的保护者自居，以此对阿南部地区进行极端思想渗透。③

在个体层面，阿尔及利亚境内不乏恐怖主义的追随者。近两年来，很多欧洲恐怖袭击案的实施者是阿尔及利亚裔。2013年英国士兵被当街砍杀事件，2014年比利时的犹太教堂枪击案、加拿大国会枪击案，2015年法国的《查理周刊》袭击事件的实施者都是阿尔及利亚裔，甚至有阿公民在网上公开表示支持"伊斯兰国"组织。④ 2016年以来，阿尔及利亚经济形势恶化，失业率居高不下，住房短缺，民怨四起，都为极端主义思想滋生的滋生和蔓延创造了条件。阿尔及利亚"撒哈拉之子"组织（Abna al-Sahra）就是因经济补贴要求得不到满足而转为暴力型反政府组织的。在经济恶化的情况下，难免有其他非暴力组织重蹈覆辙。

此外，少数族裔柏柏尔人民族独立的要求也影响阿尔及利亚安全局势的稳定。2015年政府与柏柏尔人的的武装冲突时有发生。⑤ 2016年双方都较为克制，但柏柏尔人问题仍是阿尔及利亚的安全隐患之一。

（二）外交政策变化

2016年阿尔及利亚基本延续了以往的外交政策，法国依然在其对外关系

---

① 《阿尔及利亚展示反恐成果：击毙125人缴获大批武器》，网易新闻转引自参考消息网，2016年12月26日，http://war.163.com/16/1226/07/C96Q7BSL000181KT.html。

② "Algeria clears Islamic State-tied militants east of capital: sources," *Reuters*, August 24, 2016.

③ Vish Sakthivel, "Algeria's Growing Security Problems," *The Washington Post*, April 25, 2017.

④ Worcester News, "Algerian citizen admits posting messages backing Islamic State," http://www.worcesternews.co.uk/news/14097225.Algerian_citizen_admits_posting_messages_backing_Islamic_State/.

⑤ L'Agence France-Presse, "22 dead in Arab-Berber unrest in Algeria," July 9, 2015.

中占有重要地位，与美国、中国等大国的关系也在稳步发展，阿尔及利亚还积极参与阿拉伯与伊斯兰世界事务。近两年的阿尔及利亚外交也出现了一些新的动向。

首先，以反恐作为外交抓手扩大地区影响力。在阿尔及利亚与大部分国家的交往中，反恐都是重要议题。由于阿尔及利亚形势相对稳定，又在反恐方面取得了积极成效，并在地区内有很大的影响力，因此成为多个国家反恐合作的伙伴。然而，阿尔及利亚的反恐合作在一定程度上十分谨慎。2012年，邻国马里向阿尔及利亚寻求紧急军事援助以共同遏制极端组织攻击首都，但阿尔及利亚担心卷入冲突，未出面进行干预。2013年，尼日尔发生恐怖袭击活动，尼日尔希望阿尔及利亚在边界地区派兵协助，阿同样没有提供援助。

其次，积极参与地区事务。在2014年，阿尔及利亚的周边国家毛里塔尼亚、尼日尔、马里、布基纳法索和乍得开始开展联合边境巡逻和情报共享，而阿尔及利亚被排除在外。为了改变这种状态，阿尔及利亚近两年加强了对地区事务的参与，在2015年的马里问题中，阿尔及利亚发挥了建设性的调解作用，提升了地区影响力与号召力。但在涉及可能影响到他国内政问题的地区事务时，阿尔及利亚依然十分谨慎。沙特在2016年建立了伊斯兰国家反恐联盟，阿尔及利亚认为该联盟很可能会对其他国家的内政加以干涉，故采取审慎态度。当海湾国家将黎巴嫩真主党列为恐怖组织时，阿尔及利亚也是很少几个表示拒绝的逊尼派伊斯兰国家之一。①

最后，对"非洲国家"的认同感增强。阿尔及利亚在以往的外交政策中对自身的定位更多是"阿拉伯国家"，而不是"非洲国家"，这种政策事实上不利于阿尔及利亚与地区内国家之间的关系，也不利于地区国家共同合作在萨赫勒地区打击恐怖组织。在北非和撒哈拉以南国家出现动荡的大背景下，周边局势动荡给阿尔及利亚带来了安全挑战。鉴于此，近两年阿尔及利亚参与非洲事务和周边事务的积极性不断上升，如在利比亚问题上进行斡旋。② 在2016年，阿尔及利亚与马里、尼日尔、毛里塔尼亚、赞比亚等国在安全、反恐、宗教等

---

① "Non-interference policy constrains Algeria's diplomacy", *The Arab Weekly*, 2016/04/24, http://www.thearabweekly.com/News-&-Analysis/4795/Non-interference-policy-constrains-Algeria's-diplomacy.

② Andrew Lebovich, "With Regional Security Unraveling, Algeria Re-Engages With Africa," *World Politics Review*, December 10, 2015, http://www.worldpoliticsreview.com/articles/17425/with-regional-security-unraveling-algeria-re-engages-with-africa.

方面加强了合作，并举办了非洲和平与安全论坛。①

四、结论

阿尔及利亚的政治、经济、安全局势并不是孤立的，而是彼此之间相互影响的错综复杂关系。2016年，阿尔及利亚在政治方面看似平稳，但内部暗流涌动。政局不稳很大原因在于经济问题。由于油价下跌，阿尔及利亚经济遭遇严重危机，高失业率、高通胀率等都加剧了社会危机和政治危机。2016年油价有所恢复，但并未大幅上涨，国家经济也没有完全恢复，因此社会不满情绪并不会在短时间内缓解，民众对执政党的质疑也将长期存在。民族解放阵线发展经济的表现乏善可陈，民众对政权不满情绪的积聚很容易被伊斯兰极端组织利用，为极端主义的蔓延提供可乘之机，导致社会危机、政治动荡，进而引发恐怖主义反弹的恶性循环。目前阿尔及利亚在地区反恐方面的影响力在很大程度上来源于其局势相对稳定。就目前形势来看，阿局势尚不至于严重恶化，但仍存在不确定性。

从近期的发展趋势看，有两大问题至关阿尔及利亚局势。首先，油价是否会大幅度下跌。鉴于目前阿尔及利亚经济结构单一，严重依赖能源出口，一旦油价大幅度下跌，国民经济将迅速受到冲击，政治稳定将难以保证。其次，布特弗利卡总统能否维持健康，或是否已妥善安排继任人选。一旦总统健康恶化，又无人能顺利继任，政治局势将迅速陷入混乱，军方很可能会再度接管权力，抗议示威势必再次大范围爆发，导致社会陷入严重动荡。这两个因素对阿尔及利亚来说可谓牵一发而动全身。

---

① 《阿尔及利亚与马里将加强安全方面合作》，http://news.xinhuanet.com/world/2017-02/14/c_1120462611.htm; "Algeria, Nigeria discuss counter-terrorism cooperation," Xinhua News Agency, http://news.xinhuanet.com/english/2016-12/14/c_135903293.htm; "Algeria, Mauritania ink cooperation agreements," Xinhua News Agency, http://news.xinhuanet.com/english/2016-12/21/c_135920898.htm; "Zambia, Algeria reiterate commitment to enhance ties," Xinhua News Agency, http://news.xinhuanet.com/english/2017-02/08/c_136041732.htm.

苏丹的政治、经济与对外关系

闵 捷[①]

摘要： 在2016年，苏丹政治和解未能取得重大突破，国内反对派力量仍较为活跃，达尔富尔地区、南科尔多凡州、青尼罗州等地仍有小规模的武装反叛活动，流离失所者数量进一步增加。在经济方面，苏丹国内的经济困境未能改善，政府虽然重视非石油领域的经济发展，但效果仍不明显。在对外关系方面，苏丹与南苏丹的关系得到改善，并继续深化与阿拉伯世界、非洲地区重要国家的友好关系，与美国等西方国家的关系也在逐渐改善，国际援助日渐增多；中国与苏丹双边关系发展平稳，苏丹在"一带一路"建设中具有广阔前景。

关键词： 苏丹；政治形势；经济形势；对外关系

一、苏丹的政治形势

在2016年，尽管苏丹全国对话会议取得了一定成果，但由于参会各方并没有达成预期的共识，苏丹政治和解仍未取得重大突破，国内反对派力量较为活跃，达尔富尔地区、南科尔多凡州、青尼罗州等地依然存在小规模的武装反叛活动，流离失所者的数量进一步增加。

（一）苏丹政治和解进程收效甚微

2014年1月，苏丹总统巴希尔正式宣布一项重要倡议，呼吁反对党及武装组织参加苏丹全国对话会议，议程涵盖结束内战、扩大政治参与、反对贫困和增强民族认同等，旨在结束长期以来的政治危机。2015年10月，对话会议以"苏丹：所有人的家园"为愿景开幕，一些苏丹政党、非政府组织和达尔富尔

[①] 闵捷，上海外国语大学博士后。

地区部分武装派别都积极参与了对话。全国对话会议最初预计持续3个月，至2016年1月闭幕，但由于政治对话的推进极为困难，会议直到2016年10月才告以结束。全国对话会议是苏丹独立以来最有社会影响的政治事件之一，74个政党、34个武装组织和具有广泛社会影响的精英参与其中。会议期间，648名与会人员举行了312次会谈，进行了共计超过1154小时的对话，讨论了数百个关于苏丹政治转型的建议。由此可见巴希尔政府试图借助全国对话会议缓和与国内反对派关系的强烈诉求。

经过近一年的讨论，全国对话会议产生了一个笼统、模糊的决议文件，强调了一些基本价值和原则，涉及公民权、种族和文化多样性、权力分配、政府组成、司法独立等问题，该决议文件已被苏丹政府批准，并将成为即将起草的永久性宪法的基础。[①] 苏丹总统巴希尔表示，决议反映了苏丹人民的意愿，并将以此为基础来管理这个国家，同时欢迎与"改变未来力量"（FFC）、"全国力量联盟"（NFA）和"全国乌玛党"领袖马赫迪等仍未参加全国对话会议的政治反对派进行协商。

尽管如此，不少反对党及武装组织仍认为巴希尔政府并未达到他们的最低要求，如立即停止在达尔富尔地区、南科尔多凡州和青尼罗州的冲突，允许救援物资安全进入冲突地区，保证基本自由，释放政治犯，以及加强非洲联盟及国际社会对苏丹的监督等。尤为值得注意的是，一些长期和苏丹执政党——全国大会党保持密切关系的伊斯兰政党也没有对全国对话会议持完全肯定的态度，其中就包括数年前脱离全国大会党的加齐·萨拉赫丁。在他看来，对话是苏丹政治和解的必然要求，理应更加包容。与此同时，萨拉赫丁仍表示，他的政党仍致力于推动全国对话的已有成果。

在反对党和武装组织中，"苏丹人民解放运动—北方局"（SPLM-N）与达尔富尔地区主要的反叛武装组织共同成立的"苏丹革命阵线"反对态度最为坚决。他们拒绝参加全国对话会议，并要求举行预备会议，强调应在非盟和平与安全理事会和联合国安理会的指导下，启动程序公平的对话，并汇集所有苏丹的政治力量。该要求被苏丹政府拒绝，"苏丹革命阵线"拒绝参与全国对话，并要求政府结束冲突。此后，尽管非洲联盟做了大量的工作，但仍未能实现在双方之间建立必要的信任。另一重要反对党"全国乌玛党"表示，巴希尔总统曾向该党表示，没有一个政党有权决定国家问题，但全国对话会议的进程完全

---

① "Sudan's dialogue conference approves the national document," 2016-10-09，http://www.sudantribune.com/spip.php?article60479，登录日期：2017年2月12日。

由执政党及其主席主导,"全国乌玛党"指责巴希尔的个人统治超越了对话会议,使"对话"变成了"独白";对话会议只是"政府与其盟友之间的会议",并呼吁政治和武装反对派不要参加这样的对话。

(二)地方反叛武装与政府冲突不断

1. 达尔富尔地区

2003年,达尔富尔地区爆发了大规模的军事冲突。尽管近年来该地区反叛武装组织在国际上逐渐陷入孤立,力量也大幅度削弱,甚至被迫越过边境在利比亚和南苏丹开展行动,但反叛武装组织的问题并没有得到彻底解决,若苏丹政府处理不当,该地区的冲突仍有进一步升级的可能。当前,"苏丹解放运动—米尼·米纳维派"(SLM-MM)、"苏丹解放运动—阿卜杜·瓦希德派"(SLM-AW/SLA-AW)、"公平和正义运动"(JEM)是达尔富尔地区最重要的反叛武装组织。此外,该地区的一些部族武装也是不可忽视的反叛力量。

达尔富尔的反叛武装除不断与苏丹军方发生小规模冲突外,也时常制造绑架事件。在2016年,"苏丹解放运动—阿卜杜·瓦希德派"制造、参与了大部分武装冲突。2016年4月初,该武装组织与苏丹军方在达尔富尔地区3个不同的地点发生冲突,其中一场冲突导致苏丹军方37人伤亡、4辆汽车被毁;另一场激烈战斗则造成了政府军方面61名士兵和民兵死亡,17人受伤,6台车辆被毁。[①] 此外,该组织在中达尔富尔州马拉山(Jebel Marra)地区和政府军发生了持续数月的交火,导致该地区数以万计的平民流离失所。2016年9月,西方非政府组织"大赦国际"指出,苏丹政府在达尔富尔地区使用化学武器攻击本国平民,导致上百人死亡,其中包括数十名儿童。这一指控虽然遭到苏丹政府的否认,但仍在国际社会中产生了较为广泛的影响。

尽管非洲联盟在协调反叛组织和政府的关系上做出了巨大努力,但仍无法建立双方的信任。2016年8月,"苏丹解放运动—米尼·米纳维派"的领袖米尼·米纳维就明确表示,"苏丹政府坚持一些不可能达成共识之条件的原因其实很简单,因为这意味着政府在等待明年雨季过后在夏季展开军事行动。"[②]

---

① "Darfur Rebels, Sudan Army Battle on Three Fronts," 2016-4-5, https://www.dabangasudan.org/en/all-news/article/darfur-rebels-sudan-army-battle-on-three-fronts, 登录时间:2017年1月15日。

② "Interview: Rebel leaders blame Sudanese govt. for talks collapse," 2016-8-17, https://www.dabangasudan.org/en/all-news/article/interview-rebel-leaders-blame-sudanese-govt-for-talks-collapse, 登录时间:2017年1月30日。

2. 南科尔多凡州与青尼罗州

南科尔多凡州和青尼罗州位于苏丹与南苏丹的相邻地区，该地区的部分民众特别是居住在努巴山区的民众与南苏丹在文化上联系密切，部分民众在认同上也倾向于南苏丹。该地区的武装组织"苏丹人民解放运动—北方局"成长于苏丹内战期间，南苏丹独立后，该组织依然活跃在苏丹境内，成为一支重要的反对派力量。2016年以来，"苏丹人民解放运动—北方局"并不认可全国对话会议。7月，"苏丹人民解放运动—北方局"再次重申了自己的立场，即"不会参与国家对话进程，即使它持续100年"。

2011年以来，"苏丹人民解放运动—北方局"以实现努巴山区自治为诉求，在南科尔多凡州和青尼罗州与政府军多次发生小规模的军事对抗。2016年上半年，努巴山区的军事冲突曾一度扩大。4月底，苏丹军方发言人艾哈迈德·哈利法声称政府已经成功地封锁了叛军在努巴山区的主要基地，苏丹政府也因此拒绝了一项由"苏丹人民解放运动—北方局"提出的实现六个月停火的协议。但是，苏丹武装部队此后并没有取得重大胜利，叛军与其进行了激烈的战斗，其中在阿尔阿兹拉卡（Al-Azrak）和安格拉图（Angartu）等地最为激烈。随着雨季的到来，大量支持政府的民兵离开该地区，致使部署在努巴山区的近1.1万政府武装在两个月间减少到2000人左右。鉴于此，苏丹总统巴希尔于6月18日宣布了四个月的停火协议。苏丹军方称停火协议的目的在于"给武装组织一个机会参与政治对话进程，但与此同时必须交出武器"。至10月停火时间到期后，苏丹政府又单方面将协议延长至2016年年底。尽管如此，在11月至12月间，双方小规模的冲突仍时有发生。11月16日，"苏丹人民解放运动—北方局"发动了一场针对苏丹武装部队在阿尔阿兹拉卡驻军基地的袭击，苏丹武装部队予以还击，导致12名叛军士兵受伤。[①]"苏丹人民解放运动—北方局"发言人表示，巴希尔总统延长停战协议的声明并没有与"苏丹人民解放运动—北方局"进行任何协商。11月28日，苏丹武装部队空军对努巴山区一些目标进行了小规模空袭，造成了一定的经济损失和平民受伤。

（三）流离失所者数量增加

在2016年，持续的国内冲突增加了苏丹国内流离失所者的数量，政府对其进行安置的能力因此受到了更为严峻的挑战。在中达尔富尔州反叛武装与

---

① "Sign of war resume in the Nuba Mountains," 2016-11-26, https://nubareports.org/signs-of-war-resume-in-the-nuba-mountains/，登录时间：2017年2月20日。

政府军交战最为激烈的马拉山地区，流离失所者的数量上升最为显著。据联合国人权事务协调办公室（OCHA）的统计，截至2016年10月，在古尔都镇（Guldo town）就有近3万人民众逃离家园，伯里与伯里山谷地区（Boori and Wadi Boori）有4.5万人左右，苏勒村（Thur village）则超过了1.2万人。① 大量民众逃离家乡造成了达尔富尔地区安全形势的恶化，抢劫、谋杀、强奸等暴力事件屡屡发生。仅12月11、12两日，在北达尔富尔、中达尔富尔、西达尔富尔三州就发生了6起抢劫事件，并造成了12人死亡，所损失牲畜的价值总和超过3万美元。②

面对严峻的形势，苏丹达尔富尔地区的行政官员尽力安抚民众，以维持地区的稳定。北达尔富尔州州长指出，在政府的帮助下，2016年该省至少有2.39万流离失所的家庭在农忙时期前自愿回到了家乡。尽管如此，大量回归工作仍难以推动。12月，居住在北达尔富尔省卡巴比亚（Kabkabiya）附近临时营地的民众就拒绝了政府的回归要求，该群体的领导指出，政府必须满足一定的必要条件，他们才自愿返回家乡，而必要条件包括解除原居住地民兵的武装，将新移民从原居住地驱逐，以及对其在流离失所期间的损失进行补偿等。③

联合国苏丹人权事务协调办公室明确指出，热病的传播已导致流离失所者及暂住地居民的恐慌，并呼吁为流离失所者提供适当的住所和冬季的必需品（包括毛毯和冬衣等）。苏丹政府的特别事务专员认为，达尔富尔地区的局势远未达到能够保证所有流离失所者返回其原居住地的条件。流离失所群体不仅粮食短缺问题突出，而且急需更好的医疗和教育服务。与达尔富尔地区相比，努巴山区的自然条件更为优越，但由于冲突持续，一些富饶的农田已无法耕种，大量民众因为农产品收成急剧减少而流离失所。据联合国估算，南科尔多凡和青尼罗两州已有60万人受到了战争影响。④

---

① "OCHA, SUDAN: 2016 New Displacements and Affected People in Darfur," 2016-10-31, http://reliefweb.int/map/sudan/sudan-2016-new-displacements-and-affected-people-darfur-31-october-2016，登录时间：2017年2月1日。

② "Darfur crime overview: Twelve people killed in attacks," 2016-12-13, https://www.dabangasudan.org/en/all-news/article/darfur-crime-overview-twelve-people-killed-in-attacks，登录时间：2017年2月23日。

③ "North Darfur displaced reject voluntary return," 2017-1-1, https://www.dabangasudan.org/en/all-news/article/north-darfur-displaced-reject-voluntary-return，登录时间：2017年2月25日。

④ "Relief and Politics: Seeking aid access in the Nuba Mountains," 2017-2-15, https://nubareports.org/relief-and-politics-seeking-aid-access-in-the-nuba-mountains/，登录时间，2017年2月20日。

二、苏丹的经济形势

（一）当前苏丹经济的困境

2011年南苏丹独立后，作为苏丹政府国民经济支柱的石油收入骤减了75%。直到2016年，苏丹国内的经济困境仍未能显著改善，苏丹磅持续贬值，经济形势较为严峻。尽管在与南苏丹建立较为稳定的关系后，苏丹在2014年和2015年GDP增长率均达到3.5%左右，估计2016年为4%，但是这并不能说明苏丹已经摆脱对石油经济的依赖。更为严重的是，苏丹的通货膨胀率依然居高不下，2016年11月的通货膨胀接近20%，12月更是达到了30%，超过50%的居民仍生活在贫困线以下。面对严峻的经济困境，苏丹政府采取了一系列政策。11月3日，苏丹政府宣布削减燃料补贴项目，但立即导致燃油价格上涨了30%。此外，政府增加了电力供应的费用，并宣布为政府和国有企业的工作人员加薪20%。在2016年，苏丹中央银行也试图在官方汇率之外引入第二种汇率来缓解外汇短缺。[①] 在大幅度降低商业汇率后，苏丹磅与美元的比价从6.7:1跌到了15.8:1，黑市的美元价格甚至更高。

虽然经济形势较为严峻，但苏丹在矿业、农牧业领域仍拥有可观的资源。如丰富的牲畜确保了其粮食安全，当前苏丹人的生活资料中有40%依赖于牲畜。此外，2016年苏丹出口了超过600万头牲畜，为公共财政提供了15亿美元的支持。世界银行认为，南苏丹分离5年后，苏丹经济已经有所复苏，其中黄金和牲畜的出口做出了重要贡献。但是要发展多元化经济，苏丹仍需要通过改革寻找到合适的路径，只有实现经济结构的转型才能够实现包容性经济增长，并持续减少贫困。[②]

（二）非石油领域的经济发展

根据国际货币基金组织的估计，在石油出口之前，农业为苏丹提供了80%的出口收入，为苏丹劳动力人口提供了2/3的就业岗位。作为苏丹重要经济作物的棉花、阿拉伯胶，以及在阿拉伯国家中名列第一的畜牧业资源，在历史上

[①] "In Sudan, austerity and protest as economy crumbles," 2016-12-2, http://www.reuters.com/article/us-sudan-economy-protests-idUSKBN13R0IM, 登录时间：2017年1月10日。

[②] "Saudi-Sudanese Investment Partnerships in Agricultural and Livestock Sectors," 2016-4-20, http://english.aawsat.com/2016/04/article55349798/saudi-sudanese-investment-partnerships-agricultural-livestock-sectors, 登录时间：2017年1月10日。

为苏丹换取了大量外汇，但由于缺少资金投入和科技支持，苏丹农业可耕地利用率仍然较低，畜牧业发展速度也不快。但是在石油收入锐减的状况下，苏丹政府大力发展农牧业，并在2016年取得了阶段性进展。

2016年4月，受苏丹政府邀请，沙特商业考察团成功访问了苏丹。沙特方面认为，苏丹在肉类、农产品等领域具有比较优势，并宣布将于2017年10月在北科尔多凡州首府欧拜伊德举行投资论坛。北科尔多凡州州长哈拉姆（Haroun）认为这将有助于苏丹的发展，并承诺提供所需的设施，简化政府的行政程序。7月，苏丹国民议会批准了苏丹和沙特阿拉伯之间的协议，即在苏丹东北部开发一百万费丹①的农业用田。其中，第一个十年项目将投入100亿美元，致力于基础设施的建设，而在第二个十年中，该项目将借助阿特巴拉河大坝等水利设施，将土地充分复垦利用。

苏丹投资部长穆达斯拉（Mudathir Abd Al Ghani）指出，苏丹与沙特政府将密切经济合作，并希望沙特能够增加在苏丹农业领域的投资，以确保阿拉伯世界的粮食安全。当前，已有400家沙特公司、110亿美元的投资分布在苏丹的不同行业，②为沙特进一步参与苏丹农业开发奠定了必要的基础。2016年12月，苏丹总统巴希尔参加了沙特拉季赫（Al-Rajhi）公司农业与畜牧业第一阶段项目的剪彩仪式。该项目将在4800费丹的土地上培育小麦与饲料。与此同时，沙特商业中心也于2016年在喀土穆成立，旨在为沙特企业在农牧业等重点领域的投资提供便利。苏丹政府明确表示，苏丹正在努力消除影响投资的一切国内障碍，而沙特商业中心也表示将与沙特商务理事会、驻苏丹大使馆密切合作，向沙特企业介绍投资环境、推荐投资机会。③

2011年以来，黄金也是苏丹的主要收入来源之一，至2016年，苏丹已经是排名非洲前三、世界前十的黄金生产国，其已探明储量中有70%分布在尼罗河流域。在政府的推动下，当前已有132家公司投资于矿业领域，其中包括15家外国公司。④ 2016年第一季度，苏丹的黄金产量同比增加了3%，达到了22.3吨，价值超过9亿美元，预计2016年的总产量会超过100吨，苏丹政府

---

① 1费丹合6.3亩。
② "Sudan: Saudi Investments at USD 11 Billion," 2016-7-29, http://smc.sd/en/2016/07/sudan-saudi-investments-at-usd-11-billion/，登录时间：2017年2月15日。
③ "Saudi Arabia Affirms Endeavors to Double its Investments in Sudan," 2017-1-15, http://news.sudanvisiondaily.com/index.php/new-posts/local-news/3680-saudi-arabia-affirms-endeavors-to-double-its-investments-in-sudan，登录时间：2017年2月15日。
④ "Sudan to produce 100 tonnes of gold by end of 2016: minister," 2016-7-27, http://www.sudantribune.com/spip.php?article59746，登录时间：2017年2月16日。

还提出了到2018年成为非洲第一大黄金开采国的目标。2016年10月，苏丹政府与俄罗斯政府签订了开发苏丹矿业的双边协议。苏丹矿业部长卡罗里（Al-Karouri）指出，根据该协议的规定，俄罗斯方面将协助苏丹勘探矿藏，从而制定出更为详细的苏丹矿产地图，使苏丹的矿产资源数据库更为完善。

在世界银行看来，经济多元化是苏丹走出经济困境的唯一出路，并对苏丹经济发展提出了一揽子建议，其中包括统一官方和黑市的利率；进一步提高农业生产力，促进农业加工和轻工业部门的发展；重新定位矿产在经济发展中的作用，改善对矿产资源的管理；支持劳动密集型产业的发展，特别是通过提高教育水平提供优质劳动力资源等措施。① 当前，苏丹政府已同国际货币基金组织和世界银行等国际经济组织建立了联系机制，并确定了多元化的经济发展战略，试图在中国、海湾阿拉伯国家之外寻找新的经济合作伙伴，从而借助国际社会的援助来减少预算赤字、推动银行业改革、维持经济增长、控制通货膨胀。

三、苏丹的对外关系

在对外关系方面，苏丹与南苏丹的关系得到了一定改善，与阿拉伯世界、非洲地区重要国家的友好关系继续发展，苏丹的地缘政治环境持续好转，美国等西方国家也在逐渐改善与苏丹的关系，国际援助日渐增多。中国与苏丹双边关系发展平稳，双方在"一带一路"建设中的合作具有广阔前景。

（一）苏丹与南苏丹的关系

2011年南苏丹独立以来，尽管苏丹与南苏丹有长约2158公里的陆地边界，两国民众间也存在着传统的社会联系，但双方的政治关系却一直紧张。2016年以来，随着南苏丹国内冲突的爆发以及经济建设停滞，南苏丹不得不加强与苏丹的合作。至2016年9月，南苏丹已成为继叙利亚、阿富汗和索马里之后又一个难民数量超过100万的国家。② 为了缓解其国内危机，自2016年8月南苏

---

① "Diversification: The Key to Unleashing Sudan's Economic Potential?" 2016-9-25, http://www.worldbank.org/en/country/sudan/publication/diversification-the-key-to-unleashing-sudans-economic-potential, 登录时间：2017年2月20日。

② "UNHCR: Refugees fleeing South Sudan pass one million mark," 2016-9-16, http://www.unhcr.org/news/latest/2016/9/57dbe2d94/refugees-fleeing-south-sudan-pass-million-mark.html, 登录时间：2017年2月20日。

丹第一副总统塔班·邓（Taban Deng）访问喀土穆后，苏丹与南苏丹的关系逐渐正常化，南苏丹领导人表示，其大量的石油储备仍然希望通过苏丹出口。

苏丹与南苏丹关系的好转也有利于苏丹国内的稳定。2016年10月，南苏丹国防部长朱克（Juuk）表示，南苏丹与苏丹签署了一项共同应对苏丹反叛武装的协定。根据协定，南苏丹政府要求所有苏丹反叛武装离开其领土，或者交出武器前往难民营，与此同时，南苏丹也将从两国边界撤出大部分武装力量，并同苏丹进行联合边境巡逻。

（二）苏丹与阿拉伯世界的关系

2016年，苏丹与埃及围绕哈拉伊卜（Hala'ib）、比拉·塔韦勒（Bir Tawil）、阿尔巴山（Gebel Elba）等地的领土争议发生了持续的外交摩擦。2016年4月，苏丹呼吁埃及围绕以上争议地区进行双边谈判或允许进行国际仲裁。苏丹外交部长易卜拉欣·甘杜尔（Ibrahim Ghandour）明确提出，苏丹不会放弃哈拉伊卜等领土的主权。与此同时，埃及外交部则表示，以上争议地区是埃及领土，埃及对其享有主权。苏丹总统巴希尔指出："在《英埃共治协议》的规定下，哈拉伊卜曾是苏丹独立后第一次大选时的选区，这表明苏丹拥有对该地区的主权。"① 尽管当前苏埃关系总体稳定，但哈拉伊卜等地区的争端已影响到两国关系，苏丹方面指责埃及的情报机构支持苏丹国内反对派，埃及政府则要求苏丹政府驱逐在其境内的埃及极端主义者。

近年来，苏丹与海湾阿拉伯国家的关系发展迅速。2014年，苏丹关闭了伊朗在喀土穆的文化中心；2015年3月，苏丹参加了由沙特主导的对也门胡塞武装的打击。2016年以来，苏丹进一步深化了与海湾阿拉伯国家的关系。1月3日，沙特因伊朗民众冲击沙特驻伊使馆而与伊朗断交；4日，苏丹立即关闭了伊朗驻喀土穆的使馆。苏丹驻沙特大使表示，沙特国王萨勒曼将推动国际社会取消对苏丹的制裁，并将苏丹从所谓"支持恐怖主义国家"的名单中删除。② 2016年11月，巴希尔对阿联酋进行了为期7天的访问。巴希尔向苏丹媒体表示，在阿联酋与伊朗的领土争议中（即阿布穆萨、大通布、小通布三岛），苏丹支持阿联酋的立场，当前阿联酋在苏丹的投资已超过40亿美元，并继续

---

① "Sudan: The Impact of Halayb Dispute On the Sudanese-Egyptian Relations," 2017-2-13，http://allafrica.com/stories/201702130614.html，登录时间：2017年2月22日。

② "Is a bromance brewing between Sudan, the Saudis？" 2017-2-5，http://www.al-monitor.com/pulse/originals/2017/02/saudi-arabia-sudan-rapprochement-us-lift-sanctions.html，登录时间：2017年2月23日。

快速增长。

（三）苏丹与撒哈拉以南非洲国家的关系

在撒哈拉以南非洲国家中，乌干达和埃塞俄比亚作为苏丹的近邻，对苏丹国内稳定以及苏丹与南苏丹的关系具有不可忽视的作用。2016年，苏丹和乌干达的双边关系取得了重大进展。在2015年，乌干达方面仍指控苏丹支持该国叛军（"圣灵抵抗军"）并藏匿其领导人约瑟夫·科尼，苏丹政府则指责乌干达穆塞韦尼政府支持达尔富尔地区、青尼罗州和南科尔多凡州的反叛武装。在2016年，两国为应对其共同邻国南苏丹的国内危机展开了积极的合作，并使两国的关系走向稳定。当前，乌干达政府已开始协助苏丹政府与达尔富尔地区、青尼罗州和南科尔多凡州反叛武装举行非正式会谈，并支持非洲联盟高级别执行小组为实现苏丹国内和平所作的努力。

苏丹与埃塞俄比亚有传统友好关系，两国长期就地区与国际问题进行沟通和磋商，双方的贸易额也已从2011年的300万美元增加到2016年的3亿美元。此外，青尼罗河流经两国，近年来埃塞俄比亚在该河临近苏丹边境处修建的复兴大坝将会对两国的农业灌溉、电力供应提供便利，并对双边合作产生长远影响。埃塞俄比亚驻苏丹大使于2017年初表示，两国关系将在政治、经济和人文等各领域继续深入发展。①

（四）苏丹与西方国家的关系

在2016年，苏丹与美国的关系取得了重大突破。2016年8月，美国的苏丹问题特使罗纳德·布斯（Donald Booth）访问了南科尔多凡州，并表示他将努力说服反叛武装与喀土穆政府签署停止敌对行动协议，以实现苏丹的和平与稳定。此后，布斯在喀土穆与美国驻苏丹临时代办以及苏丹总统助理易卜拉欣·马哈茂德（Ibrahim Mahmoud）进行了会谈。会后，易卜拉欣·马哈茂德表示，苏丹和美国将致力于达成青尼罗州、南科尔多凡州和达尔富尔地区持久和平的解决框架。2017年1月，美国总统奥巴马宣布，鉴于近年来苏丹在改善地区安全方面的努力，美国将结束长达20年的对苏丹经济禁运，取消贸易和金融制裁，以促进与苏丹政府的关系；苏丹将能够在美国财政部的授权下，从美国获得进口货物及服务；美国还将解冻在美苏丹资产，并允许苏丹的油气企

---

① "Ethiopia - Sudan Inclusive Relation Growing: Ambassador," 2017-2-24, http://www.ena.gov.et/en/index.php/politics/item/2797-ethiopia-sudan-inclusive-relation-growing-ambassador, 登录时间：2017年3月2日。

业与美国开展贸易。特朗普上台后，苏丹被列入"禁穆令"国家清单中，美国和苏丹关系再次陷入僵局。

苏丹与欧盟的关系在2016年中也进一步缓和。2016年4月，欧洲联盟国际合作与发展专员尼温·米米卡（Neven Mimica）对苏丹进行了为期两天的访问，并会见了苏丹第一副总统巴克里·哈桑·萨利赫（Bakri Hassan Salih），他宣布从欧盟非洲信托基金中给予苏丹1亿欧元的特别援助。11月，德国政府特使访问苏丹，肯定了苏丹政府为实现该地区安全与稳定的积极努力，并赞扬苏丹对埃及与埃塞俄比亚就尼罗河水资源使用达成协议所发挥的重要作用。[1]

（五）苏丹与中国关系

苏丹是中国的战略合作伙伴，双方在政治、经济、人文等各领域有着坚实的合作基础。2016年5月，中国和苏丹签署了在苏丹建造首个和平利用核能项目的框架协议。9月，中国—苏丹农业合作开发区在苏丹拉哈德灌区正式揭牌，开发区将围绕苏丹具有优势的棉花、苜蓿以及畜牧业打造产业链，兼顾油料作物种植及加工、畜牧业育肥、屠宰等产业发展，该项目将为中国农业项目走向非洲积累经验。10月，苏丹外交部长甘杜尔访华，他表示苏丹非常重视学习中国政府治国理政和发展经济的经验，双方将在农业、核能以及再生能源领域切实推进合作。[2] 可以预期，随着苏丹发展的国际环境进一步改善，中国与苏丹共建"一带一路"的前景将更加广阔。

---

[1] "Sudan, Germany discuss ways to enhance bilateral relations," 2016-11-29, http://www.sudantribune.com/spip.php?article60966, 登录时间：2017年3月2日。

[2] 《专访：中国是苏丹的患难之交——访苏丹外长甘杜尔》，2016-10-30, http://news.xinhuanet.com/world/2016-10/30/c_1119815004.htm，登录时间：2017年2月26日。

第三部分

特稿：大使看中东

> > > 第三部分　特稿：大使看中东

对塞西执政以来埃及内政与外交的评估与前瞻

杨福昌[①]

摘要： 塞西任埃及总统以来，把维护稳定和发展经济列为首要任务，而把民主建设视为"漫长、持续的过程"。埃及多数民众人心思定，支持塞西政府维护稳定和发展经济，因此埃及再次发生大规模动荡或政局反复的可能性不大。尽管埃及经济有发展，但也有其脆弱的一面，突出表现为缺资金、少技术、债务多、对外资依赖重，主要问题是工业化程度低、自我造血能力差。在外交方面，塞西政府致力于理顺对外关系，埃及与海湾国家、西方国家的关系都有所调整和改善，但其地区影响力仍很难在短期内恢复到过去的水平。总之，埃及自塞西执政以来取得了一些成绩，但还面临不少困难，主要是经济发展缓慢，人民要求提高生活水平的愿望未能实现。因此，求稳定、谋发展是埃及政府在相当长时期内的核心任务。

关键词： 埃及；政治与安全；发展和稳定；对外关系

一、动荡遗留下来的问题亟待解决

2016年是埃及动荡以来的第六个年头，在这六年中，前两年半整个国家处于动乱中，街头游行示威不断，各党派之间明争暗斗，一条主线是世俗派同以穆斯林兄弟会（以下简称穆兄会）为代表的宗教力量的较量，最终结果是世俗派获胜。在此过程中，穆巴拉克和穆尔西两位民选总统被推翻。穆兄会昙花一现，八十多年的老党首次执政，仅一年就被推下台，创造了埃及近代历史中

---

① 杨福昌，中国国际问题研究基金会高级研究员，中华人民共和国外交部原副部长。

两个记录,一是出现了一个代表宗教势力的非军人总统,二是穆尔西成了执政时间最短的总统。从2013年7月起,塞西接掌政权,并于次年当选总统。

塞西是军人,对军人执政大多数埃及人是接受的。自1952年革命以来,从纳赛尔到穆巴拉克,埃及历任领导人都是军人,在2013年社会极度混乱的情况下,更需要一位强势人物掌控局势。塞西执政后面临的是千疮百孔的局面,内外问题繁多。

首先,社会被撕裂。两次政权变更都引起支持者和反对者激烈争斗,导致死伤,裂痕难以抚平。

第二,埃及是一个伊斯兰国家,在2012年1月举行的议会大选中,穆兄会的自由与正义党和萨拉菲派的光明党成为议会第一和第二大党,可见原教旨主义思想在埃及影响程度之深。

第三,穆兄会虽被打败,但其成员和组织还在,理念在传承,斗争在继续。塞西执政后将其定性为恐怖组织,成为敌我性质,它的成员、支持者和同情者成了现政权的反对者。

第四,由于安全问题和不时发生的恐怖袭击,埃及旅游业受影响较大,迄今无复苏迹象,外商对埃及的投资也深受影响。

第五,生产遭破坏,不少工厂倒闭,经济下滑,人们提出改善生活水平的诉求未能实现。

第六,在对外关系方面,主要是如何处理好同美欧等国家的关系,这些国家认为塞西上台是军事政变,不符合他们的民主观念,同埃及的关系若即若离,埃及毕竟是地区大国,西方并不愿完全放弃同埃及关系。

以上是两次政权变更后遗留的主要问题,也是新政权要面对的问题。

二、大力抓稳定与安全,但形势依然严峻

塞西就任总统后,为实现社会稳定和安全采取了许多措施。

(一)允许穆巴拉克时代政要和精英参政,弥合社会分裂

2011年1月,穆巴拉克政权被推翻后,穆兄会掌控的议会于2012年4月出台了《政治隔离法》,禁止穆巴拉克时代的高官和民族民主党高层10年内参与政治活动。塞西执政后,当局和这些人士的关系有所缓和。2014年7月,开罗

一法院做出撤销禁止民族民主党成员参加议会选举的判决。① 民族民主党约有300万党员，其中不乏有识之士和社会精英，在2014年举行的议会选举中，该党许多成员和穆巴拉克时代的政要当选议员。这是一个不小的群体，他们融入社会，减少了当局的反对力量。

穆兄会被定性为恐怖组织，与当局是对立的关系，目前双方都无退让表示，一时很难解决。穆兄会也是一个大群体，且组织能力强，行动有力量。2011年埃及动荡使这个有八十多年的老党从蛰伏中苏醒，走上前台，再使其噤声恐非易事。有埃及学者呼吁国内团结，共同应对国内外挑战，提出"现在就要实现社会和解而不是明天。"② 这一主张代表了部分埃及人的想法，但同政府立场有距离，要得到实现尚需时日。2016年8月，塞西在谈到穆兄会问题时指出，穆兄会散布谣言、谎话，有的拿起武器对抗埃及人。③ 这表明塞西对穆兄会的态度尚未松动。

（二）重视解决青年问题，变阻力为动力

青年在埃及动荡中冲锋陷阵，在推翻两个政权的过程中，他们功不可没，但最后果实被他人攫取，这些热血青年未得到回报，他们追求的目标也未完全实现，使得部分人由不满转向反对当局的立场。引人关注的是一个名为"四月六日运动"的青年组织，它成立于2008年，在推翻穆巴拉克及穆尔西两个政权的过程中都是一支积极力量。在2013年6月30日军方废黜穆尔西政权后，因对当局政策不满，"四月六日运动"成为反对力量。他们不时举行游行示威。2014年4月28日，开罗紧急事务法院判处禁止该组织从事一切政治活动，它的三位领导人于2016年10月被判十年监禁，罪名是未经许可举行游行示威，私设网站和电台散播谣言、制造恐慌，私藏爆炸物。④ "四月六日运动"反对将穆兄会打成恐怖组织，它曾发表声明称，穆兄会和其支持者都是人民的一部分，不能消灭它，也不能用大棒。⑤ 该组织在青年和学生中有很大影响，而埃及当局也已经注意到做青年工作的重要性。

埃及人口结构按年龄分布的情况是：总人口9300万（2015年），其中12岁以下1300万；12—18岁700万；18—35岁2800万；35—50岁2500万；50岁

---

① 埃及《金字塔报》网站，2014年7月15日。
② 埃及《金字塔报》网站，2016年3月7日。
③ 埃及《金字塔报》网站，2016年8月24日。
④ 埃及《金字塔报》网站，2016年10月9日。
⑤ 埃及《金字塔报》网站，2016年10月5日。

以上2000万，而埃及青年占总人口的比例为37.6%。[①]

青年占埃及人口比重较大，做不好这一群体的工作会影响到社会稳定及国家的未来。基于这一看法，埃及于2016年10月25日召开了第一次全国青年大会，由塞西总统主持，3000多人出席。在这次会议上，塞西强调了教育的重要性，而与会者要求修改"游行示威法"并释放根据该法被关押的青年。"游行示威法"于2013年11月24日颁布，规定10人以上在公共场所的游行和集会活动必须在三天前向安全部门报批，否则视为违法。塞西在会上承诺对与会青年提出的两项要求予以研究，并表示每年召开一次青年大会，每月一次小会。据埃及媒体报道，塞西于2016年11月17日颁布总统令，释放了第一批被关押的青年82人，多为大学生。[②] 2016年12月7日，埃及内阁同意修改"游行示威法"，由过去的游行申请由内政部审批改为24小时前向司法部门备案。[③] 根据青年大会决议，2016年12月10日，塞西主持召开了第一次青年月会。据报道，2016年10月大会后培训的500名青年已毕业，即将分配到国家机关工作。[④]

（三）反恐任务重，标本兼治非一朝一夕之功

自塞西执政后，埃及国内的恐怖袭击活动不断，爆炸、暗杀事件经常发生，俄罗斯飞机在西奈上空被炸毁，总检察长在家门口被暗杀，2016年12月11日在开罗闹市区的一科普特教堂被炸，极端组织"伊斯兰国"宣称对爆炸事件负责，这一切都说明埃及的安全形势依然十分严峻。

西奈半岛北部是极端组织"耶路撒冷支持者"的活动地盘，该组织于2014年宣布效忠"伊斯兰国"。虽然埃及军警对该组织不断进行打击，但成效不大，自己反而付出了数百人伤亡的代价。埃及西部与利比亚接壤地区是利比亚极端组织活动猖獗的地区。2016年11月5日，"伊斯兰国"在利比亚港口城市苏尔特的最后一个据点被攻克，遭重大打击，人员流散各地，暂时行动减少，但这并不意味着其行动的终结。

穆兄会被定为恐怖组织后，活动并未停止，只是改变了斗争方式，转向采取政治和军事并用的软硬兼施策略。在政治上，穆兄会通过社交网站攻击政府，号召举行游行示威，以表明政治存在，它曾利用国家经济困难号召人们于2016年11月11日上街游行示威，但被政府阻止而未遂。穆兄会的暴力活动也

---

① 埃及《金字塔报》网站，2016年10月26日。
② 埃及《金字塔报》网站，2016年11月18日。
③ 埃及《金字塔报》网站，2016年12月8日。
④ 埃及《金字塔报》网站，2016年12月11日。

未停止，国内各地的恐袭活动多为其极端分子所为。执行科普特教堂自杀式袭击的迈哈穆德便是穆兄会成员，曾在西奈受训两年。[1] 据媒体报道，穆兄会负责武装行动的第一负责人卡玛勒是一名皮肤科医生，2016年10月在开罗家中被警察击毙。[2]

埃及是一个伊斯兰国家，各种伊斯兰思潮都可以轻易在国内传播，包括原教旨主义和极端主义思想。埃及同伊斯兰国家的人员交流方便，极端分子极易进入国内，故反恐问题非一国之力能够解决。塞西认为，恐怖主义的根源是"贫穷和愚昧"，反恐要标本兼治，既要重拳出击，又要消除贫困，匡正宗教语境，宣传伊斯兰教的和平、宽容、中道思想，摒弃与之相悖的错误和极端思想，他还提出了"宗教革命"的主张。2015年3月，塞西在电台的一次讲话中明确提及阿富汗、伊拉克、叙利亚、也门、索马里等几个动乱国家，谴责有些人口念清真言却进行杀戮，毁坏国家，这根本不是真正的伊斯兰教。[3]

针对"伊斯兰国"以反对异教徒的名义滥杀无辜，塞西指出："伊斯兰教没有赋予穆斯林把他们的信仰强加给全世界的权力，也没有说只有穆斯林才能进天堂，其他的人要下地狱，我们不是神，任何人都无权代表真主行事。"[4] 塞西提出匡正宗教语境的主张已经两年多，但效果不大。从外部讲，中东国家的政府和伊斯兰教界在宣传匡正伊斯兰教的核心价值观，但"伊斯兰国"等极端组织也在以各种方式宣传其极端思想；从埃及内部讲，存在的阻力也不小，持保守观点的大有人在，包括宗教高等学府爱资哈尔大学，有埃及学者指出，穆兄会在该校的影响仍很大。[5]

三、提振经济有收效，但依然困难重重

埃及经济这几年有起色，主要是搞了几个大项目，以投资拉动经济，如第二条苏伊士运河的开通、新首都建设的进行、启动开垦150万费丹土地的项目、建立苏伊士运河经济区，以及交通设施的建设等，每一项都有大量资金投入。埃及缺资金、少技术的状况并未解决，上述项目的建设，除运河项目用12%高利率向埃及人民举债集资建设外，其他项目多靠外资。虽经济总体向

---

[1] 埃及《金字塔报》网站，2016年12月13日。
[2] 埃及《金字塔报》网站，2016年10月5日。
[3] 埃及《金字塔报》网站，2015年3月26日。
[4] 埃及《金字塔报》网站，2015年3月22日。
[5] 埃及《金字塔报》网站，2016年7月4日。

好,问题也不少,特别是下半年出现了多种危机,诸如金融动荡以及砂糖、大米、家禽等生活用品短缺,都引起了民众的恐慌。

在这种喜忧参半的形势下,埃及政府制定了2016—2017财年的预算。在总体计划方面,据埃及计划部长阿拉比在记者招待会上宣布,2016—2017年度经济增长预计为5.2%(上两个财年分别为4.4%和4.2%),国内生产总值达到3.2万亿埃镑,债务达到2.9万亿埃镑。制定预算的基础为石油每桶40美元,美元对埃镑的汇率为1∶9。① 本财年预计财政收入6270亿埃镑,主要是税收,达4333亿埃镑;支出9360亿埃镑,包括工资2280亿埃镑,补贴2100亿埃镑,债务利息2920亿埃镑;财政赤字达3000亿埃镑,计划通过举债填补。同2015—2016财年预算一样,仅工资、补贴、付债务利息三项开支就超过了预算总支出的四分之三,余下的不足四分之一用于教育、卫生和发展等方面。

庞大的公务员队伍和不断增加的公务员工资支出严重制约了埃及经济的发展。根据2016—2017财年的预算,工资支出又创新高,较上一财年预算增长100亿埃镑。工资连年增长是近几年政局动荡的产物。在2016年8月的一次讲话中,塞西指出,动荡前的2009—2010财年工资支出只有850亿埃镑;2011年推翻穆巴拉克政权后,在人民的压力下,政府部门新增任命达90万人,这是当时政府不能承担的。② 现在埃及有公务员约700万人,约为全国人口的1/13,有埃及朋友说,埃及的公务员比中国还多。据我国人社部公布的材料,截止到2015年年底,中国公务员数为716万。尽管世界各国的公务员体制不同,不好作笼统比较,但埃及公务员过多,工资支出使财政负担沉重,迫切需要改革,已成埃及官方和民间的共识。有埃学者建议政府以后每年只吸纳1万名新公务员,每年退休人数有25万—30万人,这样可以通过自然减员缩小公务员队伍。

债务问题是影响埃及经济发展的最大负担。据埃及央行公告,截至2016年6月底,内债达到2.612万亿埃镑,外债为558亿美元,占GDP的17.6%。③ 债务问题是埃及经济的沉重负担,如前述,2016—2017财年偿付利息达2920亿埃镑,占预算总支出的32%。塞西曾指示,无能力偿还者不可使用外债,但实际上执行起来很难,如用贷款搞一些非收益性项目或收益低的长线项目,或用来偿还债务或利息,或弥补赤字,这些都是财政支出之必须,并不能创收,

---

① 埃及《金字塔报》网站,2016年3月31日。
② 埃及《金字塔报》网站,2016年8月14日。
③ 中华人民共和国驻阿拉伯埃及共和国大使馆经济商务参赞处:《截至2016年6月底埃内债达2.612万亿埃镑》,http://eg.mofcom.gov.cn/article/jmxw/201611/20161101557133.shtml,登录时间:2016年11月10日。

但不举债又无法实施，因此在实际中还要靠借新债还旧债。

外汇危机和埃镑浮动也引起了埃及经济的阵痛。2016年下半年，埃及爆发了一场美元危机，商家急需美元，却从银行兑换不到，央行挂牌美元对埃镑汇率为1∶8.8，有行无市，只能从黑市以1∶13的价格购买。政府为平抑市场，关闭了数十家兑换公司，抓捕了一些人，但美元奇缺的状况却更加严重。外汇短缺的原因，一是出口逆差增大，二是旅游业急剧下滑，三是侨汇下降。受上述因素影响，埃及的外汇储备已由动荡前的360亿美元降到2016年7月的155亿美元。① 在此背景下，埃及政府于2016年8月同国际货币基金组织签署了三年贷款120亿美元的初步协议，以缓解外汇短缺。国际货币基金组织首席谈判代表贾维斯在一份声明中表示，希望今后三年看到埃及政府采取引进增值税、削减能源补贴以及实行浮动汇率等举措，以增加政府收入、减少财政赤字、削减政府债务。② 同20世纪90年代初国际货币基金组织在非洲采取的行动一样，埃及从国际货币基金组织获取贷款是有条件的。一位埃及学者发表文章称，国际货币基金组织的贷款像一剂苦药，但为了复苏经济，埃及不得不服用。③

根据埃及与国际货币基金组织达成的协议，埃及于2016年11月3日宣布埃镑浮动，指导兑换价定为1美元兑13埃镑，央行同时宣布提高利率300点，其中一个三年期债券利率为16%，18个月期债券利率为20%。在高利率驱使下，人们将家中的美元兑换成埃镑存入银行。有埃及专家估计，六年来人们家中的美元储量约为250亿—400亿。埃镑浮动一个月后，银行吸纳了45亿美元，其中18亿来自国外侨汇。④ 在埃镑浮动一个月后，埃及外汇市场已度过紧张阶段，外汇储备增加，埃及央行信心满满地表示，到2016年终外汇储备将达到250亿美元。另一方面，埃镑币值仍在下滑，至2016年年底，美元与埃镑的汇率已达到1∶17—18。埃及政府以高利率吸纳埃镑存款带来了两个问题：第一，高利率增加了政府财政负担，按20%利率计，五年就要为吸纳的45亿美元付出45亿美元利息，每年近十亿美元不是一个小数目，如果延续下去，会把这种负担留给下任政府，甚至是后代；第二，货币持有人为了追求高利率，就会减少对兴办实体经济的投入，因为开办一个工厂一年下来也不一定

---

① 埃及《金字塔报》网站，2016年8月8日。
② 《IMF与埃及签署120亿美元贷款初步协议》，http://world.huanqiu.com/hot/2016-08/9297401.html，登录时间：2016年11月10日。
③ 埃及《金字塔报》网站，2016年12月9日。
④ 埃及《金字塔报》网站，2016年12月4日。

有20%的利润回报。

四、理顺对外关系初见成效，但挑战依然不小

在对外关系方面，埃及面临动荡带来的新形势、新问题，都需埃及用心处理。

埃及长期以来一直是阿拉伯世界的政治中心，一直到2011年中东发生动荡前，埃及、叙利亚、沙特一直是阿拉伯世界的核心。但中东变局打破了阿拉伯世界的原有格局，埃及的地区影响力已大不如前。穆巴拉克政权垮台后，连年的动荡使埃及社会不安定，经济下滑，实力不济，但在地区事务中发挥主要作用的愿望始终未泯。塞西执政后，埃及政局趋稳，媒体上不时出现有关埃及在地区发挥领导作用的提法，这无疑使在中东变局中呼风唤雨的沙特心存疑虑。据媒体报道，沙特王储继承人曾对德国媒体说，沙特有两个小伙伴，分别是巴基斯坦和埃及。[①] 如报道属实，这对埃及来说无疑是一种刺激。毋庸置疑，沙特和埃及等地区大国都有在地区事务中发挥主导作用的雄心。但是，中东地区格局是自然形成的，当前的阿拉伯世界确实需要强有力的国家和政治领袖把大家团结起来，但谁起主导作用需要得到大多数地区国家的拥戴，而不是自封的。

当前，搞好同海湾国家的关系对埃及至关重要。阿拉伯世界大体可分为三个板块，东有海湾合作委员会（以下简称"海合会"），西有马格里布联盟，埃及居于二者中间。把埃及作为一个板块，主要由于它的政治分量、人口优势、经济潜力和传统影响。马格里布联盟因突尼斯和利比亚的政局变化，已严重衰落。自穆巴拉克政权在中东变局中倒台以来，埃及深陷动荡之中，地区影响力严重下降。相反，沙特等海合会国家却十分活跃，到处指手画脚，并垄断和主导阿盟的决策权，左右地区形势的发展，尤其是在叙利亚问题上他们立场一致，极力要求巴沙尔政权下台，并积极支持叙利亚反对派。当然海合会国家内部也存在分歧，例如，在对待埃及穆兄会的态度上，卡塔尔支持穆兄会，而沙特和阿联酋、科威特则强烈反对穆兄会。

埃及搞好同海合会的关系事关阿拉伯世界团结和埃及本身的安全、稳定和发展。沙特是海合会的老大，搞好同沙特的关系对于埃及非常重要。塞西执政以来，埃及与沙特的关系得到很大改善，海合会国家成为埃及经济援助的主要

---

① 埃及《金字塔报》网站，2016年10月8日。

提供者，双方还一起在地区范围内共同打击穆兄会。但双方关系在2016年底又出现了问题。2016年4月，沙特国王萨勒曼访问埃及时，双方达成修建埃沙跨海大桥、埃及把红海中的两个岛屿归还沙特等协议。双方还签署了供应燃油的协议，总价值达230亿美元，沙特以贷款的方式每月供应埃及70万吨原油，还款期为15年，3年宽限期，利息为2%。埃及市场每月大概消费650万吨石油，需从外国进口175万吨，其中从沙特的进口占40%。① 但是，埃及政府于2016年10月12日收到沙特阿美石油公司的口头通知，下月将停止向埃及提供燃油，但未说明任何理由。双方的协议签署不到半年即遭撕毁可能由于以下三个方面的原因：第一，埃及向沙特归还两岛的事情并不顺利。除民间强烈反对外，埃及行政法院也于2016年11月8日再次判定两国签署的岛屿归还协议无效。第二，沙特不满埃及的外交政策，以断油对其施压，导火索可能是埃及在安理会讨论叙利亚问题时支持了俄罗斯的提案，以及埃及外长在联大开会期间会见伊朗外长。第三，沙特不满埃及在叙利亚问题上的立场。埃及的立场包括：停战，维护国家的统一和领土完整，反对武装恐怖主义组织，拯救叙人民免遭人道主义灾难，组建包括政府和反对派在内的团结政府，处理过渡时期事务，直到选出议会和新的领导。② 这显然与沙特要求巴沙尔必须下台的主张大相径庭。因此，未来埃沙关系如何转圜仍有待观察。

如何搞好同美欧等西方国家关系，也是埃及外交的重要课题。西方国家认为，塞西废黜穆兄会的穆尔西政权是一次推翻民选政府的"军事政变"，不符合他们的民主观念。美国对此虽然没有做出激烈反应，但曾经一度中止对埃及的军事援助。鉴于埃及的地区影响，美国虽恢复了一度中断的军援，但"政变"一说始终是卡在美埃关系中的一个疙瘩。

为同美欧等西方国家改善关系，埃及做了不少工作。在2016年出席联大会议期间，塞西分别会见了美国两党总统候选人，向他们介绍埃及的情况。特朗普当选后，塞西是首先发电报表示祝贺的外国领导人之一。2016年4月18日，塞西在开罗会见法国总统奥朗德时说，西方不要以自己的角度看待埃及，双方的经历和文化都不同。③ 同年5月3日，塞西会见了美国众议院议员代表团，表达了同样思想，他强调西方不要以自己的眼光看待埃及的民主自由问题，因为这个地区面临不少挑战和问题。民主是一个漫长、持续的过程，埃及

---

① 《兄弟阋墙：埃及和沙特为何闹僵？》, https://zhuanlan.zhihu.com/p/23007102, 登录时间2016年10月30日。
② 埃及《金字塔报》网站，2016年12月4日。
③ 埃及《金字塔报》网站，2016年4月19日。

决心在民主道路上走下去。① 2016年12月1日，埃及外长舒凯里访问美国时会见了当选副总统彭斯，转达了塞西致特朗普和彭斯本人的口信，塞西表示，埃美关系深厚而特殊，埃及期望与美国新政府加强合作关系。他同时强调，美国在实现地区稳定、有效解决中东危机和打击恐怖主义的行动中，可以把埃及作为可依靠的伙伴。彭斯表示，当选总统特朗普也期待同埃及共事并支持埃及，对塞西为维护埃及人民利益，以及埃及为中东为和平、稳定与发展做出的努力表示赞赏。②

尽管埃美存在矛盾与分歧，但由于双方互有需要，双方的关系会逐渐改善。从埃及方面说，搞好同美国的关系有利于埃及同欧洲国家的关系转好，这是埃及新政权所需要的。从美国方面说，它也需要同阿拉伯国家保持和改善关系。美国虽因亚太再平衡战略减少了在中东地区的投入，但不会退出这一地区，反恐、石油、伊核、巴以、叙利亚、大国博弈等问题都不允许它撤出中东；而在中东动乱的这几年，美国同地区大国关系出现了问题，在"政变"问题上令埃及不满，在"支持恐怖主义"问题上又开罪沙特，在巴勒斯坦问题上与以色列也有分歧。在偌大的中东地区，除加强与以色列的盟友关系外，美国也必须处理好同埃及、沙特等地区大国的关系。美国要改善同埃及的关系需要一种相互尊重的精神，不能不问青红皂白到处推行美国式的所谓民主观，并干涉他国内政。

五、结语

塞西执政三年多来，基本实现了社会稳定，从而为实现经济发展提供了保障。首先，稳定社会是民心所向。埃及自2011年以来更换了两届领导人，社会动乱，百姓受苦，埃及民众也看到叙利亚、利比亚、也门的战乱之苦，都想过安定日子，这是社会稳定的基础。其次，塞西执政后通过修改宪法坚持世俗制，符合多数人的愿望。第三，通过立法和强力部门反恐维稳，社会基本保持了稳定。第四，经济有起色，塞西政权搞了几个大项目，看得见，摸得着。在这种情况下，尽管社会问题并未全部理顺，埃及再发生动乱的可能性不大。

埃及社会面临的主要问题还是发展经济，提高人民生活水平的问题。要求改善民生是动荡起因之一，六年多过去了，埃及经济发展变化不大，贫富差

---

① 埃及《金字塔报》网站，2016年5月4日。
② 埃及《金字塔报》网站，2016年12月2日。

距依旧。根据埃及统计局2016年2月15日的发布的讯息，埃及的失业率2015年为12.7%，人数为362万；① 根据埃及扫盲局2016年4月30日发布的信息，埃及的文盲率为21.7%，人数1760万。② 这也恰恰是塞西强调的"贫穷和愚昧"。对于贫困阶层这一弱势群体，政府十分关心，也采取了一些措施。在2016年下半年经济出现紧张时，塞西指示军队准备800万份食品盒，内有糖、油、茶、大米、蚕豆、面条等，市值50埃镑，以半价25埃镑卖给贫困户，减轻其负担。③

2016年下半年，埃及经济一度出现严重问题，主要表现为资金不足，外汇短缺，生产下降，人心惶惶。面对经济危机，学者们纷纷献策，要求政府开源节流，对富人要增税，同时减少开支，缓建新行政首都等耗资多的大项目，不进口奢侈品，能用本国产品替代的商品不再进口。2016年8月埃及同国际货币基金组织达成120亿美元贷款的初步协议后，根据双方约定的条件，埃镑实行浮动并大幅贬值，补贴减少，导致物价上涨，虽暂时缓和了美元危机，但导致人民负担加重。埃及经济存在的问题是缺资金，少技术，制造业不发达，缺乏自身造血功能，依靠外援过多。

总之，埃及自塞西执政以来取得了一些成绩，但还面临不少困难，主要是经济发展缓慢，人民要求提高生活水平的愿望未能实现。塞西在对媒体谈话时表示，"我们的经济增长达到7.5%，人们才会感到改善"。④ 塞西同时强调，政府把发展生产以满足人民需要列为当前社会的首要问题，把民主建设看做是一个"漫长、持续的过程"，这就是政府工作的排序。当前，埃及人民总体上对塞西政府持支持态度，但如果经济持续低迷，生活长期无改善，或将引发不满，或被穆兄会等反对力量利用，进而再次酿成动荡。因此，求稳定，谋发展是埃及政府在相当长的时期内的核心任务。

---

① 埃及《金字塔报》网站，2016年2月16日。
② 埃及《金字塔报》网站，2016年5月1日。
③ 埃及《金字塔报》网站，2016年11月2日。
④ 埃及《金字塔报》网站，2016年10月15日。

中国：中东地区治理的积极参与者

李成文[①]

摘要： 中东治理是全球治理的重要组成部分，热点冲突、恐怖主义及难民问题等涉及中东议题的数量在联合国等多边治理机制中往往独占鳌头。加强中东治理有着很强的内生动力，是中东地区国家和人民共同的心声。历史一再证明，没有和平就没有发展，没有稳定就没有繁荣。基于这样的理念，中国作为安理会常任理事国和负责任大国，始终积极参与中东治理，始终把促进中东地区和平、稳定与发展作为对地区政策的出发点和落脚点，形成了具有中国特色的治理理念和实践。

关键词： 中东；地区治理；和平、稳定与发展

"治理"这个主题同当代世界形势发展的特点和需求十分契合。当前，国际格局和国际秩序深刻演变，全球经济在深度调整中曲折复苏。面对困难和挑战，没有哪个国家能包打天下，也没有哪个国家可以独善其身。各国携手加强全球治理，共商大计、共迎挑战、共同发展是大势所趋。

中东局势具有全球影响，中东不稳定，世界不太平。中东治理是全球治理的重要组成部分，热点冲突、恐怖主义及难民问题等涉及中东的议题的数量在联合国等多边治理机制中往往独占鳌头。但是，笔者在同阿拉伯各国朋友的接触中深切感受到，阿拉伯国家各界热切期望和平稳定，热烈渴望发展繁荣，愿意就治理问题开展交流合作。虽然面临着这样那样的问题和挑战，加强中东治理有着很强的内生动力，是中东地区国家和人民共同的心声。

历史一再证明，没有和平就没有发展，没有稳定就没有繁荣。基于这样的

[①] 李成文，中华人民共和国外交部中阿合作论坛事务大使。本文是李成文大使在2016年9月上海外国语大学国际论坛上的致辞。

理念，中国作为安理会常任理事国和负责任大国，始终积极参与中东治理，始终把促进中东地区和平、稳定与发展作为对地区政策的出发点和落脚点，形成了具有中国特色的治理理念和实践。

2016年1月，中国国家主席习近平在阿盟总部的演讲中，谈到中东向何处去的问题。习近平强调，化解分歧，关键要加强对话；破解难题，关键要加快发展；道路选择，关键要符合国情。

我们倡导"和平的中东"。中东政治治理的关键是支持地区国家有关各方加强包容性对话，政治解决热点问题，维护地区和平与稳定。半个多世纪以来，中方始终坚定支持巴勒斯坦人民争取恢复民族合法权利的正义事业，中国中东问题特使多年来频繁在地区国家间穿梭斡旋。在叙利亚问题上，我们积极打出"中国方案"，是推动政治解决、促进和平的坚定力量。在伊朗核问题上，中方以建设性姿态参与伊核谈判，为全面协议达成作出了积极贡献。此外，中方的不懈努力为管控中东热点问题、促进地区安全稳定作出了实实在在的贡献。

当前，中东多个热点问题政治解决势头增强，但地区深层次矛盾仍复杂难解，中方愿与国际社会共同努力，加快寻找符合地区实际、兼顾各方利益的政治解决方案，防止热点问题激化失控。

我们倡导"发展的中东"。中东经济治理的关键是帮助地区国家经济发展，实现互利共赢。中国在与地区国家合作时坚持互利共赢，共享发展机遇，不藏私心，不损人利己，不附加政治条件。近年来，双方务实合作成果丰硕，目前中国已成为10个阿拉伯国家的最大贸易伙伴，中阿贸易额超过2000亿美元，中国从海外进口的原油超过一半来自中东。中阿集体合作硕果累累，中阿合作论坛机制日臻完善，论坛项下各领域交流合作蓬勃发展，对中阿战略合作关系发展发挥了重要引领和带头作用。

中方提出共建"一带一路"倡议以来，得到了中东、阿拉伯国家的热烈响应，已有7个地区国家与中方签署"一带一路"谅解备忘录，双方一些合作项目已取得早期收获。当前国际经济复苏乏力，特别是包括石油在内的国际大宗商品价格下挫，地区国家承受着很大的发展压力，这会对双方务实合作产生一些负面影响，但也更加显现出双方在"一带一路"框架下，对接各自发展战略，推动务实合作提质升级的紧迫性和必要性。中方愿通过"一带一路"建设，帮助地区国家获得更好的基础设施、更先进的产业技术，建立起更完善的产业体系。

我们倡导"安全的中东"。中东安全治理的关键是提供公共产品，在反恐、维和、难民等问题上给予帮助。当前，发端于中东的极端恐怖主义不但严重威胁地区和周边国家的安全，而且也对世界的安全稳定造成了很大的冲击。携手加强反恐，是国际社会当前的重要共识。我们主张反恐不能搞双重标准，也不能把恐怖主义和特定的民族、宗教挂钩。中方近两年来提供了价值6.8亿元的紧急人道主义物资援助，帮助地区应对难民危机，缓解燃眉之急；累计向中东地区派出维和官兵1.5万人次，多名中国军人为地区和平事业献出了宝贵生命，不久前在南苏丹牺牲的联合国维和人员中就有中国人民的优秀儿子；中国在未来计划提供3亿美元援助用于执法合作、警察培训等项目，帮助地区国家加强维护稳定能力建设。

中东恢复和平稳定之路不会一帆风顺，需要各方显示诚意和耐心，需要国际社会形成合力。中国将继续以地区人民的长远和根本利益为先导，以中国的方式帮助中东人民自主解决问题、建设家园、共创未来，为实现中东的长治久安和繁荣发展做出不懈努力。

第四部分
中东极端主义与恐怖主义

"伊斯兰国"的极端主义意识形态[①]

刘中民　俞海杰[②]

摘要：中东变局以来，"伊斯兰国"借叙利亚和伊拉克动荡局势迅速崛起，并已超越"基地"组织，成为世界范围内最为激进和极端的恐怖主义势力。"伊斯兰国"的意识形态继承和发展了历史上不同时期的极端主义思想，并深受圣战萨拉菲主义的影响。"伊斯兰国"与"基地"组织的意识形态有许多相似之处，但也呈现出更为极端和暴力的倾向。"伊斯兰国"意识形态的内容主要包括：坚决主张将建立所谓哈里发国家的目标付诸实践；特别强调什叶派和逊尼派对立，煽动教派仇恨和教派冲突；强调更为极端的"异教徒定叛"原则；强调滥用暴力的"进攻性圣战"并付诸实施。"伊斯兰国"的极端主义意识形态是对伊斯兰教教义的扭曲和滥用，它不仅对中东地区乃至整个世界和平与安全构成严重威胁，也对伊斯兰教的国际形象产生了十分消极的影响。

关键词：极端主义；"伊斯兰国"；意识形态

伊斯兰极端主义是伊斯兰主义中的激进和极端派别。伊斯兰主义作为一种宗教政治思潮和运动，其基本宗旨是反对西方化、反对世俗化，主张返回伊斯兰教的原初教旨、变革现存的世界秩序、推翻现存的世俗政权，建立由宗教领袖或教法学者统治的、以伊斯兰教法为基础的伊斯兰国家和秩序。[③] 当代伊斯兰主义历来就有温和派与极端派之分，两者的共同目标都是重建伊斯兰教法统治下的伊斯兰国家、伊斯兰社会与伊斯兰秩序，但温和派主张采取合法斗争的和平方式，极端派则主张采取合法斗争与暴力斗争相结合的方式，甚至滑向恐

[①] 本文为2016年国家社会科学基金重大项目"全球伊斯兰极端主义研究"（16ZDA096）的阶段性成果。

[②] 刘中民，上海外国语大学中东研究所教授；俞海杰，上海外国语大学中东研究所博士研究生。

[③] 金宜久：《论当代伊斯兰主义》，载《西亚非洲》1995年第4期，第32页。

怖主义。因此，从政治思潮的角度看，伊斯兰极端主义是当代伊斯兰主义中持激进或极端主张的思想观点、政治与社会主张的总称，背离宗教的和平本质，以宗教名义进行暴力恐怖活动，构成了宗教极端主义的本质特征。① 宗教极端主义与恐怖主义的联系也在于此，即通过扭曲宗教教义为恐怖主义提供意识形态支持和社会动员手段。

当前，"伊斯兰国"作为恐怖主义和极端主义的新形态，已经成为影响中东地区乃至整个世界安全的最大威胁。具有实体化、准国家化特点的"伊斯兰国"组织已取代"基地"组织成为国际恐怖主义的核心，并成为大规模恐怖袭击的主要发起者、极端主义和恐怖主义意识形态的传播者，以及世界各地诸多恐怖极端组织的效忠对象。② 脱胎于"基地"组织的"伊斯兰国"较之"基地"组织更为激进和极端，体现了伊斯兰极端主义发展的新趋势。

目前国内对"伊斯兰国"的研究多集中于其历史演变、影响及组织结构等问题，③ 但却缺少对"伊斯兰国"意识形态的深入研究。这也恰如美国中央司令部特种部队司令米切尔·纳格塔（Michael K. Nagata）少将所言："迄今为止我们仍不了解'伊斯兰国'，所以我们很难击败它。""我们并未击败'伊斯兰国'的理念，我们甚至并不理解它的理念。"④ 从某种程度上说，"伊斯兰国"的巨大影响力来源于其极端主义意识形态和成功媒体策略的结合。在意识形态上，"伊斯兰国"主张以"圣战"方式在中东地区乃至更大范围内建立实施伊斯兰教法的所谓"哈里发国家"，对于陷入认同危机、生存危机和发展危机的边缘穆斯林群体，乃至陷入精神困顿的非穆斯林青年，都有较大的吸引力，加之"伊斯兰国"熟练运用现代媒体进行意识形态传播和人员招募，不仅使其人员能够在世界范围内得到补充，对其表示效忠的分支机构也不断扩散。⑤

当前，反对极端主义的"去极端化合作"已经成为中阿战略合作关系的重

---

① 吴云贵：《伊斯兰原教旨主义、宗教极端主义与国际恐怖主义辨析》，载《国外社会科学》2002年第1期，第17页。

② 刘中民：《国际反恐形势进入新历史阶段》，载《文汇报》2015年11月15日。

③ 相关的代表性成果主要包括：王晋：《"伊斯兰国"与恐怖主义的变形》，载《外交评论》2015年第2期，第138—156页；曾向红、陈亚州：《"伊斯兰国"的资源动员和策略选择》，载《国际展望》2015年第3期，第103—121页；王雷：《"伊斯兰国"组织兴起与中东政治变迁》，载《亚非纵横》2014年第6期，第1—14页；董漫远：《"伊斯兰国"的崛起和影响》，载《国际问题研究》2014年第5期，第51—61页；田文林：《"伊斯兰国"兴起与美国的中东战略》，载《现代国际关系》2014年第10期，第24—30页。

④ Eric Schmitt, "In Battle to Defang ISIS, U.S. Targets Its Psychology," *The New York Times*, December 28, 2014.

⑤ 刘中民：《国际反恐形势进入新历史阶段》，载《文汇报》2015年11月15日。

要内容。2016年1月，中国政府发布《中国对阿拉伯国家政策文件》，提出要在中国和阿拉伯国家之间"搭建双多边宗教交流平台，倡导宗教和谐和宽容，探索去极端化领域合作，共同遏制极端主义滋生蔓延"。[①] 因此，深入考察"伊斯兰国"的意识形态体系，准确掌握"伊斯兰国"意识形态的特点，无疑具有重要的理论和现实意义。

一、伊斯兰极端主义思想溯源

"伊斯兰国"的意识形态深受历史上各种伊斯兰极端主义思潮的影响。伊斯兰极端主义发端于中世纪的哈瓦利吉派和罕百里学派。进入近代以来，伊斯兰极端主义的思想源流主要有三大支流，它们分别是穆斯林兄弟会第二代思想家赛义德·库特布的极端思想，与沙特官方的瓦哈比教派相区别、自称"萨拉菲派"（"Salafist"，复古派、尊祖派，后文将对此进行详细论述）的极端思想，以及"基地"组织的极端主义思想，它们均构成了"伊斯兰国"极端主义的思想来源。而与上述极端主义思想存在密切联系的萨拉非主义，尤其是圣战萨拉非主义则构成了"伊斯兰国"意识形态的核心来源。

（一）中世纪伊斯兰极端主义的历史发端

伊斯兰极端主义的历史渊源可以追溯到中世纪的极端派别哈瓦利吉派（al-khawarij，意为"出走者"）。657年，第四任哈里发阿里的一部分追随者强烈不满阿里对大马士革总督穆阿维叶所做的妥协，遂愤而出走另组"哈瓦利吉派"。哈瓦利吉派有强烈的不容异己的倾向，从所谓"正信"的角度强调宗教信仰的绝对化，强迫人们必须接受其教义思想，否则即是叛教者，同时主张对"伪信者"从肉体上加以消灭，并以此为基本宗教信条之一。哈瓦利吉派不仅反对哈里发政权，而且以恐怖手段对待不赞同其宗教信仰和政治观点的穆斯林平民。[②] 根据金宜久主编的《当代宗教与极端主义》一书的总结，哈瓦利吉派对极端主义的影响主要体现在三方面：第一，它把宗教信仰绝对化，甚至将不赞成自己观点的穆斯林宣布为"不信道者"并予以排斥和打击。第二，把"真主主权"作为否定倭马亚王朝哈里发政治合法性的根本依据。第三，它宣称对不赞成其教义主张的所谓"伪信者"进行肉体消灭，泛化了伊斯兰教的"圣战"

[①] 《中国对阿拉伯国家政策文件》，http://www.fmprc.gov.cn/ce/cohk/chn/xwdt/wsyw/t1331327.htm，2016-01-20。

[②] 朱威烈等：《中东反恐怖主义研究》，北京：时事出版社2010年版，第25页。

观念。①

对当代伊斯兰极端主义影响至深的另一思想源流是中世纪的罕百里学派。以伊本·罕百里（780—855年）教长为代表的罕百里学派，具有明显的文化保守主义思想倾向，以固执、偏激、狭隘、保守著称。该派强调严格遵从《古兰经》和圣训，主张从字面意思解释经文，否认类比和公议等含有理性成分的教法内容的地位和作用。罕百里学派所固有的宗教保守主义思想，构成了宗教极端主义的历史文化根源之一。尽管今天许多暴力恐怖组织的成员与该学派无关，但人们仍不能否认他们在思想上受其影响或存在某种渊源关系。②

13至14世纪的伊本·泰米叶（1263—1368年）是新罕百里学派的重要代表。在信仰层面，泰米叶主张按照字面表义来解释经、训原文和教法典籍，以净化信仰的名义排拒外来的思想文化，反对思辨哲学和苏菲派哲学、反对圣徒崇拜、圣墓崇拜等苏菲民间宗教习俗等。③在如何看待"圣战"的问题上，泰米叶强调指出，即使对那些已经宣布接受伊斯兰教但拒绝伊斯兰教法的名义上的穆斯林，仍可视为"圣战"的对象。"正是14世纪的伊本·泰米叶，在圣战的第一个低潮期中激活了休眠中的圣战观。"④伊本·泰米叶是早期萨拉菲运动的发起者，虽然以失败而告终，但其保守、偏激、狭隘和不容异己的思想对后世影响至深。例如，埃及"伊斯兰圣战组织"在题为《圣战：被遗忘的义务》的小册子中，就曾援引泰米叶的"教令"，宣称他们"处死"埃及总统萨达特的行为完全符合伊斯兰教。⑤

（二）近现代伊斯兰极端主义的进一步发展

1. 瓦哈比主义对伊斯兰极端主义的影响

18世纪中叶以来，阿拉伯半岛兴起的瓦哈比教派成为沙特的官方意识形态，并在后来逐步分化为官方的瓦哈比主义和民间的瓦哈比主义，二者对伊斯兰极端主义的影响也不尽相同。进入当代后，沙特官方的瓦哈比主义在国际上主要以推动伊斯兰教的宣教事业、援助和支持国际上的伊斯兰组织，作为其施加影响的主要方式，泛伊斯兰主义的色彩十分浓厚，并在促进伊斯兰国家的团

---

① 金宜久：《当代宗教与极端主义》，北京：中国社会科学出版社2008年版，第422—423页。
② 同上，第423—425页。
③ 同上，第445页。
④ 朱威烈等：《中东反恐怖主义研究》，第191页。
⑤ 金宜久：《当代宗教与极端主义》，第432页。

结与合作、维护穆斯林利益方面发挥了一定的积极作用。在国内,瓦哈比主义的宣教布道也不再像早期那样鼓吹"圣战"思想,同时也反对伊斯兰极端势力以宗教名义干预政治,以及从事反对王权的暴力恐怖活动。但是,沙特基于反对阿拉伯民族主义、共产主义等世俗主义意识形态的需要,在利用"石油美元"推行泛伊斯兰主义的过程中,它开始收容伊斯兰国家的政治反对派,通过各种渠道资助和支持世界各地的伊斯兰运动,甚至资助和支持激进或极端的伊斯兰组织。① 例如,沙特曾收留了穆斯林兄弟会极端派理论家赛义德·库特布的弟弟穆罕默德·库特布,并为其提供保护。② 阿富汗"塔利班"、"基地"组织在早期都曾得到沙特官方瓦哈比派的支持和资助。

沙特民间的瓦哈比主义,尤其是自称"萨拉菲派"的伊斯兰激进组织与极端主义的联系更为直接,并继承了瓦哈比主义的极端保守思想。民间的瓦哈比主义者往往在泛伊斯兰主义思想的掩盖下,积极输出瓦哈比派早年的宗教政治主张,鼓吹通过"圣战"手段,建立伊斯兰政权和伊斯兰国家,极力主张对"异教徒"实施"圣战"。③ 瓦哈比教派的创始人本·阿布·瓦哈卜认为,所有的什叶派都是不信教者(kufr),应对其实行"定叛"(Takfir,判定某些人为异教徒),④ 这些思想构成了"圣战萨拉菲派"(后文将进行详尽论述)极端主义的重要思想来源,同时也成为当今"伊斯兰国"的意识形态来源之一。⑤

2. 穆斯林兄弟会理论家赛义德·库特布的极端主义思想

穆斯林兄弟会第二代理论家赛义德·库特布是现代伊斯兰极端主义的重要代表人物,其代表作《路标》直接为伊斯兰极端组织提供了思想来源和精神支持。库特布对极端主义思想的深刻影响在于他提出了赋予暴力"圣战"以合法性的两个重要概念。第一个概念即"定叛",其含义是判定某穆斯林的行为和思想违背伊斯兰教,即宣布某穆斯林为异教徒。第二个概念是"贾黑利亚"即"蒙昧时期"(Jahiliyya,指伊斯兰教产生以前的阿拉伯社会),所有伊斯兰世界和西方的现存政治秩序都是"蒙昧"的体现,都应予以推翻,理想的政

---

① 金宜久:《当代宗教与极端主义》,第413页。
② John L. Esposito, *Unholy War: Terror in the Name of Islam*, Oxford University Press, 2002, p.107.
③ 金宜久:《"瓦哈比派"辨》,载李玉、陆庭恩:《中国与周边及"9·11"后的国际形势》,北京:中国社会科学出版社2002年版,第296页。
④ Ahmad Moussalli, "Wahhabism, Salafism and Islamism: Who is the Enemy?" January 30, 2009. http://conflictsforum.org/briefings/Wahhabism-Salafism-and-Islamism.pdf, p.5.
⑤ Cole Bunzel, "From Paper State to Caliphate: The Ideology of the Islamic State," The Brookings Project on U.S. Relations with the Islamic World, *Analysis Paper*, No. March 19, 2015, p.8.

治制度是以伊斯兰教法为基础、体现真主主权的伊斯兰制度，即"哈基米亚"（Hakimiyya，即真主主权）。①

从穆斯林兄弟会中分化出的"伊斯兰圣战组织"、"伊斯兰解放组织""伊斯兰集团"和"赎罪与迁徙"等组织都深受库特布思想影响，②库特布也因此被西方称为"伊斯兰极端主义的教父"。③库特布的思想影响了一整代埃及以及其他国家的圣战主义思想家。例如，曾在1981年参与刺杀萨达特的穆罕默德·法拉季（Muhammad Faraj）就深受库特布思想的影响。他主张圣战的首要战场是"清除已经蜕化为异教徒的统治者"，并建立伊斯兰国家。④埃及圣战组织的领导人奥马尔·阿布德尔·拉赫曼以及后来成为"基地"组织领导人的扎瓦赫里都深受库特布思想的影响。"在20世纪80年代，许多人在研究库特布的思想之后在阿富汗找到了将其思想付诸实践的机会，进而使圣战萨拉菲运动进入了新的发展阶段。"⑤

（三）"基地"组织的伊斯兰极端主义思想

1979年的阿富汗战争的后果之一即它直接催生了"基地"组织，其"圣战者"多来自从埃及穆兄会或巴基斯坦"伊斯兰促进会"中分离出来的极端分子和激进派别，并得到塔利班政权的庇护，使其成为一股极具影响力的恐怖主义势力。"基地"组织的思想基础和价值信念来自于伊斯兰极端主义，本·拉登"圣战"思想的启蒙者就是穆斯林兄弟会的极端主义思想家赛义德·库特布

---

① Sayyid Qutb, "Signposts along the Road," in Rocanne Euben, and Muhammad Qasim Zaman, eds., *Princeton Readings in Islamist Thought: Texts and Contexts from al-Banna to Bin Laden*, Princeton, NJ: Princeton University Press, 2009, pp.129-144.

② Gerard Chaliand and Arnaud Blin eds., *The History of Terrorism*, Translated by Edward Schneider, Kathryn Puler, and Jesse Browner, Berkeley and Los Angeles: University of California Press 2007, p.287.

③ John L. Esposito, *Unholy War: Terror in the Name of Islam*, Oxford: Oxford University Press, 2002, p.56.

④ Muhammad Abd al-Salam Faraj, "The Neglected Duty," in Rocanne Euben, and Muhammad Qasim Zaman eds., *Princeton Readings in Islamist Thought: Texts and Contexts from al-Banna to Bin Laden*, Princeton, NJ: Princeton University Press, 2009, pp.129-144.

⑤ Haim Malka, "Jihadi-Salafi Rebellion and the Crisis of Authority," in Jon B. Alterman ed., *Religious Radicalism after Arab Uprising*, Washington DC: The Center for Strategic and International Studies, 2015, p14.

和阿卜杜拉·阿泽姆。①

本·拉登的伊斯兰极端主义及其向恐怖主义演变的典型特征主要有三：首先，本·拉登肆意曲解和歪曲伊斯兰教的信仰体系，把一切问题都解释、简化为宗教问题，并大肆煽动宗教狂热。其次，本·拉登极力鼓吹"圣战"，使"圣战"成为国际恐怖主义最重要的工具。就伊斯兰教而言，所谓"圣战"主要是指当穆斯林的宗教信仰受到外部势力的严重威胁时，应当为保卫神圣的信仰而进行自卫性的反击。历史上的"圣战"通常是由国家元首或众望所归的宗教领袖发布命令。以本·拉登为代表的恐怖分子既不是合法的政治权威，也不是合法的宗教权威，但他们却随意以伊斯兰的名义宣布和发动"圣战"。最后，伊斯兰教反对针对无辜平民的攻击和杀戮，而本·拉登领导的"基地"组织则将包括穆斯林在内的平民作为攻击的对象，完全背离了伊斯兰教的基本精神。② 本·拉登的恐怖主义思想令其思想导师阿泽姆都难以容忍，阿泽姆反对违背伊斯兰教义、针对非武装人员的暴力活动，这也是二者最终分道扬镳的原因。③

尽管"基地"组织对伊斯兰极端主义和恐怖主义的结合达到了相当极端的地步，但相对于脱胎于"基地"组织的"伊斯兰国"而言，其意识形态建构的能力尚远远落后于后来的"伊斯兰国"。例如，"基地"组织强调以打击西方（"远敌"）目标为核心的全球圣战，意味着它较少更为急迫地关注以何种方式实施伊斯兰教法，建立哈里发国家。在2004年，当"基地"组织伊拉克分支领导人、"伊斯兰国"组织前身"统一和圣战组织"领导人阿布·穆萨·扎卡维提出建立哈里发国家的问题时，"基地"组织领导层明确表示反对，其解释是在伊拉克建立"伊斯兰国家"条件并不成熟。又如，"基地"组织并不强调教派对立，强调不要因针对包括什叶派在内的平民过度使用暴力而疏远穆斯林民众。④ 因此，"伊斯兰国"与"基地"组织在意识形态和发展战略上始终存在

---

① 阿泽姆1941年生于巴勒斯坦，后加入穆斯林兄弟会，在大马士革大学教法学院获学士学位。1968年赴埃及爱资哈尔大学学习教法学，获博士学位。在埃及期间，受到赛义德·库特布的兄弟穆罕默德·库特布的影响，成为一个极端的原教旨主义者。20世纪60年代末，库特布和阿泽姆在沙特阿齐兹国王大学教书期间，在该校就读的本·拉登曾聆听他们讲授的课程。1979年，阿泽姆因立场激进被逐出沙特后前往巴基斯坦，开始通过著书普及和推广"圣战"思想。See Walter Laqueur, *No End to War: Terrorism in the Twenty-First Century*, the Continuum International Publishing Group, 2003, pp.50-51.

② 详尽论述参见刘中民：《伊斯兰的国际体系观》，载《世界经济与政治》2014年第5期，第28—29页。

③ Rohan Gunaratna, *Inside Al Qaeda: Global Network of Terror*, Berkley Books, 2002, pp.30, 115.

④ Haim Malka, Haim Malka, "Jihadi-Salafi Rebellion and the Crisis of Authority," pp.16-18.

尖锐分歧，这也是"伊斯兰国"最终脱离"基地"组织另立门户的根源所在。

（四）"圣战萨拉菲主义"："伊斯兰国"意识形态的核心来源

事实上，前文所述的伊斯兰极端主义都与萨拉菲主义存在一定的联系，或者这些思想本身就是萨拉菲主义的表现形式，但鉴于萨拉菲主义的复杂性以及圣战萨拉菲主义对"伊斯兰国"的重要影响，这里对萨拉菲主义（Salafism）和圣战萨拉菲主义（Jihadi-Salafism）做简要的专门分析。

"萨拉菲"（Salafi）在阿拉伯语中的原意为"祖先"、"先辈"，萨拉菲派（Salafist）的基本含义为"尊古派"，是产生于中世纪的保守宗教派别，主张严格奉行《古兰经》和"圣训"，特别强调净化信仰、尊经崇圣，其典型代表人物是中世纪罕百里教法学派的伊本·泰米叶。近代以来的伊斯兰主义运动均深受萨拉菲派的影响，18世纪阿拉伯半岛的瓦哈比教派成为近代萨拉菲派的先驱。萨拉菲主义是一个非常多样和复杂的意识形态。萨拉菲主义的核心主张包括根除偶像崇拜(shirk)、重申认主独一(tawhid)。萨拉菲主义者认为他们自己是唯一真正的穆斯林，同时认为偶像崇拜者已经偏离伊斯兰信仰的正道，崇拜所谓圣石、圣人、圣墓等信仰都意味着叛教，其信徒即判教者。①

当代萨拉菲派的具体表现形式形形色色，但并非所有的萨拉菲派都主张采取暴力恐怖行为建立伊斯兰国家。当代的萨拉菲主义大致可划分为传统萨拉菲主义、政治萨拉菲主义和圣战萨拉菲主义三大派别。传统萨拉菲主义强调恪守传统宗教信仰和宗教礼仪，主张远离政治，也反对恐怖暴力行为。政治萨拉菲主义在强调宣教的同时，主张通过参政议政实现伊斯兰教法的统治，但反对暴力恐怖恐怖活动。圣战萨拉菲主义则主张通过发动"圣战"等暴力手段颠覆阿拉伯国家的世俗政权，建立伊斯兰教法政权。②

在20世纪后期，中东出现了受穆斯林兄弟会激进主义和萨拉菲排他主义影响的暴力组织。这些组织包括埃及的"伊斯兰圣战"组织（Islamic Jihad）和"伊斯兰集团"（Islamic Group），以及阿尔及利亚的"萨拉菲宣教与战斗组织"（the Salafi Group for Preaching and Combat），他们构成了当前"圣战萨拉菲"组织的前身。在意识形态上，他们都深受穆斯林兄弟会思想家赛义德·库特布激进主义思想的影响，其核心目标在于通过"圣战"推翻现行政权并建

---

① Cole Bunzel, "From Paper State to Caliphate: The Ideology of the Islamic State," p.8.
② 详尽论述参见：包澄章：《中东剧变以来的萨拉菲主义》，载《阿拉伯世界研究》2013年第6期，第106—118页；Roel Meijer, *Global Salafism: Islam's New Religious Movement*, New York: Columbia University Press, 2009.

立"伊斯兰国家"。在圣战萨拉菲主义的发展过程中，约旦裔巴勒斯坦人阿布·穆罕默德·马克迪斯（Abu Muhammad al-Maqdisi）和叙利亚的阿布·巴斯尔·塔图斯（Abu Basir al-Tartusi）等人的思想对于圣战萨拉菲主义运动的发展有重要影响。[①] 他们在早期都深受库特布极端思想的影响，后来逐渐转向萨拉菲主义，其思想的核心是赋予萨拉菲主义以暴力思想，进而推动了圣战萨拉菲主义的产生。[②]

"伊斯兰国"意识形态的核心内容来源于为许多伊斯兰极端组织共同信奉的"圣战萨拉菲主义"，"伊斯兰国"的领导人对此也供认不讳。"伊斯兰国"的创始人阿布·穆萨布·扎卡维曾是马克迪斯的学生，并深受其思想影响。"伊斯兰国"的第二代领导人阿布·乌马尔·巴格达迪（Abu Umar al-Baghdadi）同样是坚定的圣战萨拉菲主义者，其讲话经常引用源于萨拉菲主义的权威观点。[③] 例如，他在2007年发表讲话指出："所有的逊尼派教徒特别是青年都应该参与圣战萨拉菲主义运动，建立横跨整个世界的帝国"。"伊斯兰国"还明确将其从事的活动描述为"圣战萨拉菲主义潮流的组成部分"。[④]

二、"伊斯兰国"的意识形态体系
——兼论"伊斯兰国"与"基地"组织的意识形态分歧

圣战萨拉菲主义构成了"基地"组织和"伊斯兰国"共同的意识形态基础，但"伊斯兰国"在坚持圣战萨拉菲主义方面的强硬路线，在很大程度上显示了它与"基地"组织的鲜明区别。因此，有评价指出："如果将圣战主义置于政治光谱下，'基地'组织构成了圣战主义的左翼，而'伊斯兰国'构成了圣战主义的右翼。'基地'组织和'伊斯兰国'都坚持萨拉菲派神学，都赋予圣战运动以萨拉菲主义的特征。但是，与'基地'组织不同，'伊斯兰国'更加毫无妥协地坚持萨拉菲主义的信条，推行萨拉菲主义的思想。"[⑤]

---

① Rüdiger Lohlker and Tamara Abu-Hamdeh eds., *Jihadi Thought and Ideology*, Berlin: Logos Verlag, 2014, pp.16-36.
② Cole Bunzel, "From Paper State to Caliphate: The Ideology of the Islamic State," p.9.
③ Ibid., p.10.
④ Ibid., p.7.
⑤ Ibid., p.9.

(一)顽固坚持把建立所谓"哈里发国家"付诸实践

许多伊斯兰激进组织都主张重建"哈里发国家",但在思想认识和重视程度上却存在明显差异。例如,穆斯林兄弟会认为建立"哈里发国家"是一个长期目标而非近期目标,因此它在实践方面对重建哈里发国家的态度"相对淡漠"。① 本·拉登把"基地"组织的恐怖活动视为建立"哈里发国家"的前奏,但他同时却悲观地认为在自己的有生之年无法看到这个国家。② 但是,"伊斯兰国"自成立之日起就把建立"哈里发国家"作为矢志不渝的目标,并强调立即付诸实施。

早在2002年扎卡维进入伊拉克之前,他就确立了建立"哈里发国家"的目标,而伊拉克战争的爆发进一步坚定了扎卡维在伊拉克建立"伊斯兰国"的目标。在很多讲话和声明中,扎卡维多次宣称建立哈里发国家是"基地"组织伊拉克分支的战略目标。2004年,他在讲话中先后指出:"我目前正在伊拉克领导我的兄弟们进行圣战,其目标在于建立伊斯兰国家,即符合《古兰经》的国家。""符合《古兰经》的国家已经成立在即","我们'真主独一与圣战'组织('伊斯兰国'的前身,作者注)正在向敌人发动攻击,正在向不公平进行战斗,我们的目标是在地球上重建实施伊斯兰教法和易卜拉欣宗教的哈里发国家。"2004年10月,在扎卡维向本·拉登宣示效忠之际,他宣称哈里发国家"必将在我们手中建立"。③

2006年6月12日,"基地"组织伊拉克分支宣布正式成立"伊拉克伊斯兰国"(the Islamic State of Iraq),由阿布·乌马尔·巴格达迪出任"哈里发",其发言人穆哈里·朱巴里(Muharib al-Juburi)指出:"尽管偶像崇拜者和有经人(the People of the Book,指犹太人和基督教徒)联手反对先知,但先知却从麦加迁徙麦地那(622年)建立了伊斯兰国家,这是我们应该效仿的典范。"2007年1月,"伊拉克伊斯兰国"的"伊斯兰教法委员会"发布了题为"就伊斯兰国的诞生昭告全人类"的声明,论证"伊斯兰国"的国家属性及其基于伊斯兰教法的合理性。"崭新的伊斯兰国家再现了伟大的伊斯兰教的强大与辉煌……今天的伊拉克领土将服务于实现伟大的伊斯兰蓝图……它的资源和财富

---

① Richard Mitchell, *The Society of the Muslim Brothers*, London: Oxford University Press, 1969, p.235.
② Graeme Wood, "What ISIS Really Wants," *The Atlantic*, March 2015, http://www.theatlantic.com/magazine/archive/2015/03/ what-isis-really-wants/384980/, 2015-04-10.
③ Cole Bunzel, "From Paper State to Caliphate: The Ideology of the Islamic State," p.15.

足以在整个地区内掀起更伟大的伊斯兰浪潮。"①

2010年，阿布·贝克尔·巴格达迪担任"伊拉克伊斯兰国"领导人后，也多次强调"伊斯兰国"的所谓"哈里发"国家属性。他于2012年6月指出："我崇敬的穆斯林共同体：当我们宣布建立伊斯兰国之际，我们便不再悖逆真主；当我们矢志不渝地追求伊斯兰国的理想之际，我们便不再悖逆真主……伊斯兰国将是我们坚持的信仰和道路，它从未也永远不会被其他事物所取代"。② 他还宣称"伊斯兰国""正在以全新的姿态回归它所控制的地区并不断扩大……'伊斯兰国'不承认人为的边界，以及伊斯兰国之外的任何国民身份。"③

事实上，"伊斯兰国"建立的所谓哈里发国家不仅遭到了包括阿拉伯伊斯兰世界在内的整个国际社会的反对和唾弃，即使是其他圣战萨拉菲主义组织和宗教学者也都对"伊斯兰国"的合法性提出了质疑，其主张具体有二：首先，"伊斯兰国"仅仅是一个"战斗团体"，并非真正的国家，缺乏国家的政治能力；其次，巴格达迪自称"哈里发"不具合法性，他不能成为所有穆斯林的效忠对象，甚至称其为只有"小学水平"的"冒牌宗教学者"。④

"基地"组织领导人扎瓦赫里认为，"伊斯兰国"和巴格达迪没有资格成为所有"圣战"团体效忠的对象，同时反对"伊斯兰国"兼并叙利亚"支持阵线"并成立"伊拉克和沙姆伊斯兰国"。据半岛电视台2013年6月的消息，"基地"组织领导人扎瓦赫里认为"伊斯兰国"兼并"支持阵线"的做法无效，强调二者仍然是各自独立的组织实体。但在巴格达迪看来，扎瓦赫里并不拥有对"伊斯兰国"的领导权，他本人才是至高无上的哈里发。2013年6月15日，巴格达迪发表声明对扎瓦赫里予以反驳。他声称"'伊拉克和沙姆伊斯兰国'不会屈从于任何压力"，"它也不会从任何它已经占领的领土上退缩，相反它的领地将继续扩大"。巴格达迪还表示，"伊斯兰国"拒绝承认"基地"组织的领导拥有法律上的合法性，并称这是"伊斯兰国"协商委员会和教法委员会协商做出的决定。⑤ 由此可见，"伊斯兰国"顽固坚持其国家性质为"哈里发国家"，巴格达迪为所有"圣战"团体和穆斯林的效忠对象，这也是"伊斯兰国"与"基地"组织彻底决裂的原因之一。

综上所述，建立所谓"哈里发国家"是"伊斯兰国"坚持不懈的追求，即

---

① Cole Bunzel, "From Paper State to Caliphate: The Ideology of the Islamic State," pp.18-19.
② Ibid., p.7.
③ Ibid., p.24.
④ Ibid., p.27.
⑤ Ibid., pp.25-26.

使在2006年前后"伊拉克伊斯兰国"("伊斯兰国"的前身)发展严重受挫的情况下,它依然毫不动摇地坚持其"建国"目标。因此,在追求"建国"方面,"伊斯兰国"的坚定性远远超过了包括"基地"组织在内的其他极端组织。

(二)强调逊尼派和什叶派的教派矛盾,煽动教派冲突

"基地"组织一直提倡所谓的"泛伊斯兰"团结,强调其圣战的对象是"叛教者"、腐败变质的阿拉伯政权以及美国及其盟友。本·拉登认为,导致"乌玛"(Umma,穆斯林共同体)分裂的根源是穆斯林群体中基于民族、种族以及派系的划分,并一直强调穆斯林应当共同行动,避免教派内部的互相残杀,共同打击其共同的西方敌人。"无论出于何种原因,内部战争都是重大错误"。① 扎瓦赫里也一直反对穆斯林之间的自相残杀,同时明确反对扎卡维对什叶派的屠杀。尽管"基地"组织也把什叶派视为误入歧途的"叛教者",但扎瓦赫里主张"基地"组织应该对其进行传道,而不是杀戮他们,除非他们首先发起攻击。② 在2005年,扎瓦赫里曾要求扎卡维不要攻击伊拉克什叶派及其清真寺,以避免引起穆斯林民众的反感。扎瓦赫里认为,对抗什叶派是无法避免的,但不可操之过急。③ 扎瓦赫里还告诫扎卡维,公开处决罪犯和什叶派教徒将导致穆斯林民众疏远"基地"组织。2013年10月,在伊拉克教派暴力冲突不断升级之际,他公开下令禁止"伊斯兰国"打击什叶派和苏菲派,强调"要集中力量打击国际异教徒的头目。"④ 阿布·穆罕默德·马克迪斯与"基地"组织一样主张渐进性的战略,不断强调赢得公众支持的重要性。⑤

但"伊斯兰国"则特别强调逊尼派和什叶派的对立,主张其首要的攻击目标是作为"叛教者"的什叶派穆斯林。"伊斯兰国"一直将什叶派视为不信教者和叛教者,其理论论证主要是由"伊斯兰国"的缔造者扎卡维完成的,其观点主要包括三方面:

---

① 钱雪梅:《基地的"进化":重新审视当代恐怖主义威胁》,载《外交评论》2015年第1期,第127页。

② Ayman Zawahiri, "General Guidelines for Jihad," http://azelin.files.worldpress.com/2013dr-ayman-al-e1ba93awc481hirc4ab-22gener-al-guidelines-for-the-work-of-a-jihc481dc4ab22-en.pdf.

③ "Zawahiri's Letter to Zarqawi (English Translation)," July 2005, https://www.ctc.usma.edu/v2wp-content/uploads/2013/10/Zawahiris-Letter-to-Zarqawi-Translation.pdf.

④ "ISIS: 5 Things to Know about the Iraqi Jihadist Group," CBC News, June 24, 2014, http://www.cbc.ca/news/world/isis-5-things-to-know-about-the-iraqi-jihadist-group-1.2684540.

⑤ Joas Wagemakers, *A Quietist Jihad: The Ideology of Abu Muhammad al-Maqdisi*, New York: Cambridge University Press, 2012, pp.82-84.

首先，在神学层面，扎卡维不断引用包括伊本·泰米叶在内的逊尼派穆斯林权威的言论，证明什叶派偏离了伊斯兰教的正道。例如，扎卡维经常引用伊本·泰米叶的著名警告："他们（指什叶派）是敌人。提防他们。攻打他们。天哪，他们撒谎"。在2006年扎卡维丧生前不久，他还在一次公开演讲上大声疾呼："穆斯林绝不可能胜过或超过好斗的异教徒——比如犹太教徒、基督教徒，除非我们把诸如拉菲达等叛教者全部消灭。"① （拉菲达，阿拉伯语原意"拒绝"，意指什叶派，强调什叶派拒绝承认前三任哈里发，是扎卡维对什叶派的蔑称。）

其次，在历史层面，扎卡维不断"强调什叶派在伊斯兰历史上扮演的危险的、罪恶的角色"。例如，他认为16至17世纪伊朗建立的萨法维王朝（Safavid dynasty）使伊朗皈依了什叶派，萨法维王朝成为"刺入伊斯兰教和穆斯林的利剑"。他还认为什叶派在1258年蒙古军队攻陷巴格达的过程中扮演了不光彩的角色。②

最后，在现实层面，扎卡维不断强调什叶派的现实威胁。他认为，在伊拉克，什叶派正通过与美国人合作攫取伊拉克的权力。他鼓吹要通过对什叶派发动圣战把逊尼派团结起来。他指出："在宗教、政治、军事等方面对什叶派进行攻击，向逊尼派揭示什叶派的野心，有利于激发逊尼派对什叶派的仇恨。如果我们将什叶派拖入教派战争的境地，就有可能唤醒漫不经心的逊尼派，促使逊尼派意识到巨大的危险，并致力于消灭什叶派。"③ 他还特别仇视伊朗什叶派。他指出，以伊朗为核心的什叶派正在通过建立跨越中东地区的超级国家追求地区霸权，"他们的野心是建立一个横跨伊朗、伊拉克、叙利亚、黎巴嫩并将虚弱的海湾君主制王国纳入其中的什叶派国家。"④ 扎卡维甚至认为，什叶派对逊尼派的威胁超过了美国，因为"十字军占领者将在不久的将来消失"，但什叶派"作为逊尼派最迫近的危险的敌人"将长期存在，因此"什叶派对伊斯兰教的威胁及其破坏作用远远大于美国人。"在扎卡维看来，什叶派对逊尼派的仇恨无法消除，唯一的解决办法是通过战斗赢得对什叶派的胜利。⑤

扎卡维的反什叶派思想构成了"伊斯兰国"意识形态的重要组成部分，并

---

① Nibras Kazimi, "Zarqawi's Anti-Shia Legacy: Original or Borrowed?" Hudson Institute, November 1, 2006, www.hudson.org/research/9908-zarqawi-s-anti-shia-legacy-original-or-borrowed-#BkMkToFoot2.

② Bernard Haykel, "Al-Qaida and Shiism," in Assaf Moghadam and Brian Fishman eds., *Fault Lines in Global Jihad*, London: Routledge, 2011, p.194.

③ Ibid.

④ Cole Bunzel, "From Paper State to Caliphate: The Ideology of the Islamic State," p.14.

⑤ Ibid.

被其继任者所继承。2007年3月13日，阿布·乌马尔·巴格达迪发表题为《我们的基本原则》的讲话，提出了"伊斯兰国"的19条原则，其中第二条便强调了反什叶派的原则："对我们的信仰加以拒绝的人即什叶派是偶像崇拜者和叛教者。"① "伊斯兰国"的现任领导人巴格达迪曾直言，"伊斯兰国"将"首先对付什叶派……然后对付沙特王国及其支持者……然后才是十字军和他们的基地。"②

总之，对待什叶派态度和行动策略的不同，构成了"基地"组织与"伊斯兰国"在意识形态方面的重要分歧。对待什叶派的极端态度和激进立场，煽动教派矛盾和教派冲突，构成"伊斯兰国"意识形态的典型特征。在当今中东教派冲突加剧的背景下，"伊斯兰国"刻意强调教派对立和教派仇恨的做法，一方面反映了它利用教派冲突争取逊尼派支持，进而扩大其社会基础的机会主义图谋，另一方面也对恶化教派关系、加剧教派冲突发挥了推波助澜的作用，产生了十分恶劣的影响。

（三）顽固坚持"异教徒定叛"原则

"异教徒定叛"（Takfir）是指对穆斯林中不信教者判处死刑的一种神学制裁，最早可追溯至哈瓦利吉派不容异己的极端思想。哈瓦利吉派要求人们遵循本派教义，并把犯有"大罪"和不赞成、不支持自己的穆斯林视为"不信道者"即卡菲尔（Kafir），并对其予以打击和消灭。埃及的"赎罪与迁徙组织"也把不赞成其激进思想的穆斯林一律看作是"非穆斯林"或"叛教者"。③

"伊斯兰国"顽固坚持所谓"异教徒定叛"原则，它不仅把阿拉伯世俗统治者视为叛教者和圣战打击的首要目标，还把反对其主张的普通穆斯林视为叛教者，坚持对叛教者进行集体性的"异教徒定叛"，并允许残杀妇女和儿童。④ "伊斯兰国"认为，它正处在非穆斯林的包围之中，所有不支持其意识形态的国家和民族都是叛教者；凡不按照真主的法律进行统治便意味着叛教；对抗"伊斯兰国"等同于叛教；所有的什叶派穆斯林都是应该被处死的叛教者，甚至认为埃及穆斯林兄弟会和巴勒斯坦的哈马斯也是伊斯兰教的叛徒。"伊斯

---

① Cole Bunzel, "From Paper State to Caliphate: The Ideology of the Islamic State," p.38.
② Graeme Wood, Graeme Wood, "What ISIS Really Wants," *The Atlantic*, March 2015, http://www.theatlantic.com/magazine/archive/2015/03/ what-isis-really-wants/384980/.
③ 金宜久主编：《当代宗教与极端主义》，第423页。
④ Mohammad M. Hafez, "Tactics, Takfir and Anti-Muslim Violence," in Assaf Moghadan and Brian Fishman (eds.) *Self-inflicted Wounds: Debates and Division in Al Qaeda and its Periphery*, Combating Terrorism Center: West Point, 2010, pp.19-44.

兰国"在其信条中曾称："我们认为举着各种旗号活动的世俗主义者，如民族主义、爱国主义、共产主义和阿拉伯复兴主义以及什叶派穆斯林都是公然的不信教者，他们放弃伊斯兰教并脱离了宗教信仰。"①

2007年3月，"伊拉克伊斯兰国"的第二代领导人阿布·乌马尔·巴格达迪发表讲话，阐述"伊斯兰国"坚持的基本原则，并且重点阐述了如何确定异教徒和如何进行定叛。他指出："非信包括大的非信和小的非信两种类型，对非信者的裁判的依据是他在信仰、言论和行为方面犯下的罪行。判定某一个体为异教徒并且判决他进入地狱要根据定叛的条件"；"我们坚信应该杀死那些施展巫术和魔法的非信者和叛教者，我们也绝不接受他们的忏悔"；"我们认为那些参加政党、参与政治进程的人都是不信道的人和叛教者"；"我们认为为占领者及其向其提供任何支持诸如衣食、医疗等方面帮助的人都是不信道者和叛教者，他们也将因此成为我们攻击的目标并使其付出血的代价"；"我们认为这些国家（指世俗的阿拉伯国家）的统治者和军队都是不信道者和叛教者，与他们进行战斗的必要性大于与占领伊斯兰领土的十字军进行战斗。②

"伊斯兰国"还把"异教徒定叛"的对象扩大到所有非穆斯林地区和群体。2014年7月，阿布·巴克尔·巴格达迪声称："当今世界事实上被划分为两大对立阵营，不存在第三阵营：一个是由穆斯林和圣战者组成的无处不在的信仰伊斯兰的阵营；另一个是卡菲尔（不信教者）和伪善者的阵营，它是由犹太人、十字军及其同盟以及其他民族和宗教所组成的卡菲尔的联盟，由美国和俄罗斯领导并被犹太人所鼓动"。③

"伊斯兰国"对"异教徒定叛"的极端泛化和集体化倾向远超过其他伊斯兰极端组织。例如，本·拉登的老师、"基地"组织的精神领袖阿卜杜拉·阿扎姆就反对将穆斯林群体内部的人视为不信教者并对其实施"异教徒定叛"。"基地"组织与"伊斯兰国"在叛教者判定的标准上也存在分歧。"基地"组织仅将"异教徒定叛"原则限于否认《古兰经》和先知穆罕默德神圣性的个体行为，本·拉登就反对将某穆斯林群体视为叛教者，反对针对穆斯林群体进行"异教徒定叛"。④而"伊斯兰国"却将贩卖酒类和毒品、穿着西式服装、不蓄

---

① Cole Bunzel, "From Paper State to Caliphate: The Ideology of the Islamic State," p.39.
② Ibid., pp.38-39.
③ 转引自李捷、杨恕：《"伊斯兰国"的意识形态：叙事结构及其影响》，载《世界经济与政治》2015年第12期，第9页。
④ Anthony N. Celso, *Jihadist Organizational Failure and Regeneration: the Transcendental Role of Takfiri Violence*, Paper prepared for presentation at the Political Studies Association Meeting, Manchester, April 14-16, 2014, https://www.psa.ac.uk/sites/default/files/conference/papers/2014/PSU%20presentation.pdf.

须、在选举中投票（即使是投给穆斯林候选人）等行为都视为叛教行为，不论这些人是否是穆斯林，都应按照"异教徒定叛"原则加以消灭，其残暴程度令"基地"组织也难以接受。

总之，"伊斯兰国"对"异教徒定叛"原则进行了极端泛化与滥用，并以此为由屡屡对所谓"异教徒"和俘虏采用斩首、集体杀戮和活埋等血腥手段，滥杀什叶派、基督徒、亚兹迪人，其嗜血成性、手段凶残的恐怖行径远超过包括"基地"组织在内的所有恐怖组织，而"异教徒定叛"原则无疑构成了"伊斯兰国"残忍消灭异己的意识形态基础。

（四）强调滥用暴力的"进攻性圣战"

伊斯兰教中的"圣战"即"吉哈德"（Jihad）并非仅仅意味着战争。在《古兰经》中，"吉哈德"的原意有"斗争"、"奋斗"和"作战"等多种含义和形式，十分复杂。[①] 但简而言之，"吉哈德"从形式上有"大吉哈德"和"小吉哈德"，前者指言论和思想层面的斗争，后者指战争和作战层面的斗争。有穆斯林学者指出："我们很多人相信，大吉哈德表示针对欲念和撒旦的吉哈德，而小吉哈德则是在战场上对抗不信伊斯兰教者。"[②] 圣战包括进攻性圣战（offensive Jihad）和防御性圣战（defensive Jihad）两种典型的形式。进攻性圣战是穆斯林共同体的集体义务，防御性圣战是反对外来侵略者的个体义务。根据经典的教法学理论，进攻性圣战由穆斯林的统治者即哈里发发起，它被视为一种集体义务，要求要有足够数量的穆斯林成员参与圣战，以确保圣战的胜利。防御性圣战不必由穆斯林统治者即哈里发发起，由于它是一种个体义务，所有的穆斯林都应该参加。[③]

在历史上，"圣战"的内容因时间地点不同而不同，[④] 并且对实施"圣战"有严格的限制，《古兰经》和圣训均有对战争行为进行法律和道德限制的规定，主要包括禁止攻击平民和非战斗人员、妇女、儿童、教士，应接受非穆斯林提出的缔结和平协定的要求，除非军事需要不得破坏财产，善待俘虏和孤儿，尊

---

① 详尽论述参见吴冰冰：《圣战观念与当代伊斯兰恐怖主义》，载《阿拉伯世界研究》2006年第1期，第36—41页。

② R. K. Pruthi, ed., *Encyclopedia of Jihad*, Vol.1, New Delhi: Anmol Publications Pvt. Ltd., 1st ed., 2002, p.61.

③ See Sherman Jackson, "Jihad and the Modern World," *Journal of Islamic Law and Culture*, Vol.7, No.1, Spring/Summer, 2002, pp.1-26.

④ Haim Malka, Haim Malka, "Jihadi-Salafi Rebellion and the Crisis of Authority," p.12.

重人道原则和道德原则等方面的诸多规定。① 要客观认识伊斯兰教的圣战观，必须结合数百年来伊斯兰教的历史实践加以认识，因为圣战的思想与实践在不同的历史时期都有不同的体现。② 但是，当代伊斯兰极端主义却极力扭曲和滥用传统圣战思想，甚至服务于恐怖主义，产生了十分恶劣的影响。

"伊斯兰国"和"基地"组织都强调"圣战"的重要性，但"伊斯兰国"更为强调进攻性圣战。"基地"组织和"伊斯兰国"都承认"防御性圣战"的必要性，他们都认为伊斯兰世界处在"叛教的"世俗统治者控制之下，并遭受西方异教徒侵略的威胁，因而有必要利用防御性圣战的道德和舆论力量团结伊斯兰，与侵略者展开斗争，维护伊斯兰世界的利益。"伊斯兰国"在其信条声明："我们相信在通往真主道路上的圣战是个体义务，从安达卢斯③的攻陷直到所有穆斯林土地的解放，对任何一个虔诚的或者不虔诚的人来说这都是一个个体义务。"④

但是，相对于"基地"组织，"伊斯兰国"更为强调进攻性圣战的重要性。"伊斯兰国"声称他们有义务实施伊斯兰教法中的进攻性圣战，并将其视为哈里发国应尽的集体性义务，叫嚣将偶像崇拜者和不信真主的国家作为"圣战"的主要对象，向非伊斯兰世界发动武力战争，从而不断扩大哈里发国家的疆域和影响力。2007年，"伊斯兰国"的第二代领导人阿布·乌马尔·巴格达迪指出，圣战的最终目的在于"通过圣战使偶像崇拜者在世界上不复存在"。在另一次演讲中，他更加明确强调了"进攻性圣战"的重要性。他指出，穆斯林要"在叛教的非信者的领土上对他们发动进攻，直至不再有迫害存在，进而保护至高无上的真主的启示"。⑤

围绕"圣战"的严重分歧构成了"伊斯兰国"与"基地"组织分道扬镳的重要根源之一。在"伊斯兰国"成立之初，"基地"组织领导人扎瓦赫里就反对扎卡维无限制地滥杀无辜，并要求"伊斯兰国"汲取20世纪90年代阿尔及利亚"伊斯兰武装集团"（Armed Islamic Group, GIA）因过度使用暴力而失去民众支持的教训，警告其军事机构的领导人要限制过分使用暴力，不要因此削

---

① Sheikh Wahbeh Al-Zuhil, "Islam and International Law," *International Review of the Red Cross*, Volume 87, Number 858, June 2005, pp.282-283.
② 关于"圣战"历史演变的详尽论述参见刘中民：《伊斯兰的国际体系观》，第23—25页。
③ 安达卢斯是指中世纪阿拉伯和北非穆斯林统治下的伊比利亚半岛和塞蒂马尼亚，也指半岛被统治的711年—1492年这段时期。这片区域后在基督教收复失地运动中被半岛上的基督徒所占领，今天西班牙南部的安达卢西亚因此得名。
④ Cole Bunzel, "From Paper State to Caliphate: The Ideology of the Islamic State," p.39.
⑤ Ibid., p.10.

弱民众的支持。① 扎卡维的老师阿布·穆罕默德·马克迪斯也一直批评"伊斯兰国"过度使用暴力，认为实施斩首等暴力行为有损于建立"伊斯兰国家"的目标。他还特别反对"伊斯兰国"对什叶派进行杀戮和攻击。②

出于对"基地"组织的渐进战略和反对过度使用暴力等方面的不满，"伊斯兰国"开始疯狂地诉诸暴力，"它还通过社交媒体和其他网络平台引以为豪地展示斩首、绞刑、公开枪决、鞭刑等视频。此外，它把任何反对其教义的人都贴上异教徒的标签，通过所谓异教徒'定叛'赋予其大肆杀戮平民和反对者的行为以合法性。"2014年4月，"伊斯兰国"的发言人阿德纳尼发表声明指出："'基地'组织已经偏离了正道……今天的'基地'组织已经不再是致力于圣战的'基地'组织，因此它也不再是'圣战'的基地。""基地"组织已经转向"追随大多数的和平主义"，它已经"偏离圣战和认主独一"，转而强调"革命、大众性、起义、斗争、共和主义和世俗主义"。"伊斯兰国"还对"基地"组织的批评发起了一系列言辞激烈的反击，其内容涉及圣战义务、教义的纯洁性、穆斯林共同体（乌玛）和"圣战"的领导权等方面。"伊斯兰国"的声明所展示的双方的矛盾已经不再是早期一般意义上的分歧，而是要否认"基地"组织的合法性并取代"基地"组织对圣战的领导权。③

综上，"伊斯兰国"作为新一代极端组织和恐怖主义的代表，其意识形态建构能力远超过"基地"组织等传统的极端组织和恐怖组织。在所谓的信仰层面和神学层面，它更重视以净化信仰、正本清源为名，用所谓经典的伊斯兰神学思想对其极端思想进行包装，尤其是它奉行的"异教徒定叛"和"进攻性圣战"等极端原则均通过"引经据典"予以论证，使其意识形态更具隐蔽性、欺骗性和蛊惑性；在目标方面，它极端重视将建立所谓"伊斯兰国"和"哈里发国"付诸实践，直至"治国理政"，超越了传统极端主义批判能力有余、实践能力不足的特点，使其对全球"圣战"分子更具吸引力，其效忠者索马里青年党、尼日利亚博科圣地等极端组织也纷纷效仿，进而对中东乃至整个伊斯兰世界民族国家体系构成严峻威胁。在现实策略方面，"伊斯兰国"的意识形态构建非常善于利用和煽动教派矛盾，以扩大其社会基础。此外，"伊斯兰国"意识形态的强大渗透能力还在于其成功的媒体策略，但基于该问题的复杂性和本文的篇幅限制，本文不对此展开论述。

---

① Haim Malka, Haim Malka, "Jihadi-Salafi Rebellion and the Crisis of Authority," p.11.
② Joas Wagemakers, *A Quietist Jihad: The Ideology of Abu Muhammad al-Maqdisi*, pp.82-84.
③ Haim Malka, Haim Malka, "Jihadi-Salafi Rebellion and the Crisis of Authority," pp.26-29.

三、"伊斯兰国"对伊斯兰教核心价值观的扭曲

"伊斯兰国"意识形态的形成深受历史上各种伊斯兰极端主义思潮的影响，体现出了强烈的不容异己、崇尚暴力的极端主义本质。如今，"伊斯兰国"已发展成为比"基地"组织更为极端的恐怖主义势力，而且拥有建构和传播极端主义意识形态的强大能力。但"伊斯兰国"的极端主义意识形态不仅与伊斯兰教本身无涉，而且严重扭曲了伊斯兰教崇尚和平、倡导中正的核心价值观，对伊斯兰文明造成了严重的伤害，并使去极端主义成为当今世界尤其是伊斯兰文明面临的重大历史课题。

首先，"伊斯兰国"背离了伊斯兰教的和平精神。追求和平、仁爱是伊斯兰教的基本宗旨和原则之一。"伊斯兰"在阿拉伯语中的意即"顺从"、"和平"；"穆斯林"意为"顺从者"、"和平者"。《古兰经》中有许多关于和平的表述，如："信道的人们啊！你们当全体入在和平教中，不要跟随恶魔的步伐，他确是你们的明敌。"（2:208）以及"如果他们倾向和平，你也应当倾向和平，应当信赖真主。他确是全聪的，确是全知的。"（8:61）"伊斯兰国"在圣战萨拉菲主义的指引下，强调运用进攻性圣战的极端方式，挑起不同民族和教派间非此即彼、不容异己的残酷斗争，并对所谓的"叛教者"进行残忍讨伐和杀戮，完全背离了伊斯兰教的和平传统，并对中东乃至世界的和平与安全构成了严重的威胁。

其次，"伊斯兰国"背离了伊斯兰教谨守中道的精神。《古兰经》有许多关于"中道"的论述，如："你们不要过分，因为真主必定不喜爱过分者。"（2:190）"你应凭智慧和善言而劝人遵循主道，你应当以最优美的态度与人辩论，你的主的确知道谁是背离他的正道的，他的确知道谁是遵循他的正道的。"（16:125）"恶行应得同样的恶报。谁愿饶恕而且和解，真主必报酬谁。真主确是不喜爱不义者的。"（42:40）这些经文表明，伊斯兰教绝不是极端激进的宗教，历史上和当今的各种极端主义完全偏离了伊斯兰教谨守中道的核心价值观。"伊斯兰国"排斥异己、极端保守和拒不妥协的意识形态是对伊斯兰教中道精神的背离。

最后，"伊斯兰国"对进攻性圣战的偏执和滥用，完全违背了伊斯兰教法中对圣战的要求。伊斯兰教反对针对无辜平民的攻击和杀戮，更不允许对穆斯林进行"圣战"。《古兰经》明确规定："你们不要违背真主的禁令而杀人，除非因为正义。"（2:33）穆罕默德在圣训中还强调，即便是宗教信仰不同，只要

对方不加害于人，就要与之和睦相处。他指出："谁伤害非穆斯林，谁就不是穆斯林"；"谁伤害被保护民，谁就等于伤害了我"。① 事实上，"伊斯兰国"对圣战的泛化和滥用，不仅遭到包括伊斯兰国家和穆斯林在内的整个文明世界的强烈反对，甚至也超出了"基地"组织和其他圣战萨拉菲派团体能够容忍的限度。总之，"伊斯兰国"对所谓"叛教者"（如什叶派穆斯林）和"不信道者"发动手段残忍的"圣战"，完全是对"圣战"概念的扭曲和滥用。在极端的"进攻性圣战"观念的指引下，"伊斯兰国"不断升级其恐怖主义手段，制造了一系列大规模恐怖袭击事件和惨绝人寰的杀戮事件。相对于"基地"组织的恐怖主义活动，其手段更为残暴，目标更为广泛，影响范围更大，它所实施的极端残忍的种族屠杀和斩首行为，不仅玷污了伊斯兰教和平、中正的核心价值观，更挑战了人类文明的底线。

随着"伊斯兰国"势力的扩张，其极端主义意识形态也迅速在世界范围内蔓延，并且成为"伊斯兰国"的核心竞争力之一。遏制直至根除"伊斯兰国"，不仅需要国际社会在物质层面加强国际反恐合作，更需要在思想和精神层面开展去极端主义的国际合作，在意识形态上揭露"伊斯兰国"对伊斯兰教的肆意曲解和滥用，捍卫伊斯兰文化和平、中道的核心价值观。2016年1月，习近平主席访问埃及，并在阿盟总部发表重要讲话，他明确指出中阿双方将"在中阿合作论坛框架内召开文明对话与去极端化圆桌会议，组织100名宗教界知名人士互访"，② 这无疑将对推进中阿文明对话，共同开展中阿去极端化合作产生深远影响。

---

① 转引自马明良：《伊斯兰教的和平观》，载《中国穆斯林》2004年第6期，第34页。
② 习近平：《共同开创中阿关系的美好未来——在阿拉伯国家联盟总部的演讲》，http://politics.people.com.cn/n1/2016/0122/c1024-28074930.html。

圣战萨拉菲主义运动的领导权危机[1]

[美]哈伊姆·马尔卡[2] 刘中民译

摘要：圣战萨拉菲主义是萨拉菲主义运动的一部分，其突出特点是主张通过暴力"圣战"建立实施伊斯兰教法的"哈里发国家"。中世纪的罕百里教法学派、近代的瓦哈比派、现代穆斯林兄弟会理论家库特布的极端思想，构成了圣战萨拉菲主义的意识形态来源。在"9·11"事件发生至"伊斯兰国"组织产生前的十多年时间里，"基地"组织构成了全球圣战萨拉菲主义运动的中心。伴随"伊斯兰国"组织的崛起，"基地"组织和"伊斯兰国"组织产生了严重的分歧，导致圣战萨拉菲主义运动内部发生了严重分裂。这种分裂对于重塑圣战萨拉菲派的未来战略、策略、优先选择等方面均具有重要影响。圣战萨拉菲主义运动的分裂无法通过包容的方式实现和解，在可预见的将来，世界各地的圣战萨拉菲主义运动将围绕"基地"组织和"伊斯兰国"组织选边站队，二者的斗争将日益导致圣战萨拉菲主义运动呈现出两极化的趋势。

关键词：圣战萨拉菲主义；"基地"组织；"伊斯兰国"组织；领导权危机

---

[1] 本文为2016年国家社会科学基金重大项目"全球伊斯兰极端主义研究"（16ZDA096）的阶段性成果。本文原载美国战略与国际研究中心编写的《阿拉伯起义后的宗教极端主义》一书，本文的翻译得到了作者哈伊姆·马尔卡（Haim Malka）和该书主编奥特曼（Jon B. Alterman）的授权，本刊在此深表感谢，本文标题略有调整，摘要和小标题由译者根据论文的内容总结而成，部分内容略有删减。本文的英文原文参见 Haim Malka, "Jihadi-Salafi Rebellion and the Crisis of Authority," in Jon B. Alterman, ed., *Religious Radicalism after the Arab Uprisings*, Washington DC: The Center for Strategic and International Studies, Lanham: Rowman & Littlefield, 2015, pp.9-35. 上海外国语大学中东研究所舒梦博士对本文的翻译也有贡献。

[2] 哈伊姆·马尔卡（Haim Malka），美国战略与国际研究中心中东项目高级研究员。

圣战萨拉菲主义者①（Jihadi-Salafists）通常与公开的反叛运动联系在一起。2001年发生了史无前例的"9·11"事件，加之本·拉登的个人感召力和财富资源，使"基地"组织在十年间成为全球"圣战"的领导力量。然而，2011年的阿拉伯起义和叙利亚内战使"基地"组织主导的全球"圣战"运动发生了深刻变化，许多野心勃勃的圣战萨拉菲主义组织开始挑战"基地"组织的领导地位，使全球"圣战"运动产生了严重分裂。在可预见的将来，这种分裂将继续深化，并主要表现为"基地"组织与其主要对手"伊斯兰国"组织之间的竞争。

2010年年底，突尼斯一名绝望小摊贩的自焚事件，成为数百万阿拉伯人反抗威权政府的导火索。短短几周内，看似坚不可摧的阿拉伯威权体制发生了动摇，一名小贩引发威权政府被推翻，这是包括圣战萨拉菲分子在内的众多伊斯兰极端分子制造数十起攻击事件都无法实现的巨变。这种变化为新一代圣战萨拉菲分子提供了前所未有的机遇，他们纷纷利用阿拉伯起义推销其"圣战"手段、优先目标和战略。

事实上，圣战萨拉菲分子与阿拉伯起义本身并无多大联系，但他们很快意识到地区动荡赋予他们的历史机遇。突尼斯、利比亚和埃及威权政府的垮台，极大地改变了地区政治和安全生态。新政府释放了数以千计的圣战萨拉菲派领导人和激进分子，这不仅鼓舞了圣战萨拉菲组织的士气，也促进了其行动的便利化与本地化。与此同时，叙利亚内战导致的安全真空使该国成为"圣战"的新场所，吸引了地区内外的数千名"圣战"分子进入叙利亚。在叙利亚和其他地区，圣战萨拉菲分子获得了汇聚为一个更加强大阵线的新机遇，并开始挑战"基地"组织的权威和业已确立的共识。

许多新的圣战萨拉菲派组织在中东地区迅速扩展，如埃及西奈半岛、也门、利比亚、突尼斯等国家和地区的圣战萨拉菲派活动十分猖獗。在突尼斯，

---

① "萨拉夫"（salaf）在阿拉伯语中意为"祖先"、"先辈"，萨拉菲派（Salafist或Salafi）的基本含义为"尊古派"，是产生于中世纪的保守宗教派别，主张严格奉行《古兰经》和"圣训"，特别强调净化信仰、尊经崇圣，其主要代表人物是中世纪罕百里教法学派的伊本·泰米叶。近代以来的伊斯兰主义运动均深受萨拉菲派的影响，18世纪阿拉伯半岛的瓦哈比教派成为近代萨拉菲派的先驱。萨拉菲主义是一种非常多元且复杂的意识形态。当代萨拉菲派的具体表现形式形形色色，但并非所有的萨拉菲派都主张采取暴力恐怖手段建立伊斯兰国家。当代萨拉菲主义大致可划分为传统萨拉菲主义、政治萨拉菲主义和圣战萨拉菲主义三大派别。传统萨拉菲主义强调恪守传统宗教信仰和宗教礼仪，主张远离政治，也反对恐怖暴力行为。政治萨拉菲主义在强调宣教的同时，主张通过参政议政实现伊斯兰教法的统治，但反对暴力恐怖活动。圣战萨拉菲主义则主张通过发动"圣战"等暴力手段颠覆世俗政权，建立伊斯兰教法政权。——译者注

圣战萨拉菲派通过推动宣教（da'wa）拓展自己的政治空间。在利比亚，众多具有不同目标的组织相继出现。一开始，"基地"组织对圣战萨拉菲组织各行其是的行动并不反对，毕竟十多年来"基地"组织的全球战略一直没有实现，因此，它甚至鼓励"圣战"分子把握当前的机会。

2013年和2014年，圣战萨拉菲分子和"基地"组织之间的不睦开始初露端倪，发生在叙利亚和伊拉克的一系列事件都暴露出双方在领导权、战略和所谓"伊斯兰治理"① 方面的分歧和裂痕。近年来，"基地"组织一直试图维护自身的权威地位，但2011年以后，圣战萨拉菲分子不仅挑战"基地"组织的权威，而且质疑"基地"组织的最终目标和"圣战"方式。2014年6月，伊拉克的圣战萨拉菲派宣布建立"哈里发国家"，这一未经"基地"组织授权的行为违背了圣战萨拉菲派所强调的协商原则（shura，也译作"舒拉"）。更为重要的是，"伊斯兰国"组织还要求圣战萨拉菲派组织从效忠"基地"组织转向效忠"伊斯兰国"哈里发巴格达迪，其实质在于挑战"基地"组织的领导权。他们希望重塑阿拉伯世界的秩序，从"基地"组织手中夺取领导权，即便是造成分裂和冲突也在所不惜。"基地"组织和"伊斯兰国"组织之间的分裂对于重塑圣战萨拉菲派的未来战略、策略和优先目标等方面均具有重要影响。

一、圣战萨拉菲主义的根源

圣战萨拉菲主义是更为广泛的萨拉菲主义运动的一部分。② 萨拉菲主义是指通过宗教和社会改革回归伊斯兰教初创时期信仰与实践的思想和运动，它强调认主独一（tawhid），反对多神教的偶像崇拜（shirk），主张将《古兰经》和"圣训"作为唯一法源，反对与非伊斯兰文化相联系的革新，即"异端"（bid'a）。③ 许多萨拉菲主义者主张服从统治者，反对向阿拉伯政权发起"圣战"，因为他们认为反抗阿拉伯政权的叛乱将损害穆斯林共同体即"乌玛"（umma）的团结。但随着时间的推移，在阿拉伯伊斯兰国家产生了主张暴力，并强调暴力是"圣战"表现形式的萨拉菲主义分支，即圣战萨拉菲主义。这种

---

① 所谓的"伊斯兰治理"主要指围绕是否建立实施伊斯兰教法的"哈里发国"。——译者注
② 关于萨拉菲主义的介绍可参见：Bernard Haykel, "On the Nature of Salafi Thought and Action," in Roel Meijer, ed., *Global Salafism: Islam's New Religious Movement*, London: Hurst, 2009, pp.33-57.
③ Ibid., pp.38-59.

圣战萨拉菲主义遍布中东和北非①地区，它们在诉诸暴力"圣战"建立伊斯兰政权方面拥有共同的目标，但在实现目标的战略上又存在深刻分歧。

"圣战"的内容因时间地点的不同而不同。在倭马亚王朝和阿拔斯王朝时期，"圣战"是扩张和控制领土的重要手段。②"圣战"包括进攻性"圣战"（offensive Jihad）和防御性"圣战"（defensive Jihad）两种典型的形式。进攻性"圣战"是穆斯林共同体的集体义务，防御性"圣战"是反对外来侵略者的个体义务。根据经典的教法学理论，进攻性"圣战"由穆斯林统治者即哈里发发起，它被视为一种集体义务，要求有足够数量的穆斯林成员参与"圣战"，以确保"圣战"的胜利。防御性"圣战"不必由穆斯林统治者即哈里发发起，它是一种个体义务，所有的穆斯林都应该参加。③

在十字军和蒙古人入侵时期，防御性"圣战"的思想因穆斯林领土遭受外来攻击而成型。14世纪宗教学者伊本·泰米叶（Ibn Taymiyya）的思想被圣战萨拉菲派广泛引用，导致"圣战"经历了从国家政治行为向净化穆斯林认同与实践的转变。④伊本·泰米叶使反对蒙古统治者的暴力"圣战"合法化，他认为，蒙古统治者并非真正的穆斯林，因为他们保留了自己的非伊斯兰文化实践和法律。

现代的圣战萨拉菲主义者认为，19世纪欧洲殖民主义的扩张和20世纪初奥斯曼帝国的崩溃，导致伊斯兰世界长期遭受外来攻击。因此他们认为，作为防御性"圣战"的暴力行为是穆斯林反对侵略者的合法行为，侵略者既包括英国、美国等西方国家，也包括西方支持的阿拉伯政权。将"圣战"理解为防御义务对"圣战"的变化具有重要意义，因为它赋予个体以发动"圣战"的权力，"圣战"的权力不再专属于国家领导人或穆斯林统治者。

圣战萨拉菲主义的兴起还与18世纪阿拉伯半岛的穆罕默德·阿卜杜·瓦哈卜（Muhammad ibn Abd al-Wahhab）和20世纪埃及穆斯林兄弟会的赛义德·库特布（Sayyid Qutb）两位思想家密切相关。阿卜杜·瓦哈卜作为宗教改革者主张应从原初状态解释作为伊斯兰信仰和实践源泉的《古兰经》和"圣训"，强调反对偶像崇拜，其思想根据是伊本·泰米叶的罕百里教法学派。阿

---

① 西方概念中的中东和北非是两个独立区域，不同于中国的中东概念。中国的中东概念广义上包括西亚和北非两部分。——译者注

② Paul L. Heck, "Jihad Revisited," *Journal of Religious Ethnics*, Vol. 32, No. 1, March 2004, p.106.

③ Sherman Jackson, "Jihad and the Modern World," *Journal of Islamic Law and Culture*, Vol. 7, No. 1, Spring/Summer, 2002, pp.1-26.

④ Paul L. Heck, "Jihad Revisited," *Journal of Religious Ethnics*, Vol. 32, No. 1, March 2004, p.115.

卜杜·瓦哈卜创立的教派即瓦哈比派，瓦哈比派与沙特家族的结盟确立了瓦哈比派对阿拉伯半岛的宗教控制，以及沙特家族对阿拉伯半岛的政治主导权。瓦哈比派属于萨拉菲派，但并非所有的萨拉菲派都是瓦哈比派。赛义德·库特布作为穆斯林兄弟会的思想家，主张通过暴力推翻纳赛尔（Gamal Abdel Nasser）政权。二者都对伊斯兰社会的衰败感到愤怒，寻求复兴早期穆斯林所实践的真正的伊斯兰教。早期穆斯林即"萨拉菲"（祖先）是指生活在穆罕默德时代以及随后两世纪内遵循穆罕默德言行的穆斯林。

库特布界定了赋予圣战萨拉菲主义反对穆斯林统治者暴力行为合法性的两个重要概念。第一个概念即"定叛"（takfir）思想，其含义是判定某穆斯林的行为和思想违背伊斯兰教，即宣布某穆斯林为异教徒。第二个概念是"贾黑利亚"即"蒙昧"（Jahiliyya，指伊斯兰教产生前阿拉伯半岛的社会状态），即所有伊斯兰世界和西方现存的腐败政治秩序都是"蒙昧"的体现，都应予以推翻，理想的政治制度是以伊斯兰教法为基础、体现真主主权的伊斯兰制度，即"哈基米亚"（hakimiyya）。[1]

库特布的思想与海湾国家支持的萨拉菲主义，奠定了现代圣战萨拉菲主义的意识形态基础。库特布的思想影响了埃及和其他国家整整一代"圣战主义"思想家。例如，曾在1981年参与刺杀萨达特的穆罕默德·法拉吉（Muhammad Faraj）就深受库特布思想的影响，其主张"圣战"的首要战场是"清除已经蜕化为异教徒的统治者"，并建立伊斯兰国家。[2] 穆罕默德·法拉吉因参与刺杀萨达特于1982年被判处死刑。埃及"圣战"组织的领导人奥马尔·阿卜杜·拉赫曼（Omar Abdel Rahamn）以及后来成为"基地"组织领导人的艾曼·扎瓦赫里（Ayman Zawahiri）都深受库特布思想的影响。在20世纪80年代，许多人在研究库特布的思想之后在阿富汗找到了将其思想付诸实践的机会，进而使圣战萨拉菲运动进入了新的发展阶段。

---

[1] Sayyid Qutb, "Signposts along the Road," in Rocanne Euben and Muhammad Qasim Zaman, eds., *Princeton Readings in Islamist Thought: Texts and Contexts from al-Banna to Bin Laden*, Princeton, NJ: Princeton University Press, 2009, pp.129-144.

[2] Muhammad Abd al-Salam Faraj, "The Neglected Duty," in Rocanne Euben and Muhammad Qasim Zaman, eds., *Princeton Readings in Islamist Thought: Texts and Contexts from al-Banna to Bin Laden*, Princeton, NJ: Princeton University Press, 2009, pp.129-144.

二、"基地"组织为确立圣战萨拉菲运动共识采取的策略

阿富汗反苏"圣战"将中东地区各类"圣战"组织聚集在了一起。但在苏联从阿富汗撤军后,各"圣战"组织在战略上的分歧开始凸显。许多阿尔及利亚、利比亚和埃及的"圣战"分子计划返回母国从事反政府的"圣战"行动。另有一批受沙特影响的"圣战"分子和反对参政的萨拉菲主义者主张暴力"圣战"已经结束,其任务应转向宣教。还有部分人主张应将"圣战"的目标转向其他敌人。

此外,主张继续进行"圣战"的人在如何进行"圣战"方面也存在分歧。阿卜杜拉·阿扎姆(Abdullah Azzam)的追随者主张只把非穆斯林入侵者视为"圣战"的对象,强调"圣战"应聚焦于巴勒斯坦、高加索等地区反对殖民主义的斗争。阿卜杜拉·阿扎姆出生于巴勒斯坦,是一名穆斯林兄弟会成员,在阿富汗战争中成为"圣战"运动的主要领导人。他早年曾是奥萨马·本·拉登的导师,但他反对扎瓦赫里等人的主张。1989年11月23日,阿扎姆和他的两个儿子在巴基斯坦白沙瓦地区死于汽车炸弹爆炸事件。① 扎瓦赫里领导的埃及"圣战"组织对阿扎姆不愿意打击阿拉伯政府表示反对,扎瓦赫里认为,阿拉伯世界的独裁政权已经不属于穆斯林的范畴,穆斯林有义务通过"圣战"推翻阿拉伯独裁政权。

在20世纪90年代,扎瓦赫里对本·拉登的影响日益增强。1996年,本·拉登宣布将驱逐1991年海湾战争期间美国入驻沙特的军事力量。② 1998年,扎瓦赫里领导的"圣战"组织并入本·拉登领导的"基地"组织。"基地"组织开创了打击"远敌"(far enemy)的全球"圣战"新模式。扎瓦赫里和本·拉登两人可以说既是圣战萨拉菲主义的先驱,又背离了原有的圣战萨拉菲主义运动。1998年袭击美国驻肯尼亚和坦桑尼亚大使馆以及2001年的"9·11"事件,不仅是"基地"组织致力于打击美国的宣示,也意味着其旨在向全球的圣战萨拉菲主义者宣示,他们并不认为与西方进行战争将削弱建立伊斯兰社会或"哈里发国家"的共同目标。这一变化导致"基地"组织不可避免地与20世纪80年代曾支持阿富汗反苏"圣战"的阿拉伯国家政权发生冲突。"基地"

---

① Camille Tawil, *Brothers in Arms*, London: Saqi Books, 2010, pp.17-24.
② Osama bin Laden, "Declaration of War against America," in Rocanne Euben, and Muhammad Qasim Zaman, eds., *Princeton Readings in Islamist Thought: Texts and Contexts from al-Banna to Bin Laden*, Princeton, NJ: Princeton University Press, 2009, pp.129-144.

组织的新战略导致圣战萨拉菲派发生了革命性的变化，他们通过攻击美国吸引"圣战者"及其支持者和同情者。

"基地"组织的"圣战"方案与其他圣战萨拉菲派组织存在原则性的区别。

第一，"基地"组织把攻击美国和欧洲即"远敌"作为组织的优先选择。"基地"组织强调，攻击那些支持阿拉伯政权（"近敌"）的"远敌"，有利于阿拉伯政权的崩溃，在叙利亚发动"圣战"、解放巴勒斯坦、打击什叶派的事业固然重要，但它们会导致力量分散，不利于实现打击"远敌"这一最急迫的目标。

第二，"基地"组织以打击西方目标为核心的全球"圣战"，意味着它并不急于关注神学问题，诸如何时、以何种方式实施伊斯兰教法和建立"哈里发国家"。因此，在追寻建立"哈里发国家"的道路上，"基地"组织更倾向于采取一种渐进式的"道路"（manhaj）。"基地"组织在必要时常使用宗教观点以证明其政策的合法性，但并不付诸实施，其部分原因在于该组织内部在神学问题上存在分歧，诸如"基地"组织分支和塔利班建立"酋长国"这种"领土实体"（territorial entity）只是被视为建立"哈里发国家"这一终极目标的特定阶段。

第三，"基地"组织强调建立和保持与穆斯林大众的关系对实现"圣战"计划的重要性。"基地"组织注意到，如果不进行适当的宗教教育，穆斯林大众就不会做好接受伊斯兰教法的准备。因此，"基地"组织强调必须通过宗教教育和宣教使穆斯林社会为实施伊斯兰教法和建立"哈里发国家"做好准备。扎瓦赫里认为，宣教是"圣战"事业的重要组成部分，其目的在于"使处于十字军杀戮威胁下的穆斯林产生共同体意识，清楚地理解认主独一和统治权、主权属于真主的准确含义。……在安拉的佑护下，这将揭开效仿先知建立'哈里发国家'的序幕。"该阶段任务主要包括两个方面：首先，教育"圣战者"肩负起在军事上对抗"十字军及其代理人"的责任，直至建立"哈里发国家"；其次，鼓励穆斯林大众并对其进行动员，使其产生反对统治者，为伊斯兰事业努力奋斗的意识。[①] 当伊拉克"基地"组织（Al-Qaeda in Iraq, AQI）领导人阿布·穆萨卜·扎卡维（Abu Musab al-Zarqawi）在2004年提出建立"哈里发国家"的问题时，"基地"组织领导层的解释是：尽管"基地"组织领导层支持伊拉克分支2006—2007年在伊拉克建立"伊斯兰国"的努力，但伊拉克的穆

---

① Ayman Zawahiri, "General Guidelines for Jihad," http://azelin.files.worldpress.com/2013dr-ayman-al-e1ba93awc481hirc4ab-22gener-al-guidelines-for-the-work-of-a-jihc481dc4ab22-en.pdf.

斯林并未为此做好准备。① 扎瓦赫里强调，"伊斯兰酋长国"和伊斯兰权威的建立首先需要通过宗教教育使社会为建立哈里发制度做好准备。2012年，当阿拉伯半岛"基地"组织（Al-Qaeda in the Arabian Peninsula, AQAP）建议在也门建立"酋长国"时，"基地"组织警告说"建国"时机并不成熟。如果阿拉伯半岛"基地"组织不能提供作为国家功能必备条件的足够服务，其不可避免的失败必将削弱"圣战"事业的根基。在"基地"组织看来，如果不能履行国家的功能，实施伊斯兰教法和伊斯兰统治都无法付诸实施。

第四，"基地"组织强调不要因针对包括什叶派在内的平民过度使用暴力而疏远穆斯林民众。从某种程度上说，"基地"组织甚至寻求与什叶派和基督徒缓和关系。尽管"基地"组织将什叶派视为误入歧途的叛教者，但扎瓦赫里主张"基地"组织应该对其进行传道，而不是对其进行杀戮，除非他们首先发起攻击。② 2005年，扎瓦赫里曾要求扎卡维不要攻击伊拉克什叶派及其清真寺，以避免引起穆斯林民众的反感。扎瓦赫里认为，对抗什叶派是无法避免的，但不可操之过急。③ "基地"组织还强调要汲取20世纪90年代阿尔及利亚"伊斯兰武装集团"（Armed Islamic Group, GIA）因过度使用暴力而失去民众支持的教训，警告那些狂热的指挥官要限制过分使用暴力，不要因此削弱民众的支持。

"基地"组织这些渐进式方案从其公开的文件中可见一斑。2005年，扎瓦赫里在写给扎卡维的一封信件中告诫伊拉克"基地"组织的指挥官，在实现"基地"组织的两个短期目标——使美国撤出伊拉克和在伊拉克建立伊斯兰政体——的过程中，赢得公众支持非常重要，因此指挥官们要对行动加以控制。信中写道："伊拉克和周边国家中广大穆斯林民众的支持是'圣战士'（mujahedeen）最强大的武器。因此，我们要尽力维持并试图获取更多的支持率。"④ 扎瓦赫里告诫扎卡维公开处决罪犯和什叶派教徒疏远了那些不理解"基地"组织神学和意识形态的人们。约旦籍圣战萨拉菲思想家阿布·穆罕默

---

① 关于伊拉克"基地"组织2006年至2010年的情况，参见 Brian Fishman, "Redefining the Islamic State: The Fall and Rise of Al-Qaeda in Iraq," *New America Foundation National Security Studies Program Policy Paper*, August 2011, http://security.newamerica.net/sites/newamerica.net/files/policydocs/Fishman_Al_Qaeda_In_Iraq.pdf.

② Ayman Zawahiri, "General Guidelines for Jihad."

③ The Combating Terrorism Center at West Point, "Zawahiri's Letter to Zarqawi (English Translation)," July 2005, https://www.ctc.usma.edu/v2wp-content/uploads/2013/10/Zawahiris-Letter-to-Zarqawi-Translation.pdf.

④ Ibid.

德·马克迪斯（Abu Muhammad al-Maqdisi）与"基地"组织一样主张渐进性的战略，他不断强调赢得公众支持的重要性。马克迪斯一直批评"圣战"分子过度使用暴力，认为实施斩首等暴力行为有损于伊斯兰教以及萨拉菲派建立伊斯兰国家的目标。他还批评曾经作为其学生的扎卡维领导伊拉克"基地"组织对什叶派进行杀戮和攻击。[1]

"基地"组织在处理当地敏感问题和传统问题时都比较小心，这种谨慎态度使它得到了当地民众的支持，也再次证明了该组织在推行伊斯兰教法时的渐进式方式。伊斯兰马格里布"基地"组织（Al-Qaeda in the Islamic Maghreb, AQIM）也主张在实施伊斯兰教法前必须使人们接受充分的宗教教育，以避免引起人们的恐惧。2012年，伊斯兰马格里布"基地"组织的领导人曾致信控制马里北部的"圣战"分子，信中指出："你们所执行的错误政策之一就是试图迅速实施沙里亚法，但你们却未认真考虑在宗教环境恶劣的情况下必须采取循序渐进的道路。"[2] 因为担心被当地民众所疏远，伊斯兰马格里布"基地"组织同扎瓦赫里一样非常谨慎，认为在民众没有受到足够的教育时，不宜强制他们遵从伊斯兰教法。

"基地"组织一直寻求统一和领导圣战萨拉菲主义运动，使全球圣战萨拉菲主义在意识形态和战略上保持一致，因此它一直在其官方声明和文件中强调"协商"的重要性。"协商"也是"基地"组织等级结构的重要特征。根据2002年一份题为《"基地"组织章程》的文件，埃米尔为最高领导，直接领导协商委员会、执行委员会、地区委员会、军事委员会等机构。在"9·11"事件后的十年间，中东北非地区的圣战萨拉菲团体都以宣誓的方式向本·拉登效忠，这种效忠只有得到"基地"组织的认可，圣战萨拉菲派团体才能成为"基地"组织的分支，诸如伊斯兰马格里布"基地"组织（AQIM）、阿拉伯半岛"基地"组织（AQAP）、伊拉克"基地"组织（AQI）以及新近建立的叙利亚分支"支持阵线"（Jabhat al-Nusra）。"基地"组织建立的这种组织模式旨在增强其对于各分支组织领导人的控制，以确保他们不会采取未经"基地"组织同意的策略和战略。"基地"组织的权威还得到了一批德高望重的萨拉菲派宗教学者的支持，诸如阿布·穆罕默德·马克迪斯、阿布·卡塔达·菲拉斯蒂尼

---

[1] Joas Wagemakers, *A Quietist Jihad: The Ideology of Abu Muhammad al-Maqdisi*, New York: Cambridge University Press, 2012, pp.82-84.

[2] "Letter from Abdelmalek Droukdal Composed around July 2012," in *Mali-al-Qaida's Sahara Playbook*, The Associated Press, http://hosted.ap.org/specials/interactives/_international/_pdfs/al-qaida-manifesto.pdf.

（Abu Qatada al-Filastini）、阿布·叶海亚·辛奇提（Abu Yahya al-Shinqiti）等人，他们都赞成"基地"组织相对灵活的神学主张和渐进性的战略，这些人对"9·11"事件后的一代圣战萨拉菲派分子产生了深刻影响。

"基地"组织的高层领导深知该组织无法实现对形形色色的圣战萨拉菲派组织的统一，但只要这些组织模糊地表示从事"圣战"并接受其领导，"基地"组织就接受这些存在分歧和差异的组织。"基地"组织较少关注教义与神学争论，但却十分重视对由其分支机构组成的全球网络的管理，因为通过这些分支机构可以实现其组织的跨地区存在。尽管这些分支机构与"基地"组织在发展战略和优先选择方面存在分歧，但总体上他们在反对阿拉伯政权与攻击西方（"基地"组织的重要目标）之间保持了平衡。此外，"基地"组织分支在较大程度上围绕动员穆斯林、建立伊斯兰政权等方面接受其指导。2011年5月本·拉登被击毙后，许多组织宣誓效忠其接任者扎瓦赫里。扎瓦赫里面临的严峻挑战之一在于如何保持跨越不同地区、政治与安全环境各异的"圣战"组织的统一。

三、以"基地"组织为核心的圣战萨拉菲主义运动的分裂

在过去，内部分歧一直考验着圣战萨拉菲主义运动，这种分歧导致的紧张关系有时迫使"基地"组织必须重申其领导权和发展战略，并要求其分支机构重申对"基地"组织的效忠。[1] 此外，"基地"组织分支机构诸如伊斯兰马格里布"基地"组织的内部也是派别林立、矛盾重重，甚至有的地方组织从该分支中分离出去另立山头。[2] 2013—2014年的叙利亚和伊拉克形势则构成了"基地"组织面临的最严峻挑战。

叙利亚内战在为全球"圣战"提供新场所的同时，也再度点燃了伊拉克的"圣战"运动。2012年，"圣战"分子大多认为"圣战"运动在叙利亚和伊拉克形成了一种分工：阿布·穆罕默德·朱拉尼（Abu Mohammad al-Julani）领导的"支持阵线"在叙利亚活动，而阿布·贝克尔·巴格达迪（Abu Bakr al-

---

[1] Transnational Security Issue Report of International Research Center, "Zawahiri Tries to Clear Name, Explain Strategy," April 2008, http://fas.org/irp/eprint/Zawahiri.pdf.

[2] Christophers S. Chivvis and Andrew Liepman, "North Africa's Menace: AQIM's Evolution and the US Policy Response," Rand Cooperation, 2013, http://www.rand.org/content/dam/rand/pubs/research_reports/RR400/RR415/Rand_RR415.pdf.

Baghdadi）领导的"伊拉克伊斯兰国"组织（ISI）在伊拉克活动。但是，巴格达迪有更为野心勃勃的计划。2013年4月，巴格达迪宣布"伊拉克伊斯兰国"和"支持阵线"不再是独立的组织，二者合并建立"伊拉克和沙姆伊斯兰国"组织（Islamic State of Iraq and al-Sham）。巴格达迪宣称"支持阵线"本来就是"伊拉克伊斯兰国"组织向叙利亚扩张的产物，它无疑是"伊拉克伊斯兰国"的组成部分，二者合并建立"伊拉克和沙姆伊斯兰国"组织，并在哈里发的旗帜下实现统一，有利于避免穆斯林共同体分裂的灾难。这一行为引起了"支持阵线"头目朱拉尼和"基地"组织头目扎瓦赫里的愤怒，朱拉尼重申他仍然效忠于扎瓦赫里，而非巴格达迪及其领导的"伊拉克和沙姆伊斯兰国"组织。扎瓦赫里也警告巴格达迪"伊拉克伊斯兰国"组织的活动范围在伊拉克，叙利亚仍然属于"支持阵线"的活动范围。这种分裂远远超过了对"圣战"领导权的竞争，其本质是围绕如何实现"圣战"最终目标的战略竞争。

尽管部分圣战主义者呼吁"伊斯兰国"组织与"支持阵线"应实现和解，但二者的分裂却在不可避免地加深。2014年6月，巴格达迪史无前例地自称哈里发，宣布建立"伊斯兰国"。这不仅意味着"伊斯兰国"组织对"基地"组织领导权的挑战，更是对"圣战"战略的重新界定。

巴格达迪领导的"伊斯兰国"组织在叙利亚自行其是标志着该组织与"基地"组织的分裂，也标志着2004年扎卡维成立的伊拉克"基地"组织在经历与"基地"组织的长期龃龉后最终脱离"基地"组织。从伊拉克"基地"组织成立之日起，"基地"组织就很难控制扎卡维及其领导的伊拉克"基地"组织。尽管伊拉克"基地"组织也通过攻击美国在伊拉克的目标打击"远敌"，但它故意通过攻击什叶派平民和其他少数族群加剧教派紧张，挑起伊拉克内战的做法，都与"基地"组织的战略相矛盾。例如，伊拉克"基地"组织2006年炸毁萨马拉（Samarra）的什叶派金顶清真寺，2007年杀死800多名亚兹迪人（Yazidi）。伊拉克"基地"组织对什叶派、少数族群甚至是反对其行为的逊尼派群体的暴行使其在伊拉克变得臭名昭著。2006年底，该组织宣布更名为"伊拉克伊斯兰国"，并宣布在伊拉克西部建立逊尼派国家。[①]

2010年，"伊拉克伊斯兰国"组织在美国和逊尼派部落的合作打击下遭受重创。在阿布·乌马尔·巴格达迪（Abu Umar al-Baghdadi）被炸死后，阿布·贝克尔·巴格达迪接任埃米尔。如果没有叙利亚战争，"伊拉克伊斯兰国"组织很可能仍在惨淡经营。但叙利亚的教派冲突导致的极端暴力，为圣战萨拉

---

① Brian Fishman, "Redefining the Islamic State: The Fall and Rise of Al-Qaeda in Iraq," p.8.

菲分子在叙利亚和伊拉克的活动创造了条件。

"基地"组织强调当前实施伊斯兰教法、建立"哈里发国家"的条件并不成熟,但"伊斯兰国"组织却强调实施伊斯兰教法,建立"哈里发国家"的紧迫性。尽管"伊斯兰国"组织也认识到通过提供社会服务和向青年人灌输其价值观争取民众支持的重要性,但它很少关心民众对其行为的不满,对不满其信条者也绝不宽容。"伊斯兰国"组织主张必须立即建立"哈里发国家"。"伊斯兰国"组织的发言人阿布·穆罕默德·阿德纳尼(Abu Muhammad al-Adnani)强调建立"哈里发国家"的时机已经成熟,因为"伊斯兰国"组织已经为实施哈里发制度创造了条件。这些条件包括"伊斯兰国"组织根据《古兰经》对罪犯进行惩罚、任命法官、向基督徒征税、收缴天课、在宗教学校和清真寺开展宗教教育,等等。该组织认为,在条件已经成熟的情况下不去建立"哈里发国家"是罪恶的表现。"伊斯兰国"组织还指责"基地"组织的所作所为使"圣战"运动背离了真主的神圣法则,因为"基地"组织主张服从民众的意愿,而不是真主的律法。

由于对"基地"组织的渐进式战略和秘密使用暴力等做法表示不满,"伊斯兰国"组织开始疯狂诉诸暴力,还通过社交媒体和其他网络平台引以为豪地发布斩首、绞刑、公开枪决、鞭刑等视频。此外,该组织对任何反对其教义的人都贴上异教徒的标签,通过"定叛"赋予其大肆杀戮平民和反对者的行为以合法性。

"伊斯兰国"组织把什叶派界定为首要敌人,进而加剧了叙利亚和伊拉克的教派冲突。巴格达迪号召穆斯林青年对"萨法维王朝的拉菲达"[①]即什叶派发动"圣战"。阿德纳尼还曾公开批评"基地"组织对什叶派的政策:"'基地'组织的政策是对宗教和行动纲领的扭曲。'基地'组织主张应该对拒绝派的多神教徒(Rafidah polytheists)进行宣教,而不是简单粗暴地跟他们战斗。"[②]"伊斯兰国"组织的主张反映了扎卡维的观点。扎卡维曾在2004年的一封信件中指出:"如果我们成功地将什叶派拖进教派战争,就有可能让逊尼派认识到他们正处于什叶派杀戮的巨大危险之下,进而唤醒逊尼派。""伊斯兰国"组织通

---

① "萨法维王朝的拉菲达"(Safavid Rafida)其字面意思为"拒绝'哈里发国家'的萨法维王朝的子孙"。萨法维王朝(1501—1722年)是奉什叶派为国教的波斯帝国;"拉菲达"是形容什叶派的贬义词,其含义为"拒绝正确的哈里发继承制度的人们"。

② Abu Muhammad Al-Adnani al-Shami, "This Is Not Our Methodology nor Will It Ever Be," *Chabab Tawhid Media*, April, 2014, http://azelin.les.wordpress.com/2014/04/shaykh-abc5ab-mue1b8a5ammad-al-e28098adnc481nc4ab-al-shc481mc4ab-22this-is-not-our-manhaj-nor-will-it-ever-be22-en.pdf.

过这种方式加强了自己在宗教方面的公信力与合法性,也削弱了其他圣战萨拉菲派对手的实力。例如,阿德纳尼曾经声称,"真主使'伊斯兰国'在战场上取胜,以表彰它的虔诚"。① 他还贬低"基地"组织领导人扎瓦赫里、马克迪斯不积极参加战斗,称他们"一旦离开酒店、会议室、办公室、聚光灯或镜头,便无法进行真正的'圣战'"。

"伊斯兰国"组织对"基地"组织及其战略的挑战使圣战萨拉菲主义运动的权威陷入了危机,突出表现为双方围绕圣战萨拉菲主义的战略展开了激烈竞争,相互否认和驳斥对方的合法性及其战略。当巴格达迪宣布"伊拉克和沙姆伊斯兰国"与"支持阵线"合并时,扎瓦赫里尖锐地批评巴格达迪违背了"协商"原则,称"伊斯兰国"组织仅仅在其内部进行了协商,并没有跟"支持阵线"协商。"'伊斯兰国'组织创立的时候并没有告知我们,更别提跟我们商量了。我们对此很不满,还进行过制止"。② 扎瓦赫里同时再次强调了"基地"组织的渐进性方案,强调在目前的阶段不具备建立"哈里发国家"的条件。③

针对"基地"组织的批评,"伊斯兰国"组织发起了一系列言辞激烈的反击,从"圣战"义务、教义的纯洁性、穆斯林共同体(乌玛)和"圣战"的领导权等方面进行了反驳。"伊斯兰国"组织的声明凸显出双方之间的矛盾已经不再是早期一般意义上的分歧,而是要否认"基地"组织的合法性并取代"基地"组织对"圣战"的领导权。2014年4月,"伊斯兰国"组织的发言人阿德纳尼指出,"'基地'组织已经偏离了正道……今天的'基地'组织已经不再是致力于圣战的'基地'组织,因此它也不再是'圣战'的基地","基地"组织已经转向"追随大多数的和平主义",已经"偏离'圣战'和认主独一",转而强调"革命、大众性、起义、斗争、共和主义和世俗主义"。④

在广义上,"基地"组织强调"伊斯兰国"组织的行为违反了"协商"原则并且导致了叛乱(fitna)。⑤ 在狭义上,"基地"组织攻击巴格达迪的宗教信条和"伊斯兰国"组织的行为均缺乏德高望重的权威宗教学者的指导。马克迪

---

① Abu Muhammad Al-Adnani al-Shami, "This Is Not Our Methodology nor Will It Ever Be".
② Ayman al-Zawahiri, "Testimonial to Preserve Blood of the Mujahideen in Sham," *Pietervanostaeyen* (blog), May 2014, http://pietervanostaeyen.wordpress.com/2014/05/03/dr-ayman-az-zawahiri-testimonial-to-preserve-the-blood-of- mujahideen-in-as-sham/.
③ Ayman al-Zawahiri, "Acknowledging ISIS Officially Isn't Part of AQ," February 3, 2014, http://justpaste.it/translt, 阿拉伯语原文参见:http://justpaste.it/ea9k。
④ Abu Muhammad al-Adnani al-Shami, "This Is Not Our Methodology nor Will It Ever Be".
⑤ Basma Atassi, "Iraq al-Qaeda Chief Rejects Zawahiri Orders," *Al Jazeera*, June 15, 2013, http://www.aljazeera.com/news/middleeast/2013/06/2013615172217827810.html.

斯指出，"伊斯兰国"组织"完全忽视了穆斯林共同体的宗教学者和知名人物"，"没有任何一个神圣的宗教学者对其予以支持，也没有宗教学者相信它并愿意与之结盟。"针对"伊斯兰国"组织建立"哈里发国家"的声明，马克迪斯认为，"他们背弃了对先前选择的领导人（指'基地'组织领导人）的忠诚，并且向他们的埃米尔发动叛乱"。① 马克迪斯的言外之意是，"伊斯兰国"组织的反叛和暴力行为不仅会导致伊斯兰教的分裂，也会导致全球"圣战"的分裂。

虽然"伊斯兰国"组织拒绝承认"基地"组织的领导地位，但有时仍会借用"基地"组织领导人的名号，比如本·拉登这种在"圣战"分子中广受赞誉的人物。巴格达迪曾表示："'伊斯兰国'的士兵们可以放心，我们在遵从真主的旨意并推动本·拉登、扎卡维和巴格达迪的行动纲领"。② 尽管"伊斯兰国"组织已经不再采用本·拉登的"圣战"方式，但它还是通过这种方式将自己塑造成本·拉登的继承人，甚至认为自己比扎瓦赫里等指定继承人拥有更多的合法性。

四、"伊斯兰国"组织和"基地"组织的分裂对圣战萨拉菲主义的影响

"伊斯兰国"组织和"基地"组织对领导权的争斗不仅在圣战萨拉菲主义运动中引起了内部混乱，还促使美国和其他国家在打击暴力极端主义方面达成了共识。

第一，"基地"组织和"伊斯兰国"组织围绕合法性、权威和人员招募的争夺，将促使圣战萨拉菲主义组织采取更加极端的方式和更大规模的暴力行动，以使自己在众多竞争对手中处于超群的地位。从过去的发展历程来看，暴力激进分子之间的内部冲突往往会加剧他们对西方和本地敌对目标的威胁性。例如，在2007年12月，"萨拉菲宣教与战斗团"组织（Salafi Group for Preaching and Combat）对联合国驻阿尔及利亚总部发动了袭击，造成31人死亡。"萨拉菲宣教与战斗团"组织在2006年末改名为伊斯兰马格里布"基地"组织，正式隶属于"基地"组织。该组织袭击联合国旨在向"基地"组织证明，他们不仅关注国内叛乱，还愿意致力于全球"圣战"。又如，在2013年，为了回应来自伊斯兰马格里布"基地"组织高层领导的批评和异议，穆

---

① 原注释的资料来源为马克迪斯的个人博客，这里不赘引其网址。——译者注
② "Who Was the Real Abu Omar al-Baghdadi," *Asharq al-Awsat*, April 20, 2010, http://www.aawsat.net/2010/04/article55251030.

赫塔尔·贝尔摩塔尔（Mokhtar Belmokhtar）领导的圣战萨拉菲团体对阿尔及利亚的英纳梅那斯（In Amenas）发动了袭击，32名武装分子袭击了提甘图林（Tiguentourine）油气田并绑架了来自30多个国家的约800名人质长达四天，最终造成40名平民死亡。这场袭击的目的旨在削弱伊斯兰马格里布"基地"组织的领导地位，并证明贝尔摩塔尔本人在北非圣战萨拉菲主义运动中的合法性与重要地位。

第二，"基地"组织和"伊斯兰国"组织的对抗促使中东北非地区的圣战萨拉菲团体在这场内部斗争中选边站队。各"圣战"组织究竟会继续执行"基地"组织的"圣战"战略，还是会选择效忠"伊斯兰国"组织转而对少数派进行暴力攻击并立即建立"哈里发国家"呢？"伊斯兰国"组织呼吁各圣战萨拉菲组织对其效忠并在各地发动袭击。面对这种分裂的情况，一开始，部分圣战萨拉菲团体呼吁实现内部和解。伊斯兰马格里布"基地"组织发表声明，强调"哈里发国家"的建立必须经过"协商"，重申效忠扎瓦赫里，同时呼吁宗教学者帮助解决内部争端以避免分裂。伊斯兰马格里布"基地"组织的一份官方声明中曾经这样写道："很显然，'哈里发国家'的建成离不开全体穆斯林和'圣战'组织的'协商'原则"。[①] 突尼斯"伊斯兰教法支持者"组织（al-Sharia）头目阿布·伊亚德·图恩斯（Abu Iyadh al-Tunsi）也发表声明呼吁和解。[②]

但是，也有部分圣战萨拉菲团体在"伊斯兰国"组织的鼓动下宣誓效忠该组织。2014年9月，阿德纳尼呼吁"伊斯兰国"组织的支持者用"一切手段和方式"[③] 去消灭美国人和欧洲人，此后从伊斯兰马格里布"基地"组织分离出去的"哈里发战士"组织（Jund al-Khilifa）不仅宣誓效忠"伊斯兰国"组织，还以绑架和斩首法国公民的方式表示诚意。[④] 在利比亚东部，"伊斯兰青年协商委员会"组织（Shura Council of Islamic Youth）宣布效忠"伊斯兰国"组织。埃及西奈半岛的"耶路撒冷支持者"组织（Ansar Beit al-Maqdis）也宣布效忠

---

① "AQIM New Statement: The Year of the Jama'ah…The Hope of the Ummah," *INCA News*, July 4, 2014, http://www.incanews.com/en/africa/596/aqim-new-state-ment-the-year-of-jamaah-the-hope-of-the-ummah.

② Thomas Joscelyn, "Ansar al-Sharia Tunisia Leaders Says Gains in Iraq Should Be Cause for Jihadist Reconciliation," *Long War Journal*, June 14, 2014, http://www.longwarjournal.org/archives/2014/06/ansar_al_sharia_8.php.

③ Abu Muhammad al-Adnani al-Shami, "Indeed Your Lord is Ever Watchful," *Pietervanostaeyen* (blog), September 22, 2014, http://pietervanostaeyen.wordpress.com/2014/09/25/abu-muhammad-al-adnani-ash-shami-indeed-your-lord-is- ever-watchful/.

④ "Splinter Group Breaks from al Qaeda in North Africa," *Reuters*, September 14, 2014, http://www.in.reuters.com/article/2014/09/14/algeria-security-idINL6N0RFoF000240914.

"伊斯兰国"组织。但很多时候，这些组织的所谓"效忠"并不可信，甚至自相矛盾，这也从侧面反映了圣战萨拉菲团体内部的混乱。

第三，一些规模较小的圣战萨拉菲派组织纷纷通过贴上"伊斯兰国"组织的标签扩大其知名度，这与过去许多小规模组织借用"基地"组织的名号如出一辙。而事实上，这些小规模组织跟"伊斯兰国"组织究竟存在多大联系仍很难确定。如果"伊斯兰国"组织能持续发展，它便会向伊拉克和叙利亚之外依附于它的小型组织提供帮助和行动指导。然而，无论是"基地"组织还是"伊斯兰国"组织，都不太可能在圣战萨拉菲运动的众多派别中获得全面支持。全球圣战萨拉菲组织将分化为以"基地"组织和"伊斯兰国"组织为核心的两大竞争性阵营，并奉行两种不同的战略。这种分裂的局面很不稳定，两大竞争性阵营的分歧仍将使圣战萨拉菲组织内部继续陷入更加混乱的局面。

五、结语

"伊斯兰国"组织挑战"基地"组织的权威极大地动摇了圣战萨拉菲运动。正如十几年前本·拉登决定攻击美国导致圣战萨拉菲的目标发生深刻变化一样，"伊斯兰国"组织拒绝"基地"组织的领导及其战略并宣布建立"哈里发国家"，同样重塑了圣战萨拉菲主义运动。"伊斯兰国"组织拥有领土、法院、基础设施、独立财政来源等准国家治理结构（quasi-state governing structure）导致"圣战"发生了革命性的变化，其支持者可以在"伊斯兰国"组织内部立刻体会到实现其"圣战"目标的成就感。"伊斯兰国"组织自称"哈里发国家"已经吸引了中东地区、欧洲和世界各地的极端分子成千上万地加入其中。一些"圣战"分子拖家带口生活在"伊斯兰国"组织的地理实体内，使得他们以参与建立一种新的社会和政治结构的全新方式体验了"圣战"。"伊斯兰国"组织还使青年一代相信，他们能够通过直接的行为即暴力方式立即实现建立"哈里发国家"的目标，他们在战场上的成功使"圣战"分子更加坚信服从真主意志的"圣战"运动的纯正性。

然而，"伊斯兰国"组织目前取得的这些成就也使它的仰慕者对它抱有更高的期待，这就需要"伊斯兰国"组织的统治者用行动而非言语来证明其建立和统治"哈里发国家"的能力。控制叙利亚和伊拉克的领土、宣布建立"哈里发国家"使"伊斯兰国"组织在根本上有别于"基地"组织，控制领土和建立"哈里发国家"已成为"圣战"运动的新趋势。"伊斯兰国"组织通过控制领土界定其合法性和认同，这完全不同于"基地"组织。相反，一旦"伊斯兰国"

组织未能守住其控制的领土或者像摩苏尔（Mosul）这样的要塞，其合法性就会受到质疑。

"基地"组织正在为其合法性和领导权而斗争，但它未能根据地区形势的变化成功实现自身的转型。尽管如此，"基地"组织依然有其极具威胁的全球网络和许多效忠的组织及同情者。圣战萨拉菲主义运动的分裂无法通过包容的方式实现和解，在可以预见的将来，世界的圣战萨拉菲主义运动将围绕"基地"组织和"伊斯兰国"组织选边站队，二者的斗争将日益导致圣战萨拉菲主义运动呈现出两极化的趋势。

叙利亚内战中的外籍武装人员研究

汪 波[①]

摘要：叙利亚内战爆发至今，全世界多个国家的两万多名外籍武装人员参加了这场内战。从现实影响来看，外籍武装人员的参与，不但导致了这场内战冲突加剧和久拖不决，而且还助长了内战中形成的极端组织的扩张和蔓延。从潜在威胁来看，这些在叙利亚内战中接受极端主义思想观念并参加暴力武装冲突的外籍人员回国后，将成为未来恐怖主义威胁的潜在根源。从2015年和2016年法国等国出现的大规模恐怖主义袭击事件中，已经可以看到这种潜在恐怖主义威胁的端倪。相关国家针对这种潜在威胁所采取的防范措施，目前还难见成效。

关键词：叙利亚内战；外籍武装人员；恐怖主义威胁；极端主义

自2011年叙利亚内战爆发以来，至今已五年有余。目前交战各方虽然经历数次短暂停火，但最终解决冲突似乎依然遥遥无期。在造成叙利亚内战久拖不决的诸多原因中，最关键的问题是叙利亚国内冲突与地区矛盾相互交织，并伴以大国的直接干预。在地区层面，叙利亚阿萨德政权与反政府势力的冲突，实际上已转化为中东地区分别以伊朗和沙特所代表的什叶派与逊尼派势力的冲突。在大国干预方面，除叙利亚周边大国外，美国、俄罗斯和北约都已直接参与其中。除上述因素外，还有一个同样受到广泛关注的因素，即赴叙利亚参加内战的各国外籍武装人员。这些外籍人员作为叙利亚内战中的有生力量，不仅加剧了战争的激烈程度，其中很多人还加入了在叙利亚内战中兴起的极端组织，发动大量恐怖主义行动，并将恐怖主义的攻击范围扩大到叙利亚以外的地区，对整个国际社会的安全构成了长期的潜在威胁。对于参与叙利亚内战的外

[①] 汪波，上海外国语大学中东研究所教授。

籍武装人员，国际社会虽然早已有所关注，但对其深入研究的成果仍不多见。本文旨在通过对叙利亚内战中外籍武装人员的分析，深入系统研究这些人员的来源、动机、危害和防范等一系列问题。

一、叙利亚内战外籍武装人员概况

叙利亚内战爆发之初，反政府的各派武装中就有来自多个国家的大批外籍武装人员。2014年1月，美国国家情报局（National Intelligence in the United States）局长克拉佩（James Clapper）表示，至少有来自约50个国家的7,000多名武装人员参与了叙利亚内战。[①] 其中既有参与较为温和的反政府组织的武装人员，也有直接加入极端组织的武装人员。此后，2014年6月底极端组织"伊斯兰国"的"建国"行为，吸引了更多外籍武装人员的参与，从而使叙利亚内战中的外籍武装人数大幅增加。据估计，目前在叙利亚内战中，反政府方面的非本国公民或侨民武装人员的数量已超过1.2万人。[②]

自2011年年底以来，进入叙利亚参战的外籍人员总数虽然时多时少，但大体上仍保持稳定。只是在2014年初，由于叙利亚反政府武装之间相互混战，使外籍武装人员的数量曾一度减少。对于叙利亚内战外籍武装人员的具体来源和人数，相关国家也在公开或私下场合对其国内公民或侨民前往叙利亚参与武装冲突的情况提供过一些官方表述，但具体人数等信息主要还是基于社会媒体、社区信息或相关人员实地调查所获得的资料。相关数据不可避免地会低估这些外籍武装人员的数量。首先，赴叙利亚的外籍武装人员大多会对自己的行动保密，以便通过秘密渠道进入叙利亚。即使进入叙利亚以后，他们往往也会隐瞒自己的身份。同时，外籍武装人员在叙利亚参与的组织和团体，一般也不会保留这些外籍人员的详细信息。其次，很多外籍人员都是在战场上被打死后，其家人才得知他们前往叙利亚的信息，因为部分武装人员会在生前委托某位朋友在自己战死后打电话通知家人。叙利亚当地接受外籍武装人员的组织和团体也会在他们的网站、脸书等社交媒体上公布其成员的阵亡信息。部分国

[①] Alistair Bell and Tom Brown, "US Spy Chiefs Say Number of Foreign Militants in Syria Rises," Reuters, January 29, 2014, http://www.reuters.com/article/2014/01/29/us-usa-security-syria-idUSBREA0S1XL20140129，登录时间：2015年3月18日。

[②] Kevin Baron, "The Number of Foreign Fighters in Syria Exceeds 12000 and Rising," Defense One, July 15, 2014, http://www.defenseone.com/threats/2014/07/the-number-of-foreign-fighters-in-Syria-now-exceeds-12000-rising/89732/，登录时间：2015年5月21日。

家虽然承认有公民或侨民前往叙利亚，但并不掌握确切人数，或不愿意透露具体信息。最后，部分国家可能并没有意识到已有国民前往叙利亚，直到媒体报道后才得知有关信息。有资料指出，前往叙利亚的武装人员来源国总共达83个国家之多。[1] 其中，只有25个国家官方发表过本国前往叙利亚的武装人员数量。当然，这些数字一直处于变化中。

据统计，叙利亚内战中外籍武装人员的人数有1.2万多人，但统计范围仅限于叙利亚反政府武装人员。在政府军方面，同样有一批外籍武装人员在协助阿萨德政权作战，这批外籍人员主要来自伊朗、伊拉克和黎巴嫩真主党，人数约有7,000多人。[2] 因此可以合理地推测，在叙利亚的五年内战中，至少有近2万名外籍人员进入叙利亚境内参战。这些武装人员除绝大多数来自西亚和北非地区的阿拉伯国家外，其来源国遍及亚洲、非洲、欧洲、美洲和大洋洲。其中，来自欧洲国家的外籍人员数量惊人。据欧盟反恐协调人戴科乔夫（Gilles de Kerchove）2014年4月的估算，欧盟28个成员国中至少有2,000多人前往叙利亚。甚至有媒体认为，来自欧盟国家的人数应为3,000人。[3]

从已知的前往叙利亚的外籍人员的情况来看，其年龄主要集中在18—29岁；部分人员年龄在15—17岁，30岁以上年龄的只占少数。这表明，叙利亚内战中外籍武装人员的平均年龄要低于苏联入侵阿富汗时期前往阿富汗参加所谓"圣战"的外籍人员，他们当时的平均年龄在25到35岁之间。这种情况也凸显了2000年以来参加极端组织人员存在进一步低龄化的趋势。另外，叙利亚内战中的外籍人员绝大多数为男性，其中有少量女性主要来自西方国家，一般都是跟随朋友或丈夫前往，只有个别女性是只身前往叙利亚。例如，2014年3月，有一对瑞典夫妇自行驾车来到土耳其，夫妇两人都是皈依伊斯兰教的瑞典人，丈夫22岁，妻子21岁。两人到达土耳其后，通过加入人道主义救援队来到叙利亚的伊德利卜（Idlib）。丈夫在见到当地的"叙利亚自由军"武装人员后，立刻用并不熟练的阿拉伯语表示要参加"圣战"，并希望先得到武

---

[1] "Head of the Delegation of the Syrian Arab Republic at the 68th Session of the United Nations General Assembly," September 30, 2013, http://gadebate.un.org/sites/default/files/gastatements/68/SY_en.pdf，登录时间：2015年5月16日。

[2] Alessandria Masi, "Four Years into Syria's Civil War, Foreign Fighter Have Flocked to Nearly Every Faction," *IBTimes*, March 15, 2015, http://www.ibtimes.com/four-years-syrias-civil-war-foreign-fighters-have-flocked-nearly-every-faction-1847478，登录时间：2016年3月18日。

[3] Lachlan Carmichael, "'3,000 European Jihadis' Now in Syria, Iraq," *Jakarta Post*, September 24, 2014, http://www.thejakartapost.com/news/2014/09/24/3000-european-jihadis-now-syria-iraq.html，登录时间：2015年6月11日。

器。一名皈依了伊斯兰教的英国女子，也带着同样的动机独自来到叙利亚，加入了当地的反政府武装组织。①

前来叙利亚参战的外籍武装人员，此前大多没有参加武装冲突的经历或接受过正规军事训练。他们当中只有一些年纪稍长的人员，曾在其他地区或国家参加过武装冲突。例如，在加入叙利亚"支持阵线"（Jabhat al-Nusra）和"伊斯兰国"组织的约几百名沙特籍武装人员中，很多人曾在伊拉克参加过当地的武装冲突。同样，俄罗斯籍武装人员中也有部分人曾在车臣参加过武装斗争。另外，一些较为年轻的外籍武装人员在到叙利亚之前曾接受过基本的军事训练，包括"伊斯兰教法支持者"（Ansar al-Sharia）利比亚分支在利比亚开办的训练营，该极端组织主要为来自突尼斯和利比亚的"志愿者"提供基本的军事训练。这批外籍武装人员来到叙利亚之后，有些直接加入当地的极端组织，有些则组建自己的团体与极端主义组织一同战斗。在叙利亚政府军方面，伊朗革命卫队"圣城旅"（Al-Quds Force）的成员以及他们的伊拉克籍战友和真主党武装人员，事先都接受过长期的军事训练。

相比之下，来自西方国家的外籍武装人员不仅对叙利亚战场较为陌生，而且对于整个伊斯兰教都很陌生。来自欧盟国家的外籍武装人员中，大约6%为伊斯兰教新皈依者，即使那些生活在西方世界的西亚和北非国家第二或第三代穆斯林移民，对于叙利亚内战环境也缺乏了解。例如，来自比利时的外籍武装人员中，有80%是摩洛哥移民的后代。但在他们来到叙利亚之前，他们对叙利亚的情况几乎是一无所知。

很多外籍武装人员来到叙利亚后，都表示他们再也不会返回自己的国家。其中很多人甚至通过烧毁自己的护照，来彻底断绝与自己过去生活的联系。②部分外籍人员和叙利亚人结婚成家，在当地开始新的生活，以表明"战斗到底"的决心。这表明有相当数量的外籍武装人员具有为"圣战"献身的强烈意愿。2013年在叙利亚发生的53起自杀式袭击中，有23起是外籍武装人员所为。③2014年年初，又有至少6名加入"伊斯兰国"组织的荷兰、法国、摩洛

---

① Kylie Morris, "How British Women Are Joining the Jihad in Syria," *Channel4 News*, July 23, 2013, http://www.channel4.com/news/syria-rebels-jihad-british-foreign-assad，登录时间：2015年7月18日。

② "Video Shows US Jihadist Burning His Passport in Syria," *Al Arabiya English*, July 30, 2014, http://english.alarabiya.net/en/News/world/2014/07/30/Video-shows-U-S-jihadist-burning-his-passport-in-Syria-.html，登录时间：2015年5月18日。

③ "The Al-Nusra Front Recently Carried Out A Suicide Bombing Attack in Aleppo, Using A British Foreign Fighter," The Meir Amit Intelligence and Terrorism Information Center, http://www.terrorism-info.org.il/en/article/20622，登录时间：2016年4月15日。

哥和沙特籍武装人员，在伊拉克发动的自杀式爆炸袭击中丧身。①

二、外籍武装人员前往叙利亚的动因

导致大批外籍人员前往叙利亚参加内战的动因有很多，法国政府曾将本国人员前往叙利亚的原因大致归为三类：第一类是仇视本国社会；第二类是思想极端但目的并不明确；第三类是对本国社会缺乏认同或归属意识。目前看来，这种归纳基本符合大多数外籍人员，特别是西方国家的情况。对于大多数外籍武装人员来说，他们前往叙利亚参加武装团体的根本原因，就是要寻求他们"人生中更高的目标和意义"。

除内在的主观原因外，叙利亚内战中极端主义团体将这场战争描绘成伊斯兰"圣战"的宣传鼓动，则成为吸引大批外籍人员前往叙利亚的重要外因。近年来，各种含有极端主义内容的言论和视频，充斥在极端组织所控制的网络媒体中，并成为其招募外国志愿者的宣传广告。这些极端主义的宣传，常常声称先知穆罕默德曾暗示叙利亚将成为"圣战"之地。穆斯林军队必须参与其中，迎接世界的末日之战。②对于那些具有极端主义倾向的外籍人员来说，这种宣传自然会刺激他们前往叙利亚的强烈动机。很多人都希望抓住这个机会，去见证和参加这场所谓伊斯兰先知在1,400多年前所预言的战争。对于其中的一些人来说，这甚至被看成是他们作为伊斯兰"烈士"去"殉教"的机会，因为极端主义组织头目和部分自封为穆斯林宗教领袖的人士都极力鼓吹，那些在同"异教徒"敌人战斗中死亡的人，无论他们是谁，死后都会得到最大的福报。

除了和"圣战"相关的动因外，外籍人员前往叙利亚的另一个原因是履行保卫遭到攻击的伊斯兰世界的义务，这也是20世纪90年代"基地"组织最初建立之时所强调的伊斯兰极端主义言论。自2001年美军入侵阿富汗和2003年入侵伊拉克以来，伊斯兰极端组织的媒体机构从未停止过关于西方国家军队在伊斯兰国家各种暴行的报道，同时也不断炮制大量伊斯兰世界抗击外来侵略的故事。在很大程度上，前往叙利亚的外籍武装人员都是通过网络媒体去了解伊

---

① Bill Roggio, "ISIS Names Danish, French Suicide Bombers Killed in Ninewa Division," *The Long War Journal*, May 20, 2014, http://www.longwarjournal.org/archives/2014/05/isis_names_danish_fr.php，登录时间：2015年5月28日。

② Anthea Mitchell, "Why Are Foreign Muslims Joining ISIL?" Cheat Sheet, October 9, 2014, http://www.cheatsheet.com/politics/why-are-foreign-muslims-joining-isil.html/?a=viewall，登录时间：2016年4月16日。

斯兰世界发生的事情。他们在接受相关信息时，尤以叙利亚的新闻为主，并从宗教极端主义出发对这些事件进行评判。一名来自英国的外籍人员莫哈德加（Abu Muhadjar），曾这样解释自己前往叙利亚的动机："有很多原因导致我离开家庭来到这里，首先是宗教的原因，因为每个穆斯林在穆斯林的土地和生命遭到侵犯和危害的时候，都必须去进行保卫。其次是人道主义的原因，因为我要通过我的战斗来协助这里的人道主义工作。"①

在促使外籍人员前往叙利亚的各种因素中，网络发挥着尤其突出的作用。一份有关推特消息的研究表明，从2014年4月22日到5月22日期间，推特上有2.2万条有关叙利亚内战的发帖，且内容大部分都是有关外籍武装人员的活动。这些包含外籍武装人员对参加叙利亚内战的评论和感受的贴文，引起了广泛的回应和转发。这也表明那些具有极端主义倾向的群体，对于叙利亚内战具有超乎寻常的兴趣和关注。从实际效果看，受到叙利亚反政府势力支持、含有极端主义内容的网络信息，在很大程度上抵消了主流媒体相对客观的报道。这些推特贴文造成了两方面影响：一是建立了一个排除外界其他声音的信息交换圈，发挥了网络动员的作用；二是激发了具有极端主义倾向的个体的参与意识和热情，促使其最终采取实际行动前往叙利亚。②

对于前往叙利亚的外籍伊斯兰极端分子而言，叙利亚内战的吸引力还在于，他们幻想可以生活在一个社会制度和行为方式完全遵循伊斯兰教义的地区。很多从北欧国家前来的年轻外籍人员，在过去的生活中大多经历过挫折，或是和家庭关系不和睦。因此，他们更愿意接受自己所皈依的伊斯兰教推行的制度和生活方式，进而和自己的过去决裂。这些年轻人对于伊斯兰教往往缺乏基本认识，因此一般不会对他们的招募者提出任何问题，只选择完全相信招募者所描绘的情景。他们只有在进入叙利亚加入这些极端组织后，才会逐渐意识到极端主义团体内部的生活其实缺乏真正的宗教信念，转而可能寻求私下回国或是转到其他地区的做法。对于那些宗教使命感淡薄的人，他们可能只是把参加战争看作是一种冒险的机会，或是逃避现实的途径，其中很多人对于交战双方提出的政治宗教立场缺乏真正的了解和兴趣。这些人虽然可以找出大量理由说服自己前往叙利亚，但往往无法明确说明自己前往叙利亚参加内战的具体目的。

---

① Jenny Cuffe, "Who are the British Jihadists in Syria?" BBC News, October 15, 2013, http://www.bbc.co.uk/news/uk-24520762，登录时间：2015年7月16日。

② Richard Barrett, "Foreign Fighters in Syria," The Soufan Group, June 2014, http://soufangroup.com/foreign-fighters-in-syria，登录时间：2016年1月21日。

部分外籍人员前往叙利亚参加内战，是因为此前已经和叙利亚内战中的某一组织有过接触，或是对该组织的情况有所了解，因而这批人前往叙利亚的目的就是为了加入相关组织。这批外籍人员同叙利亚武装组织主要通过互联网进行接触。例如，来自荷兰的"圣战"分子伊尔马兹（Yilmaz）就通过Kik、Tumblr和ask.fm等社交应用和网络问答平台，不断报道外籍人员在叙利亚各组织的活动情况，解答各种前往叙利亚参加武装冲突的问题。[①] 通过上述社交应用和网络问答平台发布的很多消息和图片大多经过修饰和美化，旨在消除年轻人对战争的恐惧，对真实情况缺乏了解的年轻人在获取相关信息后便产生了对叙利亚当地生活的向往。很多表现外籍武装人员的画面中，甚至出现武装人员带着宠物猫的镜头。这些表现外国武装人员在叙利亚生活的画面尤其注重展现武装人员之间的兄弟情谊、良好道德和明确目标。尽管很多媒体在报道中都揭露了参与极端组织的外籍武装人员如何疯狂杀戮或迫害无辜平民的事件，但极端组织通过网络传播精心设计的画面，总是弥漫着一种英雄主义的情怀，很容易吸引人们的关注。

正是在极端组织网络宣传的强大影响和诱惑下，仅2014年法国就有700多人前往叙利亚参加武装团体，而从1979年苏联入侵到2001年塔利班政权垮台，法国只有不到20人前往阿富汗参加武装冲突。尤其值得关注的是，这些前往叙利亚的法国籍武装分子其实和叙利亚并没有任何文化或是种族上的联系。他们大多是年龄在18—28岁的年轻人，其中25%是穆斯林。这批人此前大多没有参与极端主义活动的记录，也没有刑事犯罪或是其他反社会行为方面的前科。与此相仿，摩洛哥政府2014年2月也宣称，在前往叙利亚参加内战的人员中，80%以上的摩洛哥籍武装分子此前都不是官方关注的对象。[②]

三、外籍武装人员对叙利亚内战的影响

大批外籍武装人员进入叙利亚，无论是支持还是反对阿萨德政权，无疑都加剧和延长了叙利亚内战。更为严重的是，这些加入反政府武装的外籍武装人员，还扩大了叙利亚内战中极端主义组织的势力。随着叙利亚极端组织的不断

---

① Robert Mackey, "A Dutch Jihadist in Syria Speaks, and Blogs," *New York Times*, January 29, 2014, http://thelede.blogs.nytimes.com/2014/01/29/a-dutch-jihadist-in-syria-speaks-and-blogs，登录时间：2015年11月18日。

② Shivit Bakrania, "Counter-and De-Redicalisation with Returning Foreign Fighters," Helpdesk Research Report, GSDRC, http://www.gsdrc.org/docs/open/hdq1140.pdf，登录时间：2015年3月18日。

发展和壮大，叙利亚内战也由原来针对阿萨德政权的政府与反政府势力之间的冲突，逐渐转变成一场恐怖主义政治势力对叙利亚以及相邻国家安全和领土完整的严峻挑战。在叙利亚内战爆发初期，外籍武装人员来到叙利亚后，虽然有很多人员加入"支持阵线"等极端组织，但也有大批人员加入"叙利亚自由军"等相对温和的反政府组织武装。西班牙学者瑞罗斯（Fernado Reinares）在研究西班牙籍武装人员参与叙利亚内战的问题时发现，自叙利亚内战爆发至2013年11月，共有25名西班牙人加入了"叙利亚自由军"，加入极端组织的有20人。[1] 此外，部分外籍武装人员还可能加入其他武装组织。例如，一位曾在瑞士军队中担任过军士的瑞士籍武装人员，曾加入了叙利亚内战中的基督教民兵组织。[2] 然而，2014年以后，随着极端组织"伊斯兰国"的不断发展壮大，越来越多的外籍人员也开始转向这类恐怖主义性质的极端组织。

在叙利亚内战中，大批外籍武装人员转向具有恐怖主义性质的极端组织，其原因主要在于长期以来叙利亚主流反政府武装缺乏作战效率，且难以联合成为一支整体力量。这导致各类武装团体各自采取行动，通过独自行动或是互相联合来维持和扩大自身影响力，而不是联合成统一的力量与叙利亚政府军作战。在这些形形色色的团体中，激进的武装团体往往能够获得更多的外来资源，其武装人员往往更加骁勇善战，更有组织性，动员能力和行动能力更强。这使得他们在打击叙利亚政府军以及与其他反政府力量争夺地盘时更具优势，因而吸引了大量外籍武装人员加入。

与此同时，极端组织对于外籍武装人员更具吸引力的另一个重要原因，在于这类组织宣称自己参加战斗的目的主要是为了保护伊斯兰世界免受外来攻击，而不是像"叙利亚自由军"所强调的仅仅是为推翻阿萨德政权这类事关叙利亚自身的目标，因而此类极端组织往往更具开放性和多元性。前往叙利亚的外籍人员中，有的可能不会说阿拉伯语，所以更愿意加入这种具有多元背景的极端组织。据说2014年5月以后，叙利亚武装冲突中使用的语言多达75种，除阿拉伯语和英语外，还有豪萨语、索马里阿法尔语、荷兰语等。在现实环境中，叙利亚反政府极端组织的控制区域大多位于叙利亚北部边境地区，这

---

[1] Fernando Reinares and Carola Garcia-Calvo, "The Spanish Foreign Fighters Contingent in Syria," Combating Terrorism Center, January 15, 2014, http://www.ctc.usma.edu/posts/the-spanish-foreign-fighter-contingent-in-syria，登录时间：2015年8月18日。

[2] Andrea Glioti, "Syriac Christians, Kurds Boost Cooperation in Syria," *Al-Monitor*, http://www.al-monitor.com/pulse/originals/2013/06/syria-syriacs-assyrians-kurds-pyd.html，登录时间：2016年5月18日。

使得外籍人员从土耳其越境进入叙利亚后，马上就会进入这些极端组织的势力范围，因而也会首先选择加入这些组织。外籍人员在这些极端组织中安顿下来后，作为新来者就会被激起高涨的战斗热情，立刻加入极端组织的武装行动中。同时，极端组织也会在组织上对他们加强管理，使他们很难离开再去加入其他武装团体。

就外籍人员对叙利亚内战的影响而言，来自伊朗、伊拉克和黎巴嫩的外籍武装人员，他们进入叙利亚的目的是为了支持和维护叙利亚的阿萨德政权。这批外籍人员虽然是以个体方式进入叙利亚，但都服务于伊朗政府支持阿萨德政权的行动计划。目前，这部分人员的数量也在持续增加。仅黎巴嫩真主党，2014年5月就派遣了3,000—4,000人进入叙利亚。[①] 在具体实战中，伊朗、伊拉克和黎巴嫩外籍人员在支持叙利亚政权方面发挥了重要作用。他们在政府军打击反政府武装取得的主要胜利中，都发挥了决定性作用。例如，2013年4月，叙利亚政府军在古赛尔（al-Qusayr）打击反政府武装的斗争中取得胜利，来自伊朗革命卫队"圣城旅"的志愿者，为叙利亚军队以及来自阿萨德家族的"夏比哈民兵"（Shabiha units）提供了系统有效的军事训练。自2014年初以来，来自伊拉克的民兵也为维护叙利亚政权发挥了重要作用。对于这些外籍武装人员在叙利亚政府军中的作用，美国华盛顿近东政策研究所（Washington Institute for Near East Policy）的防务问题研究员怀特（Jeff White）明确表示："你已经看不到全部由叙利亚人组成的政府军。叙利亚政府正是依靠大量外籍人员，才能支撑这个政权继续作战。"[②]

显然，外籍人员无论是参与反政府武装还是支持叙利亚政权，都使得叙利亚内战更趋复杂，其产生的影响已远远超出了叙利亚本土范围。在叙利亚周边地区，叙利亚内战导致伊拉克境内现存的冲突不断加剧。叙利亚反政府武装的控制区域跨越叙利亚和伊拉克边界，使其可以在两地建立据点并获取资源，但这也使得伊拉克国内两大教派之间的矛盾更加突出。在黎巴嫩，其国内脆弱的政治平衡也受到威胁，这一方面是由教派紧张关系加剧所致，另一方面则是因为叙利亚的激进团体可以跨界建立分支并发动攻击。另外，叙利亚内战还导致

---

① "Suffering Heavy Losses in Syria, Hezbollah Entices New Recruits with Money and Perks," *Haaretz*, December 19, 2015, http://www.haaretz.com/middle-east-news/1.692632，登录时间：2015年12月28日。

② Alessandria Masi, "The Syrian Army Is Shrinking, and Assad Is Running Out of Soldiers," *IBTimes*, December 17, 2014, http://www.ibtimes.com/syrian-army-shrinking-assad-running-out-soldiers-1761914，登录时间：2015年6月18日。

中东地区的教派冲突日益严重，加深了沙特和伊朗之间的矛盾，从而使得中东问题更加复杂。

四、外籍武装人员对国际社会安全的潜在威胁

叙利亚内战中的外籍武装人员来源广泛，这些人员除对叙利亚局势本身造成影响外，还导致叙利亚周边地区乃至整个国际社会暴力恐怖活动出现普遍蔓延的趋势。在久拖不决的叙利亚内战中，大批具有"圣战"理想和极端主义倾向的外籍武装人员都经历了长时间的暴力武装冲突。长期处于暴力冲突的环境中将会导致大批来自世界各地、本来就带有极端情绪的年轻一代对暴力活动变得习以为常，而且还会带着充满暴力和恐怖的世界观返回自己的国家或是前往新的冲突地区。这些人不仅具有从事恐怖活动的意愿，而且还具备了从事恐怖主义活动的能力。当他们回到自己的国家后，完全有可能同那些存在同样暴力倾向的人员形成网络联系，从而给相关国家的安全带来长期潜在的严重威胁。

一般来说，前往叙利亚参战的外籍人员回国后并不一定会成为恐怖分子，但也有少数人最终对其所在的国家发动恐怖主义攻击。从2014年5月一名曾加入"伊斯兰国"组织后回到国内的比利时籍武装人员在布鲁塞尔攻击一座犹太博物馆开始，至2015年11月三名曾经前往叙利亚后回国的法国籍武装人员发动巴黎巴塔克兰剧院恐怖主义袭击造成130人死亡，严峻的事实表明，参与叙利亚内战的外籍武装人员中有些人最终走向了极端主义和恐怖主义。究其原因，一方面在于这批外籍人员在叙利亚内战中深受极端主义观点的影响，常常会将反对者视为敌人，而且必须以恐怖和暴力的方式加以"消灭"；另一方面，在叙利亚内战中发展壮大的"伊斯兰国"组织等试图建立跨国恐怖主义组织，且具有征服世界野心的极端主义团体，会通过网络媒体不断号召和鼓励其回国人员对所有反对他们的国家或非伊斯兰国家发动恐怖攻击。由于极端主义团体不可能在短时期内被消灭，因而它们会不断宣传自己的目标。从叙利亚内战回到国内的外籍武装人员是极端组织重要的号召对象，因为他们已经在叙利亚内战中培养了发动暴力恐怖袭击的能力。因此，这批人无论是出于个人动机，还是被动接受极端组织的号召，都有可能在回国后发动暴力恐怖袭击。

相比之下，当年大批前往阿富汗抗击苏联入侵的外籍武装人员中，回国后很少有人后来转变成恐怖分子。究其原因，主要是因为塔利班统治时期，前往阿富汗的外籍人员往往对于"基地"组织的观念了解并不充分。这些人员只是

在阿富汗期间受到过本·拉登提出的打击美国等"远敌"言论的一些影响。[①] 但是，如今这些前往叙利亚的外籍武装人员，已经完全了解"基地"组织的性质以及伊斯兰极端主义团体的政治诉求。因此，在他们前往叙利亚时，实际上已经比当年前往阿富汗的"前辈们"接受了更多"基地"组织及相关极端主义团体宣扬的极端主义思想。

尽管很多外籍武装人员在进入叙利亚之前，可能并没有决定加入极端组织。但在进入该地区后，这些外籍武装人员大多还是加入了当地的极端武装。外籍武装人员加入后，就会和那些具有极端主义意识形态的武装人员一起共同生活和战斗。在此过程中，外籍武装人员不可能不被极端组织成员那种高度亢奋的极端主义情绪所感染，并进一步接受其极端思想。特别是对于那些前来叙利亚、最初只想获得归属感和自尊感的外籍人员来说，这种影响可能会更加深远。因此，叙利亚内战就像是一台培养新一代恐怖分子的孵化器，成为国际安全的重要威胁。

从极端主义的思想来源来看，"基地"组织的意识形态始终是其根源。在叙利亚内战中，"伊斯兰国"组织、"叙利亚自由军"和"支持阵线"是吸收外籍人员最多的三个武装组织，这三个组织最初都是由"基地"组织关联团体或原"基地"组织成员建立的。因此，"基地"组织建立跨国网络并发动全面恐怖主义攻击的观念，必然会成为上述组织的基本思想来源。不仅如此，"基地"组织对叙利亚内战抱有浓厚兴趣，并将其视为恢复自身实力和影响力的良机。为此，"基地"组织不断派出高层领导人员前往叙利亚，同那里的相关组织进行联系并对其施加影响。[②] 目前，"基地"组织的权威性和正统性虽然遭到了"伊斯兰国"组织头目巴格达迪（Abu Bakr al-Baghdadi）的挑战，但"基地"组织的思想观念在伊斯兰极端势力中的主导地位依旧十分稳固。"基地"组织领导人扎瓦希里（Ayman al-Zawahri）认为，当前的形势对"基地"组织非常有利，因为叙利亚和伊拉克长期不稳定的现实能够让"支持阵线"以及"基地"组织的附属团体控制更多的土地，在当地建立据点，重建一个国际性的联系网

---

① Seth Jones, *A Persistent Threat: The Evolution of al-Qa'ida and other Salafi Jihadists*, RAND, 2014, http://www.rand.org/content/dam/rand/pubs/research_reports/RR600/RR637/RAND_RR637.pdf, 登录时间：2016年3月16日。

② "Treasury Designates Al-Qa'ida Leaders in Syria," US Department of Treasury, May 14, 2014, http://www.treasury.gov/press-center/press-releases/Pages/jl2396.aspx, 登录时间：2015年3月18日。

络。① 不仅如此,"基地"组织还发现伊拉克和叙利亚显然比也门和索马里更有吸引力,在那里更容易获得包括外籍武装人员在内的人力和财力资源。对此,美国国防部负责情报事务的副部长克拉珀(James Clapper)也表示,在适当的条件下,这些极端组织在未来某个时候完全有可能会按照"基地"组织设定的目标发动攻击。② 2014年3月,发生在土耳其南部和伊斯坦布尔的两起恐怖主义袭击事件都与"基地"组织存在联系,而发动袭击的则是"伊斯兰国"组织的成员。

可见,无论叙利亚的事态未来如何发展,"基地"组织都有可能控制那些返回本国的外籍武装人员网络,或是指挥那些在叙利亚时就已经参加恐怖组织的成员,从而对全球安全形成重大的潜在威胁。即使未来叙利亚内战停止,这些深受极端主义思想影响并经历过暴力恐怖活动的外籍人员依然会继续他们的恐袭行动。作为极端主义分子组成的流动武装组织,这批人员会转向其他地区制造冲突,为恐怖主义团体扩大势力范围提供机会。③

更令人担忧的是,随着近年来"伊斯兰国"组织的兴起及其势力范围的不断扩大,叙利亚越来越多的外籍人员已经开始转向这个更加激进的伊斯兰极端组织。根据叙利亚"支持阵线"负责人的说法,2014年"伊斯兰国"组织宣布"建国"后,叙利亚已有40%的外籍武装人员加入了"伊斯兰国"组织。在"支持阵线"内部,有60%—70%的外籍人员转向"伊斯兰国"组织。"叙利亚自由军"中也有30%—40%的外籍人员投靠了"伊斯兰国"组织。一名在阿勒颇战斗的"叙利亚自由军"旅长公开表示,其部队中一些外籍武装人员在"伊斯兰国"组织发展壮大后,大多已经投靠该组织。转入"伊斯兰国"组织的外籍人员来自德国、摩洛哥和阿尔及利亚等不同国家。④

目前,"伊斯兰国"组织的目标已经不是推翻阿萨德政权,而是要建立一个范围广泛的"伊斯兰国家",并为实现这一目标建立广泛的跨国网络。为此,该组织内的外籍武装人员也会调整自身目标,将矛头转向叙利亚之外的广大地区,从而对相关国家的安全造成威胁。通过跨国网络体系,"伊斯兰国"组织不但能够把外籍人员输送入叙利亚境内,而且也能够把那些在叙利亚内战中

---

① "Al-Qaida Leader Zawahiri Urges Muslim Support for Syrian Uprising," *The Guardian*, February 12, 2012, http://www.theguardian.com/world/2012/feb/12/alqaida-zawahiri-support-syrian-uprising,登录时间:2016年2月10日。
② Alistair Bell and Tom Brown, "US Spy Chiefs Say Number of Foreign Militants in Syria Rises".
③ Brian Michael Jenkins, *The Dynamics of Syria's Civil War*, , RAND, 2014, http://www.rand.org/content/dam/rand/pubs/perspectives/PE100/PE115/RAND_PE115.pdf,登录时间:2015年3月18日。
④ Richard Barrett, "Foreign Fighters in Syria".

经过训练的外籍武装人员输送到外部世界。2014年下半年以来，阿尔及利亚、比利时、法国、马来西亚、摩洛哥、沙特阿拉伯、西班牙和土耳其都发现了极端组织动员和招募外籍人员的网络。叙利亚北部哈马（Hama）地区的一名极端组织头目也承认，他曾通过极端组织的跨国网络前往埃及会见一些伊斯兰极端组织的领导人，和他们商讨参加"圣战"的外籍人员前往叙利亚等事宜。该头目在埃及期间还会见了一批伊斯兰教法学者、外籍武装人员以及部分准备执行自杀式攻击的人员，他们都是通过该网络聚集于此。2015年1月，对巴黎犹太人超市发动恐怖袭击的女性恐怖分子哈亚特·布迈丁（Hayat Boumeddie），显然也是通过这种网络逃离法国警察的追捕而进入叙利亚的。

不言而喻，2015年在法国以及其他国家发生的多起恐怖主义袭击事件，已经可以明显看到"伊斯兰国"组织或是"基地"组织支持返回自己国家的外籍武装人员所构成的恐怖主义威胁。其中影响最大的是2015年11月巴黎巴塔克兰剧院的恐怖袭击事件。制造这起袭击事件的三名凶手中，一名是来自法国斯特拉斯堡的福阿德·穆罕默德·阿贾德，还有两名是来自巴黎郊区的奥马尔·伊斯梅尔·穆斯塔法伊和萨米·阿米穆尔，三人都是曾去叙利亚参加过内战的外籍武装人员。2015年，在欧亚地区发生的多起恐怖袭击事件中，参与制造恐袭的人员大多和参加过叙利亚内战的外籍人员存在联系。这种情况表明，参加过叙利亚内战的外籍人员返回国内后对所在国家安全构成潜在威胁的现实性和严重性。部分经历过叙利亚内战并深受极端思想影响的人，回到国内后依然难以放弃伊斯兰极端主义意识形态。因此，只要有适当的时机，这种极端主义思想就会变成具体的恐怖主义行动。这些从叙利亚回到国内的人员并不是孤立的，他们不但和叙利亚的极端组织，而且和分散在各地的回国人员之间通过跨国网络进行联系并交换信息，甚至组织小组行动。巴黎巴塔克兰剧院的袭击事件就体现了这一特点，因此造成的危害也特别严重，事件导致130人死亡和300多人受伤。

五、相关国家应对潜在威胁的措施

随着恐怖主义袭击事件的不断发生，相关国家也日益感受到参加叙利亚内战回国人员所构成的潜在安全威胁。对于外籍武装人员来源国的政府而言，如何处理这批从叙利亚回国人员仍存在诸多难题。相关国家政府对待"回流"人员的方式，将会直接影响到这些回国人员未来的行为走向。对于出于人道主义动机而前往叙利亚且没有参与过武装冲突的人员，如果他们回国后遭到严厉对待，反而会导致他们产生一种疏离感甚至走向极端。因此，相关国家政府最重要的工作是要了解他们前往叙利亚的动机及其在当地的所作所为，以及他们回国的真正原因。只有在了解了这三方面的情况之后，才能够根据这些回国人员可能构成潜在威胁的程度采取相应措施。但对于相关国家政府而言，弄清上述情况仍存在相当困难。但在不了解有关情况的背景下，相关国家政府确实难以采取适当的应对措施。

截至目前，相关国家对于从叙利亚返回国内人员采取的应对措施大致分为两种：一种是密切监视所有从叙利亚的回国人员，并用行政和法律手段对他们提出警告。在情况严重时，甚至没收他们的护照和取消他们的国籍；另一种是尽可能帮助这些回国人员重新融入社会。一般而言，很多国家都是同时采取这两方面的措施，两者相辅相成。为此，一些欧洲国家正在考虑将那些未经政府许可参与国外武装冲突的行为视为刑事犯罪，通过制定法律起诉那些加入过极端主义团体的人员。然而，此类案件在证据收集上存在较大困难，特别是像瑞士这类必须证明这些团体会伤害国家利益才能对被告人起诉的国家，在处理"回流"人员的问题上存在诸多障碍。2013年年底，俄罗斯联邦实施了一项法律，将赴境外参与被俄罗斯法律认定为恐怖主义团体的行为视为刑事犯罪。从客观上来说，这些法律，既可以让那些有可能导致严重后果的外籍人员离开叙利亚，也能够促使那些幻想破灭的外籍人员返回国内。

从具体效果来看，欧洲国家相关法律的实施确实产生了一定作用。2014年3月中旬，一名"支持阵线"的协调人表示，由于欧洲国家颁布了相关法令，"已经有数百名外籍武装人员返回他们的国家"。[1] "叙利亚自由军"的一名军官也谈到了类似情况："很多外籍人员初来时带着良好的意愿，但在他们看到那些不道德的行为和他们加入的团体实施残酷暴行时，就产生了退缩的想法。这可能促使他们加入其他团体，或是在幻想破灭时返回自己的国家。"[2] 客观地说，这类回国人员一般不会对国家安全构成威胁。但问题在于，如何帮助这些刚刚回到国内的人员重新融入社会，使他们不再受到伊斯兰极端主义思想的影响。

---

[1] Erika Solomon and Sam Jones, "Disillusioned Foreign Fighters Abandon Rebel Ranks in Syria," *Finacial Times*, March 18, 2014, http://www.ft.com/intl/cms/s/0/a26ffc5c-adfc-11e3-bc07-00144feab7de.html，登录时间：2015年6月21日。

[2] Scott Gates and Sukanya Podder, "Social Media, Recruitment, Allegiance and the Islamic State," *Perspectives on Terrorism*, No. 4, 2015, http://www.terrorismanalysts.com/pt/index.php/pot/article/view/446/html，登录时间：2015年12月19日。

面对这种情况，一些欧洲国家为帮助这批回国人员回归社会，启动了让回国人员家庭提供支持的重新融入计划。其中最重要的是抵制极端主义思想影响的心理防范，以及消除极端主义影响的心理健康护理。这些国家虽然也会用严厉的态度批评这些回国人员，但并不会影响这些计划的全面实施。当然，这些计划的实施效果取决于回国人员及其家庭是否具有参加意愿和足够的凝聚力。但实际上，很多前往叙利亚的武装人员的家庭缺乏这种凝聚力，因而也影响了这些计划实施的效果。

在中东地区，沙特政府颁布新的法令，在禁止国内人员前往武装冲突地区的同时，也积极呼吁那些已经前往叙利亚的人员返回国内，并在新法令生效前设置了大赦期限。2014年2月3日，沙特王室签发王室令，规定了对相关行为的惩罚措施。这些行为包括：参与国外的战争；以任何方式加入激进的宗教派别和意识形态运动或组织，特别是那些被沙特和国际社会认定的恐怖组织；以任何方式支持或宣传上述组织的意识形态或行为方式；以任何方式对上述组织表示同情；通过口头或书面形式提供任何口头或财政上的支持。作为阻止国内人员前往叙利亚的禁令，沙特王室的命令既是具有重要意义的政治宣言，也是对政府在各个方面采取行动的授权。

对于那些从叙利亚返回国内的人员，沙特政府会向其提供帮助。在沙特王室令颁布后不久，有三百多名沙特籍武装人员返回国内，被纳入政府专门制定的"咨询和照看计划"。另外，中东地区其他国家虽然不一定能够为回国人员提供类似沙特的条件，但也会为本国的回国人员提供重新融入社会的计划，由国家或社区层面的机构来实行。这些计划一般会考虑到回国人员可能受到的心理创伤，以及因回国所造成的紧张情绪和心理失调。同时，针对越来越多参加叙利亚内战的女性，这些计划也会考虑到她们的特殊需要，专门为其制定新的计划。

阿尔及利亚政府从20世纪90年代开始便制定了一系列措施来处理前往海外参与武装冲突人员的问题，并积累了一定的经验。具体来说，阿尔及利亚政府在得知本国有人前往叙利亚参加武装冲突时，会立刻与其家庭联系。这些家庭在发现家人已经前往叙利亚时都会深感震惊，因而愿意和政府当局讨论家人前往叙利亚的原因，以及应该采取哪些措施促使他们回国。这一措施使政府可以尽量减少采用威胁的方式，从而获得更多正面的回应。

除政府采取的措施外，社区对于这些回国人员的监视和重新融合可以发挥更加实际的作用。对于每个具体的社区来说，它不仅能够推动回国人员重新融入社会，而且还能够识别并发现那些可能存在重大安全威胁的人员，弥补了政府在这方面的不足。因此，相关国家政府更需要依靠社区来长期监视那些回国人员的态度和行动，以便及时发现任何潜在的问题。目前，比利时、丹麦、德国、英国和荷兰等欧洲国家已经开始采取这种方式。法国成立了一个呼叫中心，让那些回国人员的家庭报告家人的思想倾向，特别是要随时报告他们可能流露出的极端主义思想倾向。

六、结论

叙利亚内战中约有2万多人参加了政府军和反政府武装的冲突，在1.2万多名参与反政府武装的外籍人员中，有大批人员加入了"伊斯兰国"和"支持阵线"等极端组织。通过前文的分析，可得出以下五点结论：第一，这些外籍人员来自遍及亚洲、非洲、欧洲、美洲和大洋洲的80多个国家，不仅其来源广泛前所未有，而且使世界上如此众多的国家与叙利亚内战联系在一起。第二，这些外籍人员前往叙利亚的动机，大多是受到伊斯兰极端主义的诱惑，这也表明伊斯兰极端主义思想在当前的广泛影响。第三，大批外籍人员的参与加剧了叙利亚内战的冲突，也是导致叙利亚内战久拖不决的重要原因之一。第四，大批外籍人员从叙利亚回国后，必然会将他们在叙利亚期间参加极端组织的暴力心理和思想观念带回国内，从而给所在国带来长期的潜在安全威胁。2015年法国发生的多起由叙利亚回国人员发起的恐怖袭击事件已经表明，全世界将会长期面对恐怖主义的威胁。第五，相关国家对于参与叙利亚内战的回国人员虽然已经采取了应对措施，但依然存在很大困难。因此，相关国家政府必须重视同社区加强合作，推动这些回国人员尽快重新融入社会，同时防范那些坚持极端主义思想的人员可能发动的恐怖主义袭击。

伊斯兰马格里布基地组织产生的背景、特点及影响[①]

王 涛 曹峰毓[②]

摘要: 伊斯兰马格里布基地组织是阿尔及利亚国内宗教与世俗权力斗争、经济发展困境与贫富分化等问题的产物。国际局势的变动则为其提供了重要的外部契机。经过从伊斯兰武装集团、萨拉菲宣教与战斗组织到伊斯兰马格里布基地组织的发展嬗变,该组织致力于阿尔及利亚的国内圣战乃至全球圣战;组织体系在独立发展与获取外部资源、集权与自治间平衡;人员来源在以阿尔及利亚人为主体的基础上,力图实现本土化用人策略;行动则兼具政治与经济目的。伊斯兰马格里布基地组织的活动给西非和北非地区造成了巨大的人员伤亡与财产损失,严重冲击了其所在区域的地缘政治、地缘经济与地缘文化,且这种负面影响呈扩大化趋势。

关键词: 伊斯兰极端组织;伊斯兰马格里布基地组织;阿尔及利亚;萨赫勒;恐怖主义动荡弧

伊斯兰马格里布基地组织(Al-Qaeda in the Islamic Maghreb, AQIM)是活跃于西非和北非地区的伊斯兰极端主义武装组织。多年来,它针对政府机构与平民进行了多次袭击,影响波及阿尔及利亚、利比亚、突尼斯、摩洛哥、毛里塔尼亚、马里、尼日尔、乍得、布基纳法索等国,产生了巨大破坏力。2015年11月,伊斯兰马格里布基地组织制造的马里酒店爆炸事件甚至牵涉到中国,导

---

① 本文为2016年教育部人文社会科学重点研究基地重大项目"中东伊斯兰极端主义的新发展与中国的战略应对"(16JJDGJW010)的阶段性成果。
② 王涛,云南大学国际关系研究院非洲研究中心副教授;曹峰毓,云南大学国际关系研究院硕士生。

致三名中国公民丧生。① 作为非洲恐怖主义"动荡弧"最西边的一个环节，其未来走向关系到马格里布、萨赫勒乃至西地中海地区的安全。作为全球恐怖主义网络中的重要一员，它的发展与恐怖主义势力的盛衰关系密切。本文以伊斯兰马格里布基地组织为研究对象，探讨其缘起、组织发展演进及影响等问题。

一、伊斯兰马格里布基地组织的兴起

伊斯兰马格里布基地组织是在2007年成立的。不过，如果我们考察其产生背景，就会发现该组织是一定历史时期的产物，是阿尔及利亚过去五十多年政治、经济、社会矛盾日益积累与激化的结果。

（一）政治文化因素

伊斯兰马格里布基地组织的缘起与阿尔及利亚的伊斯兰主义宗教政治文化密切相关。在殖民地时期，法国在阿尔及利亚建立了西方式世俗民主政权，当地传统的伊斯兰文化长期处于边缘的地位。20世纪30年代以来，随着阿尔及利亚人民族意识的逐渐觉醒，伊斯兰复兴运动开始兴起，伊斯兰主义作为建构民族认同、反对法国殖民统治的意识形态开始被广泛传播，并参与了1954年爆发的阿尔及利亚民族独立战争。在战争中，伊斯兰主义成为阿尔及利亚"团结与行动革命委员会"（后改称为"民族解放阵线"，缩写为：FLN）意识形态的重要来源之一。②

1962年，阿尔及利亚实现国家独立后，执政党民族解放阵线选择了世俗化的发展道路，并积极推进社会主义建设。本·贝拉（Mohammad Ahmad Ben Bella）政府逐渐与伊斯兰主义者拉开了距离。③ 1965年，政变上台的胡阿里·布迈丁（Houari Boumedienne）在阿尔及利亚确立了一党制并直接干涉宗教事务，进一步将伊斯兰主义者排挤出权力中心。④ 1966年政府成立了隶属于宗教事务部（Ministry of Religious Affairs）的高级伊斯兰理事会（Higher

---

① 《习近平就3名中国公民在马里人质劫持事件中遇害作出重要批示》，载《人民日报》2015年11月22日。

② Mahmud A. Faksh, *The Future of Islam in the Middle East: Fundamentalism in Egypt, Algeria, and Saudi Arabia*, Santa Barbara: Greenwood Publishing Group, 1997, p.66.

③ Stephen Harmon, "From GSPC to AQIM: The Evolution of an Algerian Islamist Terrorist Group into an Al-Qa'ida Affiliate and Its Implications for the Sahara-Sahel Region," *BULLETIN N°85*, Spring 2010, p.13.

④ 赵慧杰：《阿尔及利亚》，北京：社会科学文献出版社2006年版，第73—74页。

Islamic Council），用以指导伊斯兰教活动。世俗主义最终支配了阿尔及利亚的政治乃至官方宗教事务，甚至对伊斯兰教义都进行了符合阿尔及利亚社会主义建设要义的修正。①

面对伊斯兰教被边缘化的局面，伊斯兰活动家谢赫·艾哈迈德·萨赫（Sheikh Ahmad Sahnoun）与穆罕默德·海德尔（Muhammad Khider）在1964年成立了"伊斯兰价值协会"（the Association for Islamic Values），主张重建伊斯兰价值观与民族精神，并批评外来文化使伊斯兰社会道德沦丧。1966年，他们因持有强烈的反世俗和反政府思想而遭到政府打压。次年，海德尔被暗杀。1970年，阿尔及利亚政府正式宣布伊斯兰价值协会为非法组织。② 20世纪70年代末，阿尔及利亚政府对小型私人企业及土地实行国有化政策，损害了民众利益，伊斯兰主义思潮在对抗社会主义国有化政策的背景下再次兴起，③随之产生了诸如"伊斯兰召唤联盟"（the League of the Islamic Call）和"伊斯兰武装运动"（MIA）等宗教组织。其中，前者首次明确了要在阿尔及利亚建立伊斯兰国家的主张，而后者则率先提出武装推翻现政权的设想，并在20世纪80年代初付诸行动。④ 这两个组织的理念为后来阿尔及利亚各个伊斯兰武装所继承，并影响了此后三十多年伊斯兰主义者与阿尔及利亚政府的权力斗争格局，伊斯兰马格里布基地组织的产生正是这一长期权力斗争的延续，彰显了该国宗教政治文化的特点。

（二）社会与经济因素

20世纪80年代，阿尔及利亚经济的两极分化及随之引发的社会矛盾成为伊斯兰马格里布基地组织滋生的社会、经济因素。阿尔及利亚独立以来的社会主义计划经济改革以建立国有经济为抓手，对国民社会经济生活进行了严格管控。在这一过程中，逐渐孵化出一个经济官僚集团，并最终导致经济体制的僵化与发展受挫。从分配结构上看，作为阿尔及利亚财政支柱的石油出口收入大多为精英集团所侵吞，标榜公平的社会主义实验未能保障普通民众的生活水平，长期存在的高失业率现象没有得到根本改观，社会财富两极分化严重。20

---

① Mahmud A. Faksh, *The Future of Islam in the Middle East: Fundamentalism in Egypt, Algeria, and Saudi Arabia*, Santa Barbara: Greenwood Publishing Group, 1997, p.67.
② Ibid.
③ 赵慧杰：《阿尔及利亚》，北京：社会科学文献出版社2006年版，第76页。
④ Stephen Harmon, "From GSPC to AQIM: The Evolution of an Algerian Islamist Terrorist Group into an Al-Qa'ida Affiliate and Its Implications for the Sahara-Sahel Region," *BULLETIN N°85*, Spring 2010, p.13.

世纪80年代以来,沙德利·本杰迪(Chadli Bendjedid)政府的经济自由化改革举措又进一步恶化了国内经济形势。在1982—1984年间,阿尔及利亚失业人数增加了20万;1986年,阿尔及利亚国内16—25岁的年轻人中有75%处于失业状态。[①] 此外,1986年国际油价猛跌与美元贬值的双重冲击更使阿尔及利亚整体经济状况受到严重影响,[②] 其国内生产总值在1985年后连续三年出现下滑,其中1988年降幅达1.9%(见图1);而外债总额则由1984年的148亿美元飙升至1987年的246亿美元。[③]

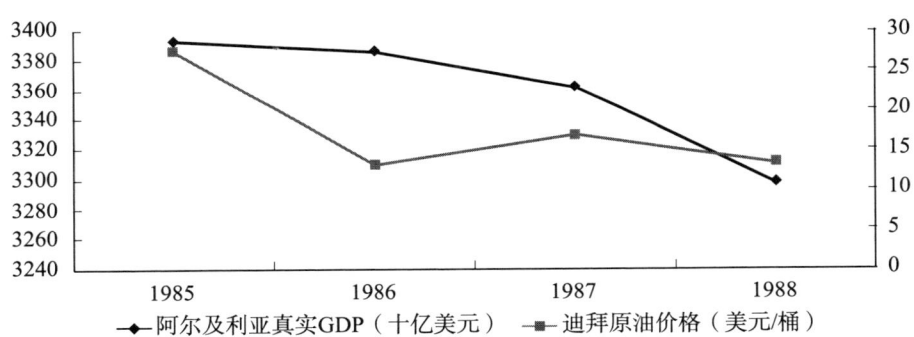

图1 1985—1988年阿尔及利亚GDP与迪拜原油价格变化趋势

(资料来源:BP, BP Statistical Review of World Energy 2014, London: BP, June 2014, p.16.)

阿尔及利亚民众对国家经济状况与自身处境的不满情绪日益积聚,1986年,该国爆发全国性骚乱,并不断蔓延,逐渐发展成波及全国二十多个省的全国性街头抗议运动。[④] 而阿尔及利亚全国的清真寺为抗议者与失业者提供了庇护,赢取了民众同情。由此,大量新的清真寺在未经政府批准的情况下建立起

[①] Michael Willis, *The Islamic Challenge in Algeria: A Political History*, New York: New York University Press, 1997, p.99.

[②] George Joffé, "The Role of Violence within the Algerian Economy," *Journal of North African Studies*, No. 7, 2002, p.31.

[③] IMF, "World Economic Outlook," Econstats, July 2012, http://www.econstats.com/weo/CDZA.htm, 2015-02-13.

[④] George Joffé, "The Role of Violence within the Algerian Economy," *Journal of North African Studies*, No. 7, 2002, p.32.

来，吸纳对政府不满的人员加入，并趁势灌输反政府的伊斯兰极端思想。① 此后，伊斯兰性质的反政府武装纷纷涌现，并不断发展嬗变，其中就包括伊斯兰马格里布基地组织的前身。

（三）外部环境因素

20世纪80年代，国际局势的演变为伊斯兰马格里布基地组织前身的产生提供了重要的外部契机。首先，1979年，苏联对阿富汗的入侵在伊斯兰世界激起了强烈反响。从20世纪80年代开始，数百名阿尔及利亚青年志愿者前往阿富汗参与该国的反苏圣战，他们在此期间接受了严格的武装训练，成为伊斯兰极端主义的忠实信徒。②20世纪90年代以后，这批人员陆续返回阿尔及利亚，被国内民众称为"阿富汗人"。他们构成了日后包括伊斯兰马格里布基地组织在内的众多伊斯兰武装组织的骨干力量。③

其次，1985年以后，苏联戈尔巴乔夫（Mikhail S. Gorbachev）的"新思维"改革思想也被传播到阿尔及利亚。本杰迪政府在这一国际变局下于1986年1月通过了新版《国民宪章》（National Charter），淡化了有关"社会主义"的内容。1987年7月，政府通过了《结社法》（Law of Associations），为自由结社打开方便之门。1989年2月，阿尔及利亚修宪，删除宪法中有关"社会主义"的表述，废除一党制，并增加了"保障结社自由和集会自由"的内容。④一批伊斯兰主义性质的政党随之成立，其中一些激进派组织后来发展成为伊斯兰马格里布基地组织的一部分。

上述内外因素体现了阿尔及利亚政治发展中教俗矛盾复杂化与长期化的特点，而1990年以来阿尔及利亚民主化进程的中断最终成为伊斯兰马格里布基地组织产生的直接诱因。经历席卷非洲大陆的多党制浪潮的洗礼，阿尔及利亚第一个伊斯兰主义政党"伊斯兰救国阵线"（Front Islamique du Salut, FIS）于1989年正式成立。它致力于打造一个教法管控下的伊斯兰国家，并由此赢得

---

① Tore Kjeilen, "Algerian Civil War," Looklex, March, 2015, http://www.looklex.com/e.o/algerian_civil_war.htm, 2015-02-13.

② Jean-Pierre Filiu, *Al-Qaeda in the Islamic Maghreb: Algerian Challenge or Global Threat*? Washington D. C.: Carnegie Endowment for International Peace, October 2009, p.2.

③ H. Osman Bencherif, "Algeria Faces the Rough Beast", *Middle East Quarterly*, Vol. 2, No. 4, 1995, p.31.

④ 赵慧杰:《阿尔及利亚》，北京：社会科学文献出版社2006年版，第79—81页。

众多穆斯林的支持。在宗教界的支持与信众的拥护下，伊斯兰救国阵线的支持率迅速上升，于1990年赢得阿尔及利亚首次市政选举，并在1991年第一轮立法会议选举中赢得了多数席位。①

与此同时，阿尔及利亚国内的安全局势日趋恶化。"阿富汗人"中的激进派组成了数支武装团体，将街头抗议活动发展为暴力武装冲突。他们反对伊斯兰救国阵线的"政治圣战"主张，指责这是对宗教教义的背离。②他们相信"血与殉教是取得政权并建立伊斯兰国家的唯一方式"；"民主与真主的意志并不相容。"③因而，伊斯兰激进分子在选举中制造了多起暴力袭击事件，并掠走大量武器弹药。

面对伊斯兰主义者的议会与武装斗争，阿尔及利亚军方一方面抵制"伊斯兰救国阵线"建立政教合一国家的政治活动，另一方面也严厉镇压一切伊斯兰暴力反抗运动。1992年，阿尔及利亚军方发动政变，罢免总统杰迪德，接管政权，并宣布国家进入紧急状态，无限期推迟了第二轮选举。随后，军方宣布"伊斯兰救国阵线"为非法组织，并将数千名伊斯兰政治活动家关进位于撒哈拉沙漠中的集中营。伊斯兰主义者试图通过议会斗争赢得权力的努力以失败告终。

军方中断民主化进程的行动激怒了"阿富汗人"及其他伊斯兰激进派，并将一批伊斯兰温和人士推向了激进派的怀抱。他们对政治和解与议会民主感到绝望，发誓要通过军事手段夺取政权。④1992年以后，数支伊斯兰性质的反政府武装纷纷成立，其中就包括伊斯兰马格里布基地组织的前身"伊斯兰武装集团"（Groupe Islamique Armé, GIA）。

从"伊斯兰武装集团"到最终定名为伊斯兰马格里布基地组织，实际上是阿尔及利亚国内伊斯兰反政府武装分化重组的结果。如前所述，1992年12

---

① Stephen Harmon, "From GSPC to AQIM: The Evolution of an Algerian Islamist Terrorist Group into an Al-Qa'ida Affiliate and Its Implications for the Sahara-Sahel Region," *BULLETIN N°85*, Spring 2010, p.13.

② Jean-Pierre Filiu, *Al-Qaeda in the Islamic Maghreb: Algerian Challenge or Global Threat?* Washington D. C.: Carnegie Endowment for International Peace, October 2009, p.2.

③ H. Osman Bencherif, "Algeria Faces the Rough Beast," *Middle East Quarterly*, Vol. 2, No. 4, 1995, pp.31-32.

④ Stephen Harmon, "From GSPC to AQIM: The Evolution of an Algerian Islamist Terrorist Group into an Al-Qa'ida Affiliate and Its Implications for the Sahara-Sahel Region," *BULLETIN N°85*, Spring 2010, p.14.

月,数支"阿富汗人"组成的小型武装集团整合为伊斯兰武装集团。① 它自称是唯一真正代表伊斯兰运动的组织,并声称要攻击任何与"对真主不敬虔、不符合伊斯兰律法的政府"有联系的目标。② 1993年以后,伊斯兰武装集团多次发动针对政府与平民的攻击,产生了巨大的影响,并受到国际恐怖主义组织的关注。③

旷日持久的冲突与人员伤亡使阿尔及利亚国内民众逐渐倾向于支持伊斯兰温和派的主张,赞同与政府和解,恢复和平,导致伊斯兰武装集团陷入孤立。④ 在政府军的集中打击下,该组织位于卡比利亚(Kabylia)地区的领导人哈桑·哈达卜(Hassan Hattab)于1998年5月宣布自立,另组"萨拉菲宣教与战斗组织"(Groupe Salafi ste pour la Prédication et le Combat, GSPC)。⑤ 哈达卜汲取了伊斯兰武装集团四面树敌的教训,对外宣称该组织是一个仅与腐败政府为敌的组织,袭击目标也只限定于政府机构与军事设施,承诺保障平民安全。⑥ 这样的理念与组织定位吸引了一大批既不愿向政府军投降、又不愿意滥杀无辜的伊斯兰温和派武装分子。⑦ 到2002年年初,萨拉菲宣教与战斗组织已发展为一个拥有超过4000名战斗人员的强大武装。

随着"9·11"事件后全球恐怖主义势力的扩张以及2003年3月伊拉克战争的爆发,萨拉菲宣教与战斗组织中以阿卜杜勒·德罗克戴尔(Abdelmalek Droukdel)为首的激进派开始倡导参与"基地"组织所领导的"全球圣战"。

---

① 伊斯兰武装集团的具体成立时间众说纷纭。据该组织1994年发布的声明,称其成立于1989年。See Lia Brynjar and Kjok Ashild, *Islamist Insurgencies, Diasporic Support Networks, and Their Host States: The Case of the Algerian GIA in Europe 1993-2000*, Kjeller: Norwegian Defence Research Establishment, 2001, p.21. 不过国际学界经过研究,多数都认为1992年12月才是伊斯兰武装集团正式组成的时间。See Jean-Pierre Filiu, *Al-Qaeda in the Islamic Maghreb:Algerian Challenge or Global Threat?*, Washington D. C.: Carnegie Endowment for International Peace, October 2009, p.2.

② H. Osman Bencherif, "Algeria Faces the Rough Beast," *Middle East Quarterly*, Vol. 2, No. 4, 1995, p.33.

③ Jean-Pierre Filiu, *Al-Qaeda in the Islamic Maghreb:Algerian Challenge or Global Threat?* Washington D. C.: Carnegie Endowment for International Peace, October 2009, p.3.

④ Stephen Harmon, "From GSPC to AQIM: The Evolution of an Algerian Islamist Terrorist Group into an Al-Qa'ida Affiliate and Its Implications for the Sahara-Sahel Region," *BULLETIN N°85*, Spring 2010, p.15.

⑤ William Thornberry and Jaclyn Levy, *Al-Qaeda in the Islamic Maghreb*, Washington D. C.: Center for Strategic & International Studies, September 2011, p.1.

⑥ Jean-Pierre Filiu, *Al-Qaeda in the Islamic Maghreb:Algerian Challenge or Global Threat?* Washington D. C.: Carnegie Endowment for International Peace, October 2009, p.4.

⑦ Mccullar, "AQIM: The Devolution of al Qaeda's North African Node," WikiLeaks, August 2010, https://wikileaks.org/gifiles/attach/27/27119_AQIM%20forc.e..doc, 2015-02-13.

2003年8月，激进派夺取了组织领导权，开始致力于通过全球范围的恐怖袭击发展伊斯兰圣战运动，阿尔及利亚的伊斯兰化则沦为这一运动中的"斗争环节之一"。① 该组织积极介入伊拉克事务，与扎卡维（Abu Mus'ab al-Zarqawi）领导的伊拉克恐怖主义集团携手对抗欧美"入侵"，积极向伊拉克输入阿尔及利亚"圣战者"。据统计，在2005年，伊拉克每四名自杀式袭击者中就有一人来自阿尔及利亚，由此扩大了萨拉菲宣教与战斗组织的国际影响，并得到大量的外部援助。② 至此，萨拉菲宣教与战斗组织进入了发展的巅峰期。

2005年年初，阿尔及利亚政府颁布《和平与国家和解宪章》（Charter for Peace and National Reconciliation），加大了赦免力度，萨拉菲宣教与战斗组织内部不少成员因此"叛离组织"。③ 另外，随着国际反恐战争的不断深入，在阿尔及利亚政府军与欧美反恐力量的联合打击下，萨拉菲宣教与战斗组织不得不将其活动的主战场从阿尔及尔暂时撤至南部沙漠山区。

为了扭转该组织面临的不利局面、获取更多的外部支援，萨拉菲宣教与战斗组织领导人德罗克戴尔与"基地"组织方面展开了多次秘密谈判，商讨双方结盟的问题。2006年9月，萨拉菲宣教与战斗组织正式向外界宣布加入"基地"组织的消息，并于2007年1月更名为"伊斯兰马格里布基地组织"。④ 至此，伊斯兰马格里布基地组织正式成立。

二、伊斯兰马格里布基地组织的发展特点

伊斯兰马格里布基地组织成立后，其发展经历了五个主要阶段。第一阶段，在2007年成立之初，它致力于在阿尔及利亚境内进行恐怖袭击，主要针对总理办公室等政府要害部门，以及联合国驻阿尔及利亚办公室和西方目标，产生了巨大影响。第二阶段，随着政府反恐力度的加大，伊斯兰马格里布基地组织在2008—2011年间不得不暂时将主力转移至阿尔及利亚南部与马里、尼

---

① William Thornberry and Jaclyn Levy, *Al-Qaeda in the Islamic Maghreb*, Washington D. C.: Center for Strategic& International Studies, September 2011, p.1.

② Jean-Pierre Filiu, *Al-Qaedain the Islamic Maghreb:Algerian Challengeor Global Threat*? Washington D. C.: Carnegie Endowment for International Peace, October 2009, pp.4-5.

③ Stephen Harmon, "From GSPC to AQIM: The Evolution of an Algerian Islamist Terrorist Group into an Al-Qa'ida Affiliate and Its Implications for the Sahara-Sahel Region," *BULLETIN N°85*, Spring 2010, p.21.

④ William Thornberry and Jaclyn Levy, *Al-Qaeda in the Islamic Maghreb*, Washington D. C.: Center for Strategic& International Studies, September 2011, p.1.

日尔接壤的萨赫勒地区，利用这里的"治安真空"赢得喘息之机。期间，该组织为了获取资金越来越多地介入绑架人质、走私武器与毒品贸易，并因分赃不均而屡屡内讧；而"圣战袭击"的次数却大大减少，"严重玷污了其作为圣战者的形象"。① 第三阶段，受到始自2010年年底中东变局引发的地区动荡影响，伊斯兰马格里布基地组织趁机进行了短暂扩张。一方面，它在阿尔及利亚境内的袭击力度有所较之前有所扩大；另一方面，它也加强了与尼日利亚、乍得、尼日尔、索马里、也门等国恐怖组织的联系，成为从萨赫勒到非洲之角"恐怖主义动荡弧"中的一个重要环节。② 尤为重要的是，它借马里内战之机，与"信仰捍卫者"（Ansar Dine）、③"西非圣战和统一运动"（MUJAO）协同行动，一度控制了占据马里国土面积2/3的北部地区。④ 第四阶段，即2013年至2015年年底，在法国出兵马里的强大军事压力下，伊斯兰马格里布基地组织势力从马里收缩，组织发展的重心再次转回阿尔及利亚北部沿海地区，并逐渐介入利比亚内战。而萨赫勒地区的这一"真空"则由从伊斯兰马格里布基地组织分离并重组的"血盟旅"（al-Mulathamun Battalion）所填补。⑤ 第五阶段则始于2015年11月对马里首都酒店的袭击。在此次袭击中，伊斯兰马格里布基地组织与"血盟旅"协同行动。12月，前者宣布收编"血盟旅"，这标志着伊斯兰马格里布基地组织再次将势力渗入西非。而它于2016年1月和3月分别在布基纳法索和科特迪瓦制造的恐怖袭击，则显示出伊斯兰马格里布基地组织在该地区扩大影响的决心。⑥

纵观伊斯兰马格里布基地组织的发展历程，可以看出以下四个主要特征：

第一，伊斯兰马格里布基地组织的理念诉求在全球圣战与阿尔及利亚国内圣战两端间摇摆，多次试图通过整合意识形态以保障组织的统一性。自2007年伊斯兰马格里布基地组织成立以来，萨拉菲主义（Salafism）就占据了该组

---

① William Thornberry and Jaclyn Levy, *Al-Qaeda in the Islamic Maghreb*, Washington D. C.: Center for Strategic& International Studies, September 2011, p.6.

② Alexis Arieff, *Crisis in Mali*, Washington D. C.: Congressional Research Service, January 2013, p.10.

③ 联合国安理会的决议则显示，"信仰捍卫者"是由伊斯兰马格里布基地组织创建的一个名义上独立的武装组织。其目的是通过该组织掩盖基地组织在萨赫勒地区的扩张。See "Narrative Summaries of Reasons For Listing," United Nation Security Council, 2015, https://www.un.org/sc/suborg/en/sanctions/1267/aq_sanctions_list/summaries/individual/abdelmalek-droukdel.

④ 王涛、汪二款：《图阿雷格人问题的缘起与发展》，载《亚非纵横》2014年第5期，第101页。

⑤ "Terrorist Designation of the al-Mulathamun Battalion," U.S. Department of State, December 2013, http://www.state.gov/r/pa/prs/ps/2013/218880.htm.

⑥ Caleb Weiss, "AQIM Targets Beach Resort in Ivory Coast," *The Long War Journal*, March 13, 2016, http://www.longwarjournal.org/archives/2016/03/aqim-claims-beach-attack-in-ivory-coast.php.

织意识形态的主导地位。它要求实行严格的沙里亚法（al-Shari ah law）和清教徒式的伊斯兰教义，具有反世俗、反西方、反民主、反多元化的特征，主张通过"圣战"复兴伊斯兰教并净化社会。[①] 不过，究竟是以阿尔及利亚国内圣战还是全球圣战作为奋斗目标，成为长期困扰其发展的一个核心议题。其实，这种理念上的混乱在其成立之前就已存在，包括是否与政府妥协、斗争目标是否牵涉平民等等。伊斯兰马格里布基地组织成立一段时期后，该组织开始奉行全球伊斯兰圣战的理念，宣扬要对抗全世界的一切"犹太人、十字军与他们的叛教者政权"，[②] 并将阿尔及利亚国内斗争视作这一全球斗争的组成部分，且服从于前者。基于这样的理念诉求，伊斯兰马格里布基地组织的发展定位便不再局限于阿尔及利亚，而是积极向周边国家扩展影响力，特别是向南部萨赫勒地区的国家。这样的战略转型在一定时期内增强了伊斯兰马格里布基地组织的国际影响力，但也严重消耗了它本身有限的资源。[③] 而该组织内部斗争目标扩大化与斗争资源有限性之间的矛盾则日益凸显。

2008年后，随着伊斯兰马格里布基地组织的活动重心转向萨赫勒地区，以穆赫塔尔·贝尔莫克塔尔（Mokhtar Belmokhtar）为代表的萨赫勒分支势力逐渐壮大，并最终衍生出一种新的"泛萨赫勒主义"。他们认为应把萨赫勒地区作为发动圣战的重点区域，并试图在该地区建立一个伊斯兰国家。由于与德罗克戴尔"全球圣战"理念间存在巨大的意识形态差异，贝尔莫克塔尔于2012年年底决定脱离伊斯兰马格里布基地组织，成立了新的圣战组织"血盟旅"。[④] 贝尔莫克塔尔的分离，也将伊斯兰马格里布基地组织的精锐部队"蒙面旅"（el Moulathamoune）带走，削弱了该组织的实力。2013年5月，"血盟旅"与"西非圣战和统一运动"开始联合行动。8月，两个组织进一步合并，组成新的、统一的"血盟旅"，一度取代了伊斯兰马格里布基地组织在西非萨赫勒

---

① Jeffrey M. Bale, "Islamism and Totalitarianism," *Totalitarian Movements and Political Religions*, Vol. 10, No. 2, 2009, pp.71-79.

② Stephen Harmon, "From GSPC to AQIM: The Evolution of an Algerian Islamist Terrorist Group into an Al-Qa`ida Affiliate and Its Implications for the Sahara-Sahel Region," *BULLETIN N°85*, Spring 2010, p.15.

③ Jean-Pierre Filiu, "Al-Qa`ida in the IslamicMaghreb: A Case Study in the Opportunism of Global Jihad," *CTC Sentinel*, Vol.3, Issue 4, 2010, p.13.

④ M Milosevic and K. Rekawek, *Perseverance of Terrorism: Focus on Leaders*, Amsterdam: IOS Press, 2014, p.70.

地区的影响。①

伊斯兰马格里布基地组织内部的保守派虽在2007年后一度蛰伏，但一直密切关注形势发展，伺机反击。随着伊斯兰马格里布基地组织斗争在萨赫勒地区遭遇挫折，保守派指出，"国内圣战"乃是组织的立足之本，将阿尔及利亚改造为纯正的伊斯兰国家才是斗争的终极目标。2013年以后，德罗克戴尔在组织内部保守派的压力与贝尔莫克塔尔制造的分裂面前，改弦更张，决定将伊斯兰马格里布基地组织的活动重心转回阿尔及利亚北部沿海地区，并优先扩展在突尼斯、利比亚的影响。它一方面将位于萨赫勒的武装力量调往阿尔及利亚–突尼斯边界，以强化在突尼斯的活动能力；另一方面，它与突尼斯伊斯兰极端组织"教法支持者"（Ansar al-Shariah）建立合作关系。② 同时，它还积极配合"基地"组织在利比亚的行动，向东扩张势力。③ 如此，伊斯兰马格里布基地组织暂时实现了全球圣战派与本土圣战派之间的微妙平衡。

2015年以后，两个因素使伊斯兰马格里布基地组织内部的全球圣战派势力重新占据上风。其一，"伊斯兰国"在西、北非的扩张已威胁到伊斯兰马格里布基地组织的利益，后者为了与"伊斯兰国"对抗也强化了在这两个地区的活动与影响。④ 其二，2015年以来，阿尔及利亚政府加大了反恐力度，国内的安全局势显著好转，使伊斯兰马格里布基地组织无机可乘，反恐力量较为薄弱的西非再次被伊斯兰马格里布基地组织关注。因而，在"伊斯兰国"扩张与阿尔及利亚反恐的双重压力下，伊斯兰马格里布基地组织与"血盟旅"的利益重新趋向一致，并导致2015年年底两者的合并。

第二，伊斯兰马格里布基地组织在制度建设上致力于实现在对外依附与独

---

① Mathieu Guidere, "The Timbuktu Letters : New Insights about AQIM," *Res Militaris*, Vol.4, No. 1, 2014, p.37. 在这里，笔者附带提一点，2015年11月马里首都酒店恐怖袭击发生后，国内媒体加大了报道力度，但包括《人民日报》、《环球时报》、《参考消息》在内的报刊都普遍将该组织误译为"纳赛尔主义独立运动"，网络上则以讹传讹。这可能是由于两个组织的名称相似所导致的错误："血盟旅"写为"al-Mulathamun Battalion"，"纳赛尔主义独立运动"写为"al-Murabitoun"，极易混淆。事实上，"纳赛尔主义独立运动"成立于1957年，是一个活动于黎巴嫩的公开政党，持世俗主义主张。"血盟旅"则是反世俗主义、反纳赛尔主义的宗教极端主义组织，无论如何也不可能在组织名称上冠以"纳赛尔主义"一类的词汇。

② Mathieu Guidere, "The Timbuktu Letters : New Insights about AQIM," *Res Militaris*, Vol.4, No. 1, 2014, p.37.

③ Larry Provost, "Deadliest Ever Islamic Attack on Tunisian Army," *Townhall*, July 26, 2014, http://townhall.com/columnists/larryprovost/2014/07/26/deadliest-ever-islamic-attack-on-tunisian-army-n1867435/page/full, 2015-03-11.

④ 《IS对北非国家发动"网络宣传战"》，载《参考消息》2016年1月22日。

立发展、对内集权与分治之间的平衡，试图以此来协调各方关系。2007年伊斯兰马格里布基地组织成立之初，就对外宣称是"基地"组织的一个分支，其目的在于援引外部力量帮助自身度过困境。但在度过最初的危机之后，如何处理与"基地"组织的关系，成为伊斯兰马格里布基地组织在发展中面临的重要议题。一方面，在加入"基地"组织后，伊斯兰马格里布基地组织学习、吸收了"基地"组织的许多战斗经验，并仿照"基地"组织建立起一套相对完善的组织体系。基于"基地"组织的模式，伊斯兰马格里布基地组织设立中央最高权力机构首领委员会（the Council of Headmen），由各战区最高指挥官组成，负责推选组织最高领导人"埃米尔"并确定发展战略。"埃米尔"拥有一定的财权与人事权，主持中央工作，并由咨询委员会（the Advisory Council）向其提供决策建议。该委员会则是由首领委员会、各技术委员会（通信、立法、军事、对外关系）的负责人及相关地区的代表组成。该组织还将其主要活动区域划分为中央区（阿尔及尔、卡比利亚及北部沿海）、东部区（阿尔及利亚东部与突尼斯）、西部区（阿尔及利亚西部）与南部区（萨赫勒地区）四个战区，并分别配备一名战区指挥员以方便管理。各个战区及其下属的各基层武装部队"旅"（katibas）都有较大自主权。[①]

此外，伊斯兰马格里布基地组织又与"基地"组织保持了若即若离的关系。虽然处处效仿"基地"组织，并从"基地"组织吸收资金，但伊斯兰马格里布基地组织在战略制订、重大决策、人员任免等方面，都排除了"基地"组织的可能干预，保持了相对独立。一直以来，"基地"组织都要求伊斯兰马格里布基地组织在欧洲境内发动恐怖袭击，并服从它的全球战略，但伊斯兰马格里布基地组织以力量不足为由加以拒绝，仍将活动范围局限在阿尔及利亚及周边，从而避免了与欧美国家的正面对抗。[②] 具体到中东地区，"基地"组织要求其组织配合阿富汗、伊拉克的"基地"组织分支，着重在西亚地区扩展影响，而伊斯兰马格里布基地组织则将发展战略转向萨赫勒地区。此外，"基地"组织也无法在伊斯兰马格里布基地组织内部安插人手。因而，"基地"组织在恼怒之余，只好在利比亚发展一个新的"北非分支"，以执行其命令，并牵制伊斯兰马格里布基地组织的行动。

在协调与"基地"组织关系的同时，伊斯兰马格里布基地组织还面临着内部运作机制的定位问题。为了执行宏观发展战略，伊斯兰马格里布基地组织在

---

① ECOWAS, *Peace and Security Report*, Economic Community of West African States, April 2013, p.2.
② William Thornberry and Jaclyn Levy, *Al-Qaeda in the Islamic Maghreb*, Washington D. C.: Center for Strategic& International Studies, September 2011, p.3.

体制上有集权的特性，但考虑到组织活动范围广、行动时效性等问题，又需要适当给予基层组织一定的行动自主权。因此，集权与自治的平衡始终考验着伊斯兰马格里布基地组织的领导能力。2008年以后，该组织在萨赫勒地区的袭击行动十分有效，且影响巨大，这得益于贝尔莫克塔尔等萨赫勒分支指挥官的自主决策力。在毛里塔尼亚、马里等国，当地分支自主策划了对西方国家相关目标的攻击，取得了巨大成功。然而，随着分支影响力的扩大，伊斯兰马格里布基地组织中央领导层则越来越"感到指挥失灵"。德罗克戴尔担任"埃米尔"后，派出亲信阿卜杜勒·哈米德·阿布·扎伊德（Abdelhamid Abu Zeid）担任萨赫勒地区塔里·伊本·齐亚德旅（Taregh Ibn Ziyad）的指挥官，对贝尔莫克塔尔加以牵制。[①] 不过，相互牵制导致了行动无效率，并一度迫使贝尔莫克塔尔脱离组织。虽然目前"血盟旅"重新加入伊斯兰马格里布基地组织，但资源、权力的分配等问题能否顺利解决，仍需进一步观察。

综上所述，我们可以看出，尽管伊斯兰马格里布基地组织宣扬"圣战"的神圣目标，但在实际操作中仍无法摆脱世俗权力斗争的影响因素，其组织建设则充分体现出对内外权力平衡的考量，尽管这一制度设计并不是在任何时候都能取得成功。

第三，在人员构成上，伊斯兰马格里布基地组织形成了以阿尔及利亚人为主体、兼顾人员本土化的思路，试图在既保持阿尔及利亚人领导地位的同时，又拓展组织的地区影响。尽管对伊斯兰马格里布基地组织的规模与人员构成缺乏精确的统计数据，不过，综合多方面材料仍可勾勒出一个基本情况。首先，自20世纪90年代开始，这一组织一直将阿尔及利亚作为最重要的活动中心。迄今为止，在伊斯兰马格里布基地组织约1000名战斗人员中，阿尔及利亚人仍占据了多数。[②] 其次，2008年以后，随着向西非萨赫勒地区扩张，该组织开始有意识地吸收一些西非本土黑人族裔成员，以此建立与当地部落的联系，并不断减少阿尔及利亚人在国外分支机构中的比例。[③] 例如，在贝尔莫克塔尔领导的"蒙面旅"中，毛里塔尼亚人占到1/3的人数，马里人、尼日利亚人所占比例也不小。截至2011年，在伊斯兰马格里布基地组织萨赫勒分支的成员中，

---

① Mccullar, "AQIM: The Devolution of al Qaeda's North African Node," WikiLeaks, August 2010, https://wikileaks.org/gifiles/attach/27/27119_AQIM%20forc.e..doc, 2015-02-13.

② ECOWAS, *Peace and Security Report*, Economic Community of West African States, April 2013, p.2.

③ M. Al Moustapha Touré, *What Is The Extent of Al Qaeda in the Islamic Maghreb and Where Does It Derive Its Strength in the Sahelian-Saharan Region: A Case Study of Northern Mali*, Fort Leavenworth: U.S. Army Command and General Staff College, January 2012, p.86.

有一半来自毛里塔尼亚和马里。① 再次，2013—2015年，随着伊斯兰马格里布基地组织向北非地中海沿线收缩势力，它一方面加强了在阿尔及利亚的人员招募，另一方面也积极吸收来自突尼斯、利比亚等国的"新鲜血液"。最后，2015年年底以来，随着"血盟旅"的加入，伊斯兰马格里布基地组织内部西非各族群成员的人数将再次有显著增加。

纵观伊斯兰马格里布基地组织的人员构成变化，可以看出两个特点：其一，其组织领导权始终掌握在阿尔及利亚人手中。从第一任领导哈达卜到现任的德罗克戴尔，以及"血盟旅"的实际掌权人贝尔莫克塔尔，均为阿尔及利亚籍，其下属的各分支领导人也多委派阿尔及利亚人司职。这表明该组织仍具有强烈的国别属性，远非一个泛马格里布地区的伊斯兰圣战组织。其二，该组织致力于向阿尔及利亚周边地区拓展影响，因而在邻国执行了一条人员本土化的策略。不过，它虽然吸收了大量外国成员，但由于语言、宗教信仰、族群认同等因素，多将他们安置于基层组织，非本土成员在组织内部的"晋升"难度较大。例如，萨赫勒地区黑人族群多为苏菲派（Sufism）信徒，与伊斯兰马格里布基地组织的萨拉菲主义意识形态格格不入，在加入该组织后，只能扮演"马前卒"的角色，故引发大量外国成员的不满。2011年中旬，该组织萨赫勒分支的部分毛里塔尼亚人与马里人便因此分离出去，另组西非圣战和统一运动。② 可见，伊斯兰马格里布基地组织的"低层次本土化策略"不仅未能有效促进该组织的国际化程度，外国成员的叛离更是削弱了该组织在周边国家的影响力。至今，该组织仍积极在西、北非各国招募成员，若它不在权力分配体制方面做出根本革新，新成员的叛离这一老问题可能还会多次重演。

第四，伊斯兰马格里布基地组织的行动兼有政治性动机与经济性目的，显示了其作为恐怖主义组织与武装犯罪集团的双重性质。伊斯兰马格里布基地组织自2007年成立之初，便积极效仿"基地"组织的"恐怖暴力范式"，③ 学习其自杀式袭击、同步攻击的做法，并大幅提升炸弹在袭击中的使用比例，加强了袭击的致命性与震慑性。此举不仅引起广泛的社会恐慌，而且给阿尔及利亚政府施加了巨大压力。④ 2006年，该组织前身制造的炸弹袭击仅为7次，

---

① ECOWAS, *Peace and Security Report*, Economic Community of West African States, April 2013, p.3.

② Carlos Echeverría Jesus, "Kidnappings as a Terrorist Instrument of Aqim and the MUJAO," *Paix et Sécurité Internationales*, No. 1, 2013, p.165.

③ 张金平：《"伊斯兰国"突起及西亚北非恐怖活动的变化》，载《国际观察》2015年第1期，第130页。

④ 在2007年以前，阿尔及利亚境内的自杀式炸弹袭击次数极少，之后变得较为密集。See H. Osman Bencherif, "Algeria Faces the Rough Beast," *Middle East Quarterly*, Vol. 2, No. 4, 1995, p.33.

2009年增至21次；袭击平均伤亡人数也由2006年的6人次增至2008年的15人次。① 在袭击目标的选择上，伊斯兰马格里布基地组织在继续攻击阿尔及利亚政府机构的同时，还加大了对西、北非地区来自西方国家机构或亲西方目标的袭击力度。在该组织前身制造的袭击中，仅有12%是指向西方目标，而2007年以来，这一比例上升到88%，② 其中2007年12月在毛里塔尼亚制造的多起袭击直接导致当年达喀尔国际汽车拉力赛（Paris-Dakar Rally）取消。③ 它对联合国驻阿尔及利亚办公室及对以色列驻毛里塔尼亚使馆的袭击更是在国际上造成巨大影响。④ 此外，伊斯兰马格里布基地组织还借鉴"基地"组织的经验，频繁利用网络媒体扩大自身影响。2006年，它在网络上发布的声明仅有21条，2009年已增至40条。⑤ 同时，伊斯兰马格里布基地组织还积极发展同其他恐怖主义组织的联系，先后与西非圣战和统一运动、尼日利亚博科圣地（Boko Haram）、利比亚伊斯兰战斗组织（LIFG）、教法支持者（Ansar al-Shariah）以及索马里青年党（al-Shabaab）等建立了合作关系。恐怖袭击、网络宣传与国际合作成为伊斯兰马格里布基地组织实现其政治目标的三种主要行动方式。

伊斯兰马格里布基地组织还积极介入萨赫勒地区的违禁品走私与绑架"生意"之中。2008—2011年间，它从毒品走私中获利5,000万欧元，并与"哥伦比亚革命武装力量"（FARC）建立了合作关系，充当"哥伦比亚革命武装力量"向欧洲运送毒品的中转站。⑥ 该组织萨赫勒分支的头目贝尔莫克塔尔也因广泛参与烟草、毒品走私而成为西方媒体眼中富有的"万宝路先生"（Mr. Marlboro）；伊斯兰马格里布基地组织也一度成为"最富裕的'基地'组织分支"。⑦ 同时，与"基地"组织将绑架西方人质作为"圣战"手段不同的是，

---

① Jacques Roussellier, *Terrorism in North Africa and the Sahel: Al-Qa'ida's Franchise or Freelance?* Washington, D. C.: Middle East Institute, August 2011, p.5.

② William Thornberry and Jaclyn Levy, *Al-Qaeda in the Islamic Maghreb*, Washington D. C.: Center for Strategic& International Studies, September 2011, p.5.

③ Jean-Pierre Filiu, *Al-Qaedain the Islamic Maghreb:Algerian Challengeor Global Threat?* Washington D. C.: Carnegie Endowment for International Peace, October 2009, p.6.

④ Mccullar, "AQIM: The Devolution of al Qaeda's North African Node", WikiLeaks, August 2010, https://wikileaks.org/gifiles/attach/27/27119_AQIM%20forc.e..doc, 2015-02-13.

⑤ Manuel R. Torres Soriano, "The Evolution of the Discourse of Al-Qaeda in the Islamic Maghreb: Themes, Countries and Individuals," *Mediterranean Politics*, Vol. 16, No. 2, 2011, p.282.

⑥ Stephen Harmon, "From GSPC to AQIM: The Evolution of an Algerian Islamist Terrorist Group into an Al-Qa'ida Affiliate and Its Implications for the Sahara-Sahel Region," *BULLETIN N°85*, Spring 2010, p.19.

⑦ Zachary Laub, *Al-Qaeda in the Islamic Maghreb(AQIM)*, New York: Council on Foreign Relations, January 2014, p.5.

伊斯兰马格里布基地组织主要通过绑架西方人质勒索赎金。2009年5月，它绑架了一名英国记者，为了获取赎金而对"基地"组织要求其处决人质的命令一拖再拖。① 同年，中国新疆"七·五"事件后，虽然伊斯兰马格里布基地组织也响应"基地"组织的号召，发出对中国的报复威胁，但迄今并未采取任何实质行动。② 对伊斯兰马格里布基地组织而言，经济目的甚至超过政治目标，走私、绑架变成组织的"赢利手段"，其所得也不再用于支持政治行动。从某种意义上讲，恐怖主义活动反而沦为该组织非法赢利活动的掩护。③

可见，伊斯兰马格里布基地组织的政治行动使其具有恐怖主义组织的性质，而其经济动机则更彰显了它作为一个武装犯罪集团的特征。这种双重特性一方面显示出该组织的策略灵活性，另一方面也加剧了组织内部的矛盾。一批主张发动"纯洁"圣战的成员，对其走私活动严重不满，这也是西非圣战和统一运动从伊斯兰马格里布基地组织中分裂出来的一个重要因素。因走私分赃不均所导致的内部火拼也"严重玷污了其作为圣战组织的声誉"。④

2014年以来，随着"伊斯兰国"在中东的迅猛崛起，引发全球伊斯兰极端组织势力格局的剧变。2015年3月，在非洲萨赫勒地区，与伊斯兰马格里布基地组织有密切联系的"博科圣地"宣誓效忠"伊斯兰国"；⑤ 4月底，"博科圣地"又改名为"伊斯兰国西非省"，进一步加强了与"伊斯兰国"的联系。⑥ "血盟旅"的一名领导人也曾在2015年5月的一段录音中誓言效忠"伊斯兰国"。⑦ 同年9月，伊斯兰马格里布基地组织位于阿尔及利亚中部的分支"安萨尔营"（Al Ansar Battalion）的部分成员也加入"伊斯兰国"。⑧ 青年党的前精神领袖谢赫·阿布杜卡迪尔·穆米（Sheikh Abdulqadir Mumi）也在2015年10月宣布

---

① Jean-Pierre Filiu, *Al-Qaeda in the Islamic Maghreb: Algerian Challenge or Global Threat?* Washington D. C.: Carnegie Endowment for International Peace, October 2009, p.12.
② Ibid., p.9.
③ William Thornberry and Jaclyn Levy, *Al-Qaeda in the Islamic Maghreb*, Washington D. C.: Center for Strategic & International Studies, September 2011, p.6.
④ Hans Krech, "The Growing Influence of Al-Qaeda on the African Continent," *Africa Spectrum*, No. 2, 2011, p.127.
⑤ 倪涛等：《"博科圣地"公开效忠IS震动多国》，载《环球时报》2015年3月9日。
⑥ 纪双城、杨明：《"博科圣地"改名"伊斯兰国西非省"》，载《环球时报》2015年4月28日。
⑦ 《三名中国公民马里遇难》，载《参考消息》2015年11月22日。
⑧ Caleb Weiss, "AQIM Battalion Claims 'Fewer than 10' Members Defected to Islamic State," *The Long War Journal*, September 5, 2015, http://www.longwarjournal.org/archives/2015/09/aqim-battalion-claims-fewer-than-10-members-defected-to-islamic-state.php.

效忠"伊斯兰国"。① 各个组织竞相"倒戈",势必会对伊斯兰马格里布基地组织的下一步行动方向产生影响。而早在2014年年中,伊斯兰马格里布基地组织在网络上的一个视频声明中就表达了与"伊斯兰国"合作的意愿,并委婉批评了"基地"组织。② 不过,在未来一段时间内,伊斯兰马格里布基地组织无论是继续追随"基地"组织,还是改弦更张转投"伊斯兰国",都不会成为组织发展的重大拐点。首先,这种组织上的从属关系决定了其宣传意图大于其他目的,"伊斯兰国"派人接管伊斯兰马格里布基地组织,将其纳入自己管辖的可能性不大。其次,伊斯兰马格里布基地组织与"基地"组织仍然是一种资源与人员的相互支援与利用关系。就伊斯兰马格里布基地组织的未来发展而言,更具意义的问题将是组织自身战略定位的转换,即能否从全球圣战中脱身,回归阿尔及利亚国内的斗争目标。

三、伊斯兰马格里布基地组织的影响

伊斯兰马格里布基地组织自成立以来,所制造的袭击、绑架事件已导致超过2,000人伤亡,间接伤亡数目更大。③ 据不完全统计,它还造成了至少上百亿美元的经济损失。④ 伊斯兰马格里布基地组织与境外恐怖主义组织相互协调、跨境行动,至今仍无彻底解决的希望。为了防控该组织的威胁,阿尔及利亚政府的军事开支居高不下,影响了国民经济的长远发展。至今,阿尔及利亚的失业率常年维持在10%以上,全国20%的人口生活在绝对贫困线以下,⑤ 这在客观上阻碍了阿尔及利亚的国家整合与经济发展。其影响具体而言体现在以下几方面:

---

① Tomi Oladipo, "Al-Shabab Wants IS to Back off in East Africa," BBC News, November 24, 2015, http://www.bbc.co.uk/news/world-africa-34868114.

② Hamid Yess, "Al-Qaeda in Islamic Maghreb backs ISIS," Al-Monitor, July 2014, http://www.al-monitor.com/pulse/security/2014/07/aqim-declaration-support-isis-syria-maghreb.html, 2015-04-18.

③ Chris Schultz, *The Evolution of Al Qaida in the Lands of the Islamic Maghreb*, Charles Town: American Public University System, November, 2010, p.36; OSAC, "Algeria 2014 Crime and Safety Report," The Overseas Security Advisory Council, February 2014, https://www.osac.gov/Pages/ContentReportDetails.aspx?cid=15067.

④ Zachary Laub and Jonathan Masters, "Al-Qaeda in the Islamic Maghreb," Council on Foreign Relations, March 27, 2015, http://www.cfr.org/terrorist-organizations-and-networks/al-qaeda-islamic-maghreb-aqim/p12717.

⑤ CIA, "the World Fact Book," Central Intelligence Agency, June 2014, https://www.cia.gov/library/publications/the-world-factbook/geos/ag.html, 2015-01-02.

第一，从地缘政治视角看，作为一支活跃在马格里布与萨赫勒地区的恐怖组织，伊斯兰马格里布基地组织对西、北非乃至地中海地区的地缘政治格局产生了巨大冲击。首先，它助长了周边国家的族群矛盾，造成政治动荡的连锁反应。伊斯兰马格里布基地组织积极为萨赫勒地区图阿雷格人（Tuareg）反叛组织提供资金与武器资助，鼓励其从事分离主义活动，激化了马里国内业已存在的族群矛盾，诱发了2013年的马里内战。[①] 它还资助利比亚境内的柏柏尔人（Berber）武装集团，致使利比亚族群冲突持续至今。[②] 其次，它与其他恐怖主义组织遥相呼应，使其恶劣影响呈几何级数倍增。一方面，由于马格里布基地组织活动地区处于北非与撒哈拉以南非洲的通道以及非洲与欧洲的联结点上，使其影响因地缘位置而放大；另一方面，由于它和其他恐怖组织相互联系，形成国际恐怖组织网络，[③] 产生了"蝴蝶效应"式的后果。伊斯兰马格里布基地组织同萨赫勒地区的西非圣战和统一运动、尼日利亚"博科圣地"、利比亚伊斯兰战斗组织、教法支持者以及索马里青年党（al-Shabaab）等组织形成合作或竞争关系，客观上形成了一条从萨赫勒到非洲之角的"恐怖主义动荡弧"。而随着也门胡塞武装（Houthis）的异军突起，这一动荡弧已从非洲之角延伸至阿拉伯半岛。[④] 若将其置于这一背景下来看，伊斯兰马格里布基地组织呈强势反弹态势的影响不可低估。[⑤] "伊斯兰国"已成为国际反恐联合打击的重点，它迫切需要打破现有封锁，开辟新战场。目前看来，萨赫勒与也门将是国际恐怖主义网络两个可能的突破口，而突破的目的地则是非洲之角与西、北非地区。2015年3月，突尼斯博物馆爆炸事件可以被视作"伊斯兰国"转战北非、开辟新"圣战"战场的一个重要标志。据统计，"伊斯兰国"派往北非的成员已超过1,000人。[⑥] 而伊斯兰马格里布基地组织正处于这一前沿地带，一旦恐怖袭击的影响出现叠加效应，将产生更大的威胁。

---

① 王涛、汪二款：《图阿雷格人问题的缘起与发展》，载《亚非纵横》2014年第5期，第99—100页。
② Mathieu Guidere, "The Timbuktu Letters : New Insights about AQIM," *Res Militaris*, Vol.4, No. 1, 2014, p.37.
③ 张金平：《"伊斯兰国"突起及西亚北非恐怖活动的变化》，载《国际观察》2015年第1期，第130页。
④ 韩晓明等：《也门，小国撬动中东大棋局》，载《环球时报》2015年4月1日。
⑤ 刘中民：《中东变局以来中东恐怖主义的新发展及其根源》，载《西亚非洲》2014年第6期，第9页。
⑥ Omar Shabbi, "AQIM defectors raise fears of IS branch in North Africa," Al-Monitor, September 2014, http://www.al-monitor.com/pulse/originals/2014/09/north-africa-algeria-aqim-establish-islamic-state.html#, 2015-01-02.

阿尔及利亚政府面对此危局，已将自身塑造成"反恐前沿"与欧洲安全门户，得到国际社会的日益重视。2005年，欧盟出台了《欧洲—地中海反恐行为守则》（Euro-Mediterranean Antiterrorism Code of Conduct），宣布将阿尔及利亚纳入欧洲反恐范围之中，加强了对阿尔及利亚的援助。① 2007年，美国提出"泛撒哈拉反恐伙伴计划"（TSCTP），为阿尔及利亚提供资金、武器装备与军事培训。阿尔及利亚政府多年的反恐努力获得国际社会认可，成为欧美反恐的重要伙伴国家，并借此获得大笔外援资金。如今，相对于混乱的埃及、利比亚与地处边缘的突尼斯、摩洛哥而言，阿尔及利亚已成为整个北非地区反恐的中心国家。②

面对共同的威胁，马格里布与萨赫勒地区的国家也已在地缘政治安全与反恐问题上逐步开展安全合作。2009年5月，阿尔及利亚与毛里塔尼亚、马里、尼日尔的联合军事行动取得阶段性成果，大大压缩了伊斯兰马格里布基地组织的活动空间。同年9月，四国领导人举行会谈，就恐怖主义问题协调行动。2010年4月，阿尔及利亚倡导召开了萨赫勒国家军事首脑峰会，并邀请布基纳法索、利比亚等国参与。此后，萨赫勒地区国家间的情报共享计划顺利开展，以政治、军事合作为基础的地区合作已经开启。③

第二，从地缘经济影响方面看，伊斯兰马格里布基地组织阻滞了其活动区域地区经济一体化的发展。首先，伊斯兰马格里布基地组织的活动区域内横亘着撒哈拉沙漠，从自然环境来看，西非与北非就是两个性质差异很大的地缘经济区，二者间在历史上的联系多属于跨区域性质，缺乏地区经济整合的基础。例如，该地区的"西非国家经济共同体"（ECWAS）旨在整合萨赫勒与几内亚湾地区的经济，阿拉伯马格里布联盟（UMA）则主要致力于北非一体化，利普塔科-古尔马地区共同开发组织（Liptako-Gourma Authority）则是尼日尔河中游国家一体化的组织。④ 目前，该地区尚未建立能够囊括该地区所有国家、并有能力推进西、北非经济一体化的组织，而伊斯兰马格里布基地组织在该地

---

① Euromed, "Euro-Mediterranean Code of Conduct on Countering Terrorism," European Union, November 2005, http://www.eeas.europa.eu/euromed/summit1105/terrorism_en.pdf, 2015-03-11.

② Stephen Harmon, "From GSPC to AQIM: The Evolution of an Algerian Islamist Terrorist Group into an Al-Qa'ida Affiliate and Its Implications for the Sahara-Sahel Region", *BULLETIN N°85*, Spring 2010, p.22.

③ 李意：《"伊斯兰马格里布基地组织"萨赫勒化及其对阿尔及利亚的影响》，载《国际论坛》2011年第6期，第74页。

④ 裴圣愚：《非洲萨赫勒地带民族问题研究》（博士论文），北京：中央民族大学出版社2012年版，第100—101页。

区所从事的毒品、武器走私，绑架活动，甚至于垄断某些商品的物流，已使自身成为一种体制外的利益集团，扮演了流动军阀性质的经济实体角色，更是破坏了西、北非地区地缘经济整合的基础。①

其次，这一地区的国家经济发展水平均比较低下，在经济结构上的互补性较差，本就缺乏经济一体化的内在动力，加之伊斯兰马格里布基地组织等极端组织的活跃，迫使各国政府将有限的资源从发展领域转移到安全领域，更是延误了发展的步伐。例如，理应作为萨赫勒地区经济一体化支柱的萨赫勒-撒哈拉共同体（Community of Sahel-Saharan States）自1998年成立后便因恐怖主义问题等因素陷入困境，近年来已几乎停止运转。② 而在地缘经济整合乏力的情况下，地缘政治领域的合作也很难向纵深推进。

第三，从地缘文化角度看，伊斯兰马格里布基地组织地处欧洲基督教文明、中东伊斯兰文明与非洲黑人文明的交汇地，这一地区不仅是政治权力的真空带，而且也是各大文明区的边界，缺乏主导性的文化整合力量，难以塑造一种对抗恐怖主义势力的统一文化认同，这无疑增加了化解冲突、实现和平发展的难度。而其活动的主要国家阿尔及利亚又是一个二元文化特征显著的国度，其北方地中海区域已较好地实现了欧洲文化与伊斯兰文化的融汇，而南方现在还处于黑人文化、伊斯兰文化博弈的局面中，并受到萨赫勒地区黑白种族文化冲突的波及。③ 伊斯兰马格里布基地组织利用这种文化上的对立，并挑动新的部落间对抗，积极向南方地区渗透，扩大势力范围，严重割裂了阿尔及利亚南北关系，损害了统一国家文化的建构进程。④ 总之，无论基于国家层面，还是地区层面，我们都不难发现，伊斯兰马格里布基地组织利用该地区地缘文化的差异乃至对立性特征以寻求自身的发展机会，同时它还顺势强化了这些特征，在不同族群、不同伊斯兰教派的成员间实施差别化待遇，严重撕裂了本已矛盾重重的萨赫勒地区社会，制造了文化对立的鸿沟，使图阿雷格人、柏柏尔人、班巴拉人（Bambara）和马林凯人（Malinke）等族群间的矛盾更加尖锐，也加剧了萨赫勒地区苏菲派信徒与萨拉菲主义信徒、穆斯林与非穆斯林之间的

---

① William Reno, *Warlord Politics and African States*, Boulder: Lynne Rienner, 1998, pp.24-28.

② 裴圣愚、熊坤新：《非洲萨赫勒地带国家整合研究》，载《西南民族大学学报》2013年第9期，第22页。

③ Signe F. Bondersholt and Kia C. K. Gyldenholm, "Conflict in North Mali-Tuareg Livehood," *International Development Studies*, Spring 2012, p.26.

④ Stephen Harmon, "From GSPC to AQIM: The Evolution of an Algerian Islamist Terrorist Group into an Al-Qa'ida Affiliate and Its Implications for the Sahara-Sahel Region," *BULLETIN N°85*, Spring 2010, p.15.

隔阂。①

综上所述，作为地缘变量角色的伊斯兰马格里布基地组织，它深刻影响了该地区地缘格局的变化。一方面，就地区安全模式而言，由于西、北非国家经济社会发展水平较低、地区联系滞后，这一地区的安全体系呈现孤立、断裂的特征。每个国家与周边国家的安全互动都是以自我为中心，多是以国内问题为出发点；在地区层面上，则缺乏一个能建构出有效保障整个地区安全系统的强有力的国家，因而缺乏建构地区复合安全互动体系的能力，② 为伊斯兰马格里布基地组织影响力的拓展提供了条件。另一方面，就地区安全议题的层次而论，西、北非地区国际关系中缺乏明晰的权力分配层次。③ 因而，无论是在军事、政治安全等领域，还是在文化、社会等领域，伊斯兰马格里布基地组织都释放出巨大的影响力，扮演了地区国际关系中举足轻重的角色。

四、结论

通过对伊斯兰马格里布基地组织的分析，我们可以得出几点基本认识：第一，具有宗教背景的一些反政府武装或极端组织在产生之初，为了得到广泛支持，常常打着宗教的旗号，迎合一些民众的诉求，满足一定人群的利益。然而，在发展过程中，这些组织由于基本理念所致，其中的大多数无法完成它们所预期的由破坏者向建设者转型的使命，渐渐与社会变革大潮脱节，逐步丧失民众支持，甚至沦为"为反对而反对"的暴力犯罪集团。事实上，这类极端组织背后折射出其极端的宗教意识形态，严重曲解了宗教教义，滥用教法。伊斯兰马格里布基地组织目前的状况印证了这一点。第二，反政府武装或极端组织在发展过程中常常会经历分化与重组的裂变，形成一个由原班人马中的激进派组成的新组织，在"改名换姓"后继续运作，其中的变量因素值得关注。非洲许多武装组织都经过这样的发展过程。伊斯兰马格里布基地组织就曾有多个前身，其成立后也陆续分化出一些新的、更为极端的组织，如"西非圣战和统

---

① Signe F. Bondersholt and Kia C. K. Gyldenholm, "Conflict in North Mali-Tuareg Livehood," *International Development Studies*, Spring 2012, p.26.

② ［英］巴里·布赞、［丹麦］奥利·维夫：《地区安全复合体与国际安全结构》，潘忠岐等译，上海：上海人民出版社2010年版，第236页。

③ 据约瑟夫·奈的"三维棋局"理论，上层军事、政治安全棋局是单极的，美国居于支配地位；中间的经济棋局是多极的，美、欧、日等国都有份额；下层的跨国关系棋局"超越政府的控制界限，权力结构极为分散"。参见［美］约瑟夫·奈：《硬权力与软权力》，门洪华译，北京：北京大学出版社2005年版，第195页。

一运动"、"血盟旅"等。刚果（金）的"三月二十三日运动"（M23）在重组后走上绝境，被政府军收编；乌干达的"圣灵抵抗军"（LRA）在几次分化重组后顽抗至今，也是极端组织不断分化组合的具体例证。[①] 不过，无论这类组织如何演变，一国经济发展水平的落后、社会各阶层的分化、政府政策失误及治理能力不足、外部恐怖主义势力的影响等，都是我们研究这些反政府武装走向极端化甚至发展为恐怖组织的重要关注点。第三，随着恐怖主义组织的全球网络化趋势愈发明显，各个组织间合流的情况越来越多，这是作为单纯的反政府武装不曾有过的新情况。恐怖主义组织在发展受挫时，通过依附一些更具影响力的组织以摆脱困境、获取新资源，从而寻求出路。2007年伊斯兰马格里布基地组织的成立，正是依附于"基地"组织的结果。从后果来看，这突破了恐怖主义组织间联盟的层次，造就了拥有众多分支的"巨无霸型"恐怖主义组织。这样的发展究竟是会壮大恐怖主义的声势、助成恐怖主义发展的新高潮，抑或因其对不同组织的整合以及"建国"功能的凸显而降低行动效率与灵活性，还有待进一步的观察。

若要从根本上铲除恐怖主义组织，我们需要从其宗旨诉求、组织结构、国际联系方面找寻反恐突破点。这是因为，宗旨诉求涉及国家内部政治、经济、族群、宗教关系的再协调问题，这是这类组织产生的重要"土壤"；组织结构与国际联系则关乎各国政府制订合乎时宜的政策，因此我们需要考量国内与国际反恐因素，把建立全球反恐统一战线与对各个组织的分化瓦解结合起来，依具体情况有所侧重。唯有如此，才能标本兼治解决反恐问题。

---

① 王涛：《乌干达圣灵抵抗军研究》，杭州：浙江人民出版社2014年版，第136—157页。

也门极端组织的发展及其影响[①]

刘中民　任　华[②]

摘要："9·11"事件以来，极端组织在也门的发展十分迅速，使也门逐渐成为极端组织新的"策源地"。从国内方面看，也门政局长期动荡、派系林立、部落势力坐大、社会经济发展缓慢、部落暴力文化盛行等因素为极端组织发展提供了社会土壤。从国际方面看，也门周边长期动荡、美国主导的反恐联盟投入严重不足及反恐手段功利化，使极端组织的发展难以得到有效遏制。从极端组织自身来看，"基地"组织的策略改变增强了其生存能力，它与"伊斯兰国"组织争夺领导权的斗争进一步刺激了也门极端组织的发展。也门极端组织的发展不仅挑战也门政权的政治合法性，使经济和社会形势进一步恶化、政治对抗和教派冲突不断激化，而且导致也门反恐形势更趋复杂，严重影响地区安全局势。

关键词：也门；极端组织；"基地"组织；"伊斯兰国"组织

"9·11"事件以来，极端组织在也门迅速发展，使也门逐渐成为极端组织新的"策源地"，并形成了以"基地"组织和"伊斯兰国"组织为源头的两大极端组织谱系。在美国和沙特等国的支持下，也门政府虽持续打击极端组织，但收效甚微，各种极端组织反而在也门乱局中不断发展壮大，给也门乃至地区安全局势带来了深刻影响。

一、也门主要极端组织的演变

以2001年"9·11"事件和2011年中东剧变为界，也门极端组织的演变经

[①]　本文为2016年教育部人文社会科学重点研究基地重大项目"中东伊斯兰极端主义的新发展与中国的战略应对"（16JJDGJW010）的阶段性成果。

[②]　刘中民，上海外国语大学中东研究所教授；任华，上海外国语大学中东研究所2016级博士生。

历了三个阶段。

（一）"9·11"事件之前

也门极端组织由来已久，最早可以追溯至冷战时期。① 从总体上看，在"9·11"事件发生前，也门极端组织的实力相对弱小，影响有限。

1990年也门统一后，极端组织主要活跃于该国南部地区。南部地区分裂势力反对国家统一，谋求通过暴力手段建立独立的"伊斯兰政权"。1993年秘密成立的"亚丁—阿比扬伊斯兰军（Aden-Abyan Islamic Army）"②是南部地区一个重要的极端组织，系"伊斯兰圣战运动（Islamic Jihad Movement）"的分支，据说是由本·拉登亲自领导建立的，曾密谋推翻也门政府，发动过多起针对西方和美国的暴力袭击事件。1998年8月，该组织参与袭击了美国驻肯尼亚和坦桑尼亚大使馆；12月28日，该组织绑架了16名西方游客，在政府的营救行动中，4名游客身亡，两名该组织成员被打死。③ 1999年3月，该组织警告美国和英国大使馆撤离也门。2000年10月，该组织参与袭击了美国"科尔"号军舰，其中一个头目阿布德·拉希姆·纳希里（Abd al-Rahim al-Nashiri）被美国抓获后关押在古巴的关塔那摩监狱。在思想上，"亚丁—阿比扬伊斯兰军"的成员信奉圣战萨拉菲主义，多为苏联入侵阿富汗时期参与对抗苏联的游击队成员，目标是在"圣战"的旗帜下，在也门和阿拉伯国家建立反对世俗主义的"伊斯兰国家"，④ 其头目载恩·阿比丁·梅赫达尔（Zein al-Abideen al-Mehdar，又名Abu el-Hassan el-Mohader）公开要求也门议会全体辞职，并实行伊斯兰教法。后来，该组织在也门政府的打击下被收编，并宣布放弃暴力和恐怖主义。⑤

也门"伊斯兰圣战组织"是南部地区另一个重要的极端组织，其主要成员多来自阿尔及利亚、埃及、也门和沙特等国，都是参与过1979年阿富汗战争的老兵。1994年，他们跟随塔里克·法德赫利（Tariq al-Fadhli）返回也门，支持萨利赫同南部的社会主义者进行斗争。在1994年夏季的内战中，萨利赫

---

① Michael D. Rettig, "International Institutions, Institutional Duality, and State Fragmentation: The Case of Yemen," December 15, 2012, SSRN, http://ssrn.com/abstract=2201920，登录时间：2016年10月28日。

② "Aden-Abyan Islamic Army," Terrorism Research & Analysis Consortium, http://www.trackingterrorism.org/group/aden-abyan-islamic-army，登录时间：2016年10月28日。

③ Ibid.

④ Ibid.

⑤ Ibid.

政府在战胜南方势力后并没有履行吸收他们加入军队的诺言，导致其和极端分子同流合污，并要求在南部地区建立实行伊斯兰教法的"伊斯兰国家"。1995年，该组织曾试图暗杀埃及总统穆巴拉克；2000年，它与"亚丁—阿比扬伊斯兰军"一起参与袭击了美国"科尔"号军舰，但此后关于该极端组织的消息很少。

除上述极端组织外，也门的极端组织还包括"阿布·哈夫斯·马斯里旅（Abu Hafs al-Masri Brigades）"、"阿布·阿里·哈里西旅（Abu Ali al-Harithi Brigades）"等，其主要目标都是在也门建立实施伊斯兰教法的"伊斯兰国家"。在也门政府的打击下，这些组织的活动逐渐减少，其中一些组织或销声匿迹，或被也门政府"收编"。

20世纪末至"9·11"事件发生前是"基地"组织在也门的渗透阶段。萨利赫为加强对国内局势的控制，对一些宗教极端分子实行庇护政策，[①] 加之也门政府难以有效控制偏远的部落地区，为"基地"组织提供了活动空间。[②] "基地"组织头目本·拉登早就对也门情有独钟，并曾长期在也门活动。1998年初，也门政府与美国商定建立军事基地，引发了"亚丁—阿比扬伊斯兰军"等极端势力与也门政府的对抗，为"基地"组织在也门"筑巢"提供了可乘之机。"基地"组织也门分支在本·拉登的扶持下得以创建，并着手策划针对美国军舰的袭击行动，其发展巅峰是2000年10月重创美国"科尔"号军舰的袭击事件。[③]

（二）从"9·11"事件至中东剧变

"9·11"事件后，"基地"组织在也门不断集聚力量、更新换代，在诸多极端组织中脱颖而出，其演变主要经历了三个阶段，并先后在2006年和2009年形成两股恐怖袭击的高潮。

1. 2001—2006年：集聚力量阶段

也门因其便利的地理位置、混乱的国内局势而受到"基地"组织的青睐，"基地"组织通过在也门建立新的据点，号召分散于世界各地的极端分子加入其在也门的分支机构。

---

① George Joffé, "Something Wicked This Way Comes: Background to the New Extremist Challenge in the Middle East and North Africa: Case Studies," Norwegian Peacebuilding Resource Center, April 2015, p.9.

② Goldenmean, "Al-Qaeda Threat Grows in Yemen," Before It's News, http://beforeitsnews.com/media/2012/03/al-qaeda-threat-grows-in-yemen-1877768.html，登录时间：2016年11月3日。

③ 方金英等：《也门恐怖乱象解读》，载《现代国际关系》2010年第1期，第53—54页。

"9·11"事件后，美国与也门政府加强了对"基地"组织的打击力度，该组织多名头目被击毙或被捕，使其实力遭受重创。例如，仅在2003年就有92名重要恐怖嫌犯在也门被捉拿归案。[①] 伊拉克战争后，国际恐怖主义呈现出"基地化"趋势，即"基地"组织与当地极端组织结合，并为其提供资金、进行人员培训、思想指导和精神支持，以达到扩散恐怖主义的目的。[②] "基地"组织强调要在也门和索马里采用同样的策略，即"融入当地，随时准备发动袭击"，宣称要将"基地"组织也门分支建设成为"最具威胁的一个分支"。[③] 此后，大量极端分子纷纷从阿富汗、巴基斯坦、伊拉克、沙特和索马里等国涌入也门境内，其中尤以在阿富汗和伊拉克被打散的"基地"组织极端分子居多。[④] 这些极端分子实战经验丰富，极大地增强了"基地"组织也门分支的战斗力，使之发展成为也门国内最具影响力的极端组织。

2. 2006—2009年：**活跃阶段**

2006年以来，"基地"组织也门分支频频袭击也门的石油设施及西方目标，掀起了"基地"组织活动的又一轮狂潮。2006年9月15日，"基地"组织也门分支在亚丁湾主要石油出口港哈德拉毛省的达巴港（Dhabba）发动了针对两处西方石油设施的四起自杀式炸弹袭击。2007年6月，纳赛尔·阿卜杜·卡里姆·瓦海什（Nasir Abd al-Karim al-Wahayshi）正式接管"基地"组织也门分支后，该组织继续向石油设施及西方目标频繁发动袭击；2008年3月和4月，"基地"组织先后向美国驻也门大使馆、美军驻地发射迫击炮弹；[⑤] 同年9月17日，"基地"组织也门分支再次袭击了美国驻也门大使馆，造成包括6名袭击者在内的16人死亡。[⑥]

3. 2009—2010年：**重组和高潮阶段**

2009年1月，"基地"组织沙特分支和也门分支正式合并为"阿拉伯半岛基地组织（AQAP）"，主要在也门南部活动。在也门建立"基地"组织的根据

---

① Michael Knights, "Jihadist's Paradise: Yemen's Terrorist Threat Reemerges," *Jane's Intelligence Review*, June 2008.

② 张金平：《国际恐怖主义与反恐策略》，北京：人民出版社2012年版，第81页。

③ Rukmini Callmachi, "Yemen Terror Boss Left Blueprint for Waging Jihad," USA Today, August 9, 2013，http://www.usatoday.com/story/news/world/2013/08/09/yemen-terror-boss/2636559/，登录时间：2017年1月19日。

④ Gabriel A. Dumont, *Yemen Background, Issues and Al Qaeda Role*, New York: Nova Science Publishers, pp.64-65.

⑤ 方金英等：《也门恐怖乱象解读》，第54页。

⑥ "U.S. Condemns Terror Attack on Its Embassy in Yemen," Xinhua News Agency, September 17, 2008，http://en.people.cn/90001/90777/90852/6501555.pdf，登录时间：2017年1月19日。

地，推翻与美国结盟的沙特和也门政权，是当时"阿拉伯半岛基地组织"的核心目标。① 该组织分支头目瓦海什曾担任本·拉登的秘书，具有丰富的组织和策划恐怖袭击的经验，2006年在"基地"组织也门分支的帮助下，他曾与"基地"组织其他23名高级别恐怖分子从萨那的监狱集体越狱。② 2009年1月，瓦海什在网络视频中公开了其领导人身份，并宣称"阿拉伯半岛基地组织"的首要攻击对象是在也门和沙特的西方利益代言者，以及美国和西方国家在阿拉伯半岛特别是在也门的机构。③ 同年3月，该组织在哈德拉毛省西部古城希巴姆（Shibam）附近袭击了韩国游客；同年圣诞节，一名尼日利亚籍的"基地"组织极端分子欧麦尔·法鲁克·阿卜杜·穆图拉布（Umar Farouk Abdul Mutullab）试图袭击从也门飞往美国底特律的航班；12月底，"基地"组织在亚丁公开洗劫军方装甲车并劫走50万美元。2010年，"基地"组织在也门驶往美国芝加哥的商船上安放了爆炸装置。上述事件表明，"基地"组织在该阶段的活动日趋活跃。

"9·11"事件后，除"基地"组织外，胡塞武装也成为影响也门安全局势的重要因素之一。2004年之前，胡塞武装与萨利赫政府虽有矛盾，但在政治上一直保持着同盟关系。2004年，因与萨利赫政府政见不同，侯赛因·胡塞发动了反政府武装叛乱。学界对于胡塞武装是否属于极端组织存有争议。一方面，胡塞武装确实是以宗教极端主义的名义号召在北部建立一个独立的"伊斯兰国家"；另一方面，它主要采取与政府军直接对抗、从事反政府活动等手段，并未采取爆炸、暗杀等恐怖袭击手段。也门政府对胡塞武装进行了多次打击，虽然取得一定进展，但未能对其形成致命打击。在侯赛因·胡塞被也门政府军击毙后，其弟弟马利克·胡塞全盘接管了胡塞武装，继续在北部地区从事反政府武装行动，但始终难以对也门政府构成致命威胁，也门政府也无法完全消灭胡塞武装。

（三）中东剧变之后

2011年中东剧变以来，也门极端组织发展的主要特点是"基地"组织和"伊斯兰国"组织的新发展以及二者的竞争。

---

① 钱学文：《中东恐怖主义研究》，北京：时事出版社2013年版，第197页。
② Gabriel A. Dumont, *Yemen Background, Issues and Al Qaeda Role*, p.66.
③ 钱雪梅：《基地的"进化"：重新审视当代恐怖主义威胁》，载《外交评论》2015年第1期，第122页。

1. "基地"组织的新发展及其受挫

2011年以来,"阿拉伯半岛基地组织"借也门国内和地区动荡局势乘势崛起,掀起了新一轮恐怖主义活动的浪潮,其具体表现包括三个方面:

首先,借也门局势动荡攻城掠地,大肆进行恐怖袭击活动。2011年1月,"阿拉伯半岛基地组织"夺取了也门南部一些城镇,在占领阿比扬省省会津吉巴尔市后,宣布以津吉巴尔为首都建立"伊斯兰酋长国"。同年5月,也门政府军与美军合作,加大了打击"基地"组织的力度,于9月10日夺回津吉巴尔。此后,也门政府军继续清剿津吉巴尔地区和其他被占城市的"基地"组织极端势力,双方均有伤亡。2012年2月,在哈迪宣誓就任也门总统之际,极端分子在哈德拉毛省省会穆卡拉市引爆汽车炸弹,导致28人死亡;3月,津吉巴尔市市郊两处军事基地发生自杀式炸弹袭击,导致近10人死亡;[1] 同年5—8月,"基地"组织连续制造3起爆炸事件,导致170多人死亡。此外,恐怖分子还将也门政府安全人员作为暗杀的重点对象,仅2012年就有40多名安全部门官员遭该组织暗杀。[2]

其次,调整活动策略,通过变换身份扩大生存空间。由于"基地"组织的活动日益引起普通穆斯林民众的反感,为适应中东剧变以来的形势变化,"阿拉伯半岛基地组织"企图通过改头换面的方式进行策略调整。受中东地区圣战萨拉菲主义兴起的影响,"阿拉伯半岛基地"组织开始以"伊斯兰教法支持者(Ansar al-Sharia in Yemen)"组织的新面目在也门出现,这是"阿拉伯半岛基地组织"为重塑形象而采用的一种策略。2011年4月,该组织头目艾布·祖拜尔·阿迪勒·阿巴布(Abu Zubair Adil al-Abab)表示,使用"伊斯兰教法支持者"的名称旨在明确该组织的行动领域和目标,其主要动机是在也门南部建立"伊斯兰酋长国"。"伊斯兰教法支持者"组织声称能够提供电力、水利、安全、司法、教育和通讯等也门政府无法提供的保障,迅速获得了一大批对政府失望的底层民众的支持。

最后,利用圣战萨拉菲主义进行意识形态宣传。"阿拉伯半岛基地组织"一方面利用地区动荡局势和热点问题加紧对也门的渗透,另一方面也加大了意识形态宣传和渗透的力度。圣战萨拉菲主义是"基地"组织意识形态的主要来源之一。尽管传统萨拉菲派和政治萨拉菲派不主张使用暴力,但"基地"组织等各类圣战萨拉菲组织打着"圣战萨拉菲主义"旗号,号召使用暴力手段推翻

---

[1] 程星源:《也门新总统哈迪》,载《国际资料信息》2012年第4期,第33页。
[2] 张金平:《全国对话会议与也门政治过渡》,载《西亚非洲》2013年第2期,第95—96页。

独裁政权，建立以伊斯兰教法为主要法源的"伊斯兰政权"（如"伊斯兰酋长国"），不断通过极端主义意识形态扩大自身的影响力，并以此吸引和招募极端分子。

"阿拉伯半岛基地组织"的活动引起了美国的高度关注，美国于2013年5月发布的《2012年恐怖主义国别报告》（Country Reports on Terrorism 2012）指出，2012年春，也门政府发动军事攻势，恢复了对"阿拉伯半岛基地组织"2011年占领的南部地区的控制权，但这种控制依然很脆弱，其威胁并没有根除。该组织转而采取非对称作战策略，将政府、亲政府的部落武装、外国外交人员作为主要的攻击目标。[①]

2012年2月哈迪出任总统后，也门政府和美国都加大了对"阿拉伯半岛基地组织"的打击力度，使该组织再次遭到重创。同年2月，"基地"组织负责海外事务的头目安瓦尔·奥拉基（Anwar al-Awlaki）在也门南部被美国炸死；[②]5月，也门政府军大规模清剿阿比扬省的"阿拉伯半岛基地组织"势力，击毙了数百名武装分子，并控制了津吉巴尔市；9月，"基地"组织二号头目、沙特人赛义德·谢-希赫里（Saeed al-Shihri）及其六名保镖在哈德拉毛省瓦迪地区被也门政府军击毙。2015年以来，在支持也门政府打击胡塞武装的同时，美国加大了空袭也门极端组织的力度。截至2015年2月2日，美国出动了120次无人战斗机，炸死了数百名武装分子，其中绝大部分是"基地"组织成员。[③]同年6月17日，美国在哈德拉毛省炸死了"阿拉伯半岛基地组织"头目瓦海什。

2. "伊斯兰国"组织在也门的扩张

2014年6月29日，"伊斯兰国"组织在伊拉克和叙利亚交界处宣布"建国"，形成了具有准国家性质的极端组织。在伊拉克和叙利亚站稳脚跟后，"伊斯兰国"组织加速了对中东各国的渗透，也门和土耳其尤其受到青睐。[④]"伊斯兰国"组织选择将哈德拉毛省西部作为在也门主要的据点，也是出于无奈。哈迪

---

① United States Department of State, *Country Reports on Terrorism 2012*, United States Department of State Publication, 2013, p.105.

② "'Local Al-Qaeda Chief' Dead in Yemen Clashes," Al Jazeera, http://www.aljazeera.com/news/middleeast/2012/02/2012216104619495628.html, 登录时间：2016年9月16日。

③ American Security Project (ASP), *Fact Sheet: Yemen*, February 2015, p.4, https://www.americansecurityproject.org/wp-content/uploads/2015/02/Ref-184-Yemen-Fact-Sheet-Jan-2015.pdf, 登录时间：2017年1月5日。

④ James Brandon, "Terrorism Monitor: In-depth Analysis of the Way and Terror," *Jamestown Publication*, Volume XIII, Issue 23, December 2, 2015, p.8.

政府在胡塞武装的进攻下虽已流亡沙特，但仍然控制着南部亚丁及其周边地区；胡塞武装控制了包括首都萨那在内的北部和西部地区；"基地"组织控制着哈德拉毛省东部地区。在此情形下，各派力量相对薄弱的哈德拉毛省西部地区便成为"伊斯兰国"组织首选的据点。

自2015年起，"伊斯兰国"组织开始在也门招募新成员。[1] 此后，该组织迅速扩大了势力范围。[2] 虽然没有像在叙利亚和伊拉克那样在也门攻城略地，但"伊斯兰国"组织在策划行动方面具有高度的专业性，其领导层具备丰富的领导经验和组织能力，因此该组织具有极强的扩张和渗透能力。[3]

进入也门后不久，"伊斯兰国"组织就多次发动造成大规模杀伤的恐怖袭击。例如，2015年3月20日，"伊斯兰国"组织派遣5名武装人员袭击胡塞武装，其中4名武装人员在萨那的两座清真寺实施自杀式爆炸袭击，1名武装人员在胡塞武装大本营萨达省省会萨达市实施自杀式爆炸袭击，事后胡塞武装宣布这两次袭击造成了至少137人死亡和350人受伤，这是该组织在也门实施的首次大规模恐怖袭击。同年5月23日，"伊斯兰国"组织同时袭击了亚丁的政府军事基地和军队征兵处，导致40余人遇难；6月20日，该组织在萨那旧城外的一座清真寺发动汽车爆炸袭击，造成2人死亡；9月2日，该组织在萨那北部的另一座清真寺门口发动了两起爆炸，造成至少30人死亡和近百人受伤；11月20日，"伊斯兰国"组织又袭击了哈德拉毛省的两个边境检查站。

进入2016年以来，"伊斯兰国"组织袭击的目标对准了也门政府。3月25日，"伊斯兰国"组织几乎同时在亚丁和以沙特为首的联军基地附近发动了三起汽车自杀爆炸袭击，造成至少22人死亡；5月12日，该组织利用汽车炸弹突袭穆卡拉市的一个军队检查站，造成10名士兵死亡；6月28日，该组织又在穆卡拉发动自杀式袭击，炸死40多名政府军士兵。这些袭击事件表明，"伊斯兰国"组织发动的恐怖袭击在规模和烈度上都远超"基地"组织，成为继"基地"组织之后在也门最具影响力的极端组织。

---

[1] American Security Project(ASP): *Fact Sheet: Yemen*, February 2015, p.1.
[2] Gregory Johnsen, "Al-Qa'ida and the Islamic State Benefit as Yemen War Drags on," *CTC Sentinel*, No. 1, Vol. 9, 2016, p.14.
[3] Mohammed Sinan Siyech, "A Comparative Analysis of 'Islamic State' & Al Qaeda in Yemen," Unpublished, September 2016, ResearchGate, https://www.researchgate.net/publication/308028420，登录时间：2016年10月28日。

二、也门极端组织的发展成因

近年来,也门极端组织之所以能够迅速发展,既有国内政局长期动荡、经济发展失败的因素,又有周边环境和反恐投入不足的因素,还有极端组织自身策略调整等因素。

(一)国内因素

第一,在政治方面,也门政局长期动荡造成部分地区出现权力真空,为极端组织的发展提供了巨大空间。

首先,也门国内派系林立,政治危机频发,为极端组织发展壮大提供了空间。也门统一后,该国实行了无限制的多党制,四十多个政党先后建立。这些政党代表不同的政治势力,相互之间争权夺利,导致从1993年4月统一后首届议会成立到2007年年中,也门先后更换了九届政府。[①] 也门政府频繁更迭的背后是各派力量角逐权力的政治危机,连萨利赫也称自己是一个"在蛇头上跳舞的人"。[②] 在此情况下,也门政府根本无法有效铲除极端组织。卡内基国际和平基金会中东项目专家克里斯托弗·布切克(Christopher Boucek)曾指出,对于政治危机频发的也门来说,打击极端组织和恐怖活动并不是也门政府的首要任务。[③] 中东剧变后,执政三十多年的萨利赫下台,新上台的哈迪政府对全国局势的控制能力大幅下降,导致南部地区分离主义力量和一度消亡的极端组织再度抬头。胡塞武装和萨利赫家族、流亡国外的哈迪政府、南部分离主义力量之间相互对抗,为极端组织的发展壮大提供了巨大的政治空间。

其次,也门政府对部落地区的控制能力有限。也门统一后建立了以萨利赫为首的威权政府,但长期以来,部落在也门政治和社会中一直占据着重要地位。部落不仅是也门的基本政治单位,更是各派政治力量尤其是中央政府十分倚重的对象。为维护国家统一,出身北部哈希德部落的萨利赫十分注重同国内各部落之间的关系。在议会组成、政府阁员、政治权力的分配上,萨利赫不得

---

① 林庆春、杨鲁萍:《列国志·也门》,北京:社会科学文献出版社2009年版,第118—120页。
② Mokhtar Al-Zuraiki, "Dancing on the Heads of Snakes: An Intertextual Analysis of Political Metaphor in Yemen," Ph.D. Dissertation, Oklahoma State University, 2013, p.47.
③ Christopher Boucek, "A Fraying Yemen's Terrorism Problem," December 29, 2009, Carnegie Endowment for International Peace, http://carnegieendowment.org/2009/12/29/fraying-yemen-s-terrorism-problem-pub-24407,登录时间:2016年12月21日。

不把部落首领引入政府中,使政府权力受制于部落首领。由于缺乏对部落地区的有效控制,"基地"组织等极端组织均选择部落地区作为逃避打击的藏身之地,并不断进行组织扩张和极端意识形态的渗透。

2012年上台的哈迪政府对局势的掌控更为有限。2015年哈迪政府流亡沙特后,忙于与萨利赫家族、胡塞武装等争夺政治权力和控制区域,导致东部地区出现权力真空地带,"基地"组织和"伊斯兰国"组织则在这些地区落地生根,并向西部地区扩展力量。2015年12月,在沙特向胡塞武装进攻的同时,"基地"组织乘机重新占领了曾在2011年和2012年两度占领过的阿比扬省。①

第二,经济社会发展的失败是也门极端主义产生的重要根源。

也门统一后,政府借鉴了社会主义国家和资本主义国家的经验,在保留自由竞争的前提下制定了三个"五年计划",力图使也门摆脱世界最贫穷国家的处境,但效果不佳,其经济与社会发展一直处于世界最低水平之列。特别是在南部地区,由于经济发展滞后,基础设施匮乏,民众生活困苦,该地区成为"阿拉伯半岛基地组织"的大本营。

中东剧变以来,政局动荡和混乱使也门基础设施遭到严重破坏,经济形势进一步恶化,失业率居高不下,经济社会秩序濒临崩溃,但军火生意却十分兴旺。正如法国反恐专家安德鲁·李·巴特尔斯(Andrew Lee Butters)所言,"去过也门的人就会知道,自动步枪、爆炸品甚至是火箭弹都可以在大街上公开售卖,人们毫不掩饰他们与各种伊斯兰极端组织之间的关系"。② 对于也门的年轻人而言,加入极端组织已经成为一种谋生手段,这为极端组织在也门招兵买马提供了便利条件。

第三,也门盛行的部落暴力文化为极端组织发展提供了社会文化土壤。

在也门长期的历史发展过程中,尚武文化十分盛行,部落之间为了争权夺利,经常发生暴力冲突。为维持本部落的生存和利益,几乎每个部落都拥有自己的武装力量,"枪支在也门的泛滥就像儿童玩具一样"。③ 因此,"枪支文化"与部落文化紧密结合,成为也门部落文化的独特风景线。④ 也门全国有二百多个部落,"每个部落都保有自己的领地,对政府保持一定的独立性"。⑤ 长期以

---

① Gregory D. Johnsen, "Al-Qa'ida and the Islamic State Benefit as Yemen War Drags on," p.14.
② Andrew Lee Butters, "The Most Fragile Ally," *Time*, Vol. 175, Issue 2, 2010, p.34.
③ "Yemen: Gun Culture Takes Its Toll on Boys," Irin Middle East English Service, August 29, 2010, https://www.highbeam.com/doc/1G1-235980227.html,登录时间:2016年9月16日。
④ Marie-Christine Heinze, "On 'Gun Culture' and 'Civil Statehood' in Yemen," *Journal of Arabian Studies*, Vol. 4, Issue 1, 2014, p.70.
⑤ 林庆春、杨鲁萍:《列国志·也门》,第17页。

来，以血缘为纽带的部落地区对"自己人"的保护意识极强，甚至不惜为极端分子提供庇护。在也门，许多部落对也门政府联合西方国家尤其是美国进行的反恐斗争怀有极强的抵触和排斥心理，甚至还偷袭进入本部落势力范围内实施反恐行动的政府军部队。

（二）国际因素

第一，索马里、厄立特里亚等也门周边国家长期动荡不安，为极端分子藏匿、周转提供了得天独厚的条件。

索马里"青年党（Al-Shabaab）"和"阿拉伯半岛基地组织"一直保持着密切关系。[1] "青年党"活跃于地处东非之角的索马里，与"阿拉伯半岛基地组织"所在地也门隔亚丁湾相望，"青年党"与索马里海盗的猖獗活动对地区安全乃至全球安全构成了严峻威胁。据美国司法部门消息称，75%以上来自也门、巴基斯坦、伊朗等地的"基地"组织活跃分子，最终都逃到了索马里。[2] 2010年初，"青年党"头目之一阿布·曼苏尔（Abu Mansur）曾宣称，"青年党"将向也门派出更多武装分子，以加强"阿拉伯半岛基地组织"的实力。[3]

此外，美国的反恐战争也导致更多极端分子流窜至也门及其周边地区。美国在阿富汗的反恐行动导致"基地"组织的极端分子四散溃逃至西亚、北非、南亚、东南亚等地区，尤其是也门和索马里等动荡国家，[4] 使也门不仅成为极端分子策划国际恐怖活动的基地，[5] 同时也成为"阿拉伯半岛基地组织"的大本营。

第二，美国领导的反恐联盟在也门的投入严重不足，其功利化的反恐手段难以奏效。

美国、也门和沙特组成的反恐力量十分有限，且在不断遭到削弱。萨利赫政府时期，也门主要依靠美国和沙特等国的支持进行反恐行动，取得了一些效

---

[1] Ioannis Mantzikos, "Somalia and Yemen: The Links Between Terrorism and State Failure," *Digest of Middle East Studies*, Vol. 20, No. 2, 2011, p.252.

[2] Alex Thurston, "Al Qaeda in Somalia and Yemen," *World Post*, May 25, 2011, http://www.huffingtonpost.com/alex-thurston/yemen-somalia-and-al-qaed_b_407980.html，登录时间：2016年10月16日。

[3] 张家栋、毛春伟：《也门恐怖活动近况与美国的反恐对策》，载《阿拉伯世界研究》2010年第2期，第39页。

[4] Gabriel A. Dumont, "Yemen Background, Issues and Al Qaeda Role," p.63.

[5] 张金平：《也门动荡转型中的恐怖活动与反恐策略》，载《阿拉伯世界研究》2014年第4期，第69页。

果;哈迪政府上台后,恰逢美国推出"亚太再平衡战略",对中东的战略投入大幅度降低,对也门反恐的支持力度大不如前。尤其是2014年以来,在哈迪政府面对胡塞武装和极端主义势力等多重威胁的情况下,美国却选择了撤走驻萨那的工作人员,足见美国已无心深度介入也门事务,当然更无法在反恐问题上对哈迪政府提供大力支持。

在反恐手段上,奥巴马政府的重大变化突出表现为改变小布什政府反恐战争和政权更迭等战争手段,转而选择更加灵活、机动的反恐手段,尤其是运用无人机打击和特种部队定点清除等手段,以增强反恐的实战效果。为此,美国在非洲、阿拉伯半岛和也门秘密修建了无人机基地,重点打击索马里和也门的"基地"组织。尽管"阿拉伯半岛基地组织"头目奥拉基等人相继在也门被击毙,但美国运用越境打击、无人机轰炸等"秘密战争"违反国际法的手段进行反恐,造成了大量无辜平民伤亡,遭到了中东伊斯兰国家和穆斯林民众的强烈反对,进一步加剧了穆斯林民众的反美、仇美情绪,并为极端主义的生存发展提供了社会土壤。[①]

(三)极端组织自身的因素

第一,"基地"组织等极端组织的策略改变,增强了其生存能力。

近年来尤其是中东剧变以来,"基地"组织在意识形态、活动策略等方面都进行了一系列调整,增强了其生存能力。在意识形态上,"基地"组织对中东剧变的反应有四个特点:首先,强调穆斯林应将"阿拉伯革命"视为"实现更伟大社会正义的漫长斗争的开始",其最终目标是重建"乌玛"和"伊斯兰国家";其次,"基地"组织声称支持阿拉伯民众推翻独裁政权的斗争;再次,警告"阿拉伯革命"如偏离"基地"组织设计的道路,将面临"误入歧途"的危险,尤其是批判埃及穆斯林兄弟会的变质;最后,"基地"组织重申致力于为阿拉伯民众提供摆脱其他势力诱惑和影响的替代方案和未来蓝图,即通过"圣战"实现伊斯兰教法的统治。[②] 实践证明,"基地"组织不断根据形势变化进行意识形态和行动策略的调整,极端主义意识形态的传播和渗透构成了其核心影响力的一部分。而转型阿拉伯国家经济与民生问题的持续恶化、宗教与世俗势力的对抗、教派矛盾的激化、利比亚战争和叙利亚内战的灾难性影响,也为"基地"组织意识形态的渗透提供了有利的社会环境。

---

① 刘中民:《奥巴马政府中东反恐政策述评》,载《国际观察》2013年第4期,第6页。
② Brian Michael Jenkins, "Al Qaeda in Its Third Decade: Irreversible Decline or Imminent Victory?" Santa Monica, CA: RAND, 2012, p.7.

"基地"组织的意识形态调整在"阿拉伯半岛基地组织"的活动策略中得到了具体的体现,其重要特征是采取"本土化"策略向哈德拉毛省渗透和发展,积极通过与地方部落开展合作,巩固和扩大自己的势力范围。"基地"组织于2015年4月占据哈德拉毛省首府穆卡拉后,淡化了过去采用的暴力激进手段,转而采取相对温和的手段,通过与当地部落或地方实力派联合来维系生存。"基地"组织头目甚至允许当地的穆斯林饮用含有酒精的饮料,同时不断告诫下属要善待民众,尽量避免用伊斯兰教法惩罚他人等。"基地"组织还帮助哈德拉毛省的一些部落组建自己的"小自治政府",并把维持地方治安作为活动重点,① 进而赢得当地民众的支持。

与此同时,"基地"组织极力对民众进行笼络,以便更好地融入也门社会。② 在"基地"组织占领的部落地区,甚至还提供基础设施和公共服务,而这恰恰是当地部落领导人和政府所无法提供的公共产品。在当地,"基地"组织通过兴建输水管道及电力设施和开垦农田来收买人心。也门各地区的部落首领为获取"基地"组织提供的水利设施和粮食,甚至允许该组织在当地招兵买马。③ "基地"组织还在其控制地区设立伊斯兰教法法庭,解决当地纠纷,因其办事效率高于政府部门,使不少当地民众在遇到纠纷时选择求助于"基地"组织的伊斯兰教法法庭,而不是官方的法庭。极端组织的笼络策略不仅能吸引更多当地民众的参与,而且增强了其生存能力和对局部地区的控制能力。

第二,"伊斯兰国"组织和"基地"组织争夺圣战萨拉菲主义运动领导权的斗争,进一步刺激了也门极端组织的发展。

有学者指出,伴随"伊斯兰国"组织的崛起,"基地"组织和"伊斯兰国"组织在意识形态领域产生了深刻分歧,导致圣战萨拉菲主义运动内部发生了严重分裂。这种分裂对于重塑圣战萨拉菲主义运动的未来战略、策略、优先选择等方面均具有重要影响。圣战萨拉菲主义运动的分裂无法通过包容的方式实现和解,在可预见的将来,世界各地的圣战萨拉菲主义运动将围绕"基地"组织和"伊斯兰国"组织选边站队,二者的斗争将日益导致圣战萨拉菲主义运动呈现出两极化的趋势。④ 这一论断也基本上符合"基地"组织和"伊斯兰国"组

---

① 王晋:《揭秘也门乱局:"基地"组织的扩张与各方势力争雄》,国际在线,http://gb.cri.cn/42071/2015/08/07/8211s5059136.htm,登录时间:2016年6月30日。

② Gregory D. Johnsen, "Al-Qa'ida and the Islamic State Benefit as Yemen War Drags on," p.14.

③ Christopher Swift, "Arc of Convergence: AQAP, Ansar Al-Shari'a and the Struggle for Yemen," *CTC(Combating Terrorism Center at West Point Sentinel)*, Vol. 5, Issue 6, June 2012, p.3.

④ [美]哈伊姆·马尔卡:《圣战萨拉菲主义的领导权危机》,刘中民译,载《阿拉伯世界研究》2016年第5期,第17页。

织在也门的矛盾。

为争夺对圣战萨拉菲主义运动的领导权，以"基地"组织和"伊斯兰国"组织为代表的极端势力，纷纷通过发动更大规模的恐怖袭击等方式，吸引更多的极端分子加入。在具体的竞争方式上，"基地"组织希望能够控制更多的领土，而"伊斯兰国"组织则首先着眼于在也门招募更多的极端分子。[①]"伊斯兰国"组织还要求也门的"基地"组织归顺和效忠于自己，虽然遭到了拒绝，但仍有大批"基地"组织武装分子投奔"伊斯兰国"组织。2014年12月，长期盘踞在也门南部地区的"阿拉伯半岛基地组织"下属的一个分支宣布加入"伊斯兰国"组织。目前，"伊斯兰国"组织虽然还"没有像在叙利亚、利比亚和伊拉克那样在也门建立稳固的落脚点"，[②]但其制造恐怖袭击的能力已经远超过"基地"组织。从未来的发展趋势看，伴随"伊斯兰国"组织在叙利亚、伊拉克遭到沉重打击，甚至有可能面临"亡国"的灭顶之灾，动荡和混乱的也门很可能成为"伊斯兰国"组织外溢和扩散的重要对象。

三、也门极端组织的影响

极端组织的发展对也门国内形势和周边安全均产生了十分消极的影响。

第一，削弱也门政府的政治合法性。2012年上台的哈迪政府治国无方，国内局势一片混乱，其政治合法性不断受到削弱，并面临胡塞武装和极端组织的双重挑战。除胡塞武装形成割据政权外，"基地"组织等极端势力也在其控制地区推行本土化策略，确立自己"准政府"的法律地位，[③]并通过提供基础设施和公共服务笼络民心，无疑进一步销蚀了哈迪政府本就十分脆弱的政治合法性。

第二，恶化也门的经济形势。极端组织发动的恐怖袭击活动严重影响了也门的经济发展，不仅破坏了原本就十分薄弱的基础设施，造成大量的人员和财产损失，更使也门经济雪上加霜。2010年也门经济增长率为7.7%，陷入动荡后的2011年经济呈现负增长12.7%。[④]据世界银行估计，2015年3月至10月间，

[①] Gregory D. Johnsen, "Al-Qaida and the Islamic State Benefit As Yemen War Drags on," p.14.

[②] Mohammed Sinan Siyech, "A Comparative Analysis of 'Islamic State' & Al-Qaeda in Yemen," p.2.

[③] Rukmmini Callmachi, "Yemen Terror Boss Left Blueprint for Waging Jihad," August 9, 2013, p.3, http://hosted.ap.org/specials/interactives/-international/-pdfs/al-qaida-papers-how-to-run-a-state.pdf，登录时间：2016年10月30日。

[④] Anwar Salem Musibah *et al.*, "Impact of Foreign Investment in the Yemen's Economic Growth: The Country Political Stability as a Main Issue," *Asian Social Science*, Vol. 11, No. 4, 2015, p.104.

也门四个主要城市的基础设施遭受破坏的损失达41亿至50亿美元之间，占2013年的GDP的13%。①与此同时，极端组织的恐怖活动导致也门安全局势严重恶化，致使外资不断出逃，其中2011年到2013年出逃的外资分别为5.18亿、5.29亿和1.33亿里亚尔，②进一步加剧了也门经济的困难。

第三，加剧也门的动荡和分裂。在西部地区，"基地"组织介入胡塞武装与哈迪政府的冲突，使局势更加混乱。当胡塞武装与政府军在西部塔伊兹地区激战之际，"基地"组织也向该地区派遣了武装分子，与当地的部落武装联合对抗胡塞武装，并以提供社会服务的方式笼络当地的部落和民众。③在亚丁地区，极端组织也同沙特领导的阿拉伯联军作战，"基地"组织和"伊斯兰国"组织都向该地区派遣了大量武装分子进行暗杀活动。在也门东部地区，极端组织对其所占领区域的控制不断加强，已形成联合作战之势。2014年以来，"基地"组织和"伊斯兰国"组织在也门东部地区尤其是在哈德拉毛省的影响不断扩大。当前，胡塞武装成为沙特领导的阿拉伯联军和哈迪政府打击的重点，联军和哈迪政府对极端组织的打击却十分有限，因此极端组织在也门东部地区的影响有进一步增强的趋势。

第四，加剧也门的教派冲突。也门什叶派分支栽德派和逊尼派人口大致相当，分别占总人口的55%和45%。④但历史上也门的教派矛盾并不突出，当前什叶派胡塞武装与逊尼派哈迪政府的矛盾主要是围绕争夺国家政权的矛盾而非教派矛盾。但逊尼派背景的"伊斯兰国"组织进入也门后极力挑拨什叶派和逊尼派之间的矛盾。在"伊斯兰国"组织看来，"基地"组织并没有尽全力去杀戮什叶派，对什叶派胡塞武装的攻击远远不够。⑤因此，"伊斯兰国"组织在意识形态和活动方式上都极力挑拨和激化逊尼派和什叶派的教派冲突。除频频袭击什叶派武装组织外，"伊斯兰国"组织还在2014年3月两次袭击萨那的两个什叶派清真寺，造成了130多人死亡。2015年3月2日，"伊斯兰国"组织再次袭击了萨那的一座清真寺，造成包括胡塞武装高级头目穆塔萨·马哈斯瓦

---

① The World Bank Group, "Global Economic Prospects: Divergences and Risks," June 2016, p.136, http://pubdocs.worldbank.org/en/842861463605615468/Global-Economic-Prospects-June-2016-Divergences-and-risks.pdf, 登录时间：2016年8月15日。

② Anwar Salem Musibah et al., "Impact of Foreign Investment in the Yemen's Economic Growth: The Country Political Stability as a Main Issue," p.103.

③ Gregory D. Johnsen, "Al-Qa'ida and the Islamic State Benefit as Yemen War Drags on," p.14.

④ 郭宝华：《中东国家通史·也门卷》，北京：商务印书馆2004版，第8页。

⑤ Hakim Almasmari and Asa Fitch, "Yemen Division of Islamic State Claims Suicide Bomb Attacks That Killed Scores," *Wall Street Journal*, March 20, 2015.

（Murtatha al-Mahathwar）在内的一百多人死亡，这是也门单次恐怖袭击造成的最大一次伤亡。[1]"伊斯兰国"组织甚至公开扬言袭击萨那清真寺的目的就在于挑起反对什叶派的教派斗争。未来，也门什叶派和逊尼派之间的教派冲突可能会随着"伊斯兰国"组织的挑唆而加剧。

第五，也门反恐形势更加严峻。随着极端组织影响力的增强和控制区域的扩大，也门反恐形势正面临"越反越恐"的困境。中东剧变以来，也门东部地区和南部地区成为权力真空地带，以"基地"组织和"伊斯兰国"组织为代表的极端势力在上述地区十分猖獗，不断积蓄力量，影响范围不断扩大，与当地部落之间的联系不断增强，这不仅使极端组织的本土化能力得到进一步提升，也给国际反恐力量进行有效识别制造了麻烦，加大了在也门反恐的难度。

第六，威胁周边国家安全。一方面，也门极端组织的兴起成为影响索马里局势的重要潜在威胁。也门处于阿拉伯半岛和非洲索马里之间，发挥着极端组织与极端分子大本营和中转站的重要作用。[2]也门局势与索马里局势具有典型的互动性。"基地"组织遭受美国的打击后，该组织武装分子从阿富汗和巴基斯坦转移到阿拉伯半岛，转战于也门和索马里。据也门政府的情报显示，2010年5月，几名"基地"组织的高级领导人和极端分子为躲避政府的打击，逃到了索马里。然而，也门与索马里之间的恐怖组织网络仍然不为人所知。[3]另一方面，也门极端组织的发展对亚丁湾的海运安全构成重要威胁。也门扼守的曼德海峡和濒临的亚丁湾是世界上最繁忙的航线之一，与也门隔亚丁湾相望的索马里是极端分子长期的栖身之所。极端组织在也门实力的增强，使来往于亚丁湾和曼德海峡的各国船只遭受海上恐怖袭击的可能性大增，从而威胁国际航道的安全。

四、结 语

长期以来尤其是"9·11"事件以来，也门已成为"阿拉伯半岛基地组织"的大本营。中东剧变发生后，也门局势动荡造成的政治碎片化、胡塞武装与哈迪政府的冲突、沙特的军事干涉等导致的也门乱局，为极端组织在也门的进一步发展创造了条件，并使"伊斯兰国"组织崛起成为也门的又一重要极端组

---

[1] Hakim Almasmari and Asa Fitch, "Yemen Division of Islamic State Claims Suicide Bomb Attacks That Killed Scores," *Wall Street Journal*, March 20, 2015.

[2] Andrew Lee Butters *et al*., "The Most Fragile Ally," p.34.

[3] Ioannis Mantzikos, "Somalia and Yemen: The Links Between Terrorism and State Failure," p.252.

织。相对而言,"基地"组织在也门根深蒂固,有着深厚的基础,虽然在美国、沙特和也门政府的联合打击下损失惨重,但仍然具有发动大规模袭击的能力;而"伊斯兰国"组织进入也门时间虽然不长,但发展十分迅速,连续发动了多起造成重大伤亡的恐怖袭击活动,成为目前也门最重要的极端组织。

也门在地缘政治上的重要战略位置,使其成为域内外大国地缘政治博弈的牺牲品,导致也门的安全局势持续恶化。在外部势力的干涉下,也门国内各种政治势力之间的矛盾更加尖锐,导致也门部分地区出现权力真空,为极端组织乘虚而入创造了条件。也门国内局势的混乱、经济与社会发展的失败是造成极端主义泛滥的主要因素,极端组织自身策略的调整也是其影响力不断增强的重要因素。极端组织的发展,不仅对哈迪政府的合法性构成重要挑战,而且进一步恶化了也门的经济和社会形势,激化了政治对抗和教派冲突,导致也门反恐形势更趋复杂,并严重影响地区安全局势。

第五部分
中国参与中东地区治理

中国参与伊朗核问题治理

孙德刚　张玉友[①]

摘要：中国积极参与了中东核扩散治理，尤其以伊朗核问题为抓手，构建新型大国关系，参与中东地区核扩散治理。本文从动因分析、路径选择和机制运用三个层面探讨新时期中国参与中东核扩散治理的理论与实践，并以中国参与伊朗核问题治理为例，考察上述三个层面的具体表现。研究发现，中国以多边斡旋外交为路径参与中东核扩散治理，能源利益、构建大国形象、战略利益和捍卫主权至上外交原则是影响中国参与伊朗核问题治理的四个因素，其多边机制是国际原子能机构和伊核问题会谈机制，其双边机制是中美战略与经济对话机制和中俄战略磋商机制。

关键词：中国；中东；核扩散治理；中东地区治理；伊朗核问题

一、引言

冷战结束以来，全球安全治理发生了重大变化，从原有的传统安全治理转变为传统安全治理和非传统安全治理并存的局面。[②] 在非传统安全治理中，核扩散不仅是世界大国长期关注的热点，而且事实上已成为威胁世界安全的潜在挑战，特别是由核武器发展导致的地区核竞赛为核战争埋下了隐患；核材料、核技术的扩散也导致核恐怖主义成为人类的新挑战，如2014年"伊斯兰国"组织占领摩苏尔后，夺取了摩苏尔大学的核材料，伊拉克常驻联合国代表哈基姆(Mohamed Ali Alhakim)致信潘基文指出，这些核材料可用于研制大规模杀

[①] 孙德刚，上海外国语大学中东研究所研究员；张玉友，上海外国语大学中东研究所2016级博士研究生。

[②] 参见蔡拓、杨雪冬、吴志成主编：《全球治理概论》，北京：北京大学出版社2016年版，第八章。

伤性武器。① 近年来，全球恐怖主义猖獗，如若核武器落入恐怖分子之手，全球安全形势将面临极大挑战。基于以上安全形势的判断，全球核扩散治理已成为各国乃至全球迫在眉睫的议题，尤其是安理会常任理事国在阻止核扩散层面已形成重要共识，特别是在横向核扩散领域更是如此。

中国作为安理会常任理事国和发展中大国，近年来积极参与全球以及地区核扩散治理。从全球层面看，中国于1984年加入国际原子能机构，主动将民用核设施置于该机构的监督之下；1992年，中国正式签署并批准加入《核不扩散条约》(NPT)；1996年，中国积极参加《全面禁止核试验条约》的谈判并于当年签署该条约；1997年，中国成为致力于核武器出口管制的"桑戈委员会"(Zangger Committee, ZAC)成员国之一，并于1998年签署了附加议定书。② 从地区层面看，中国积极参与无核武器区(Nuclear Weapon Free Zones)的建设。目前，世界上已有五个无核区，分别是在东南亚、中亚、非洲、拉丁美洲和加勒比、南太平洋；蒙古国是独立的无核区。

中国参与全球核扩散治理的时间并不长。从历史维度来看，中国参与全球和地区核扩散治理的程度与建国以来核不扩散政策的演变息息相关。从建国初期至20世纪60年代初，中国并没有将核不扩散纳入中国的外交原则中，反而强调主权国家具有发展核武器的权利。毛泽东认为，如果中小国家都获得了核武器，就能形成核平衡，有利于维护世界和平。1964年至1983年，美、苏、英等国倡导并建立了一系列全球核不扩散机制，但由于处在特殊的历史时期，当时中国将由美苏主导的核不扩散治理规则视为一种"歧视性安排"，所以对这些规则持敌对态度。1984年到1992年，中国开始全面推进经济改革，不仅逐步融入国际经济体系，而且也逐步融入国际政治体系。中国从国际体系的"革命者"和"挑战者"变成了国际体系的"参与者"和"建设者"。③ 同时，中国对国际核扩散治理的认知和态度也发生了变化，开始选择性地参与国际核不扩散机制。1992年后，随着冷战的结束以及国际形势的变化，中国开始全面接受和有步骤地参与主导全球核扩散治理的准则以及各个层面的机制建

---

① 国际原子能机构发言人认为，"伊斯兰国"组织获取的这些低等级核材料暂不会构成严重威胁。参见 Alan Cowell, "Low-Grade Nuclear Material Is Seized by Rebels in Iraq, U.N. Says," *The New York Times*, July 10, 2014.

② Pan Zhengqiang, "China's Non-proliferation Policy and Practices," Online Info-Service, Vol. 1, 2004, Konrad-Adenauer-Stiftung, http://www.kas.de/china/en/publications/3917/，登录时间：2017年3月20日。

③ 孙德刚：《中国参与中东地区冲突治理的理论与实践》，载《西亚非洲》2015年第4期，第79—81页。

设。① 近十年来，中国在全球和地区核扩散治理中开始主动扮演积极角色，如发起朝核问题"六方会谈"，并在中东积极参与伊朗核问题谈判等。

中东是全球核扩散的重点地区，尤其是冷战结束后，以色列成为中东地区唯一的拥核国家，卡扎菲领导下的利比亚、萨达姆主政时期的伊拉克、阿萨德掌权时的叙利亚、哈梅内伊任最高领袖时期的伊朗等纷纷提出各自的核计划。从2003年的伊拉克战争到2011年的利比亚战争和叙利亚内战，中东反美国家的核计划遭受挫折，中东地区核扩散问题特别是伊朗核问题，成为全球最为瞩目的热点问题之一。

从当前全球范围内参与中东核扩散治理的主体来看，主要有以联合国、国际原子能机构为代表的国际组织，以埃及和海湾国家代表的区域内国家，以欧美为主体的域外大国，其中域外大国(安理会常任理事国和德国)发挥主要作用。然而，多年来欧美国家，特别是美国在中东核扩散治理方面采取多重标准，主要表现为对以色列的核计划采取暧昧态度和偏袒政策，对利比亚、伊拉克、伊朗和叙利亚等反美国家核计划采取遏制和打压政策，对埃及、海合会等亲美的所谓温和国家和组织采取积极介入和控制政策等。②

除欧美国家外，作为新兴大国的中国和俄罗斯也在中东核扩散治理方面积极作为，采取务实的做法。就伊朗核问题而言，虽然俄罗斯是唯一与伊朗进行民用核技术合作的国家，且两国互为重要的经贸和政治伙伴，但由于两国实力悬殊，这样的一种不对称伙伴关系使得俄在处理伊核问题上回旋余地较大。对于中国来说，中东地区既是重要的市场，又是重要的能源进口来源地，中国还是伊朗第一大贸易伙伴。多年来，出于多重因素的考虑，中国积极参与中东核扩散的治理。下文将探讨中国参与中东核扩散治理的动因、路径、机制、类型等，并以中国参与处理伊朗核问题为例，归纳新时期中国参与中东核扩散治理的特点。

二、中国参与伊核问题治理的动因

伊朗核问题的本质是1979年以来伊朗与美国畸形的国家间关系，促进伊朗核问题的和平解决是中国参与中东地区安全事务的重要任务。新时期中国参与伊核治理的动因主要包括四个方面，即确保能源利益、构建大国形象、维护

---

① Mingjiang Li, ed., *China Joins Global Governance: Cooperation and Contentions*, Lanham: Lexington Books, 2012, p.193.
② 周士新：《中东国家核选择动因比较》，载《阿拉伯世界研究》2009年第3期，第48—49页。

战略利益和捍卫主权至上的外交原则。

（一）能源利益

中国在中东地区拥有重要的地缘经济利益。近年来，中国政府提出"一带一路"倡议，将中东地区列为"丝绸之路经济带"建设的重要区域之一。习近平主席在中阿合作论坛第六届部长级会议开幕式的讲话中提出，中东地区是中国维护能源供应安全、扩大海外市场和加大对外投资的重点区域之一。改革开放三十多年来，随着中国经济的飞速发展，中国对外部能源的需求量持续高企。1980年中国的石油总消费约9,200万吨，2008年这个数字已上升至3.86亿吨。由于巨大的石油需求，中国在1993年成为石油净进口国。在同一时期，中国的石油公司开始进行海外石油开采和生产的投资。在此情况下，中东作为世界上最大的产油区和出口区，逐渐成为中国发展能源关系的重要合作伙伴。[1] 据海关总署公布的数据显示，2014年中国进口原油3.1亿吨，《每日经济新闻》据此推算，中国原油对外依存度高达59.6%，较2013年的57%上升了2.7个百分点。[2] 由此可见，中国在中东的能源利益和经济利益不容忽视。一般来说，中国在中东的能源利益涉及能源投资利益和能源供应利益两方面。在概念界定方面，中东能源一般指石油和天然气。中国的能源安全指的是"中国的石油供应安全"。从资源角度来讲，中国是个"缺油少气富煤"的国家，能源存在结构性缺陷。为保障经济安全，中国必须首先保障石油的安全供应。另外，由于受资源条件和生产能力限制，国内的石油生产已达2亿吨的上限，而石油消费却因经济的高速发展而持续增长，因此中国石油对外依存度将迅速攀高。

能源利益是中国参与伊核治理的重要动因。近十年来，中国从中东国家进口的石油已超过世界上其他任何区域。2011年，中国从中东地区进口的原油总量占总进口的60%，到2014年虽有所下降，但仍保持在50%以上的水平。[3] 从石油进口国来看，与中国合作的有沙特、伊朗、阿曼、科威特、阿联酋、也门、伊拉克和卡塔尔等。中国是伊朗最大的石油进口国，伊朗控制着霍尔木兹

---

[1] Hongtu Zhao, "China's Energy Interest and Security in the Middle East," *China's Growing Role in the Middle East: Implications for the Region and Beyond*, Washington, D.C.: The Nixon Center, 2010, p.57.

[2] 原金：《2014年石油产量增0.7% 对外依存度逼近六成》,《每日经济新闻》2015年1月14日，第7版。

[3] Erica S. Downs, "China-Middle East Energy Relations," The Brookings Institution, June 6, 2013, http://www.brookings.edu/research/testimony/2013/06/06-china-middle-east-energy-downs，登录时间：2016年3月15日。

海峡这条中东地区重要的石油运输通道，直接影响中国的能源利益。从能源利益的角度看，中国参与伊朗核问题治理的动因有以下几个方面：第一，确保中国和伊朗之间保持正常的能源合作和经贸关系；第二，确保石油通道霍尔木兹海峡的正常通行；第三，利用伊朗核问题，力争在中伊石油价格谈判上取得一定优势。以上三点动因可以通过中国参与的历次伊朗核谈判中得到印证。2002年伊朗核问题爆发以来，美欧等国对伊朗发起了数轮制裁，但中国并没有追随美欧制裁的脚步，特别是中国坚决反对对伊朗实行石油禁运。中国外交部发言人也多次强调，中国同伊朗开展的经贸和能源合作是正常、公开和透明的，不违反安理会有关决议，不影响中方在防扩散问题上的立场。在制裁伊朗的近八年里，每次安理会通过的涉伊决议都很好地顾及了中国的能源利益关切，中国的石油供应并没有受到限制或严重影响。[①] 中国三大石油公司在伊朗拥有重要的能源利益，欧盟的禁运使中国在与伊朗石油价格谈判中占据优势。2004年，中石化与伊朗就开发亚达瓦兰油气田开发达成协议，中方出资1,000亿美元，获得该油气田51%的股权，并帮助伊朗扩建阿拉克炼油厂；伊朗南帕尔斯(South Pars)天然气田则向中石油供气。2006年，中海油与伊朗达成开发北帕尔斯天然气田的协议，总投资160亿美元，获得50%的股份。[②] 2010年，美国在提交给联合国安理会关于制裁伊朗的草案中，提出禁止外国投资伊朗债券，伊朗国家银行宣布出售价值10亿欧元的债券以开发南帕尔斯天然气田，这关系到中国中石油的利益，在中国的努力下，新草案并未提及禁止购买伊朗债券。[③] 中国通过参与伊核治理，维护了自身合法能源权益。2014年前11月，中国共从伊朗进口了2,490万吨原油；[④] 据海关总署统计，2015年中国从伊朗进口石油达2,660万吨。

（二）构建大国形象

从传播学角度看，国家形象是指在世界各国的媒介宣传报道中呈现出来的一个国家的形象。[⑤] 进入21世纪以来，中国军事、经济、文化等实力迅速增

---

① 《外媒：中国成伊朗石油禁运最大受益者》，财经网，http://economy.caijing.com.cn/2012-01-13/111613186.html，登录时间：2016年4月6日。
② 华黎明：《伊朗核问题与中国中东外交》，第7—8页。
③ 熊谦、田野：《国际合作的法律化与金融制裁的有效性：解释伊朗核问题的演变》，第119页。
④ 《11月份中国从伊朗进口石油增加53%》，中国证券网，http://www.cnstock.com/v_news/sns_bwkx/201412/3291826.htm，登录时间：2016年4月6日。
⑤ 徐小鸽：《国际新闻传播中的国家形象问题》，载刘继南主编：《国际传播—现代传播论文集》，北京：北京广播学院出版社2000年版，第27页。

长，中国已经成为名副其实的大国。在具体国际事务中，构建大国形象成为新时期中国外交的重要考量。构建大国形象的路径包括提高国际话语权、充分利用传播手段宣传中国、提升软实力和综合实力等。当前，国际形势复杂多变，全球公共问题不断，积极有为地参与全球公共事务的治理，更能彰显一个大国应有的负责任形象。一直以来，全球核扩散都是国际事务中最为棘手的问题之一，目前最突出的核热点问题主要有朝鲜核问题和伊朗核问题。伊朗核问题事关整个中东地区的安全形势，以色列已为伊朗核问题划定出兵的"红线"，以沙特为首的海湾国家在伊朗核问题上也保持强硬姿态。中国作为联合国安理会常任理事国中的发展中大国，一方面承载着第三世界国家的共同利益，另一方面则面临欧美等国的施压和拉拢。因此中国力图通过推动伊朗核问题的和平解决来彰显负责任大国的形象，构建中美、中俄、中欧等稳定的新型大国关系。2016年4月，习近平主席在出席华盛顿伊朗核问题六国机制领导人会议上指出，对话谈判、大国协作、公平公正是六国机制解决伊核问题的主要原则。中国是伊核问题解决的"积极参与者、推动者、贡献者"，中国愿同各方一道，"为推进全面协议后续执行不懈努力，为促进全球安全治理作出新的贡献。"①

（三）战略利益

从战略利益的角度看，中国参与伊核问题谈判主要有以下三点动因：

第一，牵制西方大国特别是美国通过核不扩散问题垄断中东地区事务的主导权。中国和俄罗斯参与伊核问题的解决有助于促进国际关系的民主化和多极化，建立更加平衡的关系。中东地区一直以来都是大国博弈的场所，该地区新旧热点问题相互交织，令各大国力图通过处理中东热点问题来提升其对中东事务的话语权，进而加强自身的国际影响力。中国作为后发国家，重视利用每一次机会来提升解决国际危机的能力，并扩展自身影响力，这为维护中国在中东地区的整体利益打下良好的基础。伊朗核问题牵动着世界各大国的神经。实际上，伊朗核问题也是中美、中俄、中欧战略合作的重要"组成部分"。②

第二，平衡与美国和伊朗的关系。中国战略文化与西方不同。西方的战略文化强调"分"，将中东地区分为伊朗与沙特、逊尼派与什叶派、巴勒斯坦与以色列、温和派与激进派等对抗的两派，其本质是拉帮结派，按照"友好度"和所谓"民主化程度"划线，奉行联盟战略；中国的战略文化强调"统合"，

---

① 《习近平出席伊朗核问题六国机制领导人会议》，载《人民日报》2016年4月2日，第2版。
② Lounas Djallil, "China and the Iranian Nuclear Crisis: Between Ambiguities and Interests," *European Journal of East Asian Studies*, Vol. 10, No. 2, 2011, p.227.

在中东不选边、不站队、不偏袒任何一方，与各方均保持战略沟通，奉行平衡战略，一方面致力于构建中美新型大国关系，另一方面保持与伊朗的关系，从而避免中国在华盛顿和伊朗之间选边站。①

第三，维护中国在中东地区的安全利益。2011年《中国的和平发展》白皮书指出："在伊朗核问题上，中国以多种方式劝和促谈，寻求在国际原子能机构框架内妥善和平解决伊朗核问题。"② 中国政府多次强调反对任何国家研制和发展核武器，因为中国现正处于经济高速发展阶段，需要一个安全稳定的国际环境，而核武器的出现可能会导致中东核战争的发生，更可能会对全球生态环境造成一定的影响；同时中国和俄罗斯一道多次谴责美国和西方单方面制裁伊朗的做法。此外，有西方学者认为，中国2012年向伊朗提供了反舰巡航导弹，2013年向伊朗提供了防空导弹，③ 中国在伊朗拥有重要军火利益，这构成了其战略利益的一部分。

（四）捍卫主权至上的外交原则

在伊朗核问题上，中国参与伊核问题会谈机制，还出于中俄与西方大国之间的治理理念博弈的考虑。中国和俄罗斯一样，强调伊朗有权掌握核技术，伊朗的主权和领土完整必须得到尊重；反对西方动辄对伊朗实施军事遏制和以武力相威胁。2015年《中国的军事战略》白皮书指出："作为一个发展中大国，中国仍然面临多元复杂的安全威胁，遇到的外部阻力和挑战逐步增多，生存安全问题和发展安全问题、传统安全威胁和非传统安全威胁相互交织，维护国家统一、维护领土完整、维护发展利益的任务艰巨繁重。"④ 自新中国成立以来，中国政府一直将国家主权放在国家核心利益的首位，强烈反对外部势力干涉本国事务。从维护主权的外交原则角度来看，中国政府认为，在遵守《核不扩散条约》的前提下，伊朗有和平利用与开发核能的权利。复旦大学沈丁立教授认为，"即使伊朗尚未加入《核不扩散条约》，中国仍然没有理由反对伊朗使用

---

① Dingli Shen, "Iran's Nuclear Ambitions Test China's Wisdom," p.63.
② 中华人民共和国国务院新闻办公室：《＜中国的和平发展＞白皮书（全文）》，新华网，http://news.xinhuanet.com/2011-09/06/c_121982103.htm，登录时间：2016年4月10日。
③ Joel Wuthnow, "China and the Iran Nuclear Issue: Beyond the Limited Partnership," Testimony before the U.S.-China Security and Economic Review Commission Hearing on "China and the Middle East," The U.S.-China Economic and Security Review Commission , June 6, 2013, p.2, http://www.uscc.gov/sites/default/files/WUTHNOW_final%20testimony.pdf，登录时间：2016年3月1日。
④ 参见国务院新闻办：《中国的军事战略》，北京：人民出版社2015年版。

民用核的权利。"① 从意识形态层面来看,美国不认同伊朗政教合一的政治制度,伊朗的什叶派政权也决不能接受美国和西方的价值观念,更不允许美国向伊朗输出西方式的民主。② 从国家主权角度看,开发民用核技术是一国主权范围内的事务,与他国无关,他国也不得干涉。1979年伊朗伊斯兰革命后,美国与伊朗一直缺少政治互信,美国始终认为伊朗以开发民用核技术为借口来发展核武器。自2006年开始,安理会已经通过六项针对伊朗核问题的决议,其中包括四个制裁决议,中国虽然在每轮的投票中都投了赞成票,但中国只支持在安理会范围内的制裁,且一直声称尊重伊朗和平发展民用核技术的权利。简言之,从参与动机的角度来看,国家主权原则是中国处理各类国际事务的根本原则之一,特别是在事关本国重大利益的情况下,如核技术开发权利等。

三、中国参与伊核治理的路径

外交路径选择系指一国运用何种外交手段来达到其外交目标。中国在参与伊朗核问题的解决过程中采用的是一种弹性的外交方式——斡旋外交,也称"穿梭式外交"。2014年11月24日,中国外长王毅在维也纳接受中外记者采访时,强调了中方解决伊朗核问题的新思路,即"中方秉持客观公正立场,在各方之间,特别是在美国和伊朗之间进行多次斡旋,推动各方缩小分歧,增进共识"。③ 从效果来看,中方在伊朗核问题上的斡旋成效显著。事实上,中国首次参与的六方会谈机制(P5+1)是由美国、英国、法国、俄罗斯、中国以及德国组成的致力于解决伊朗核问题的非正式机制。该谈判机制被中国外交人员运用到实践中。2009年10月1日,六方会谈机制六国首次与伊朗进行了会谈,时任中国外长的杨洁篪就公开呼吁各谈判方致力于增强各方的政治互信,相向而行,从而为谈判营造良好的氛围。

斡旋外交,即"主权国家或国际组织作为中立的第三方,主动以非强制性方式介入冲突,以和平方式管理和化解冲突的行为"。在中国参与的伊朗核问题的治理中,中国属于谈判中的"第三方"与"中间人",在各种场合均主张通过劝和的方式与谈判各方建立信任关系和提出折中方案,力求以和平的手段管理危机和打破僵局。中国在中东开展斡旋外交的动因主要由四个方面组成:

---

① Dingli Shen, "Iran's Nuclear Ambitions Test China's Wisdom," p.58.
② 华黎明:《伊朗核问题与中国外交的选择》,第62页。
③ 《中方提出解决伊朗核问题焦点新思路》,中国政府网,http://www.gov.cn/xinwen/2014-11/24/content_2782855.htm,登录时间:2016年3月12日。

利益相关度、权力影响度、国际关注度和危机解决难度。① 利益相关度是中国参与伊朗核问题斡旋外交的重要动因。从中国政府的表述来看，中国主张以和平对话、谈判的手段解决问题，但这并不意味着中国无所作为。相反，中国选择斡旋外交的路径正是基于有所作为的理念。因此，斡旋外交实际上是一种弹性的外交方式。

从2002年8月伊朗核问题爆发至2015年7月伊核协议签订，中国就伊朗核问题进行的斡旋外交大致可以分为三个阶段。

第一个阶段：2002年至2006年。这一阶段也是伊朗核问题的初始阶段，涉及的谈判方并不多，主要有伊朗、国际原子能机构和美、英、法、德四国。中国当时并没有作为单独一方参与伊朗核问题的解决，也不赞成将伊核问题提交联合国安理会讨论，因为伊核问题的国际化恐将导致联合国安理会的分裂。由于中国是国际原子能机构的成员国，中国的斡旋外交从这一时期就开始得以运用，但中国的参与具有间接性和非连续性特征。如2003年6月18日，常驻维也纳联合国和其他国际组织代表张炎大使对各方表示，中国主张以务实和稳妥的方式处理伊朗核问题，以便为有关问题的妥善解决提供建设性的合作气氛和正确导向；② 同年9月12日，在国际原子能机构理事会会议上，张炎大使再次向各方陈述中国政府关于伊朗核问题的立场，提出唯有对话才能增进了解，唯有合作才能建立信任。③ 2005年8月10日，当国际原子能机构考虑将伊朗核问题移交至联合国安理会时，中国常驻联合国代表王光亚在纽约表示，将伊朗核问题提交联合国安理会无助于该问题的解决，安理会并不是解决伊朗核问题的合适场所，各方应该坚持在国际原子能机构框架内解决伊朗核问题。他还表示，欧盟和伊朗都没有放弃通过谈判解决问题的途径，相信双方能够通过外交努力找到和平解决伊朗核问题的方法。④ 2005年9月24日，在国际原子能机构关于伊朗核问题是否移交联合国安理会的投票大会上，中国代表吴海龙投了弃权票，并作了阐释性发言，强调"中方一直在以自己的方式为推动伊朗核问题早日在机构框架内妥善解决进行不懈努力，支持伊朗与欧盟谈判一项长期解决方案"。⑤ 从第一阶段的参与情况来看，中国参与的方式主要是通过驻国际原子能机构和联合国为主的联合国代表（大使）向各方阐述中方的立场，从而与

---

① 孙德刚：《中国在中东开展斡旋外交的动因分析》，第22—24页。
② 林川：《我代表处主张稳妥处理伊核问题》，载《人民日报》2003年6月20日，第3版。
③ 《伊朗对决议予以抨击，我主张通过对话解决》，载《人民日报》2003年9月14日，第3版。
④ 《中国不赞成提交安理会 安南呼吁通过谈判解决》，载《人民日报》2005年8月12日，第3版。
⑤ 《中国代表投弃权票后作解释性发言》，载《人民日报》2005年9月26日，第3版。

各方建立信任关系。

第二个阶段：2006年至2013年6月。伊朗核问题升温的标志是伊朗提炼出低浓度铀，2005年上任的伊朗总统艾哈迈德·内贾德强硬的外交风格，也使本来就复杂的伊朗核问题变得更加难以预测。中国在这一时期的斡旋外交非常频繁，积极穿梭于有关各方，寻求和平解决伊朗核问题。2006年1月底，英、法、美、俄、中、德六国就伊朗核问题举行磋商，时任中国外长李肇星强调不应放弃通过对话和谈判方式寻求出路的努力；① 进入4月份，伊朗核问题逐渐升温。美国小布什政府放出狠话："将采取一切手段推动联合国实施对伊制裁"。伊朗方面则声称"已经作好反击的准备，并威胁将用'人弹'部队进行报复。"在此情况下，中国紧急派出外长助理崔天凯于4月14—18日前往伊朗和俄罗斯进行磋商，寻求和平解决伊朗核问题。② 在随后的几个月中，中国常驻联合国代表王光亚、中国外长李肇星和中央军委副主席曹刚川分别在联合国、伊核问题六国外长会议、上海合作组织国防部长会议上向各方代表阐述中国关于核问题的立场以及解决方法。由于欧美等国与伊朗仍然存在失信，六国外长遂在维也纳举行了磋商会议并达成共识，提出"六国解决方案"。2006年7月31日，联合国安理会针对伊朗核问题发布第一份决议，即1696号决议；2007年3月24日，联合国安理会已经对伊朗实施了第三份决议，即1747号决议，该决议增加了对伊朗的制裁条款。虽然中国在安理会投票中（包括后面三次决议）均投了赞成票，但中国仍然积极穿梭各方寻求谈判解决伊朗核问题。中国在1747号决议的投票后曾表示，"制裁和施压不可能从根本上解决伊核问题，外交谈判仍是最佳选择。当务之急是创造性地寻求重启谈判的办法"。③ 从2008年至2013年6月，中国外交部部长级和副部长级官员多次参与关于解决伊朗核问题的各种会议。2008年5月2日，中国外交部部长助理何亚非参加在伦敦举行的中、美、俄、英、法、德外长会议；2012年4月和5月，中国参加六国与伊朗在伊斯坦布尔举行的两次磋商会议。在这一阶段，中国投入了大量外交资源，其中直接的参与方是中国外交部，同时，国防部和商务部等部门也配合外交部的斡旋行动。此外，中国还利用与伊朗的经贸关系向其施加了一定的压力，鼓励其重新回到谈判桌旁，推动伊核问题的实质性解决，如2013年伊朗伊斯兰议会议长拉里贾尼访问中国，同中国签署220亿美元的欠款转为

---

① 《六国讨论伊朗核问题》，载《人民日报》2006年2月1日，第3版。
② 《中国派代表赴俄斡旋伊朗核问题》，新浪网，http://news.sina.com.cn/w/2006-04-19/13308738198s.shtml，登录时间：2016年2月16日。
③ 《安理会通过新决议》，载《人民日报》2007年3月26日，第3版。

投资的协定。①

第三个阶段：2013年6月14日至今。2013年6月14日，温和派的哈桑·鲁哈尼成为伊朗新总统后，伊朗核问题出现新的转机。作为伊朗前核谈判代表，鲁哈尼上台后积极重启与"P5+1"的核谈判。作为"P5+1"机制的谈判方，中国参与了大大小小的数十次会谈，并作为中立方斡旋于英、法、德、美和俄之间。根据美国《军控协会》(Arms Control Association)的最新统计，从2013年9月26日起至2014年11月14日，伊朗和"P5+1"六国共进行了17次各级别会议，中国参与了其中所有的会议。② 2013年11月11日，各方在维也纳举行会议后达成共识，并在随后24日的会谈中达成"联合行动方案"（Joint Plan of Action）的合作框架。③ 根据联合行动方案，从2013年11月开始的半年时间里，伊朗不得从事纯度为5%以上的铀浓缩活动，不得扩建或新建铀浓缩设施，停止建设阿拉克重水反应堆，允许国际原子能机构核查人员进入更多设施。作为交换，国际社会不再对伊朗追加制裁；暂停对伊贵金属、汽车零部件和石化制品的禁运；允许少量伊朗石油出口；解冻伊朗留学生资金；放宽对伊食品和药品进口限制。④ 该方案计划在2014年7月20前达成全面协议，为此六国举行了6轮正式谈判。但由于在核心问题上各方存在较大分歧，遂决定延长至11月20日，后又进行了4轮正式谈判。在这10轮谈判中，中国均派出了级别较高的政府官员参与会谈。2014年2月20日，中方在第一轮谈判中派出了外交部副部长李保东参与会谈；同年11月24日举行第十轮谈判，中方派出了王毅外长参与会谈。此外，中国也积极斡旋各方并向有关各方发表中方立场以及主张。根据中国外交部网站报道，2014年4月14日，中国代表团团长在土耳其伊斯坦布尔参与新一轮会谈前，"同各方秘密接触，呼吁各方坚持外交解决方向，致力于尽早取得进展；会谈期间，中方推动各方本着向前看的精神，重视彼此关切，体现灵活和诚意，使对话取得积极成果"。⑤

---

① 赵建明：《伊朗核问题上的美伊战略互动与日内瓦协定》，第85页。

② "Timeline of Nuclear Diplomacy With Iran," Arms Control Association, http://www.armscontrol.org/factsheet/Timeline-of-Nuclear-Diplomacy-With-Iran，登录时间：2016年4月10日。

③ Anne Gearan and Joby Warrick, "Iran, World Powers Reach Historic Nuclear Deal with Iran," *The Washington Post*, November 24, 2013; "Obama Declares Iran Deal 'Important First Step'," *Boston Herald*, November 24, 2013.

④ 陈立希：《伊朗核问题达成初步协议》，载《广州日报》2013年11月25日，第A5版；John Kerry, "Iranian Nuclear Deal Still is Possible, But Time is Running Out," *The Washington Post*, June 30, 2014.。

⑤ 陈铭：《伊朗核问题对话会取得积极成果》，新华网，http://news.xinhuanet.com/2012-04/15/c_122980303.htm，登录时间：2016年4月10日。

中国在第三阶段的10轮谈判中,积极寻找外交空间并与各方斡旋,使整个会谈过程少了一分"冲突",多了一分"谅解"。2015年4月初,伊朗核问题六方与伊朗政府达成了框架协议。① 4月23日,习近平在会见参加万隆会议六十周年庆祝大会的伊朗总统鲁哈尼时指出:"伊朗和六国在伊朗核问题谈判中达成共识,是各方朝着达成全面协议方向迈出的积极一步。中方愿继续同包括伊朗在内有关各方保持沟通,继续在谈判中发挥建设性作用,推动尽早达成一项公正平衡、互利共赢的全面协议。"② 2016年4月1日,习近平在华盛顿出席伊朗核问题六国机制领导人会议时强调:"当今世界仍不太平,国际热点此起彼伏,加强全球安全治理刻不容缓。伊朗核问题的解决为我们提供了不少启示。第一,对话谈判是解决热点问题的最佳选择。对话协商虽然费时费力,但成果牢靠。第二,大国协作是处理重大争端的有效渠道。国际社会是命运共同体。大国要像伊朗核问题六国那样成为解决问题的中流砥柱。"③

伊核谈判的症结主要体现在三个方面。一是核查范围。伊朗最高精神领袖哈梅内伊此前强调,决不允许国际原子能机构核查小组检查伊朗的军事基地,而奥巴马宣称,如果伊朗核设施不能受到全面监控,美国将终止核谈判,双方均表现出强硬立场,最终伊朗方面做出让步,允许国际社会在拥有充分理由的条件下核查伊朗军事基地。二是如何取消对伊朗的制裁。伊朗要求西方立即全面解除对伊朗的制裁,包括解除武器禁运。西方则倾向于根据伊朗对国际社会的履约情况分步解除制裁,如果伊朗不履约将恢复制裁。三是双方就如何处置伊朗现有的低浓度浓缩铀,以及伊朗应保留多少离心机等问题也存在分歧。伊朗核问题会谈六方与伊朗于2015年7月14日在维也纳达成全面协议,预示着在推迟了6次后,僵持了13年的伊朗核问题终于出现了和平解决的曙光。正如中国外长王毅所言,中方建设性参与了全面协议谈判全过程,为推动解决铀浓缩和制裁解除等难点问题提出了有益的方案和思路。全面协议达成后,在阿拉克重水反应堆改造问题上,中国同美、伊等各方开展了斡旋,推动达成"官方文件"和"谅解备忘录",还为国际原子能机构2015年和2016年度执行全面协议相关对伊核查任务捐款400万元人民币。④

---

① Scott Horsley, "President Obama Praises Tentative Iranian Nuclear Deal," NPR, April 2, 2015.
② 《习近平会见鲁哈尼》,载《新华每日电讯》2015年4月24日,第1版。
③ 《习近平出席伊朗核问题六国机制领导人会议》,载《新华每日电讯报》2016年4月1日,第1版。
④ 《伊朗核问题全面协议执行王毅外长阐述"中国作用"》,载《新华每日电讯》2016年1月18日,第7版。

四、中国参与伊核治理的机制

全球治理的国际机制大致可分为多边机制和双边机制。一般来说，当前关于核扩散治理有两类多边机制，一类是用于事前防止核武器的扩散，核武器的扩散分为横向扩散和纵向扩散，横向扩散一般是指有新的国家拥有了核武器；而纵向扩散是指一个国家同时增加核武器的种类多样性和数量。这类机制又分为正式机制和非正式机制。正式机制一般是指成员国之间建立了有法律约束力的权利与义务关系，如《核不扩散条约》和《全面禁止核试验条约》；非正式机制就是成员国之间没有建立有法律约束力的权利与义务关系，如关于核出口管控的非正式安排。① 另一类是旨在解决某一国可能或者已经发生核武器扩散而建立的正式或者非正式机制，如旨在解决朝核问题的"六方会谈"机制以及联合国主导下的大国协调机制等，本文所要探讨的正是这类多边机制。中国主要通过以下三种机制来参与伊朗核问题的治理。

第一，国际原子能机构框架下的斡旋外交机制。国际原子能机构成立于1957年，它由大会、秘书处和理事会组成。中国于1984年加入该机构，并在日后与该机构保持了积极而高效的合作。2002年8月，伊朗被爆出正在开发核武器后，伊朗核问题随即成为国际热点话题。2002年12月，国际原子能机构理事会就通过一项决议，要求伊朗中止所有有关铀浓缩的活动。② 伊朗核问题浮出水面后，中国迅速行动，并于2003年上半年分别在国际原子能机构的大会和理事会上向各国表达和平解决伊朗核问题的愿望。从2002年至2006年，伊朗核问题主要是在国际原子能机构的主导下进行磋商，中国作为该机构的理事国积极地发挥了其应有的作用。2015年12月，国际原子能机构特别理事会通过决议，结束审议伊朗核计划可能的军事层面相关问题。中方对此表示支持，并赞赏国际原子能机构和伊朗为解决核问题所作的努力，并期待伊朗核协议早日执行。③

第二，联合国主导下的大国协调机制，即"P5+1"机制。伊朗核问题的关键是美伊紧张关系的问题。1979年伊朗伊斯兰革命以来，美国一直将伊朗视为"敌国"，伊朗也视美国为"眼中钉、肉中刺"，所以伊朗和美国关系的

---

① 刘宏松：《非正式国际机制的形式选择》，载《世界经济与政治》2010年第10期，第74页。
② "Timeline of Nuclear Diplomacy with Iran".
③ "外交部：欢迎国际原子能机构结束审议伊朗核计划可能的军事层面相关问题"，http://news.xinhuanet.com/world/2015-12/16/c_1117483006.htm，登录时间：2017年4月2日。

发展直接影响伊朗核问题能否顺利解决。换句话说，如果能够解决好伊朗和美国的互信问题，那么伊朗核问题也将迎刃而解。事实上，2004年11月，英、法、德三国加上伊朗就建立了欧盟三国—伊朗(EU3-Iran)协商机制，但并没有取得成效。2006年初，伊朗核问题进一步恶化，在联合国的引导下，中、美、俄三国加入原来的欧盟三国—伊朗协调机制，从而形成"P5+1"这一新的磋商机制。起初，伊朗并没有参与该机制的会谈，对"P5+1"机制所提出的议案也予以回绝，伊朗实际上处于"缺席审判"的地位。[①]

2008年4月，美、俄、中、英、法、德六国外交部政治总司长及欧盟理事会对外关系总司长在上海举行会谈，达成全面、长期和妥善解决伊核问题的复谈方案。该方案增加了诸多鼓励性措施，但要求伊朗暂停铀浓缩活动。[②] 2009年1月，奥巴马入主白宫后，试图在外交领域取得一定成就，更是将解决伊朗核问题作为其外交突破口之一。由于美国政府有意愿解决伊朗核问题(受以色列政府和美国犹太人院外集团势力的影响，美国国会并不热心)，2009年10月1日，在奥巴马政府的倡导下，"P5+1"六国与伊朗达成首份协议。这也是自"P5+1"机制成立以来，各方首次能够"坐在一起"进行会谈。但由于伊朗总统内贾德一直对发展核计划持强硬态度，伊朗同六方并没有建立起基本的信任关系。

2013年温和派的鲁哈尼上台后，各方解决问题的意愿大幅上升。同年2月26日，"P5+1"六国与伊朗在哈萨克斯坦城市阿拉木图重启核谈判。2013年2月26日至2014年11月24日间举行的所有核谈判都是在"P5+1"机制框架内进行的，该机制在伊朗核问题的解决中发挥了至关重要的作用。在伊朗核问题谈判过程中，中国多次提出伊核问题的新思路和新倡议。

2015年3月31日，在伊朗核问题外长会议结束前，外交部长王毅就伊朗核问题谈判提出四点主张：坚持政治引领，坚持相向而行，坚持分步对等，坚持一揽子解决。[③] 同年7月14日，伊朗核问题六方与伊朗达成伊核问题全面协议。王毅外长表示："中国作为安理会常任理事国，意识到对国际和平与安全承担的责任和义务，始终以建设性姿态参与了伊核谈判全过程。中国并不是矛盾焦点，这可以使中方以更为公正、客观的立场积极开展斡旋。特别是在谈判的一些重要节点，包括谈判遇到困难、陷入僵局时，中方总是从各方共同利益

---

① "History of Official Proposals on the Iranian Nuclear Issue," Arms Control Association, January 2014, http://www.armscontrol.org/factsheets/Iran_Nuclear_Proposals, 登录时间：2016年4月13日。

② 熊谦、田野：《国际合作的法律化与金融制裁的有效性：解释伊朗核问题的演变》，第118页。

③ 刘宝莱：《艰难"核谈"何以"破冰"？》，载《解放日报》2015年4月4日，第6版。

出发，积极寻求解决问题的思路和途径，提出中国的方案。可以说，中国发挥了独特的建设性作用，得到各方高度赞赏和肯定。"① 2016年1月，习近平主席在访问伊朗时，伊朗总统鲁哈尼高度赞赏中国在"P5+1"机制中对促进伊朗核问题的和平公正解决所发挥的积极作用。

第三，中国与美国和俄罗斯等大国的双边战略对话与合作机制。2006年5月30日，时任国家主席胡锦涛主动致电时任美国总统布什，交换了关于中美战略合作的意见，其中就包括关于伊朗核问题的立场与意见。② 2012年5月，中美在第四轮战略与经济对话期间，决定就中东事务进行磋商；同年8月，双方在北京举行首轮中东问题对话。2013年6月，中美双方在华盛顿举行了第二轮中东问题对话，并在伊朗核问题上建立了对话与磋商机制，解决中东地区冲突已成为中美构建新型大国关系的重要领域。③ 2015年7月21日，奥巴马在与习近平主席通电话中感谢中方为达成这一历史性协议所作的贡献。美方希望同中方继续协调合作、共同努力，确保全面协议得到实施。中美在伊朗核问题上的合作表明，只要双方合作努力，就能够共同应对气候变化、经济发展、公共卫生等全球性挑战。中国国家主席习近平强调，在伊朗核问题谈判过程中，中美双方开展了密切沟通和协调，这是两国共同构建新型大国关系的又一重要体现。④

中国还同俄罗斯就加强在伊核问题上的磋商与协调达成共识。2011年6月，时任国家主席胡锦涛访问俄罗斯，两国元首签署《中俄关于当前国际形势和重大国际问题的联合声明》，伊核问题成为联合声明中的重要内容。⑤ 2013年以来，在推进中俄全面战略协作伙伴关系的过程中，双方通过上海合作组织、金砖国家领导人峰会以及双边领导人会谈等多个场合，就伊朗核问题举行战略磋商与协调。中俄双边合作机制也是中国参与伊核治理的重要平台。2015年5月，习近平在出访俄罗斯时，两国发表《中华人民共和国和俄罗斯联邦关于深化全面战略协作伙伴关系、倡导合作共赢的联合声明》，双方积极评价两国在推动政治外交解决伊朗核问题中的协作，呼吁谈判各方抓住历史机遇，加大外交努

---

① 《伊核问题终达成全面协议》，载《人民日报》2015年7月15日，第1版；《王毅：中国为达成伊核全面协议发挥了独特的建设性作用》，中国新闻网，http://www.chinanews.com/gj/2015/07-14/7405251.shtml，登录时间：2016年4月15日。
② 《胡锦涛主席与布什总统电话》，载《人民日报》2006年6月2日，第1版。
③ 吴冰冰：《中东战略格局失衡与中国的中东战略》，载《外交评论》2013年第6期，第48页。
④ 《习近平同美国总统奥巴马通电话》，新华网，http://news.xinhuanet.com/politics/2015-07/21/c_1115990400.htm，登录时间：2016年4月13日。
⑤ 《胡锦涛主席出访成果丰硕》，载《人民日报海外版》2011年6月22日，第1版。

力,达成公正平衡、互利共赢的全面协议。①

五、结论

20世纪60年代,以色列在美国的默许下成为有核国家,伊拉克、利比亚、叙利亚等阿拉伯国家都曾经有自己的核计划。伊朗核危机爆发后,沙特等海湾国家也提出要发展自己的核计划,中东地区核扩散形势严峻。2015年7月,伊朗核协议的达成,有助于抑制沙特等阿拉伯国家发展核计划,客观上有利于中东地区的和平与稳定。

中国参与中东核扩散治理,主要有四大动因:第一,能源利益。这是中国参与核扩散治理的最重要动因。近年来,中国作为世界上最大的石油进口国,对外部的石油依存度超过50%,使得中国对于石油出口大国伊朗所引发的热点问题非常敏感。伊朗作为世界上第四大石油输出国且拥有对中东地区重要的石油通道——霍尔木兹海峡的控制权,无论从能源投资还是从能源供应的角度来看,对于中国在中东的能源利益都尤为重要。中国作为伊朗出口石油的最大买家,一方面需要保证石油的正常供应和石油通道的正常运行,另一方面可以通过伊朗核问题的解决占据价格谈判优势。从这一点来看,中国无论如何都要参与伊朗核问题的解决。第二,构建大国形象。中国无论是作为发展中大国还是作为联合国安理会常任理事国,都在国际事务中塑造负责任大国形象。伊朗核问题是近十年来最为棘手的热点问题之一,中国是否参与其中不仅关系到该问题能否顺利解决,而且也影响着中国负责任大国形象的塑造。第三,战略利益。中国在伊朗核问题的治理上具有三方面的战略利益:阻止以美国为首的西方大国垄断中东地区事务、平衡与美国和伊朗的关系和扩大中国在中东的议题设置能力。第四,捍卫主权至上的外交原则。中国向来将国家主权视为最重要的核心利益之一。在近代史上,中国曾遭遇外部势力的干涉甚至侵略,建国后西方国家粗暴侵犯中国国家主权,这都使中国在主权问题上异常敏感。所以,根据主权至上的原则,中国没有理由反对伊朗和平开发核技术的权利,认为这是作为一个主权国家应有的基本权利。在伊朗核问题上,中国并没有盲目跟随西方国家一味指责伊朗,而是强调中国支持伊朗和平开发核技术的权利。这是中国的外交原则,也是中国作为发展中国家的治理理念。

---

① 《中华人民共和国和俄罗斯联邦关于深化全面战略协作伙伴关系、倡导合作共赢的联合声明》,载《人民日报》2015年5月9日,第2版。

从路径选择层面来看，中国运用了外交类型学中常见的手段——斡旋外交。中国基于利益相关度运用斡旋外交这种方式，在伊朗核问题上寻找富有弹性的外交方式。斡旋外交贯穿于中国参与伊朗核问题治理的每个阶段。从机制运用的层面来看，中国主要通过两种多边机制来寻求解决伊朗核问题，分别是国际原子能机构和联合国主导下大国协调机制——"P5+1"机制，前者主要是在伊朗核问题被移交联合国安理会之前，后者是在伊朗核问题被移交安理会之后。通过对中国参与伊朗核问题治理的路径选择和机制运用的分析可以看出，中国参与中东核治理的类型属于主动参与型。这种类型是指中国投入较多外交资源，包括派出特使参与热点问题的解决，中国国家领导人也时常参与问题的解决。[①] 在伊朗核问题的治理上，中国先后派出外交部高层（部长助理、副部长和部长）参与伊朗核问题的谈判，中国国家领导人也在各大国际会议上与各方就伊朗核问题进行磋商，提出中方的立场以及提议。除多边协调机制外，中美战略与经济对话机制和中俄在上海合作组织、金砖国家领导人峰会机制以及双边领导人会谈机制，都是中国参与伊朗核问题解决的重要双边机制。

新时期中国参与中东核扩散治理，特别是在伊朗核问题上面临以下挑战：第一，中国如何更好地平衡与西方国家和伊朗的关系。中国的发展离不开石油出口大国伊朗，更离不开欧美等发达国家。第二，如何平衡中国与伊朗、海合会国家的关系。伊朗、沙特、阿联酋等都是中国在海湾重要的合作方，而伊朗与海合会国家尤其是沙特长期处于对立状态，特别是在2015年也门危机爆发后，伊朗和沙特分别支持也门境内不同政治派别，增加了中国在中东奉行"平衡外交"的难度。第三，中国如何平衡自身利益与对伊朗的外交关系。中国无论参与何种问题的治理，都不能不考虑本国的利益，如获得优惠石油价格和稳定的能源供应。但是，如果一味地追求本国利益而忽视对方的利益，就有可能削弱与伊朗的关系。因此，中国不得不平衡自己的现实利益与道义利益。如何处理好上述三重挑战，是新时期中国参与中东乃至参与全球核扩散治理的主要课题之一。中国在参与伊核治理实践中取得的经验能否在中国参与全球治理中加以推广，仍需作进一步的跟踪研究。

2017年特朗普上台后，多次声称要废除伊朗核协议。2017年2月，美国财政部宣布对13名个人和12家实体实施制裁（含3名中国人和2家中资企业），以回应伊朗近期试射弹道导弹及"支持恐怖主义"的行为；美国海军派出一艘驱逐舰在也门西部海域巡逻，并对受伊朗支持的也门胡塞组织发动了空袭。伊

[①] 孙德刚：《中国在中东开展斡旋外交的动因分析》，第27页。

朗高级官员称，如果特朗普试图撕毁伊核问题全面协议，伊朗将作出"及时有效"回应。① 中国政府随后指出，在伊朗核问题上，中方一贯反对任何单边制裁，特别是如果损害了第三方利益，将无助于有关各方共同解决国际问题，开展国际合作。3月初，特朗普打电话给以色列总理内塔尼亚胡，两位领导人"长时间地"讨论了伊核问题全面协议和伊朗"对中东地区的威胁"，还讨论了两国如何合作应对这些威胁。② 随着美国和伊朗关系出现挫折，伊朗核协议的执行面临挑战。在伊朗核问题治理过程中，中国仍将继续发挥积极作用。

---

① 新华网："美国宣布对伊朗实施新一轮制裁 伊朗毫不示弱，"http://news.xinhuanet.com/world/2017-02/05/c_129466747.htm，登录时间：2017年4月2日。

② 新华网："特朗普致电内塔尼亚胡讨论伊朗核问题，"http://news.xinhuanet.com/mil/2017-03/07/c_129503111.htm，登录时间：2017年3月31日。

中国参与中东地区的毒品治理

余 泳[①]

摘要：毒品问题和中东地区局势的复杂性相互叠加，构成了中东地区毒品治理的特殊性，阿富汗毒品问题治理的难题是这种特殊性的缩影。中国一直致力于参与中东地区的毒品治理，通过与联合国、地区组织以及地区国家合作，以多边和双边的不同形式开展打击有组织毒品犯罪活动，同时也尝试用不同举措从种植、制作、运输和使用等环节来遏制这类活动带来的影响。中国在参与中东地区的毒品治理过程中付出了巨大努力，并取得了实质成效，但中东地区环境至今未发生根本好转，这项工作还将长期反复坚持下去。

关键词：中国；中东地区；毒品治理；阿富汗

从阿富汗到西亚的毒品问题一直为地区治理与全球治理难题。在整个西亚北非地区，由于多年政治安全形势动荡，历史、宗教、民族问题复杂尖锐，域外各种势力盘根错节，再加上地理和自然位置特殊等种种因素，使得该地区的毒品犯罪和毒品治理呈现出迥异于世界其他地区的难题。中东为我国的大周边地区，其毒品问题除直接影响国内正常社会和经济发展外，最典型的恶果是与宗教极端主义、暴力恐怖主义和民族分裂主义相结合，对我国的国家安全构成了威胁；同时，毒品问题与中东热点问题相联系，也为包括我国在内的国际社会参与地区和全球治理增加了难度。为此，多年来我国开展了与地区国家、组织以及国际社会的务实合作，为中东地区的毒品治理作出了重要贡献。

---

① 余泳，上海外国语大学中东研究所副研究员。

一、毒品问题与中东地区毒品治理的特殊性

2016年4月19—21日,2016世界毒品问题联合国大会特别会议(简称特别联大)在纽约联合国总部举行,大会通过了题为《我们对有效处理和应对世界毒品问题的共同承诺》的成果文件。在此次为期三天的会议上,来自近百个国家和组织的代表就如何更加有效应对毒品问题发表了看法。

特别联大是经联合国安理会或联合国半数以上会员国请求,或应一个会员国请求并得到半数以上会员国同意,或由联合国大会决定而召开。每届特别联大只审议一个特定国际议题。2016年特别联大聚焦毒品问题,说明全世界毒品问题的严重性和国际社会的重视程度。根据联合国发布的《2015年世界毒品问题报告》中关于全球吸毒范围的概况,2013年全球15—64岁的人口中,每20人中就有一人在服用某种非法药物,总共约2700万人吸毒成瘾,而这一人群中估计有1.62亿—3.29亿人在上一年非法使用过药物(见图1);从性别角度分析,女性整体吸毒水平偏低于男性,主要是由于社会影响或文化环境造成的吸毒机会差异而非固有的性别脆弱性;而从物质使用程度来看,大麻仍然

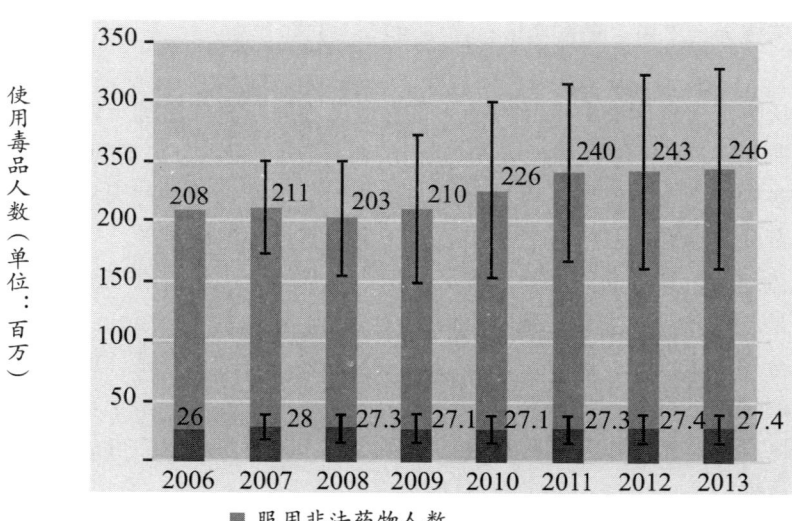

图1　全球吸毒人数趋势评估(2006—2013年)

是最广泛使用的非法物质（见表1）。①

表1　2013年全球大麻吸食流行率高的次区域

区域	流行率（百分比）	估计人数（百万）
全球	3.9	181.79
西非和中部非洲	12.4	29.31
北美洲	11.6	36.66
大洋洲	10.7	2.65
南美洲	5.9	16.03
西欧和中欧	5.7	18.4

毒品问题有其自身复杂性并产生溢出效应。从现实角度看，它涉及供应和需求两方面，而供应方面又会受到毒品价格、相似毒品替代物价格等一系列因素影响；从历史角度讲，毒品问题的出现和演变是一个复杂的历史过程；但最直接的表现是毒品极具成瘾且难以戒断。②根据有关国际公约的划分标准，我国立法将毒品分为麻醉药品和精神药品两大类。在实际的消费市场上，一般将毒品分为传统毒品和新型毒品，其中常见的传统毒品包括鸦片类、大麻类和可卡因类毒品等，人们所熟悉的吗啡、海洛因等称谓皆属于此类。新型毒品是相对前者而言，主要指人工化学合成的致幻剂、兴奋剂类毒品，如俗称的冰毒、摇头丸、K粉、迷药等。综合相关资料③可以发现，现在世界共有四大毒品产区或毒源地，按毒品总产量依次是包括缅甸、泰国、老挝以及印度等一些邻近地区的"金三角"地区；主要由阿富汗、巴基斯坦、伊朗等国的交汇地区组成的"金新月"地区；以哥伦比亚、厄瓜多尔、玻利维亚和秘鲁为中心的"银三角"地区；以黎巴嫩贝卡谷地为中心的"第四产地"。而毒品的主要转运地及运输路线中，以陆路为主在亚、欧、拉美和非洲都有典型分布，海上运输线路

---

① 报告原文参见：United Nations Office on Drugs and Crime, *World Drug Report 2015* (United Nations publication, Sales No. E.15.XI.6), p.ix, 图表为作者根据原文改制。
② 杨恕、宛程著：《阿富汗毒品与地区安全》，北京：时事出版社2015年版，第214页。
③ 资料来源主要参考以下内容：刘建宏主编：《全球化视角下的毒品问题》，北京：人民出版社2014年版，第19—50页；新华网：《世界四大毒品产区和主要转运地及运输路线》，http://news.xinhuanet.com/ziliao/2003-06/25/content_936773.htm；中央电视台新闻频道：《世界四大毒品产地》，http://www.cctv.com/special/4/4/692.html；李建：《当今世界毒品发展趋势及防控对策研究》，载《湖北警官学院学报》2015年第2期。

主要是从印度洋沿岸港口经越南、韩国、符拉迪沃斯托克（海参崴），然后再到墨西哥和哥伦比亚，毒品的空运线路是从西非绕经俄罗斯后再到欧洲。

西南亚"金新月"地区干燥少雨，冬冷夏热的气候以及特定的土壤条件正好适合罂粟的种植和收获，而鸦片类麻醉品就是罂粟的初级产品。联合国毒品和犯罪问题办公室（The United Nations Office on Drugs and Crimes，简称UNODC）、阿富汗禁毒部联合发布的《2016年阿富汗鸦片调查报告》显示，2016年，阿富汗罂粟种植面积为301.5万亩，鸦片总产量4800吨，可制海洛因近500吨，仍是全球最大的鸦片和海洛因产地。① "金新月"地区居住着以尚武和彪悍著称的帕坦族和俾路支族，他们是跨国而居的民族，长期以来保持传统习惯，比较自由地来往边界两侧，巴基斯塔和阿富汗政府难以对其进行有效管理，正是它成为鸦片重要产地的原因。② 贝卡谷地是黎巴嫩最大的农业区，被称为"黎巴嫩的粮仓"，但由于现实的各种原因而导致其罂粟种植面积广泛，建有许多毒品加工厂，成为东南亚国家输出毒品的主要集散地之一，并有很多毒品经这里中转走私到欧洲。

中东地区是世界第二大和第四大毒品产出地，也是世界毒品重要中转站和流散地，这在客观上增加了中东地区毒品治理的难度，但这在某种程度上也只能算作"治表"层面的难题，其背后是该地区多年持续动荡带来的辐射效应之一。"金新月"地区尽管种植罂粟有很长历史，但海洛因加工等毒品生产的迅速繁荣则肇始于20世纪70年代末期和80年代的伊朗国内动乱、苏联入侵阿富汗、两伊战争。20世纪90年代阿富汗又陷入内战，农业受到严重破坏，鸦片种植形成"两大"局面：即大面积种植和大规模生产与加工，执政的塔利班政权更是打着宗教的旗号，积极鼓励种植鸦片以获取非法巨额利润，甚至鼓吹"'白色香粉'并不影响伊斯兰国家的纯洁性"。③ 美国发动阿富汗战争并推翻塔利班政权后，阿富汗并没有如期赢得战后重建的光明前景，其境内的罂粟种植与毒品加工经过短暂萎缩后于2002年开始迅速反弹，执政当局、各地军阀甚至外来占领者均与毒品蔓延有深度关联，形成一种畸形的发展局面。

黎巴嫩贝卡谷地的情形与"金新月"地区有诸多相似之处，如贝卡土地肥沃，适于作物生长和收割，但黎巴嫩整体上国土面积不大，介于以色列和叙利亚之间，国内民族、教派矛盾又异常复杂，外部势力的介入与争夺致使其

---

① 中国国家禁毒委员会办公室：《2017中国禁毒报告》，第64页，2017年3月，http://http://www.nncc626.com/2017-03/30/c_129521742.htm，登录时间：2017年4月1日。
② 贵坚：《世界鸦片最大产地"金新月"》，载《东南亚》1995年第4期，第26页。
③ 刘建宏主编：《全球化视角下的毒品问题》，北京：人民出版社2014年版，第35页。

在1975—1990年发生了长时间内战,特别是在1982年以色列入侵黎巴嫩摧毁了黎南部地区的种植业。正是在内战期间,黎巴嫩一度成为世界最大的毒品制造商,而大部分麻醉药的制作都集中在贝卡谷地。而在黎巴嫩,谈论毒品是禁忌,这为整个社会整治毒品带来很多负面影响,特别是校园毒品呈泛滥之势。一方面,种种原因导致毒品在校园内扩散,但另一方面,政府极力掩盖类似于校园毒品犯罪和吸食毒品被抓等事件,因此毒品在黎巴嫩的危害遥无尽头,鉴于其相对狭小的国土面积,毒品问题在黎已经相当严重。① 近邻的以色列等国情况也不容乐观。早在2009年,在以色列约700万总人口中就有32万人经常吸毒,且数字还在不断攀升。② 另据调查显示,21世纪初,以色列人接触毒品的年龄大约17.7岁。③

两伊战争结束后,伊朗政府就在国内发动了大规模围剿毒品走私和反吸毒运动,1988年12月在与巴基斯坦和阿富汗边界建立了5公里宽的控制区,未经特许禁止任何人进入。这场贩毒运动起因就是,阿富汗和巴基斯坦这两个邻国毒品输入量急剧增加。如1988年伊朗政府扣押的海洛因是1540公斤,比1981年的290公斤增加了4倍多。④ 由于受邻国影响,伊朗面临毒品问题的严峻挑战,并对贩毒吸毒处以死刑。据报道,近期甚至有整村成年男子因该罪行被全部处死。⑤ 但这种严刑峻法的作用并不明显,从而招致一些维权人士批评。

因此,阿富汗和黎巴嫩的毒品情势说明,中东毒品问题严重,首先不能简单归为经济发展落后或单一国家治理不善,更重要的是要剖析其背后的国际和地区环境、域内外各种势力的利益争夺、特有的民族宗教矛盾和有组织犯罪活动等因素,这也正是中东地区的毒品治理特殊性和出路所在。

二、全球毒品治理与中国的贡献

1. 毒品治理一直是国际社会面临的重大难题,但国际社会真正形成全球毒品治理的局面是在联合国成立后。

目前全球主要的禁毒机构和组织有:(1)联合国下设的"经济及社会理事会",负责制订联合国有关监督国际禁毒公约的执行,协调有关毒品管制

---

① 参见《黎巴嫩新灾难:校园毒品》,载《海外文摘》2011年第6期。
② 新华社耶路撒冷专电,载《新华每日电讯》2009年7月1日。
③ 关娟娟:《以色列军队向毒品宣战》,载《世界信息报》2000年7月3日。
④ 张星岩:《伊朗的反毒品运动》,载《国际展望》1989年第6期,第24页。
⑤ 刘学:《伊朗严惩毒品犯罪 处决整村成年男子》,载《北京青年报》2016年2月29日。

方面的政策。其下属的"麻醉药品委员会"为专门负责麻醉药品的工作机构；（2）"联合国禁毒署"是联合国秘书处的一部分，其主要职责是协调各国的行动，向各国禁毒机构提出建议，进行禁毒执法培训等；（3）"国际麻醉品管制局"是一个相对独立的联合国机构，主要任务是与各国政府合作，对有关禁毒公约所涉及的管制药物进行严密监控；（4）"联合国禁毒基金会"，主要任务是资助各国的禁毒项目；（5）"国际刑警组织"是独立于联合国的非政府组织。因为国际上的许多刑事犯罪案件背后都涉及毒品问题，所以，国际刑警组织就成为国际打击毒品犯罪的一个重要组织。

1946年2月16日，联合国经济及社会理事会于瑞士日内瓦成立麻醉药品委员会，作为其职司委员会之一，委员会协助理事会监督《国际药物管制条约》的应用情况，还就与麻醉药品、精神药物及其前体化学品的管制相关的所有事务向理事会提供建议。1991年，委员会的任务范围进一步扩大并以理事会的形式发挥职能。联合国毒品和犯罪问题办公室(The United Nations Office on Drugs and Crimes，简称UNODC)建立于1997年，总部设在奥地利维也纳，由联合国药物管制规划署和国际预防犯罪中心合并而成，旨在帮助各成员国打击非法药物、犯罪和恐怖主义。该组织领导全世界打击非法药物及国际犯罪，通过其广泛的外地办事处网络，在世界各地开展工作，其90%的预算资金来自于自愿捐款，其中大部分来自各国政府。

"麻醉药品委员会"下设有一些附属性机构负责相关的区域性工作，其中包括近东和中东非法贩运毒品及有关事项小组委员会。该委员会成立于1973年，旨在作为一个咨询部门，从区域性视角为麻醉药品委员会处理近东和中东地区的非法贩运毒品问题提供帮助。小组委员会的职能是促进打击非法贩运毒品的区域活动之间的合作与协调，确定本领域的优先问题，并向麻醉药品委员会提交解决问题的建议。小组委员会直接向麻醉药品委员会报告工作，每年召开一次会议，为期四天。

处理世界毒品问题的两大里程碑文件是联合国大会于1998年和2009年分别通过的两份政治宣言，这两份宣言的目的都在于加强国际合作，来应对需大家共同承担的世界范围内的毒品这一普遍性问题。联合国大会在第二十届关于世界毒品问题特别会议上通过的《1998年政治宣言》要求会员国每两年一次向麻醉药品委员会报告其为实现有关目标所作的努力。委员会必须对这些报告进行分析，从而加强应对世界毒品问题方面的合作。在麻醉药品委员会于2009年3月11—12日召开的第五十二届会议的高级别部分，会员国通过了《关于开展国际合作以综合、平衡战略应对世界毒品问题的政治宣言和行动计划》。①

2. 中国政府一贯重视国际禁毒合作，以负责任大国的态度，始终按照"广泛参与、责任共担、全面实施、综合均衡、重视替代发展"的原则，认真履行国际禁毒公约，积极与世界各国和国际组织发展禁毒合作关系，为世界禁毒工作做出了积极贡献。2016年，中国政府积极推动对"一带一路"沿线重点国家的禁毒援助，推动落实向巴基斯坦禁毒部门援助价值4500万元的各类缉毒设备，提升周边国家禁毒执法能力建设，从源头上遏制毒品对我危害。加大对外培训力度，协调开展双边、多边外警培训项目20余个，参训国外禁毒官员400余名。2016年，共组织出访团组63个，接待来访团组23个，增进了理解和友谊。②

2000年6月，国务院新闻办发布的《中国的禁毒》白皮书③指出，中国政府积极参与国际禁毒事务，如1985年6月加入联合国《1961年麻醉品单一公约》、《1971年精神药物公约》，1989年9月加入《联合国禁止非法贩运麻醉药品和精神药物公约》，成为最早加入该公约的国家之一。从1984年起，中国多次派代表团出席联合国、国际刑警组织、世界海关组织和世界卫生组织召开的禁毒国际会议。1989年10月，中国在北京举办亚洲地区缉毒研讨会；1996年11月，中国在上海主办国际兴奋剂专家会议；1990年2月和1998年6月，中国政府代表团先后参加联合国第十七次和第二十次禁毒特别会议，向国际社会宣示了中国政府坚决禁毒的立场和政策、措施。

1990年，中国政府成立了由公安部、卫生部和海关总署等25个部门组成的国家禁毒委员会，负责研究制定禁毒方面的重要政策和措施，协调有关重大问题，统一领导全国的禁毒工作，目前国家禁毒委员会成员单位已达38个。2008年6月1日，中国第一部全面规范禁毒工作的法律——《中华人民共和国禁毒法》正式实施。2009年以来，中国政府在上海主办了"万国禁烟会"百年纪念活动等重要多边国际会议，深入开展跨国跨区域执法合作，积极开展对外执法培训、设备物资援助交流和替代发展，为阿富汗等国家培训禁毒执法官员近两千人次。2015年10月，中国出台《非药用类麻醉药品和精神药品列管办法》，在先

---

① 《联合国麻醉委员会》，http://www.un.org/zh/aboutun/structure/ecosoc/cnd/treaties.shtml，登录时间：2016年1月13日。

② 中国国家禁毒委员办公室：《2017中国禁毒报告》，第47页，2017年3月，http://http://www.nncc626.com/2017-03/30/c_129521742.htm，登录时间：2017年4月1日。

③ 中华人民共和国新闻办公室：《中国的禁毒》白皮书，http://www.scio.gov.cn/zfbps/ndhf/2000/Document/307948/307948.htm，登录时间：2016年3月17日。

期列管氯胺酮等14类物质的基础上,一次性增列116种新精神活性物质,并调整了列管机制和标准。同时,中国政府不断加强执法打击,严密防范非法制造、走私新精神活性物质违法犯罪活动。①2017年,中国又将卡芬太尼、呋喃芬太尼、丙烯酰芬太尼、戊酰芬太尼等4种物质列入非药用类麻醉药品和精神药品管制品种增补目录。至此,中国列管的新精神活性物质已达134种。②

三、中国参与中东地区毒品治理的国际机制

中东地区的毒品治理难题是中东地区国家和社会治理失败的一个缩影,阿富汗就是其中典型代表。美国在阿富汗发动的"全球反恐"战争导致了两个直接后果,一是塔利班政权的倒台,二是阿富汗毒品生产和贸易的兴旺。毒品成为阿富汗唯一具有"竞争力"的商品,这不仅危及阿富汗的安全与稳定,也威胁到国际社会的稳定。③阿富汗毒品问题对中国西北边疆的安全和稳定带来的威胁不言而喻,中国高度重视并借助一系列国际合作机制加以防空和打击,取得了一定成效。

1998年以来的近20年,中国政府积极与世界有关国家和国际组织开展禁毒合作,参与建立和完善了联合国有关禁毒合作机制、上海合作组织禁毒合作机制、金砖国家禁毒合作机制等多边禁毒合作框架,对防范和打击来自中东地区的毒品来源、运输和贩卖等起到了明显的遏制作用,为国际社会、相关地区国家的禁毒工作带来了积极的推动效果。

(一)联合国框架下的合作机制

根据联合国经社理事会"麻醉委员会"最新发布的《世界毒品贩运形势报告》,中国的西南亚邻国成为全球毒品一些主要毒品的来源地和贩运通道,中国也深受其害。该报告数据显示,自2004年以来,三个国家——阿富汗、伊朗和巴基斯坦——每年在全球鸦片缉获量中始终占到90%以上,且这一趋势在2014年得以持续,伊朗仍是报告年度鸦片缉获量最大的国家,在巴基斯坦

---

① 中国禁毒网:《广泛深入开展禁毒人民战争 为禁绝毒品造福人民做出不懈努力——中国禁毒工作20年综述》,http://www.nncc626.com/2016-04/18/c_128905169.htm,登录时间:2016年3月17日。
② 中国禁毒网:《综述:为全球毒品治理作积极贡献 中国行动彰显大国担当》,http://www.nncc626.com/2017-03/20/c_129513159.htm,登录时间:2017年3月23日。
③ 四川大学南亚研究所课题组主编:《阿富汗:后冲突时期的稳定与重建》,北京:时事出版社2015年版,第145页。

的鸦片缉获量连续五年上升，2014年达到46吨；与鸦片的情况一样，非法吗啡的缉获仍集中在阿富汗及其邻国，2005年以来的每一年，阿富汗、伊朗和巴基斯坦加起来占全球吗啡缉获量的逾90%（2014年占96%）；在亚太地区，缉获的海洛因大多集中在中国，2014年中国的海洛因缉获量连续第四年上升，达到9.4吨，比2013年报告的水平约高10%。尽管"金三角"仍是海洛因的主要来源地，但是阿富汗的海洛因通过海运、陆运、空运以及邮件到达中国。

联合国毒品和犯罪问题办公室(UNODC)作为打击非法毒品的领导机构在区域指导方面，主要是积极为附属机构服务，包括近东和中东非法贩运毒品及有关事项小组委员会。随着综合国力的发展，中国在国际禁毒领域已由受援国逐步发展到每年向该办公室（联合国毒品和犯罪问题办公室）禁毒捐款100万美元。[①] 中国政府先后参加了第20届禁毒特别联大、联合国第46届和第52届麻醉品委员会高级别会议，主办了上海合作组织成员国第三次禁毒部长会议（2012年）等重要多边国际会议。

（二）地区组织合作机制

中国作为主要创始国和成员的上海合作组织是推动解决地区毒品问题的重要依托。2004年6月17日，上海合作组织6个成员国在塔什干签署了《上海合作组织成员国关于合作打击非法贩运麻醉药品、精神药物及其前体的协议》，其中规定各方将就"参与非法贩运麻醉品及其前体的带有跨国性质的犯罪集团的机构、人员名单、活动范围、管理和联络情况"进行情报交换。[②] 2009年上合组织推动建立领导人、高官、专家三级禁毒合作机制以来，成员国各方之间禁毒合作进入务实发展的新阶段。2011年6月，上合组织成员国元首在阿斯塔纳峰会上批准了《2011—2016年上合组织成员国禁毒战略》及其《落实行动计划》，明确了成员国在应对阿富汗毒品威胁、禁毒预防教育、戒毒康复、国际合作等领域的相关措施及落实机制，为成员国禁毒合作指明了方向。2015年7月10日，《上海合作组织成员国元首关于应对毒品问题的声明》指出，成员国对阿富汗规模巨大的毒品生产表示担忧，认为这对阿富汗以及其他国家经济社会发展和安全造成威胁。鉴于此，各方愿在双边及多边合作框架下应对毒

[①] 中国禁毒网：《坚持责任共担　促进合作共赢　积极推动国际禁毒事业发展进步——中国禁毒国际合作成绩斐然》，http://www.nncc626.com/2016-04/18/c_128905196.htm，登录时间：2016年3月17日。

[②] 中国常驻维也纳联合国和其他国际组织代表团，http://www.fmprc.gov.cn/ce/cgvienna/chn/dbtyw/jdwt/t229272.htm，登录时间：2016年1月12日

品威胁，促进国际社会共同努力解决该问题。

金砖国家禁毒合作机制是中国参与的又一国际专门组织，以治理包括中东毒品在内的国际和地区问题。金砖国家禁毒部门负责人首次会议于2013年6月6日在俄罗斯首都莫斯科举行，中国公安部副部长刘彦平出席。各方就金砖国家毒品形势、采取措施应对共同面临的毒品问题、推动金砖国家禁毒合作机制化发展等问题建设性交换了意见，达成了广泛共识，一致决定启动金砖国家禁毒合作机制化进程。2014年5月15日至16日，国际禁毒合作部长级会议及金砖国家禁毒部门负责人第二次会议先后在莫斯科召开，中国公安部副部长李伟率团出席会议并发言。李伟建议与会各国加大对"金新月"地区毒源地毒品问题的关注与支持，为该地区的替代发展提供更多资金和技术支持。经广泛深入磋商，金砖国家各方一致决定建立金砖国家禁毒部门专家组。[①] 2015年4月22日，金砖国家禁毒部门负责人第三次会议在莫斯科召开，中国公安部刘跃进部长助理指出，当前互联网涉毒情况突出，新精神活性物质蔓延加速，非列管化学品用于制毒日益严重，毒品犯罪与恐怖主义相互交织，给各国禁毒工作带来巨大挑战。建议金砖国家共同维护以联合国三大禁毒公约为核心的国际禁毒机制，反对一切形式的毒品"合法化"，尽快召开金砖国家禁毒工作组首次会议，部署开展金砖国家缉毒执法领域务实合作。

阿富汗问题"伊斯坦布尔进程"是中国借助国际机制参与中东地区的毒品治理的平台之一。该机制创立于2011年，为致力于推动阿富汗和其邻国在安全、经济和政治议题上的合作的区域性平台，也是唯一由本地区国家主导的有关阿富汗问题的国际机制，包括阿富汗、中国、巴基斯坦、伊朗、土耳其和俄罗斯等14个地区成员国，已举办过5次外长会议，打击毒品走私一直是其重要议题之一。2014年10月30日，中国承办第四次外长会议，会议通过了《阿富汗问题伊斯坦布尔进程北京宣言》，重申毒品等问题相互交织正在威胁"亚洲中心"地区国家的安全与稳定，各相关政府要开展合作，加强信息共享机制。

亚洲相互协作与信任措施会议（简称亚信）则是中国参与中东地区的毒品治理的又一重要舞台。亚信是1992年10月5日由哈萨克斯坦总统纳扎尔巴耶夫在第47届联合国大会上倡议建立的亚洲安全问题论坛，致力于制定和落实旨在增进亚洲和平、安全与稳定的多边信任措施，加强相关领域合作，目前共有阿富汗、中国、埃及、伊朗、以色列、巴基斯坦、巴勒斯坦、俄罗斯、土耳其、约旦、阿联酋、伊拉克、巴林和卡塔尔等26个成员国。在亚信四个领域

[①] 袁定波：《建立金砖国家禁毒部门专家组》，载《法制日报》2014年5月17日，第2版。

的信任措施中，非法毒品走私和跨境犯罪被归为"新挑战和新威胁"，《落实亚信信任措施合作方式》对其落实程序做出的规定是在打击非法毒品生产和贩运时，要求"各国就已采取措施的交换信息"。① 亚信建立了国家元首和（或）政府首脑会议（峰会）、外长会议、高官委员会会议、特别工作组会议机制，举办峰会和外长会议的国家任轮值主席国。中国已于2014年5月主办第四次亚信上海峰会并接任主席国，提出了"共同、综合、合作、可持续"新亚洲安全观倡议，这将是中国更大范围、更广泛参与中东地区的毒品治理的有力保证。

四、结论

毒品曾给中华民族带来深重灾难，新中国为打击毒品犯罪一直在做不懈的努力。在建国后三年内，中国就禁绝了为祸百年的鸦片毒品，改革开放新时期毒品犯罪出现很多新问题，但中国始终坚持严厉禁毒的立场，不断加强禁毒立法，坚决惩治毒品犯罪，在提高全民禁毒意识的同时，不断开展国际禁毒合作，在参与中东地区的毒品治理方面取得了一定成效，也有一些值得思考的问题。

2000年6月中华人民共和国务院新闻办公室首次发布《中国的禁毒》白皮书；1998年以来，中国已连续19年发布《中国禁毒报告》；2008年6月1日，中国第一部全面规范禁毒工作的法律——《中华人民共和国禁毒法》正式实施；2011年6月26日，国务院《戒毒条例》开始施行。目前，中国已经建立国家级毒品预防教育示范基地9所，省级禁毒教育基地20多所、禁毒社会组织700多个、禁毒志愿者100多万名，每年新发现吸食海洛因人员增幅从2008年的13.7%降至2013年的6.6%。②

中国积极参与和推动国际禁毒合作，认真履行国际禁毒公约，积极与世界各国和国际组织发展禁毒合作关系，为世界禁毒工作做出了积极贡献。中国在国际禁毒领域提出三项主张：坚持广泛参与、责任共担的原则；全面实施综合、均衡的国际禁毒战略；高度重视替代发展，促进从根本上解决毒品问题。在具体做法上，一是积极推进区域双边、多边禁毒合作；二是深入开展跨国、跨区

---

① 参见亚信主席国官网：《"亚信"信任措施落实纲要》，http://www.cica-china.org/chn/xrcsdwjw/P020140416564456214484.pdf，登录时间：2016年1月6日。

② 中国禁毒网：《广泛深入开展禁毒人民战争　为禁绝毒品造福人民做出不懈努力——中国禁毒工作20年综述》，http://www.nncc626.com/2016-04/18/c_128905169.htm，登录时间：2016年3月17日。

域执法合作;三是以对国际社会负责的态度加强新精神活性物质管制;四是积极开展对外执法培训、设备物资援助交流和替代发展。经过多年努力,各部门共同参与、各负其责,禁毒战略沟通、执法合作、司法协助、经验交流、人员培训、替代发展等多种方式全方位发展的中国禁毒国际合作格局已基本形成,效能和水平逐年提高,品牌效应不断显现。①

随着国际禁毒合作走向深入,中国参与中东地区的毒品治理也取得了明显成效。统计表明,2005年至2007年,全国共破获267起"金新月"地区毒品案件,缴获海洛因476.5千克;2008年在新疆缴获"金新月"毒品数量占全区全年缴获海洛因总量的75.52%。②2009年至2011年,中国破获"金新月"地区海洛因案件711起,抓获犯罪嫌疑人775名,缴获各类毒品2907.7千克,有效打击了跨国贩毒集团的嚣张气焰。③2015年,全国破获"金新月"海洛因走私入境案件38起,缴获"金新月"海洛因146.3公斤。根据中国国家毒品实验室检验数据分析,2015年前三季度"金新月"海洛因占同期国内查缴海洛因总量的2%。④

中国与地区有关国家双边合作机制也在不断加强。2013年,中国公安部禁毒局局长刘跃进首访巴基斯坦、伊朗,开辟与两国的禁毒国际合作渠道。中国还与巴基斯坦、阿富汗和一些中亚国家开展缉毒执法合作,对涉及"金新月"方向毒品犯罪问题开展专案缉毒侦查和调查取证合作。中国还不断加强对本国公民涉中东毒品的教育,如在《中国公民赴沙特须知》在第一条特别提醒"在沙特,走私毒品为死罪。如需携带中成药或较大剂量个人用药入境,建议提供医生处方。"⑤总之,各种机制和措施的综合运用,使得中国参与中东地区的毒品治理的成效正在得以体现。

但毋庸讳言,中国在参与中东地区的毒品治理的努力过程中,还有一些值得思考的问题。例如,由于地理信息、宣传方式等因素长期作用的结果,

---

① 中国禁毒网:《坚持责任共担 促进合作共赢 积极推动国际禁毒事业发展进步——中国禁毒国际合作成绩斐然》,http://www.nncc626.com/2016-04/18/c_128905196.htm,登录时间:2016年3月17日。

② 参见单国、乔子愚:《"金新月"地区毒品渗透态势及对策研究》,载《云南警官学院学报》2015年第3期。

③ 杨艳、唐正铁:《上海合作组织禁毒合作进入务实发展新阶段》,http://society.people.com.cn/GB/223276/17575427.html,登录时间:2016年1月19日。

④ 中国国家禁毒委员会办公室:《2015年中国毒品形势报告》,2016年2月,http://www.nncc626.com/2016-02/18/c_128731173.htm,登录时间:2016年4月7日。

⑤ 中国驻沙特经商处:http://www.chinaembassy.org.sa/chn/stgk/t189333.htm,2015年3月21日,登录时间:2016年1月6日。

中国民众对中东毒品的危害和影响知之不多，特别是相对于"金三角"毒品而言，甚至有不少中东部民众可能对"金新月"毒品还几乎还没有什么防范意识；再如，与解决"金三角"毒品问题的国际合作机制相比，中国针对"金新月"地区毒品问题的禁毒合作机制还不完善，主要是新疆等西部省区参与的多，总体上在合作广度、深度以及务实性措施等方面的国际合作还有待于加强；还有像迪拜已成为"金新月"地区毒品向我国渗透的中转站和国际贩毒集团向我组织贩毒的主要活动地之一；以非洲裔为代表的国际贩毒团伙向中国贩运"金新月"海洛因的问题突出等，这一系列新的现象，要求中国需要进一步创新在中东地区参与毒品治理国际合作的方法和措施，以确保"一带一路"沿线国家和地区向着稳定和安全的社会环境迈进，维护中国重大发展战略在中东地区的顺利推进。

中国参与中东地区难民问题治理

邢新宇[①]

摘要：难民问题是中东地区长期存在的复杂问题，对地区安全局势和社会稳定产生了重要影响。中东剧变引发的难民潮引起了国际社会的广泛关注。在中东地区难民问题的治理过程中，国际社会形成了多个层面的治理实践：联合国难民署等国际组织的多边会议成为治理的主渠道，美、欧、俄、中、日等域外大国的治理政策也发挥了积极作用。西方大国主要关注中东难民如何救助，而中国则倾向于解决难民危机的根源，主张从源头上加强中东动荡国家的政治稳定和经济发展。中国在中东难民问题治理中较好地实现了利益与道义、意愿与能力、政策与战略之间的平衡，在力所能及的范围内，在单边援助、双边对话与多边会议等多重机制下，中国参与中东地区难民问题治理，有助于树立负责任的大国形象，从而配合中国对中东的总体外交。

关键词：难民问题；治理；中国中东外交；叙利亚难民

难民问题长期困扰国际社会，对难民输出国和难民接收国的安全产生了重要影响，在中东地区表现得尤为突出。2010年底中东剧变以来，中东多个阿拉伯国家经历了严重的政治危机和社会动荡以及久拖不决的内战，大批民众被迫逃往他国寻求避难，导致绝大多数民众沦为难民。长期以来，中东原有难民问题尚未得到根本性解决，新的难民群体又开始涌现，令中东地区遭遇了严重的难民危机，对地区安全局势和社会稳定造成了巨大的冲击。2015年以来，叙利亚爆发了25年来最严重的难民危机，难民人数超过200万，严重冲击了土耳其、约旦、埃及、黎巴嫩等周边国家，同时大量难民不断涌入欧洲，成为国际社会关注的焦点。当前，叙利亚难民危机已成为日益严重的中东难民危机的

---

① 邢新宇，北京第二外国语学院政党外交学院讲师。

一个缩影。

从问题性质及其解决路径来看，难民问题是全球性问题，单靠一个国家或组织难以有效应对，需要国际社会通力合作解决。如今，以全球治理的方式应对难民问题业已成为国际社会的广泛共识，国际社会在应对中东难民危机的实践过程中，形成了多层次的治理架构，包括联合国难民署等国际组织的多边会议；美、欧、俄、中、日等域外大国的治理政策；土耳其、约旦、埃及、沙特等地区国家的战略互动；叙利亚、伊拉克、也门、利比亚和索马里等中东难民输出国的社会治理政策。在现有的治理体系中，大国无疑发挥着独特的影响和作用，中国如何在现有框架下参与中东难民问题的治理，将对中国国际形象的塑造及中东总体外交产生重要影响。

一、中东难民问题的历史与现状

难民作为一种群体性现象，往往是战争的伴生物。因此，难民逃亡既是一个古老的问题，也是一个现实的问题。[①] 关于难民的概念，长期以来国际社会没有形成共识。1951年，联合国《关于难民地位的公约》将难民定义为"因有正当理由畏惧由于种族、宗教、国籍、属于某一社会团体或具有某种政治见解的原因留在其本国之外，并且由于此项畏惧而不能或不愿受该团体护的人；或者不具有国籍并由于上述事由留在其以前经常居住国家以外而现在不能或由于上述畏惧不愿返回本国的人"。[②] 1967年，联合国通过的《关于难民地位的议定书》对上述概念作了补充，难民的定义得到进一步完善发展，有利于难民身份的确定和权利的保护。

随着全球化进程的推进，世界范围内的人口流动性增强，难民成为日益突出的全球性问题。在后冷战时代，全球宗教和民族矛盾凸显，许多地区发生冲突和动荡，客观上催生了日益严重的难民危机。为呼吁全世界关注难民问题，联合国大会决定自2001年起，将每年的6月20日定为"世界难民日"。联合国难民署发布的统计数据显示，截至2014年年底，全球范围内流离失所者达到5,950万人，其中难民约为1,950万人，如果将全球处于流离失所状态的人群组

---

① 李晓岗：《难民问题的道义性与政治性》，载《世界经济与政治》1999年第7期，第56页。
② UN High Commissioner for Refugees (UNHCR), "The 1951 Refugee Convention: Questions and Answers, September 2007," UNHCR/MRPI/Q&A A1/ENG 8, Refworld, p.6, http://www.refworld.org/docid/47a7078dd.html，登录时间：2016年6月3日。

成一个国家,这个国家将成为世界第24大人口国家。①

中东地区是全球难民问题的"重灾区"。长期以来,中东国家民族和宗教矛盾突出,地区国家的地缘政治争夺以及西方大国的频繁干预,令这些矛盾愈加复杂,并进一步引发地区动荡和战乱。冲突、动荡和贫困导致中东地区难民问题积重难返。自2010年底中东剧变以来,地区局势持续动荡,导致许多民众被迫逃离家园,这既加剧了中东地区既有的难民危机,也导致新的叙利亚难民问题的产生。据联合国难民署截至2014年的数据统计,由该机构管理的中东和北非地区流离失所者已达1,682万人,包括大约450万难民。② 在难民输出和接收上,叙利亚和阿富汗成为世界最大的两个难民来源国;全球前六大难民接收国中有四个中东国家,分别是土耳其、黎巴嫩、伊朗和约旦。2015年土耳其首次超过巴基斯坦,成为全球接收难民人数最多的国家,其接收和安置了约151万难民,占被安置难民总数的10%。③ 中东地区已成为世界范围内最主要的难民输出地和接收地,正经历严重的难民危机。中东难民危机的溢出效应,正对欧洲的政治、经济、社会、文化乃至欧洲一体化进程产生深远影响,2016年6月英国通过公投宣布脱离欧盟就与难民问题密切相关。

从难民来源国看,中东地区的难民群体主要包括叙利亚、伊拉克、阿富汗、巴勒斯坦、利比亚和也门难民等。首先,叙利亚难民问题已成为各国关注的焦点。据统计,截至2014年年底,大约760万叙利亚人在国内流离失所,约占该国人口④的三分之一,另有近390万人被迫迁往他国寻求庇护而沦为难民。叙利亚局势持续恶化产生了庞大的叙利亚难民群体,令叙利亚一举超过阿富汗和索马里,成为全球最大的难民来源国,而在2011年,叙利亚甚至排不到全球难民来源国的前30位。⑤ 叙利亚难民危机已被联合国形容为21世纪最大的人道主义灾难。其次,伊拉克难民问题由来已久。伊难民问题始于两伊战争,2003年伊拉克战争后日趋严重。据统计,2014年伊拉克难民总数约37万,较2013年底有所下降。⑥ 伊拉克国内局势长期动荡,恐怖主义势力泛滥是伊拉克难民问题持续升温的症结所在。再次,长期战乱导致的阿富汗难民问题。

---

① United Nations High Commissioner for Refugees, "GUNHCR Global Trends: Forced Displacement in 2014," UNHCR, June 18, 2015, p.2, http://www.unhcr.org/556725e69.pdf, 登录时间2016年6月3日。

② Ibid., p.53.

③ Ibid., pp.2-3.

④ 世界银行统计数据显示,截至2014年年底,叙利亚人口达2215.78万。参见"Population, Total," World Bank, http://data.worldbank.org/indicator/SP.POP.TOTL, 登录时间:2016年3月1日。

⑤ Ibid., p.13.

⑥ Ibid., p.15.

截至2014年年底，阿富汗成为仅次于叙利亚的世界第二大难民输出国，难民总数约260万。① 2001年阿富汗战争导致难民危机恶化，并与恐怖主义复杂交织。最后，巴勒斯坦难民是中东地区历史最为悠久的难民群体。历次中东战争导致大量巴勒斯坦难民涌入周边国家，其中大部分长期生活在难民营中，处境极其艰难。在难民营生活的巴勒斯坦难民往往受到安置国政府、国际组织以及其他机构的层层管理和控制，权利难以得到保障，成为难民群体的典型。② 为解决巴勒斯坦难民问题，联合国专门设立了近东巴勒斯坦难民救助工程处（UNRWA）。据该机构统计，截至2014年年底，已登记的巴勒斯坦难民数量达51.5万人。③ 此外，受中东剧变影响，也门、利比亚均出现大量民众逃难现象，形成了新的大规模难民群体。

日益恶化的难民问题成为中东、欧洲乃至国际社会最为关切的问题之一。一方面，难民的接收、安置和遣返工作需要大量资金、人力等资源，当前各方面的援助仍不足以完全满足实际需要，尤其是难民的安置国和接收国面临沉重的经济压力。另一方面，中东难民问题难以得到有效管控，使得本已处于动荡的中东更加混乱。难民潮在一定程度上成为威胁地区稳定的不安定因素，且极易失控从而加剧地区安全形势恶化。有学者曾指出，"伊拉克战争使数百万人流离失所，造成了1948年以来最严重的难民危机，当汹涌的难民潮流向周边国家时，也会将战争和动乱带到那里"。④ 被迫逃离家园的难民生活艰难，易受到当地居民的歧视甚至攻击，形成新的人道主义灾难。值得关注的是，难民问题与恐怖主义相互交织也使得该问题更趋复杂。涌入各国的中东难民普遍生活贫困且难以融入当地社会，长期处于社会边缘化状态使其极易受到极端思想的蛊惑，成为极端组织招募的重要对象。事实表明，部分难民因在现实生活中看不到希望，受到极端思想的影响，加入了"伊斯兰国"组织和"支持阵线"等极端组织。总之，难民危机影响难民来源国和接收国的社会安定和发展，对当地局势稳定构成潜在威胁，成为国际社会的治理难题。

---

① United Nations High Commissioner for Refugees, "GUNHCR Global Trends: Forced Displacement in 2014," UNHCR, June 18, 2015, p.14, http://www.unhcr.org/556725e69.pdf, 登录时间：2016年6月3日。

② Husseini J., and R. Bocco, "The Status of the Palestinian Refugees in the Near East: The Right of Return and UNRWA in Perspective," p.260.

③ "UNRWA in Figures," United Nations Relief and Works Agency for Palestine Refugees in the Near East, June 2015, http://www.unrwa.org/sites/default/files/unrwa_in_figures_2015.pdf, 登录时间：2016年4月1日。

④ Nir Rosen, "The Flight from Iraq," *New York Times Magazine*, May 13, 2007, p.33.

二、欧美在中东难民问题治理中的作用

难民问题治理是全球治理的重要议题,也是全球治理的重点和难点。许多学者认为,主权国家的政府无论是现在还是将来都是全球治理的主体。[①] 国家是有效解决全球性问题的重要主体,尤其是大国因其巨大的资源优势和影响力,在全球治理中可以发挥不可替代的作用。大国对国际规则、国际组织、国际规范仍然具有远超过小国的影响力,大国合作是全球治理从理想变成现实的关键所在。[②] 大国对中东地区的长期干预导致地区问题议程大多由西方大国主导,难民问题作为中东地区具有全球性影响的问题,其解决与大国参与和大国间的合作密不可分。美欧等西方大国在中东难民的治理上发挥了重要作用。

(一)美国在中东难民问题治理中的作用

在中东存在广泛利益、深度介入地区各种事务的美国,是中东最具影响力的域外大国,包括难民问题在内的中东热点问题的处理和解决,都离不开美国的参与。难民问题历来是美国中东政策的重要关切之一。美国之所以关注中东难民问题,一方面是其试图占领国际道义的高地,高举西方"自由、民主、人权"的旗帜,坚守所谓西方人权观和道义责任;另一方面是因为难民问题对美国主导的中东和平进程及相关政治议题具有重要影响。因此,美国在推动中东难民问题解决的过程中扮演着重要角色。

历史上,美国接纳了二战时因德国法西斯侵略而逃离欧洲的大批犹太难民,为犹太难民的接收和安置做了大量工作,成为美以特殊关系形成的一个重要原因。二战后,中东因局势动荡、战火不断爆发了持续性的难民潮。美国为解决这一问题,在国内和国际两个层面付出了大量努力,取得了一定的效果。

美国在中东难民问题治理中的作用主要体现在四个方面。

第一,美国政府和民众对中东难民问题保持了较高关注度,美国国内设立了针对中东难民群体的救助机构和组织,体现了美国式的"人道主义关怀",这同美国政府所推崇的"保护的责任"一脉相承。美国国内很多具有官方背景的机构或非政府组织都致力于中东难民问题的解决,如总部位于阿灵顿市的美国难民和移民委员会(U.S. Committee for Refugees and Immigrants)通过与联合

[①] 俞可平:《民主与陀螺》,北京:北京大学出版社2005年版,第90页。
[②] 王义桅:《超越均势:全球治理与大国合作》,上海:三联书店2008年版,第229页。

国难民署和其他非政府组织开展合作，为世界范围内的难民和无家可归者提供人道主义援助和专业的公共服务，并帮助他们适应新的生活环境。根据该委员会的工作介绍，中东难民也是其重要的救助对象。[1]

第二，美国利用其大国身份和世界影响力，呼吁国际社会关注中东难民问题，多次向联合国提交议案，敦促通过国际合作应对难民问题。2008年，美国国会的报告指出，伊拉克大量难民不断涌入周边国家，已经对地区安全构成了严重威胁。在美国的倡议下，联合国难民署成立了应对伊拉克难民问题的特别小组。

第三，美国充当中间人和调解者，敦促中东国家在难民问题治理上开展合作。美国利用其在中东的特殊地位和影响力，依靠其在中东地区的盟国体系，向地区有关国家施加影响，主导难民问题治理议程，敦促地区国家通过合作应对日益严重的难民问题。2007年11月，美国主持召开中东问题安纳波利斯会议，敦促巴以双方尽快就难民问题达成协议，承诺由其出资补偿因最终难民协议可能受到影响的巴以双方民众的全部损失。[2] 尽管最终协议没有达成，但美国借此向世人传达了其力促巴勒斯坦难民问题解决的信号。[3] 同样，美国呼吁约旦和土耳其开放国境，接收因叙利亚内战导致的大批难民，给予约旦和土耳其经济援助，支持其对叙利亚难民的安置工作。[4] 2013年3月，奥巴马在访问约旦期间宣布，美国政府将向约旦提供2亿美元专项资金，以救助约旦境内的45万叙利亚难民。[5]

第四，美国还通过向联合国难民署及相关机构提供资金援助，参与中东难民问题的治理。美国作为世界头号发达国家，一直是联合国难民署最大的援助国。截至2016年6月，美国已累计为叙利亚难民提供了47亿美元的人道主义援助，仅次于土耳其提供的80亿美元。[6] 美国的资金支持为中东难民问题的有效治理提供了重要保障。

需要指出的是，美国在中东难民问题的治理上扮演了双重角色。一方面，美国发动阿富汗战争、伊拉克战争并推出"大中东计划"是造成中东涌现大

---

[1] 参见美国难民和移民委员会网站：www.refugees.org，登录时间：2016年4月3日
[2] Michael Lerne, "After Annapolis: Middle East Peace?" *Tikkun*, Vol. 23, No. 1, 2008, pp.9-11.
[3] 邢新宇：《全球治理中的中东难民问题》，载《阿拉伯世界研究》2011年第6期，第34页
[4] "Top US Official Hails Jordan's Open-border Policy for Syrian Refugees," *BBC Monitoring Middle East Reports*, November 29, 2012.
[5] "Obama Announces $200 Million Syrian Refugee Fund," *France24*, March 22, 2013.
[6] "Funding to 2016 Response Plans," Financial Tracking Service (FTS), http://www.fts.unocha.org，登录时间：2016年6月3日。

批难民的重要原因；另一方面，美国以大国身份积极参与中东难民问题的治理，致力于通过国际合作共同解决难民问题，曾取得了一定效果。然而，叙利亚危机爆发以来，数十万中东难民涌入欧洲，令欧洲国家面临严重的政治、社会和经济压力，奥巴马政府却以威胁美国国家安全为由拒绝接收难民，欧洲国家批评美国所谓的参与中东难民问题治理口惠而实不至，凸显了美国政府的虚伪性。[1]

（二）欧盟国家在中东难民问题治理中的作用

欧盟一直是全球治理的倡导者和主要参与者。在中东难民问题的全球治理中，欧盟表现得尤为积极，一方面是受到欧洲人道主义价值观的驱动，另一方面是因为中东与欧洲在地理位置上接近，中东难民问题直接影响欧洲边界的稳定和欧盟成员国的国内安全。

欧盟在中东难民问题治理中的作用主要体现在三个方面。

第一，欧盟承担了相当数量中东难民的收容和安置工作。欧洲地区社会安定、经济发达，每年都有大量中东难民通过合法或非法渠道前往欧盟国家避难，尤其是紧邻北非的意大利、希腊等欧盟国家每年都要接收大量中东难民。[2] 伊拉克战争爆发后，大批伊拉克难民将欧洲视为"避难天堂"，仅2008年就有约4万名伊拉克难民向欧盟申请避难。[3] 对这些饱受战争创伤的伊拉克难民，欧盟国家总体上持宽容态度，相关机构不断简化申请批复程序，为大批难民提供了新的生活环境。

第二，欧盟与中东相关国家开展密切合作，一方面加强边境管理以防堵非法移民涌入，另一方面与相关国家一道为难民提供生活保障和必要援助。欧盟曾与利比亚卡扎菲政府联手解决非洲难民问题，为此欧盟两年内向利比亚提供了5,000万欧元的援助，防止非洲难民取道利比亚涌入欧洲，同时为这些难民提供救助。欧盟对中东地区难民接收国也给予经济援助，呼吁其善待难民。叙利亚危机爆发以来，黎巴嫩接收了数万名叙利亚难民，欧盟为此向黎巴嫩政府提供援助，帮助其安置叙利亚难民。[4]

第三，欧盟为中东地区的难民救助机构提供了大量资金援助和人员支持。

---

[1] "US Rejects 30 Syrian Refugees Amid Tightened Security," Reuters, March 2, 2016.
[2] 邢新宇：《全球治理中的中东难民问题》，第35页
[3] Mariah Blake, "Escape to Europe," *Foreign Policy*, Issue 168, 2008, p.28.
[4] "EU Willing to Help Lebanon Provide Aid to Syrian Refugees," *BBC Monitoring Middle East*, July 25, 2012.

国际难民救助机构的工作人员大部分来自欧盟国家，他们有的放弃高薪工作和职位，从事救助中东地区难民的志愿者工作。此外，欧盟一直为中东地区的联合国难民救助机构和其他相关组织提供资金支持。2012年1—10月，欧盟为联合国儿童基金会特别教育项目捐助了1,000万欧元，帮助叙利亚难民中的儿童接受教育。[1] 欧洲国家为叙利亚难民提供的资金援助总额远超过美国，其中仅英国和德国就分别提供了15.5亿美元和13亿美元的人道主义援助，而捷克、斯洛伐克、罗马尼亚、匈牙利等欧洲国家仍拒绝中东难民入境。[2]

三、中国对中东难民问题治理的建设性参与

全球金融危机爆发后，新兴大国的国际地位日益凸显。以中国为代表的新兴大国正日益走向全球治理的舞台中心，承担着越来越重要的责任。[3] 中国长期以来一直坚持广泛参与国际人道主义行动，在中东地区难民问题的治理上，中国正发挥着越来越重要的作用，体现了一个发展中大国应尽的责任和义务。

（一）中国积极参与联合国难民公约和全球治理行动

中国积极参与联合国和国际社会解决难民问题和全球治理的各项行动。1979年，中国恢复了在联合国难民署执委会的活动。1982年，中国先后加入《关于难民地位的公约》(以下简称《难民公约》)和《关于难民地位的议定书》。中国坚持履行各种国际义务，同联合国难民署在内的国际组织和机构就中东难民问题等事务开展深入合作，积极推动对难民的保护和安置工作。在难民问题上，中国主张维护世界和平，促进共同发展，标本兼治解决难民问题；切实维护《难民公约》的权威及现行的保护体制，积极寻求解决难民问题的新思路；坚持"团结协作"与"责任分担"的原则，切实有效展开合作；严格划清难民问题的界限，防止滥用《难民公约》的保护体制和庇护政策。[4] 应该说，中国政府的主张为大国参与难民问题治理树立了典范，对中东难民问题的解决

---

[1] "Belgium: EU Contributes 10 Million to UNICEF Education Programs for Children of Syrian Refugees and Host Communities in Jordan," *MENA Report*, October 8, 2012.

[2] "Tracking Global Humanitarian Aid Flows," Financial Tracking Service (FTS), http://www.fts.unocha.org，登录时间：2016年4月6日。

[3] 俞邃：《新兴大国在全球治理中承担的责任越来越重》，载《中国经济时报》2010年10月28日，第12版。

[4] 陈威华、陆大生：《难民地位公约缔约国举行会议——中国主张标本兼治解决难民问题》，载《人民日报》2001年12月13日，第7版。

也具有重要的指导意义。

中国基于人道主义精神和国际道义责任，历来都重视中东难民问题的解决。中国在各种场合呼吁国际社会重视中东难民的境况和遭遇，坚定支持联合国难民署和近东救济处等联合国机构在中东地区的工作，致力于推动中东难民问题的早日解决。作为一个新兴大国，中国向中东难民提供了力所能及的援助，帮助这些难民改善生活条件。近年来，中国向因伊拉克战争爆发而流离失所的伊拉克难民提供了大量援助。2003年伊战爆发不久，中国政府就通过红十字会和红新月会向伊拉克难民提供资金援助以及帐篷等生活物资。[①] 中国积极发挥自身政治影响力，在涉及难民问题的中东国家间积极斡旋，秉着相互协调、共同协商的精神，努力化解各方分歧和矛盾，力促各方尽快达成一个公平合理的解决方案。

随着中国国力的日益强盛，中国已有一定能力在国际事务中承担更多的责任，尤其是在中东难民问题等全球性问题的解决上发挥着越来越重要的作用，中国政府也有意愿以更积极的态度参与全球治理。中东难民问题是当前最为突出的全球性问题之一，中国参与该问题的解决有其独特的优势。在经济上，中国与中东国家的经贸合作日益密切，在中东的经济影响力正日益提升；在政治上，中国同绝大部分中东国家保持友好合作关系，在地区事务上持公正立场，受到地区国家的广泛接受和认可；中国还与联合国难民署长久保持密切合作。在此背景下，中国未来可在难民问题等地区问题的治理和解决上发挥更加重要的作用。中国近年来向阿富汗、叙利亚、伊拉克、苏丹和南苏丹等国难民提供了力所能及的人道主义援助。2013年南苏丹爆发冲突后，中国与美国、英国和挪威等国一道，推动冲突各方通过谈判解决问题，向国际监督机制提供100万美元用于监督南苏丹各派停火情况，并拿出200万美元用于联合国安置南苏丹难民。[②] 2014年10月，加沙重建大会在埃及开罗召开，中国政府声明将向巴勒斯坦提供500万美元的援助。西方大国和沙特、约旦等空袭"伊斯兰国"组织后，伊拉克和叙利亚难民生活状况恶化，出现人道主义危机。2014年12月，中国政府向伊拉克库尔德人地区提供了3,000万元人民币的紧急人道主义救援

---

① 《我国援助伊拉克难民物资今天启运》，人民网，http://www.people.com.cn/GB/guoji/209/10482/10486/20030329/957668.html，登录时间：2016年5月1日。

② 孙德刚：《中国参与中东地区冲突治理的理论与实践》，载《西亚非洲》2015年第4期，第90页；Lars Erslev Andersen and Yang Jiang, *Oil, Security and Politics: Is China Challenging the US in the Persian Gulf?* Copenhagen: Danish Institute for International Studies, 2014, p.31.

物资。①

（二）中国积极创造条件，帮助解决难民问题

中国积极创造各种政治、经济条件，帮助地区国家解决难民问题。近年来，中国与中东地区经贸关系日益密切，中东是中国实施"走出去"战略和"市场多元化"战略的重点地区。2004年，中国与22个阿拉伯国家贸易额仅为367亿美元，至2014年，中国与阿拉伯国家的贸易额突破了2,512亿美元。② 中国与阿拉伯国家建立了稳定的合作机制和沟通渠道，有力地推动了双边经贸关系的开展。当前，中国已成为9个阿拉伯国家和伊朗的第一大贸易伙伴，中国在中东地区的经济影响力正逐渐转化为政治影响力，有效推动了中国与中东国家整体关系的发展。中国强大的经济实力和中国与中东国家日益密切的经贸往来与合作，为中国参与中东难民问题治理打下了坚实的基础。

中国与包括阿拉伯国家在内的中东大多数国家长期保持友好关系。中阿文明交往源远流长，中华文明和阿拉伯—伊斯兰文明互通有无，相互借鉴，共同谱写了人类文明史上光辉的篇章。近代以来，中国与阿拉伯国家都经历了西方的殖民侵略。二战后，中国坚定支持阿拉伯国家要求民族独立、反帝反霸的政治立场，与实现民族独立的阿拉伯国家建立了深厚友谊。2016年1月，中国国家主席习近平先后访问沙特、埃及和伊朗三国。习主席在开罗阿盟总部发表演讲，强调在中东地区事务上，中国坚持从事情本身的是非曲直出发，坚持从中东人民根本利益出发，在中东不找代理人、不搞势力范围、不谋求填补"真空"，阐明了中国的外交政策和理念。③ 长期以来，中国与中东各国保持着良好关系，在地区事务上秉持公正和客观的立场，其负责任的大国形象已得到中东国家的认可。中国在中东地区良好的国家形象将有助于其在难民问题的治理上发挥更大的作用。

长久以来，中国同联合国难民署在中东难民问题、印支难民问题等多个领域保持密切的合作关系，双方通过合作建立了互信。在中东难民问题上，中国与联合国难民署的合作已经取得了一系列重要成果。中国政府与难民署驻华代表处密切配合，为通过各种途径进入中国的中东战乱国家难民提供保护，直至帮助他们重返家园或将他们成功安置到第三国。对此，联合国难民署发言人

---

① 《中国救援物资运抵伊拉克库尔德》，载《人民日报海外版》2014年12月11日，第1版。
② 刘水明等：《人民币在中东认可度越来越高》，载《人民日报》2016年1月2日，第3版。
③ 习近平：《共同开创中阿关系的美好未来——在阿拉伯国家联盟总部的演讲》，载《人民日报》2016年1月22日，第3版。

马赫西奇曾表示，中国是亚洲几个为数不多的签署《关于难民地位的公约》的国家之一，并赞赏中国对难民不推回原则的尊重"。[①] 中国一直致力于促进联合国难民署难民救助事业的正常运转，是该机构全球人道主义行动的重要捐助国。此外，中国还同联合国难民署在难民法宣传和救助物资采购方面保持合作关系。2004年，联合国难民署在北京设立了该机构在亚洲的第一个采购中心。[②] 2016年1月，中国政府发布首份《中国对阿拉伯国家政策文件》，文件第二部分关于中国对阿拉伯国家政策指出："中方将根据阿拉伯国家需求，继续通过双多边渠道提供力所能及的援助，帮助阿拉伯国家改善民生、提高自主发展能力。"[③] 中国与联合国难民署在难民问题治理上已进行了富有成效的合作，为下一步双方相互配合、共同治理中东难民问题积累了经验。

（三）中国参与解决难民问题的困难所在

目前，中国对包括难民问题治理在内的中东事务参与力度仍有较大提升空间，其中既有主观原因，也有客观因素的阻碍。以美国为首的西方国家对中国的制约和疑虑仍是当前中国参与中东难民问题治理的最大障碍。作为当前国际体系中唯一的超级大国，美国在全球治理领域的战略、政策和行动对全球治理架构具有举足轻重的影响，美国全球治理战略的核心目的是维持美国在国际体系中的地位，维护美国的全球霸权。[④] 在这一战略思想的主导下，美国对待中国参与全球治理的态度具有两面性：一方面，美国要求中国积极参与国际事务，承担大国责任；另一方面，美国又极力避免中国对地区和国际事务介入过深而影响其话语权和主导权。西方国家和部分中东国家认为，中国作为世界第二大经济体，在救助中东难民、参与中东难民问题治理上所承担的工作仍不够，与中国"负责任大国"的目标尚不匹配。

中东历来是美国重要的战略关注区域。"9·11"事件后，美国将其全球战略重心移至中东，进一步加强了在中东的存在，把持着中东事务的主导权和话语权。随着中国中东外交力度的不断加大，美国将中国在中东的存在视为对其中东主导权的挑战，并通过散布"中国威胁论"等手段挤压中国在中东的战略

---

① 陶满成：《中国与联合国难民署的合作》，载《海内与海外》2012年11月号，第45页。
② 《联合国难民署采购看好中国》，载《中国财经报》2004年12月15日。
③ 《中国对阿拉伯国家政策文件（全文）》，新华网，http://news.xinhuanet.com/2016-01/13/c_1117766388.htm，登录时间：2016年1月20日。
④ 刘丰：《美国霸权与全球治理——美国在全球治理中的角色及困境》，载《南开学报（哲学社会科学版）》2012年第3期，第9页。

空间。在此背景下，中国若进一步加强对中东事务的参与，势必会受到来自美国的疑虑甚至阻挠。尽管中东难民问题的治理属于人道主义范畴，但解决难民问题需要一个涉及各方利益的完整框架，中国要在其中发挥重要作用离不开对中东事务的深度介入，同时也不得不面对美国的制约和阻挠。

中国参与中东难民问题治理面临的另一个困难则是问题本身的解决难度很高。与欧美大国长期涉足中东事务不同，中国直到冷战结束后才开始逐步参与中东治理。中国参与中东治理的经验尚不丰富，仍处于摸索阶段，包括在难民问题治理上如何平衡好能力与意愿的关系、利益与责任的关系、域外大国与地区大国的关系等。中东难民问题的产生和发展，不仅有经济发展水平落后、安全状况恶化等原因，还涉及复杂的民族宗教矛盾以及外部势力的干涉，是多种因素共同作用的结果，各种因素的复杂交织无疑加大了中国参与难民问题治理和斡旋的难度。

四、关于中国参与中东难民问题治理的对策建议

在全球化的影响下，中东地区难民危机也会对中国产生重要影响。随着经济的迅速发展和国际地位的提升，中国亟需在世界彰显大国影响力。中东难民问题的困局为中国进一步发挥作用提供了重要契机，中国应当抓住机遇，在国际人道主义救援方面彰显大国风范。这里谨就中国参与中东难民问题的治理提出几点建议：

第一，中国可与美、欧、俄等大国积极沟通与协调，通过开展大国合作，治理中东难民问题。大国合作在中东难民问题治理中一直发挥着至关重要的作用，中国可在其中发挥特殊作用。与西方大国在中东制造问题继而解决问题的模式不同，中国致力于在地区问题的解决上发挥建设性作用。中国发挥的建设性作用更容易受到地区国家的认同和接受。中国可加强同美国、欧盟国家、俄罗斯、日本、印度等大国的沟通和协调，为解决中东难民问题积极献计献策，通过分析问题产生的根源提供标本兼治的治理方案，积极维护地区秩序。中国可依托中美战略与经济对话机制、中俄领导人峰会、中欧领导人峰会、上合组织领导人峰会、金砖国家领导人峰会、G20峰会等双边和多边机制，推动各方在中东难民问题治理上开展合作。

第二，中国可加强同国际组织的合作，积极参与难民问题的全球治理。中国应当重视国际组织在中东难民问题治理上的作用，积极与联合国难民署和国际移民组织等权威机构加强合作，全力配合联合国难民署等国际组织的工

作。2016年5月，叙利亚靠近土耳其边境地区的伊德利卜省一处难民营遭遇空袭，造成28名难民死亡。西方媒体指责叙利亚政府或俄罗斯战机实施了此次空袭。该事件破坏了叙利亚政府军和反对派达成的临时停火协定，引起国际社会的广泛关注。联合国负责人道事务的副秘书长兼紧急救济协调员奥布莱恩(Stephen O Brien)指出，一旦有证据显示此次空袭是有预谋的行为，就可以认定这是一起战争罪行。① 这一事件凸显出中东难民问题治理的背后往往是大国的地缘政治博弈，迄今中国仍呼吁各方保持克制，加强对难民的救助。中国可与包括非政府组织在内的各类机构和组织进行协调，参与国际社会难民治理议程的规划，为保护难民权益提供"中国方案"。

第三，中国可进一步加强对中东难民的人道主义援助力度。面对中东日益严重的难民危机，中国在力所能及的范围内可加强对难民援助的力度，通过物资援助等方式为中东难民的安置提供支持，改善难民营生存状况。此类举措有利于塑造中国负责任的大国形象。迄今，中国对阿富汗难民提供了各种经济、金融和物资援助，但对中东难民的援助力度和范围仍存在较大提升空间。2016年3月21日，联合国难民署高级专员菲利普·格兰迪(Filippo Grandi)访问日本，与日本首相安倍晋三举行会谈。安倍表示，将向联合国难民署提供总计约130亿日元(约合人民币7.5亿元)用于援助中东和非洲地区的难民。2015年，日本向联合国难民署拨款1.735亿美元，位列世界第四；韩国拨款1,600万美元，是亚洲第二大捐助国；中国的拨款额仅94万美元。② 格兰迪曾表示："我对中国和其他东亚国家说，应向提供大量资金援助的日本学习。"③ 日本与联合国难民署在约旦参与叙利亚难民救助，配合日本的中东公共外交，某些做法值得中国借鉴。

第四，中国宣考虑推动国内难民立法，加快相关政策的制定。2014年，商务部公布《对外援助管理办法(试行)》，但未对中国参与全球难民问题治理作出明确规定。对于难民安置和难民问题的解决，中国应加强政策研究和制定工作。当前，中国还没有行之有效的涉及难民安置的政策和法律系统，在难民接收、安置等重要问题上尚未形成标准和体系，也未制定相应的政策和规划。此外，国家成立专门的机构处理难民问题也是有待进一步研究和讨论的议题。

---

① "Strike on Syrian Refugee Camp Could Be a War Crime, Says UN," The Truth Seeker, May 8, 2016, http://www.thetruthseeker.co.uk/?p=132697，登录时间：2016年5月17日。

② 《联合国难民署：中国应向日本看齐为援助难民多提供资金》，观察者网，http://www.guancha.cn/Third-World/2016_03_22_354689.shtml，登录时间：2016年4月1日。

③ 同上。

第五,中国可通过"一带一路"倡议完善对中东难民的援助方式。"一带一路"倡议是中国提出的旨在推动区域合作发展的战略构想。叙利亚、伊拉克、利比亚等"一带一路"沿线中东国家正经历严重的难民危机,中国通过向这些国家提供公共产品和治国理政经验,有助于改善当地的经济、社会状况,促进难民问题的解决。除"一带一路"倡议外,中国还可利用中阿合作论坛、中非合作论坛、中国与海合会战略对话、亚信峰会等多边平台和机制参与中东难民问题的治理。

五、结论

中东难民问题治理是中国参与中东治理的重要内容,也是中国运筹与世界大国关系、提升中国文化软实力、推进"一带一路"建设的重要抓手。中东地区30岁以下青年占总人口的65%左右,加上该地区以沙漠地形为主,农业不发达(除土耳其和以色列外),在全球化过程中未能建立起成熟的工业化体系,导致城市人口比例极高,大批年轻人毕业后聚集在城市,找不到工作,看不到希望,加上叙利亚、伊拉克、利比亚等国政局不稳,内战频发,导致数百万人沦为难民。[①]

中国应与联合国和域内外大国一道,向中东国家提供必要的经济援助,改善地区国家民生、扩大就业,加强中东地区难民问题的治理。首先,随着中国中东外交力度的不断加大,中东难民问题的解决能够成为中国中东外交新的着力点。相对于美国等西方大国,中国可在难民问题的治理和解决中发挥独特的建设性作用。其次,治理成效的取得离不开中国对中东地区的关注和投入,中国应继续深化与中东国家的经贸合作和往来。中国通过参与中东难民问题治理可进一步改善在中东地区的大国形象,促进中国对中东的公共外交,让中东人民更好地认识和了解中国。再次,中国应继续推进与联合国难民署的合作关系,在多边框架内更好地发挥中国的优势和作用。最后,中国可加强与美、欧、俄、日、印等各相关国家的沟通与合作,积极发挥斡旋与协调作用,展现中国负责任的大国形象,通过各方的不断努力,促进中东难民问题的有效治理和最终解决。

---

① 孙德刚:《解决难民问题,大国应加强中东地区治理》,上海观察,http://www.shobserver.com/news/detail?id=13596,登录时间:2016年4月20日。

中国与伊斯兰大国的全球经济治理合作

邹志强[①]

摘要：伊斯兰大国是"一带一路"的战略支点国家和中国参与沿线地区经济治理的重要合作伙伴，也是中国参与全球经济治理新生的战略依托，中国与伊斯兰大国加强全球经济治理合作具有坚实的双边关系、利益交汇与合作机制基础。中国应将伊斯兰大国作为参与全球经济治理的重要合作对象，在现有机制之外开辟新的全球经济治理合作机制，结合各自优势与需求重点从一个区域、三个层面、八个方面构建治理合作机制，提升合作水平。在"一带一路"框架下，双方全球经济治理合作应以沿线地区为重点，以能源、贸易、基础设施与发展等议题为突破口，以新型伙伴关系与渐进式实践提升治理实效。

关键词："一带一路"；全球经济治理；伊斯兰大国；中国

全球金融危机以来，全球经济治理格局正在经历重大变革，西方主导的治理理念与政策在全球与地区层面遭到不同程度的质疑，新兴大国的治理能力与主张逐步凸显，中国已迈入积极参与全球经济治理的新时期。中共十八届五中全会公报指出，"积极参与全球经济治理与公共产品供给，提高我国在全球治理中的制度性话语权，构建广泛的利益共同体。"[②] 当前，由于种种原因，全球经济治理改革依然步履维艰，新兴与发展中国家在全球经济治理中依然缺乏制度性权力与话语权，需要另辟蹊径推进全球经济治理变革与转型。中国在"正面"推动治理变革的同时，努力寻求在现有框架外受到忽视的区域和领域

---

① 邹志强，上海外国语大学中东研究所助理研究员。
② "中国共产党第十八届中央委员会第五次全体会议公报"，新华网，http://news.xinhuanet.com/politics/2015-10/29c_1116983078.htm，登录时间：2017年4月5日。

从"侧面"加以推进,"一带一路"沿线地区经济治理可成为重要的突破口。中国以"一带一路"为引领积极参与沿线地区经济治理,对全球经济治理变革与转型具有重要启示意义。"一带一路"倡议蕴含着丰富的全球经济治理内涵,为地区和全球经济治理提供了新的驱动力、国际公共产品与推进路径。伊斯兰国家是"一带一路"沿线的主体,倘若中国以"一带一路"为引领积极参与沿线地区经济治理,其治理成效也将在很大程度上决定未来中国参与全球经济治理的前景。在国际体系与地区格局发生重大变化的背景下,中国与"一带一路"沿线伊斯兰大国的全球经济治理合作,不仅为中国与伊斯兰大国的关系注入了新的发展内涵,对改善和推动全球经济治理体系变革亦具有重要意义。本文的伊斯兰大国是指在"一带一路"沿线伊斯兰国家中具有突出代表性、较强综合国力、较大国际影响力并具有系统重要性的区域性新兴大国。

一、"一带一路"与全球经济治理

相比较而言,国外学者更加关注"一带一路"的地缘政治影响,对中国的动机存在诸多负面评价,[①] 但中国学者大都认为"一带一路"具有丰富的全球经济治理内涵,可以改善和推动全球经济治理变革。[②] 全球经济治理也拓展了"一带一路"的功能与影响力,二者间存在紧密而不断增强的互动关系。"一带一路"集中体现了中国参与地区经济治理的特点,推动中国更积极地参与乃至塑造地区经济治理,有助于提高中国在全球经济治理中的主动性与话语权。

第一,"一带一路"具有丰富宏大的经济合作内涵,为沿线地区经济发展提供了新的驱动力。推动地区与全球经济发展是"一带一路"倡议的首要内涵和主要目标,同时也承载着新型的区域经济合作模式,为中国与沿线国家的经济发展与合作提供了新的活力与动力。中国希望通过"一带一路"将沿线国家间的政治、经济、地缘、文化等方面的互补优势转化为务实的经济发展成果,将资源、市场、资金、技术等各种经济要素在更广阔的空间里进行统筹,提升区域贸易、投资与金融体系的活力,密切各国经济联系,深化相互合作,最终实现共同发展繁荣。由此,中国依托自身的经济实力可以成为沿线地区经济发

---

① Theresa Fallon, "The New Silk Road: Xi Jinping's Grand Strategy for Eurasia," *American Foreign Policy Interests*, Vol. 37, No. 3, pp.140-147.
② 毛艳华:《"一带一路"对全球经济治理的价值与贡献》,载《人民论坛》2015年3月下,第31页;王文、刘英:《"一带一路"完善国际治理体系》,载《东北亚论坛》2015年第6期,第57页;王明国:《"一带一路"倡议的国际制度基础》,载《东北亚论坛》2015年第6期,第77页。

展的重要驱动力与稳定锚,实现中国与"一带一路"沿线国家的互利共赢。中国经济转型的成功和中国崛起对欧亚大陆众多经济转型国家产生了示范效应和溢出效应。① 目前,中国已经成为全球经济大国、贸易大国、投资大国,经济实力与影响力日益显著,也有能力成为沿线国家的出口消费市场与投资者,在更大程度上满足其市场、资金与技术需求。"一带一路"顺应了沿线国家的内在需求,为促进沿线区域生产要素自由流动、优化资源配置、降低贸易投资成本以及边远地区开发提供了新的发展机遇,② 有利于推动沿线国家的现代化进程。"一带一路"通过在基础设施、贸易、能源、金融等领域开展深度合作,进一步将沿线国家的经济连接起来,发挥各自的经济优势,把原有碎片化状态下各自孤立的国家与更广阔区域相联通,促进区域经济发展的融合与联动,增强了沿线国家的外在与自主驱动能力。

第二,"一带一路"搭建了多样化的经济合作平台,推动中国参与沿线地区经济治理进入新的阶段。"一带一路"沿线各国资源禀赋各异,经济互补性较强,合作潜力和空间巨大,中国与沿线国家在发展经济、改善民生、调整结构与治理改革等方面也有着共同利益。"一带一路"倡议是新型的国际区域合作平台,并重点围绕"五通"搭平台、建机制,实现多层次、多领域互联互通的目的,全方位推进务实合作与经济融合。互联互通是"一带一路"建设的重要内容,而资金融通是保障,③ 其与沿线国家经济发展战略与经济优势相契合并能有效对接。实现基础设施的互联互通,有利于提高贸易和投资便利化水平,通过加大货币互换、创建新的投融资机制提供资金保障,为沿线地区国家形成良性的经济发展模式提供助力。"一带一路"包含大量互联互通和产业合作项目,以亚投行、丝路基金为先导,建立涵盖广泛、内容丰富的能源、贸易、投融资机制,以多种平台促进国际产能合作和优势互补,为中国参与沿线地区经济治理带来了新的机遇。"一带一路"也构建了联合相关国家共同开展沿线地区经济治理的立体框架,以平台和机制创新为地区经济合作提供制度驱动,进一步拓展了中国对沿线地区经济治理的参与广度和深度。中国可建立"一带一路"区域内的经济协调机构,发展完善以亚投行为基础的金融治理架

---

① 胡键:《"一带一路"战略构想与欧亚大陆秩序的重塑》,载《当代世界与社会主义》2015年第4期,第17页。
② 卫志民:《"一带一路"战略:内在逻辑、难点突破与路径选择》,载《学术交流》2015年第8期,第109页。
③ 王宛、成志杰:《"一带一路"倡议:战略内涵与外交布局》,载《东南亚纵横》2015年第4期,第4页。

构，建立沿线多层次贸易结构，开辟人民币国际化的重点区域，构建国际经济治理的新路径。①

第三，"一带一路"体现新的经济合作理念，为新时期的地区经济治理提供了新的模式。中国致力于建立以合作共赢为核心理念的新型国际关系，推动包容性发展，倡议打造"利益共同体"与"命运共同体"，为当代国际关系注入了新的理念。"一带一路"倡议强调"和平合作、开放包容、互学互鉴、互利共赢"的理念，倡导通过与沿线国家的经济整合，建立互联互通伙伴关系，实现共同发展和共同繁荣；不搞封闭式的同盟体系，对所有相关国家开放，并惠及所有参与国的建设过程，通过共享改革发展经验为沿线国家经济改革与体制变迁提供新的推动力。中国充分重视和尊重"一带一路"沿线国家的主体作用，尊重彼此的战略需求及考虑，强调共同治理和互动治理。②与此同时，中国一贯尊重他国根据自身国情选择的发展道路，将他国发展当作自身机遇，倡导互利共赢，不追求利益最大化和我赢你输的"零和模式"。"一带一路"可推动共同利益的聚合，促进共同发展与共同安全，助推地区经济合作，为沿线地区经济治理和国际经济合作提供新模式。面对共同的经济发展障碍、转型难题、贫困与失业等现实问题，"一带一路"倡议蕴含着中国和沿线各国积极应对共同挑战、协同发展、优化地区治理的有益探索。在"一带一路"建设中，具体的合作项目与经济利益使得中国倡导的理念具有了坚实的支撑，中国参与地区经济治理的实践也变得日益生动和具体。共建"一带一路"有利于沿线国家实现转型发展，从稳定区域的角度来看，促进区内各国的共同发展、全面发展是解决区域问题的最好出路。③

第四，"一带一路"有助于为沿线地区经济治理提供新的国际公共产品，形成新的地区经济秩序。当前，国际公共产品出现供应失衡和不足的问题，在发展中国家特别是"一带一路"沿线地区尤为显著，而"一带一路"可为沿线地区提供新的国际公共产品。作为崛起中的全球经济大国，中国参与全球治理的重要性已经毋庸置疑，并且有能力和意愿为全球治理提供公共产品，肩负起更大责任。④中国欢迎周边或相关国家搭乘中国经济发展的快车、便车，共享

---

① 赵建春：《中国国际经济治理权构建的路径研究》，载《现代经济探讨》2015年第8期，第8页。
② 杨思灵：《"一带一路"倡议下中国与沿线国家关系治理及挑战》，载《南亚研究》2015年第2期，第28页。
③ 赵菌菌：《"一带一路"与阿拉伯地区的政治走向》，载《人民论坛》2015年第6期中，第233页。
④ Gerald Chan, Pak K. Lee and Lai-Ha Chan, *China Engages Global Governance: A New World Order in the Making*? London and New York: Routledge, 2012, p.4.

经济发展带来的"红利"。中国通过主导"一带一路"沿线地区公共产品的提供，可改善因美日欧经济停滞所导致的公共产品供应能力的不足，推动沿线各国发展战略的对接与耦合，形成一个以中国为中心节点的合作体系网。① "一带一路"聚焦互联互通和融资平台的建设，设立亚投行和丝路基金，一定程度上为沿线地区提供了新的可供选择的国际公共产品。"一带一路"在提供新型国际合作理念与模式、高效的设施互联互通、新型国际金融组织和消除动荡根源等方面增加了全球公共物品供给。② 通过建设"一带一路"打造地区间互联互通、共建共享的跨国公共基础设施、能源通道、贸易平台和投融资机制等，为沿线国家的经济发展提供了全新的开放式平台与合作机制。例如在能源领域，达成公正的能源交易规则和定价机制，形成和构建区域能源合作机制，无疑将有助于建立国际能源新秩序。③ "一带一路"提供的一系列具有国际公共产品属性的地区间合作平台，对于深陷发展困境与相互合作层次较低的沿线国家来说至关重要，有利于提升地区国家经济活力与相互间合作水平，也必将对地区经济格局产生重大影响。

二、中国与伊斯兰大国的全球经济治理合作基础

伊斯兰世界是发展中国家的重要组成部分，与中国在国际分工体系中地位相似，在争取公平的国际经济新秩序的努力中双方有巨大的共同利益。④ 在"一带一路"与全球经济治理互动关系日益紧密的背景下，沿线大国在中国参与全球经济治理进程中的地位日趋重要。伊斯兰大国作为"一带一路"沿线的战略支点国家，不仅是中国积极参与沿线地区经济治理的重要合作伙伴，也是推动全球经济治理变革的新生合作力量，而中国与伊斯兰大国之间也存在较为坚实的治理合作基础。

第一，伊斯兰大国是"一带一路"战略支点国家和中国参与沿线地区经济治理的重要合作伙伴。

伊斯兰国家是"一带一路"沿线国家的重要成员甚至是主体部分，特别

---

① 黄河：《公共产品视角下的"一带一路"》，载《世界经济与政治》2015年第6期，第139页。
② 涂永红等：《中国在"一带一路"建设中提供的全球公共物品》，载《理论视野》2015年第6期，第65页。
③ 中国国际问题研究院CIIS研究报告：《推进"一带一路"能源资源合作的外交运筹》，2014年第7期，第8页。
④ 刘正茂：《全球化背景下中国对伊斯兰国家经济政策分析》，载《天府新论》2011年第6期，第67页。

是东南亚、中亚、南亚与中东（此处的中东不包括埃及之外的其他北非国家，与中国政府发布的"一带一路"沿线国家名单一致）四大关键地区，一定程度上决定着"一带一路"建设的成败，对于实现"以点带面，从线到片，逐步形成区域大合作"①的丝路构想至关重要。在上述四个关键地区的41个国家中，伊斯兰国家占了27个；而在沿线众多伊斯兰国家中，以印尼、沙特、土耳其、伊朗、埃及、哈萨克斯坦与巴基斯坦等为代表的伊斯兰大国具有突出代表性和较强综合国力，是中国推进"一带一路"建设的桥头堡与战略支点国家。上述七个伊斯兰大国的人口总数超过7.4亿，2015年经济规模超过3.4万亿美元，②是沿线伊斯兰国家与所在地区的主要经济体。除土耳其、巴基斯坦外其他五国均是能源资源大国，2015年石油总储量达到4,615亿桶，占世界总储量的27.2%；石油日产量达到1,915万桶，占世界的20.9%；天然气储量达到48.3万亿立方米，占世界总储量的25.8%；天然气日产量达到4738亿立方米，占世界总产量的13.4%。③伊斯兰大国是中国重要的能源来源地与贸易投资伙伴，2015年中国从上述五国进口石油达到8,518.51万吨，占当年中国石油进口总量的26.2%；④同年中国与七个伊斯兰大国的贸易总额达到2,074亿美元，占中国与27个伊斯兰国家贸易总额的近40%，中国已经或正在成为其最大贸易伙伴；⑤中国对上述伊斯兰大国的直接投资也正在稳步上升，2015年对七国的直接投资存量总额超过246亿美元。⑥

伊斯兰大国也是中国参与"一带一路"沿线地区经济治理的关键合作伙伴。"一带一路"沿线伊斯兰地区经济面临复杂艰巨的诸多挑战，"治理赤字"突出，大多数伊斯兰国家存在经济结构单一、经济环境脆弱、基础设施滞后、人口增长过快、贫富分化严重、就业等民生压力巨大等问题，并受到地区冲突、大国争夺、恐怖主义等因素的持续冲击。中东国家和巴基斯坦均面临经

---

① 习近平：《弘扬人民友谊共创美好未来——在纳扎尔巴耶夫大学的演讲》，载《人民日报》2013年9月8日。

② World Bank: http://data.worldbank.org/country，登录时间：2017年4月5日。

③ *BP Statistical Review of World Energy*, June 2016, BP Global, http://www.bp.com/content/dam/bp/pdf/energy-economics/statistical-review-2016/bp-statistical-review-of-world-energy-2016-full-report.pdf，登录时间：2017年4月5日。

④ 田春荣：《2015年中国石油进出口状况分析》，载《国际石油经济》2016年第3期，第47—48页。

⑤ 《进出口商品主要国别（地区）统计（2015年1—12月）》，载《国际贸易》2016年第2期，第70页。

⑥ 中国商务部：《2014年度中国对外直接投资统计公报》，北京：中国统计出版社2015年版，第43—52页。

济发展与安全困境的双重治理挑战。[①] 而政治安全困境往往与经济发展问题紧密联系在一起，只有真正解决地区国家经济发展中的诸多难题、实现可持续增长并惠及民生才能使中东国家逐步走出政治安全困境。正如中国国家主席习近平在阿盟总部的演讲中指出，"中东动荡，根源出在发展，出路最终也要靠发展。"[②] 新时期中国与"一带一路"沿线国家的多元化联系与双向互动不断增强，对沿线地区经济事务的参与程度不断加深，国内外对中国在地区事务中发挥更大作用的期待与压力也不断增大，积极参与沿线地区经济治理具有必然性。在建设"一带一路"以及亚投行、丝路基金进程中，中国需要将自身的经济实力与沿线国家的支持结合起来，共同参与沿线地区经济治理进程。伊斯兰大国是中国参与沿线地区经济治理的关键合作伙伴，这也与其希望在地区与国际事务中发挥更大作用的目标相一致。

第二，伊斯兰大国是中国参与全球经济治理的新生合作力量与战略借重力量。

"一带一路"沿线的伊斯兰大国均是有突出代表性、丰富资源与战略地位、较强经济实力和国际影响力、与全球经济及世界大国保持密切联系的重要国家，是影响全球经济治理进程的重要力量之一。伊斯兰大国作为地区大国与中等强国，在所在地区和伊斯兰世界拥有较大影响力，并抱有成为世界大国和发挥更大影响的国际抱负。如印尼的地区大国身份与中等强国身份形成了相互促进的效果，在地区事务中拥有领导地位，在全球多边组织中保有稳固席位。[③] 伊斯兰大国多实行多元化的外交政策，与外部大国及在全球治理网络中存在多元化的联系，这也为其参与国际事务赢得了更大的活动空间。伊斯兰大国在自身丰富资源的基础上积累了巨额的石油美元和雄厚的主权财富基金，成为影响全球市场的重要因素；而具有深厚文明底蕴的伊斯兰特色经济形式也为全球经济治理提供了一种参考与借鉴。如伊斯兰金融与西方现代国际金融运行模式有着重大区别，2008年后成为全球金融风暴肆虐下的安全"方舟"，成为全球金融市场的一道独特风景线，受到国际社会的充分肯定。[④]

当前全球经济治理格局发生重大变革，以美欧日为代表的西方大国显露颓

---

① Claude Georges Pierre Pakisits, "Pakistan's Twin Interrelated Challenges: Economic Development and Security," *Australian Journal of International Affairs*, Vol. 66, No. 2, 2012, p.139.

② 习近平：《共同开创中阿关系的美好未来——在阿拉伯国家联盟总部的演讲》(2016年1月21日，开罗)，载《人民日报》2016年1月22日，第3版。

③ 李峰、郑先武：《区域大国与区域秩序建构》，载《当代亚太》2015年第3期，第61页。

④ 邹志强：《沙特阿拉伯参与全球经济治理研究》，北京：世界知识出版社2015年版，第227—228页。

势，以金砖国家为代表的新兴大国已然崛起，伊斯兰大国也逐步成为全球经济治理的重要力量。伊斯兰大国被认为是当前随着国内改革与国际体系变化崛起的新兴大国的重要组成部分，如印尼"国内转型加强了其国家实力与国际形象，而国际体系变化提供了其地区与全球崛起的机遇"；① 土耳其寻求与金砖国家中的新兴大国建立新的联盟，双方都将推动进入新的全球政治经济时代作为重要目标；② 伊朗拥有崛起为地区性领袖国家的潜质，现阶段正在实现"自主性"地区崛起。③ 其他几个伊斯兰大国也表现出类似特点。伊斯兰大国的身份和地位虽然不如金砖国家瞩目，但重要性正日益凸显，并在G20中占有三个席位（印尼、沙特、土耳其），G20机制化以及全球经济治理改革也提升了伊斯兰大国的影响力。从国家实力、合作基础与治理权力等方面来看，伊斯兰大国拥有诸多独特优势与条件，在各自地区发挥着核心作用，在全球经济治理舞台上可以释放出更大能量。总体来看，伊斯兰大国对参与全球经济治理持积极态度，在全球经济体系中的重要性不断提升，对全球经济治理的发展与变革发挥着不可或缺的推动作用，新时期的全球经济治理需要伊斯兰大国群体更大程度的积极参与。同时，伊斯兰大国与中国之间开展全球经济治理合作契合各国希望发挥更大国际影响、成为全球大国的抱负，将有力地推进全球经济治理发展，进一步改变全球经济治理的力量格局。因此，伊斯兰大国可以成为中国参与全球经济治理的新生合作力量与战略合作力量，双方加强治理合作有助于从"一带一路"沿线地区和伊斯兰国家特色领域层面推进全球经济治理变革，并增强中国的国际地位与话语权。

第三，中国与伊斯兰大国加强全球经济治理合作具有坚实的双边关系、利益交汇与合作机制基础。

首先，中国与伊斯兰大国的国情与发展目标相近，政治关系普遍良好，经济联系十分紧密。中国与伊斯兰国家的关系始终具有战略意蕴，相互理解和尊重的政治关系始终是双边关系的主流，并经历了从双边到多边，以政治领域为主向经贸、能源、安全、文化等多领域逐步拓展推进的过程。④ 中国与伊斯兰大国长期保持友好合作关系，面临着类似的发展任务与目标，均建立了战略或

---

① Vibhanshu Shekhar, *Indonesia's Rise: Seeking Regional and Global Roles*, New Delhi: Indian Council of World Affairs and Pentagon Press, 2015, p.23.

② Aylin Gurzel, "Turkey's Role as a Regional and Global Player and its Power Capacity: Turkey's Engagement with other Emerging States," *Review of Sociology Politics*, Vol. 22, No. 50, p.103.

③ 王恩学：《试论伊朗的"自主性"地区崛起》，载《印度洋经济体研究》2014年第1期，第80页。

④ 朱威烈：《试论中国与中东伊斯兰国家的战略关系》，载《世界经济与政治》2010年第9期，第4页。

全面战略伙伴关系；双方经济互补性强，贸易联系紧密，是理想的经贸合作伙伴。伊斯兰大国及其他伊斯兰国家群体是中国主要的能源来源地，中国也成为伊斯兰大国的主要贸易投资伙伴、能源出口市场的重心、石油美元新的投资场所，中国的发展道路与发展经验也日益引起伊斯兰国家的普遍重视。

其次，中国与伊斯兰大国在全球经济治理进程中的利益诉求相似，共同面临全球经济治理变革的压力与机遇。在金砖国家之外存在着第二类新兴大国，即土耳其等"近金砖国家"(near BRIC countries)，近年来积极影响地区权力政治平衡，在国际组织和全球事务中的影响力日益增长。[①]伊斯兰大国作为新兴国家的重要组成部分，希望通过参与全球经济治理维护自身国家利益和提高国际经济地位，提升在全球经济治理中的话语权，优先关注和能够发挥作用的议题具有共通性。从实践议题来看，它们主要关注全球经济复苏、全球大宗商品市场稳定、反对贸易保护主义、改革国际金融机构、关注发展中国家权益等。如印尼在G20中的主要诉求是推动落实全球金融体系改革、促进全球经济复苏、优化国际金融秩序、强化金融体系监管等，并希望提升东盟的地位。[②]中国与伊斯兰大国在营造良好的国际经济环境、应对经济全球化挑战、全球经济规则变革、推动全球经济治理民主化等方面利益交汇、诉求相通、政策相近，具有良好合作基础，也正是多领域的利益交叉融合使伊斯兰大国与中国等新兴大国加强了全球经济协调合作。

最后，"一带一路"为中国与伊斯兰大国的全球经济治理合作提供了重要契机与平台。"一带一路"为地区和全球经济治理提供了新的驱动力、国际公共产品与参与路径；中国与伊斯兰大国的治理合作可推动双方成为沿线地区治理的参与者甚至是"塑造者"，在"一带一路"建设实践中提升双方治理能力和推动全球经济治理变革。自身发展需求与外部治理诉求共同构成中国与伊斯兰大国在"一带一路"框架下合作的重要基础。目前，中国与上述伊斯兰大国均已签订了关于共建"一带一路"或开展相关战略对接的政府间合作协议，如"一带一路"与印尼的"全球海洋支点"战略对接写入了2015年3月发布的《中国与印尼关于加强两国全面战略伙伴关系的联合声明》；2015年11月中国与土耳其签署了共建"一带一路"的谅解备忘录，并积极对接"一带一路"与土耳其的"中间走廊"计划；2016年1月中国国家主席习近平访问中东三个伊斯

---

① Ziya Öniş and Mustafa Kutlay, "Rising Power in a Changing Global Order: The Political Economy of Turkey in the Age of BRICS," *Third World Quarterly*, Vol. 34, No. 8, 2013, p.1409.

② 徐凡：《G20全球经济治理与穆斯林世界——印尼视域下的国际关系基础》，载《亚太经济》2015年第2期，第19页。

兰大国(沙特、埃及、伊朗)时，均签署了相关共建协议等。

作为积极参与全球经济治理的新兴大国，中国需要伊斯兰大国对自身推动全球经济治理变革、全球经济治理议程设置、历年峰会主题与目标等方面提供支持。中国在推动全球经济增长、国际金融体系稳定与机构改革、全球能源治理、全球发展治理以及维护G20在全球经济治理中的核心地位等方面应积极争取伊斯兰大国的协助与支持，加强在伊斯兰地区推进以"一带一路"为核心的地区经济治理合作，提升在G20等机制内的全球经济治理合作。

三、中国与伊斯兰大国全球经济治理合作的路径选择

在全球经济治理变革进入关键阶段和中国加大全球经济治理参与力度的背景下，不断扩大治理合作的"朋友圈"，开拓治理合作的新领域与新舞台，对于推动全球经济治理变革和提升中国的治理话语权具有重大意义。除全球层面的治理参与战略外，中国应加强战略筹划和战略布局，在区域经济合作领域要有所作为。① 中国应重视伊斯兰大国在地区和全球经济治理进程中的重要地位，致力于构建新型治理合作机制，在"一带一路"框架下探索推进治理合作的新路径。

第一，将伊斯兰大国作为参与全球经济治理的重要合作对象与借重力量。

当前，伊斯兰国家经济与外部世界的联动日益紧密，在全球经济体系与全球经济治理中的影响力涉及能源、贸易、金融、投资、区域经济合作、全球发展援助等诸多领域，表现出不同程度的系统重要性；呈现出多渠道、双向性的互动联系，不再是全球经济体系中无关紧要的边缘地带。作为伊斯兰世界主要经济体，上述七个伊斯兰大国在全球经济体系中的表现与作为也决定了伊斯兰国家与全球经济的互动关系及其未来。正如在政治安全领域必须重视伊斯兰国家和地区一样，在经济领域也日益无法忽视伊斯兰国家的重要地位。伊斯兰国家地位重要且处于大国中间地带，治理难题突出，是当今全球治理的难点之一，也是考验世界大国全球治理能力与大国关系走向的关键地区，各个世界大国日益重视并加大了对伊斯兰地区经济治理的参与力度。② 因此，有必要以更加宽广的视野认识伊斯兰大国的经济重要性，深入研究伊斯兰大国经济与全球

---

① 广东国际战略研究院课题组：《中国参与全球经济治理的战略：未来10—15年》，载《改革》2014年第5期，第66页。

② 邹志强：《"一带一路"背景下沙特参与全球经济治理研究》，载《阿拉伯世界研究》2015年第4期，第86页。

经济之间的互动关系。全球经济格局的变化特别是中印等新兴大国的崛起深刻影响着伊斯兰大国的经济表现与对外经济关系，伊斯兰大国也加大了"向东看"的政策力度，这与中国"一带一路"战略相契合，使得它们在中国对外经济战略中的地位也更加凸显。

中国与伊斯兰大国的全球经济治理合作可根据双方的治理诉求与现实能力，在能源、贸易、投资、区域经济发展、石油美元、亚投行、G20等议题上发挥独特的作用；而合作重点应在"一带一路"沿线地区能源、贸易、发展等领域，构建互联互通伙伴关系和命运共同体。中国与伊斯兰大国的治理合作对全球经济治理进程、地区经济治理、双边关系、大国关系将产生多重影响，有助于探索推进全球经济治理体制变革的新路径，以"一带一路"为契机从区域到全球提供国际公共产品，强调发展优先、民生为本、伙伴关系、渐进式与本土化治理等，突出中国在全球经济治理中的特色与贡献。

第二，加强中国与伊斯兰大国开展全球经济治理合作的机制建设。中国与伊斯兰大国应结合各自的优势与需求，重点从一个区域、三个层面、八个方面构建治理合作机制，分层次、有重点地提升合作水平。

首先，从重点区域来看，中国与伊斯兰大国开展全球经济治理合作首先应定位于"一带一路"沿线地区，特别是伊斯兰大国能够发挥直接影响的伊斯兰世界。应将推动伊斯兰地区经济治理作为双方治理合作的首要任务，这既是地区国家的发展需求，也是"一带一路"倡议成功发挥效力的关键。应着力解决沿线伊斯兰地区的经济发展难题，提供地区经济治理的公共产品和服务，推动地区国家经济的转型与可持续发展，探索合作参与地区经济治理的模式与路径。

其次，从组织平台来看，中国与伊斯兰大国应考虑在伊斯兰特色经济体系、西方主导的全球经济架构、新兴国家主导的经济平台三个层面提升合作，加强与西方大国间合作机制、金砖国家合作机制的协调互动。当前，中国在全球经济治理进程中的合作对象主要是以G7为代表的发达国家和以金砖国家为代表的新兴大国，相应地在合作的组织平台上主要表现为西方大国主导的全球经济架构(以国际货币基金组织和世界银行为代表)和新兴的金砖国家合作机制。在全球经济治理变革艰难、原有机制无法反映中国的地位与话语权的情况下，中国也逐步考虑建立自主性的新兴经济治理平台(如亚投行)。能源、石油美元、主权财富基金、伊斯兰金融等具有伊斯兰特色的经济体系与机制为中国充实治理合作力量和平台提供了新的依托，而中国与伊斯兰大国的全球经济治理合作应注重加强双方在中国主导的新兴经济平台上的合作，并注意和中国与西方大国合作机制、与金砖国家合作机制之间的协调互动,形成共同推动全球经济治理的良性互动局面。金砖国家合作机制对倒逼传统的全球经济治理体系与机制的改革与创新发挥了越来越重要的积极作用,①对中国与伊斯兰大国之间建立合作机制具有借鉴意义。

最后,从合作机制来看,中国与伊斯兰大国在全球经济治理合作进程中应注重加强战略对接、利益融合、政策协调、领域选择、议程设置、组织创建、规则塑造与风险防范等八个方面的机制建设。加强与伊斯兰大国发展战略的有效对接与利益融合是基础,如印尼的"全球海上支点"战略、哈萨克斯坦的"光明之路"战略、土耳其的建国百年目标等。在积极寻求利益汇合点的基础上加强经济政策与治理议题的协调沟通,在地区与全球经济治理进程中选择双方拥有共同利益诉求和现实基础的优先领域进行重点合作,注重议程设置与组织创建,就双方共同关心的议题创建新的国际和地区多边治理平台,以更为机制化的方式开展合作治理,共同推动地区经济可持续发展与转型。中国与伊斯兰大国治理合作受到多重因素的动态影响,还面临不少制约和挑战,在合作实践中应注意伊斯兰大国身上表现出的复杂与模糊的政策倾向。例如,国际身份与外交政策定位使土耳其等国的全球经济治理政策具有复杂性与模糊性,既表现出新兴国家的利益诉求特征,又有与域外西方大国保持政策一致性的外在约束。②

第三,选择中国与伊斯兰大国全球经济治理合作的最佳路径。"一带一路"与全球经济治理有着内在的逻辑关系,在契机、理念、议题与机制等方面对中国与伊斯兰大国在地区和全球层面的治理合作发挥着重要的推动作用。"一带一路"契合中国与沿线伊斯兰大国的发展需要和相互优势,为双方提供了共同参与地区经济治理的契机,而以互利共赢为特色的新型合作理念、以"五通"为主要内容的议题设置以及逐步建立起来的网络化合作机制必将推动中国与沿线伊斯兰大国的合作治理实效。

中国与伊斯兰大国的全球经济治理合作应以沿线地区为重点,以能源、贸易、基础设施与发展等议题为突破口,以新型伙伴关系与渐进式实践提升治理实效。针对伊斯兰大国的经济特点、主要诉求与影响力,双方的治理合作应立足于沿线地区,共同构建基础设施网络化合作机制与新型发展援助体系,发挥

---

① 王厚双等:《金砖国家合作机制对全球经济治理体系与机制创新的影响》,载《亚太经济》2015年第3期,第3页。
② 邹志强:《土耳其与二十国集团:角色、认知与政策特点》,载《西亚非洲》2015年第3期,第23页。

各自在资源、市场、资金、产能、技术等方面的优势,推动更为平衡、自主、互利、共赢的地区经济治理模式。例如,基础设施投资应是"一带一路"与印尼"全球海上支点"战略对接的核心领域,[①] 这对于其他伊斯兰大国来说也是如此。中国应以"一带一路"框架下的合作治理路径为基础,致力于提高治理实效,扩大在地区治理议程上的影响力,进而提升中国在全球经济治理中的主动性与话语权。相信中国与伊斯兰大国的治理合作和"一带一路"沿线地区发展的互动模式将对今后的全球经济治理进程产生重要影响。

在全球经济治理领域获取伊斯兰大国支持的关键是回应其利益诉求。伊斯兰大国对全球经济治理的认知与诉求有相通之处也有差异,既应共同合作也要注意区别对待,重点通过双边渠道做好专项沟通协调工作。既要以共同的治理理念与互利前景提升伊斯兰大国参与全球经济治理的积极性与期待,凝聚伊斯兰国家的共识与支持;更要仔细倾听和理解各国的重点关注与诉求,区别对待并做出合理回应。当前,包括伊斯兰大国在内的新兴国家普遍遭遇经济增长动力不足与转型难题,全球经济治理合作的议程设置应符合伊斯兰大国的发展需求。因此,一方面应围绕挖掘增长动力、筑牢贸易与投资双引擎、维护自由开放的国际贸易与投资体系、改革IMF等国际金融机构、发展援助合作等议题展开,进而确定优先协作领域;另一方面应重视伊斯兰大国的治理能力与影响力,合作议题中突出能源大宗商品市场稳定、基础设施建设、绿色经济、全球能源治理等特色领域内容。

四、结论

2017年中国政府工作报告五次提及"一带一路",从2016年的政府工作总结到今年重点工作都离不开"一带一路",并特别提出要高质量办好2017年5月中旬在北京举办的、有全球数十个国家一千多人参加的"一带一路"国际合作高峰论坛。[②] 哈萨克斯坦、印尼、巴基斯坦、土耳其、伊朗、沙特、埃及等伊斯兰大国积极评价"一带一路",并将在全球经济治理中积极与中国配合。当前,全球经济治理存在着许多内在困境,超越困境的主要思路是通过各种跨地区经济治理、地区经济治理、双边经济治理以及内部经济治理形成多层覆

---

① 马博:《"一带一路"与印尼"全球海上支点"的战略对接研究》,载《国际展望》2015年第6期,第44页。

② "一带一路高峰论坛将于2017年5月在北京召开",http://www.gkstk.com/article/wk-78500001558349.html,登录时间:2017年4月2日。

盖、议题聚敛、务实高效的复合型治理网络。① 同时，在重视地区经济治理的同时，也应跳出传统单一的地区范畴，致力于更为广阔的地区，通过一定的主线动员与整合，拓展新时期中国参与全球经济治理的战略空间。在中国积极参与和推动全球经济治理变革的进程中，应有意识地将"一带一路"、伊斯兰大国与全球经济治理三者结合起来，进而将沿线多个地区有机串联起来，丰富对全球经济治理与"一带一路"互动关系的认知与研究；拓展"一带一路"的实践内涵与合作力量，在其框架下提升中国与伊斯兰大国参与地区和全球经济治理的成效；深化中国与伊斯兰大国的全方位合作关系，增强对伊斯兰地区经济事务的影响与塑造能力，维护日益扩大的海外利益，也回应西方对中国"搭便车"的指责；将伊斯兰大国作为中国参与全球经济治理的重要合作对象，培育和塑造新的战略借重力量，开辟新的治理合作机制，提高中国在全球经济治理进程中的地位与话语权。

---

① 宋国友：《后金融危机时代的全球经济治理：困境及超越》，载《社会科学》2015年第1期，第23、28页。

中国参与中东地区的卫生治理

文少彪[①]

摘要：中国参与中东地区的卫生治理以医疗援助为主要形式，迄今已有半个多世纪的历史。中国对阿拉伯国家的医疗援助不仅极大地推动了中阿关系的发展，也是中国与阿拉伯国家"民心相通"的历史基础所在。21世纪初以来，尤其是在中东综合呼吸症大范围爆发和中东难民危机升级后，中国对中东传统意义上"点对点"式的医疗援助模式，已不能适应全球化时代出现的中东地区公共卫生治理的新要求。中东卫生治理的全球性关联及其带来的非传统安全效应，已经对中国参与中东卫生治理提出了新要求和新挑战，特别是"一带一路"倡议的推进，更加凸显中国参与中东卫生治理的重要性。

关键词：全球治理；卫生治理；医疗援助；中国中东外交；国家形象

卫生治理是全球治理的重要议题之一。在全球化进程不断深化的时代，卫生领域的全球性关联及其带来的非传统安全效应，已经对中国参与全球或地区卫生治理提出了新的要求和挑战。中东地区连接亚、非、欧三大洲，是全球发展中国家最为集中的地区之一。随着"一带一路"建设的推进和中阿合作论坛等机制的完善，中国参与中东地区卫生治理的内涵和路径正在发生变化，正在超越传统"点对点"式的医疗援助模式。本文力图从卫生治理的视角来分析中国与中东地区的卫生合作。

---

① 文少彪，复旦大学国际问题研究院博士研究生。

> > > 第五部分　中国参与中东地区治理

一、中国参与全球卫生治理的内在逻辑

（一）中国参与全球卫生治理的主要考量

冷战结束后，全球化与国际格局多极化进程加速推进，传统政治领域的权力与安全议题在国际议程中的重要性有所下降，全球"公域"问题逐渐凸显，如全球性经济、气候、卫生等非传统安全问题，这一趋势对全球治理提出了新要求。科威特社会科学系政治学教授赛利姆(Mohammad Selim)指出，20世纪90年代初，治理概念的提出与全球化概念的引入密不可分，但多局限于国家政策层面的解释。后来，治理这一概念很快延伸到全球和地区层面，这与利用机制产生有效的地区或全球政策来改善多元的社会生活有关。① 1992年，瑞士前首相卡尔松和英联邦秘书长兰法尔等人士发起成立"全球治理委员会"（Commission on Global Governance），该委员会于1995年发表《我们的全球邻居》（Our Global Neighborhood）的研究报告，对全球治理做出了明确界定："全球治理是个人和机构、公共和私人部门管理其共同事务的各种方式的总和；它是冲突或多元利益能够相互调适并能采取合作行动的持续过程，包括人们或机构同意或感知的符合其利益的正式或非正式的制度安排。"② 当时，全球治理委员会这种多元主义倾向的开放态度并不受传统主义者的欢迎，因为后者更加信奉主权国家的力量。正如《世界治理新论坛》指出，"世界治理中许多纷繁复杂的定义，以及这个词所包含的各种主观概念之外，我们更喜欢将世界治理简单地看作对地球的共同管理。我们知道这个定义的缺点可能是过于宽泛，但它的好处是可以探索世界治理的方方面面。无论如何，这个概念超越了'国际关系'的有限框架，直到不久以前，人们都是透过国际关系的有色眼镜来审视一切超越民族国家政治实体的关系的。"③

有西方学者认为，中国对自身国际角色的定位与国际社会的认知存在差异，"中国官员一直坚持中国是一个发展中国家，这意味着他们相信现在的规

---

① Mohammad Selim, "The Role of China Promoting Regional Governance in Middle East,""北京论坛（2010）：文明的和谐与共同繁荣——为了我们共同的家园：责任与行动"，国际关系分论坛"全球治理与中国作用"论文，北京，2010年11月5日。

② The Commission on Global Governance, *Our Global Neighbourhood*, Oxford: Oxford University Press, 1995, p.4.

③ "Why have We Opened This Forum for a New World Governance?" Forum for a New World Governance, April 2013, http://www.world-governance.org/rubrique6.html?lang=en, 登录时间：2016年4月20日。

则是为了照顾富裕发达国家的利益,中国不应该被要求承担和发达工业化国家一样的责任,中国官员经常在气候谈判中提到'共同但有区别的责任'"。① 在这种观点看来,中国担心全球治理可能会弱化国家主权和政府权威,甚至自身成为被治理的对象,这不符合中国的政治传统和长期以来关于主权平等原则的主张,削弱了中国在国家层面参与全球治理的积极性。

随着中国综合实力的提升,全球治理的理论和实践越来越受到重视。文献统计数据显示,1992年至1999年,中国知网平均每年收录2,679篇关于全球治理的文献;2000年至2015年,平均每年收录53,915篇。笔者基于中国知网搜索结果作出的统计,搜索关键词为"全球治理",搜索条件为全文搜索,统计时间:2016年4月23日。可见,中国对全球治理的关注度正在日益提升。学者俞可平认为,"进入21世纪后,国际政治领域最引人注目的发展之一,便是全球治理作为一种理论思潮与实践活动的兴起。全球化将各民族国家的命运前所未有地联结在一起,只有依靠全球治理,才能有效解决人类所面临的许多全球性问题,确立真正的全球秩序。"②

(二)卫生治理是中国参与全球治理的重要平台

对中国而言,全球治理思维、话语体系和实践行为尚属新鲜事物。从宏观层面看,它与中国所处的国际环境和历史发展阶段息息相关。有分析指出,"市场化改革和冷战的结束,为中国重新定义其在国际体系中的角色开辟了一个机会之窗。一个革命者试图成为一个负责任现状国的过程中伴随着在安全意义和范围上的新思维,它改变了中国对外政策的话语。进入21世纪,中国对非传统安全问题的兴趣与日俱增,并提出'以人为本'的发展理念,这些努力标志着中国推行对外卫生政策新格局的形成。"③ 中国作为一个占世界人口五分之一的大国,在经历了艾滋病(HIV)、非典(SARS)、禽流感(H1N1)等病毒侵扰后,日趋重视"人的安全"和"非传统安全"(NTS)威胁。

---

① Scott Kennedy and He Fan, "The United States, China, and Global Governance: A New Agenda for a New Era," Research Center for Chinese Politics & Business, Indiana University and the Institute for World Economics and Politics, Chinese Academy of Social Sciences, April 2013, p.10, https://www.indiana.edu/~rccpb/wordpress/wp-content/uploads/2015/11/A_New_Agenda_fo_a_New_Era.pdf,登录时间:2016年4月20日。

② 俞可平:《全球善治与中国的作用》,人民网,http://theory.people.com.cn/n/2012/1211/c136457-19861253.html,登录时间:2016年4月23日。

③ Yanzhong Huang, "Pursuing Health as Foreign Policy: The Case of China," *Indiana Journal of Global Legal Study,* Vol. 17, 2010, p.115.

2003年非典危机爆发后,中国进一步加强同国际组织、周边和地区国家的卫生交流与合作,在联合国、世界卫生组织、世界银行、东盟地区论坛、东亚峰会、上海合作组织、亚太经济合作组织等框架下建立起一系列卫生交流与合作机制。2003年,中国爆发非典型肺炎疫情,中国和东盟守望相助,探索建立有效的预警、防控、救助机制。2005年,中国与东盟各国卫生部建立了部长级会议磋商机制,专门研讨区域卫生合作,推动疾病联防联控。①

首先,卫生治理是全球治理体系的重要板块之一,也是中国在为数不多的治理领域可以发挥重要作用的一个板块。全球卫生治理是指"利用正式和非正式的制度、规则,并通过国家,政府间组织和非国家行为体来处理那些需要跨境集体行动有效加以解决的卫生领域的挑战"。②中国在跨国合作应对卫生治理方面已取得一定的经验。可以说,2003年非典病毒在中国的蔓延,极大地推动了中国融入全球卫生治理体系。中国政府加强了同世界卫生组织的合作,并在世界卫生组织的协助下建立和升级了覆盖全国的传染性疾病监控系统。"非典期间,即使最狂热的国家主权支持者都表现出认同世界卫生组织在国际卫生治理中的领导权,难怪有评价指出,非典的爆发相当于在传统卫生治理的棺材上钉上了最后一颗钉子。"③显然,传统观念和手段已无法应对全球化背景下的非传统安全威胁。2003年4月,时任国务院总理温家宝在中国—东盟领导人关于非典型肺炎特别会议上指出,中国政府"时刻把人民健康和生命安全放在第一位"。④ 2005年第58届卫生大会通过了新的《国际卫生条例》,较之前的旧条例只针对特定疾病的防治,新条例作出了修订,如将对人类构成或可能构成严重危害的任何病症或医疗状况,无论其病因或来源如何纳入其涵盖范围。该条例的通过是对新形势下全球公共卫生危机的反应,扩大了卫生治理的范围和目标,增强了各国应对疾病传播的能力。

近年来,中国一直努力推动该条例的落实。中国在落实联合国千年发展目标方面也取得了巨大成就,艾滋病、疟疾、黄热病、结核病等传染性疾病的发病率大幅下降,远低于世界平均感染率。这些成就很大程度上得益于中国日

---

① 《中国—东盟卫生领域合作务实推进》,中国新闻网,http://www.chinanews.com/jk/2012/10-13/4245533.shtml,登录时间:2016年4月23日。

② David P. Fidler, "The Challenges of Global Health Governance," Council on Foreign Relations, European Commission, May 2010, p.3, http://ec.europa.eu/health/eu_world/docs/ev_20111111_rd01_en.pdf,登录时间:2016年4月24日。

③ Yanzhong Huang, "Pursuing Health as Foreign Policy: The Case of China," p.119.

④ 《温家宝总理在中国—东盟领导人关于"非典"问题特别会议上的讲话》(2003年4月29日),中国政府网,http://www.gov.cn/ztzl/content_355352.htm,登录日期:2015年12月18日。

益重视基础医学技术的研发,据中国卫计委网站报道,中国创新性基础研究水平国际领先,对甲流、H7N9、埃博拉、中东呼吸综合症等病毒开展晶体解析、膜分析及基因组测序等基础研究,为抗病毒相关抗体、药物及疫苗的研发提供了重要指导。① 可以说,中国在卫生治理领域具备良好的执行力与学习能力,通过大幅改进卫生治理系统和机制,在应对公共卫生危机的过程中积累了宝贵的经验和科研实力。这些已成为中国参与全球卫生治理的有利因素。

其次,参与全球卫生治理符合中国以人为本的方针政策。2015年9月,联合国发展峰会通过《变革我们的世界——2030年可持续发展议程》,该议程提出,"支持研发防治主要影响发展中国家的传染性和非传染性疾病的疫苗和药品;大幅增加卫生筹资,并增加招聘、培养、培训和留用发展中国家,尤其是最不发达国家和小岛屿发展中国家的卫生工作者;加强各国,特别是发展中国家采取预警措施、减少风险和管理国家和全球健康风险的能力。"② 中国国家主席习近平在联合国发展峰会上承诺,"中国将继续秉持义利相兼、以义为先的原则,同各国一道为实现2015年后发展议程作出努力"。③ 2016年3月,中国发布的《国民经济和社会发展第十三个五年规划纲要》指出,"中国将广泛开展教育、科技、文化、体育、旅游、环保、卫生及中医药等领域合作……加强卫生防疫领域交流合作,提高合作处理突发卫生事件能力。"④ 同年4月,经中国国务院授权,中国国家发展改革委、外交部、商务部联合发布的《推动共建丝绸之路经济带和21世纪海上丝绸之路的愿景与行动规划》指出,中国将"强化与周边国家在传染病疫情信息沟通、防治技术交流、专业人才培养等方面的合作,提高合作处理突发卫生事件的能力。为有关国家提供医疗援助和应急医疗救助,在妇幼健康、残疾人康复以及艾滋病、结核、疟疾等主要传染病

---

① 中国疾病预防控制中心:《科学研究推动疾控事业发展》,中国国家卫生与计划生育委员会网站,http://www.nhfpc.gov.cn/qjjys/s3594r/201604/8ae0d9978b1845b1981a2e55aa097922.shtml,登录时间:2016年4月22日。

② 《变革我们的世界:2030年可持续发展议程》,中国外交部网站,http://www.fmprc.gov.cn/web/ziliao_674904/zt_674979/dnzt_674981/xzxzt/xpjdmgjxgsfw_684149/zl/t1331382.shtml,登录时间:2016年2月27日。

③ 习近平:《谋共同永续发展做合作共赢伙伴——在联合国发展峰会上的讲话》(2015年9月26日),载《人民日报》2015年9月27日,第2版。

④ 《十三五规划纲要(全文)》,第五十一章:推进"一带一路"建设,第三节:共创开放包容的人文交流新局面,新华网,http://sh.xinhuanet.com/2016-03/18/c_135200400_12.htm,登录时间:2016年4月23日。

领域开展务实合作，扩大在传统医药领域的合作"。① 这些政策性文件在半年内陆续公布，表明中国政府加强与发展中国家开展医疗合作的意愿不愿提升，凸显了中国加强全球卫生治理的政策导向。

跨境卫生问题是一个直困扰着人类发展的古老难题，贾雷德·戴蒙德（Jared Diamond）在其名著《枪炮、病菌与钢铁》中认为，病菌的跨境传播足以影响人类的发展进程和命运。② 近年来，中国先后经历了非典、H1N1等传染性病毒的侵袭，使中国认识到公共卫生危机的"多米诺"骨牌效应，进而积极参与全球层卫生治理，遏制卫生领域非传统安全问题的蔓延。

二、中国参与中东地区卫生治理的历史沿革

从历史沿革看，中国参与中东地区卫生治理可分为三个阶段。

（一）初始与发展（1963—1978年）

20世纪60年代，中国的对外医疗援助始于非洲地区，后逐渐拓展至中东地区。1963年至1976年，中国先后同非洲二十多个国家签订派遣中国医疗队赴对方工作的协定书。1963年4月6日，中国湖北省向阿尔及利亚派出首支医疗队，拉开了中国对中东地区医疗援助的序幕。1965年，中国向索马里派遣医疗队，主要由吉林省负责。据中国援助索马里医疗队翻译曹务堂回忆，当时援索马里医疗队一行三十多人，医疗队里除了医生外，还有厨师和司机。医疗队的主要任务是为当地居民提供医疗服务，还提供牧区巡回医疗服务，尤其是对当地的霍乱传染病防治发挥了巨大作用。③

1966年6月，中国向也门（北也门）派遣的医疗队抵达首都萨那，开启了中国对西亚阿拉伯国家医疗援助的序幕。1967年，也门爆发内战，在"萨那保卫战"中，也门总理阿姆里向中国政府发出紧急求助，中国总理周恩来立即指示北京医院迅速组建医疗队赶赴萨那，与当地医务人员一道承担救护任

---

① 《推动共建丝绸之路经济带和21世纪海上丝绸之路的愿景与行动》，载《人民日报》2015年3月29日，第4版。
② [美]贾雷德·戴蒙德：《枪炮、病菌与钢铁：人类社会的命运》，谢延光译，上海：上海译文出版社2015年版，第191—214页。
③ 曹务堂：《我在"中国援索马里医疗队"当翻译的岁月》，载《齐鲁晚报》2013年10月17日，第B02版。

务。① 也门是中国在中东地区重要的医疗援助对象，自1966年以来共有3300多名中国医护人员在也门多个省份开展医疗工作。②

20世纪70年代，中国进一步扩大对中东地区的医疗援助。这主要得益于两大优势：一是1971年中国恢复了在联合国的合法席位；二是20世纪60年代中国对外医疗援助使中东地区国家对获得中国的医疗援助的期待不断增强。1970年，中国向也门民主共和国（南也门）派出医疗队，主要由安徽省负责。1990年前也门处于南北分裂的格局，中国援助也门的医疗队一直分别派出，即使在也门统一后，由于派出人数众多，完全由一省承派有很大困难，因此仍沿袭了由两省派出的模式，保持南北两个机构，在管理上相对独立。③ 1971年，中国医疗队抵达苏丹，主要由陕西省负责，首批医疗队共21名成员，后在苏丹总统尼迈里的建议下，医疗队成员人数于次年增加到60人。④ 1973年起，中国派往中东地区的医疗队规模逐渐扩大，援助对象国包括突尼斯（江西，1973年6月）、摩洛哥（上海，1975年9月）、科威特（辽宁，1976年11月）、叙利亚（卫生部中医研究院，1978年）、伊朗（江苏，1978年）等。1979年，伊朗伊斯兰革命爆发，导致中国与伊朗的医疗合作被迫中断。

20世纪60—70年代，中国对中东地区的医疗援助规模不断扩大，并取得良好效果，但该时期中国的对外医疗援助仍带有浓厚的意识形态色彩。打破外交困境是当时中国对外医疗援助的重要动因。"援助完全是在政治和意识形态的指导下进行，即援助为政治目的服务。因此，援助的政治功能压倒了经济功能，援助很少考虑经济效益。"⑤ 在此期间，中国国内经历了十年动乱，但依然承担了对外援助医疗队的所有支出。这种对外援助模式加重了中国政府的财政负担，最终难以持续。

---

① 钟海：《中国白衣天使在也门：精湛医术赢得当地人民信赖》，中国新闻网，http://www.chinanews.com/gn/2013/11-12/5489298.shtml，登录时间：2016年4月25日。
② 商英侠、刘万利：《中国医疗队重返也门》，新华网，http://news.xinhuanet.com/world/2013-03/29/c_124517039.htm，登录时间：2016年4月28日。
③ 刘欣路：《浅谈中国援也门医疗队与中也医疗卫生合作》，载《吉林中医药》2009年第6期，第551页。
④ 蒋华杰：《中国援非医疗队历史的再考察（1963—1983）——兼议国际援助的效果与可持续性问题》，载《外交评论》2015年第4期，第64页。
⑤ 舒运国：《中国对非援助：历史、理论和特点》，载《上海师范大学学报（哲学社会科学版）》2010年第5期，第84页。

（二）低谷与转型（1979—1995年）

从1979年改革开放至1995年，中国对外医疗援助陷入低谷，处于转型过渡期。从国内因素看，中国领导层认识到"和平与发展"已取代"战争与革命"成为时代主题，"以经济建设为中心"取代"以阶级斗争为纲"成为中国共产党的工作重心。国家大政方针和观念的转变，自然也影响了中国对外援助的理念和行为模式。该时期的中国更加注重自身发展，开始探索以互利、共赢的合作援助模式，取代过去单边和无偿的援助模式，对外医疗援助因此受到影响。

第一，对外援助资金收紧。受政策调整影响，自1979年始，中国对外援助支出占财政支出比例自1961年以来第一次低于1%，而1973年该比例的峰值为6.9%。[①] 伴随中国对外医疗援助力度大幅下降，对外医疗援助的方式也从无偿援助逐步调整为合作支出，受援国开始逐渐承担中国医疗队的生活费和国际机票。20世纪80年代初期，在所有27个受到中国医疗援助的非洲国家中，仅有吉布提等四国由中国承担全部费用。[②]

第二，援外医疗队派出数量锐减。1983年1月，中国总理在访问非洲期间提出同非洲国家开展经济技术合作的四项原则，即"平等互利、讲求实效、形式多样、共同发展"，这四项原则后来成为指导该时期中国与发展中国家合作的总方针，使得中国对外援助逐渐回归理性。1979—1982年，中国减少了对非援助，医疗队人数逐步下降；1988—1995年，中国未向非洲增派医疗队。[③] 该时期，中国仅向吉布提、阿拉伯联合酋长国、利比亚三国新派了医疗队。1981年中国山西省派遣医疗队至吉布提，先后向其提供了36批次的药品等物资援助。[④] 同年10月，中国四川省向阿联酋派出医疗队，在迪拜医院开设中医门诊部，而中国直到1984年才与阿联酋建交。1983年12月，中国江苏省向利比亚派出医疗队，后因1989年利比亚与台湾当局发展官方往来，中国从利比亚撤回了医疗队。

---

① 张郁慧：《中国对外援助研究》，中共中央党校博士学位论文，2006年，第166页。

② Huang Yanzhong, "Domestic Politics and China's Health Aid to Africa," *China: An International Journal*, Vol. 12, No. 3, December 2014, p.182.

③ 李安山：《中国援外医疗队的历史、规模及其影响》，载《外交评论》2009年第1期，第27—28页。

④ 商务部国际贸易经济合作研究院等：《对外投资合作国别（地区）指南：吉布提（2013年版）》，中华人民共和国驻吉布提共和国大使馆经济商务参赞处网站，http://dj.mofcom.gov.cn/article/b/201408/20140800705794.shtml，登录时间：2016年5月8日。

（三）多元化发展时期（1995年至今）

20世纪90年代初期，邓小平以南巡之举坚定了中国继续走对外开放和市场化改革之路的决心，中国外交政策更趋灵活和务实，中国对外援助进入灵活、务实的多元发展时期。

进入21世纪以来，中国继续向也门、黎巴嫩、苏丹、利比亚、摩洛哥、吉布提等中东和非洲国家派遣医疗队，继承了援外医疗的传统，也孕育出新的元素。2003年5月，中国湖北省援阿尔及利亚针灸医疗队员参与阿国震后救援，以中医诊疗救助灾民。2014年8月，中国果断派出医疗队赴利比里亚抗击埃博拉疫情，展示出中国医疗队对全球公共卫生危机的快速反应能力。2015年，中国和摩洛哥签署《卫生领域的谅解备忘录》和《派遣中国眼科专家医疗组赴摩开展白内障手术活动的合作协议书》。[①] 上海还以面向社会公开招聘的方式选拔援摩医疗队员，引入社会化、市场化操作方式来进行援摩医疗队的组建工作。[②]

近年来，中国对外援建医院的形式趋于多样化，并更加注重受援国的需求。首先，帮助受援国建设医院。2007年2月，时任国家主席胡锦涛在访问苏丹时宣布建设达马津"中苏友谊医院"，2014年建成后，中国援苏医疗队派出多名医护人员进驻该院接诊。2008年时任国家副主席习近平访问也门期间，就萨那"也中友谊医院"项目达成协议，医院设计床位120个，配备现代化医疗设施。2011年1月，也门萨那的共和国医院设立"中也眼科合作中心"，中国卫生部代表团赠送了价值280万元的眼科设备和仪器。在也期间，中国卫生部联合工作组及辽宁省眼科专家组在萨那共和国医院和塔兹革命医院开展了200例白内障手术，并对也方医务人员进行现场指导和培训。[③] 2010年9月，中国援建约旦的巴卡医院在正式投入运营，巴卡医院项目使用中国政府无息贷款建设，由重庆对外建设总公司负责施工。[④] 2015年，中国与突尼斯协商共建

[①] 《中摩共同庆祝中国派遣援摩医疗队40周年》，新华网，http://news.xinhuanet.com/world/2015-10/21/c_128342148.htm，登录时间：2016年5月5日。

[②] 《中国援摩洛哥医疗队招聘》，上海卫生人才网，http://www.shwshr.com/Advertisement/Detail.asp?UID=ODc2Mg，登录时间：2016年5月7日。

[③] 参见《中国援外医疗大事记（1963.4援外医疗大事记（2））》，中华人民共和国国家卫生和计划生育委员会网站，http://www.moh.gov.cn/gjhzs/gzdt/201308/15eb6805aa0c4da9a5c0c092bda08082.shtml，登录时间：2016年4月29日。

[④] 王栋栋、苏小坡：《中国援建约旦的巴卡医院正式投入运营》，新华网，http://news.xinhuanet.com/2010-09/15/c_12552894.htm，登录时间：2016年5月5日。

"突尼斯综合医院"项目,"其建成后将有效改善斯法克斯省的居民就医状况,并辐射突尼斯南部地区甚至阿尔及利亚等周边国家"。① 同年12月,中国泰达国际心血管病医院与阿尔及利亚地中海投资集团签约,合作兴建致力于儿童心血管病治疗的非营利性医院,以期成为北非环地中海区域一个有影响力的医疗机构。②

其次,大力推广中医诊疗和文化。中医是对中东医疗援助的重要内容,深受受援国民众的喜爱。2005年5月,突尼斯国家执政党《自由报》以《玛尔萨医院针灸中心》为题,图文并茂地介绍了中国针灸医生运用针灸治疗的神奇疗效。③ 埃及与中国的针灸合作可以追溯到20世纪90年代。中医药通过援外医疗的方式"走出去",受到中国政府的大力支持,已成为中国推进"一带一路"建设过程中的具有鲜明特色的符号。2015年4月,中国发布《中医药健康服务发展规划(2015—2020年)》,推动中医药健康服务走出去,鼓励援外项目与中医药健康服务相结合。2016年2月,中国发布《中医药发展战略规划纲要(2016—2030年)》,专设章节阐明中医药海外发展的规划,包括"加强中医药对外交流合作"、"扩大中医药国际贸易"等。④ 这些规划纲要将中医药"走出去"对接"一带一路"建设,有利于促进中医药文化和贸易在中东地区的发展。澳门科技大学校长刘良表示,中国要着眼于打造标志性合作项目,尤其是围绕海外中医药中心,建设医疗保健、教育培训、科学研究等不同主题的中医药中心,发挥示范引领作用。⑤ 未来,中国可以借助中东地区既有的援建医院、针灸中心等平台推广中医诊疗和文化,在此基础上打造标志性的中医项目,进一步扩大中医药在中东地区的市场。

最后,加强医学技术交流,促进当地医学发展。2003年10月,中国陕西省第26批援苏丹医疗队成功为1名苏丹脊髓型颈椎病患者实施了单开门椎板成形椎管扩大手术,在苏丹医学历史上尚属首次。2005年2月,辽宁派驻也门哈维特省医疗队成功实施了1例交腿皮瓣移植手术,填补了也门医疗界此类手

---

① 《援突尼斯综合医院项目初设外审纪要在华签订》,中国商务部国际经济合作事务局,http://jjhzj.mofcom.gov.cn/article/g/201507/20150701033566.shtml,登录时间:2016年5月5日。
② 黄灵:《中国与阿尔及利亚合建儿童心血管病医院》,新华网,http://news.xinhuanet.com/world/2015-12/01/c_1117323023.htm,登录时间:2016年5月5日。
③ 参见《中国援外医疗大事记(1963.4援外医疗大事记(2))》。
④ 中国国务院:《中医药发展战略规划纲要(2016—2030年)》,中国政府网,登录时间:2016年5月9日
⑤ 《中医药"一带一路"发展规划研讨会在上海召开》,国家中医药管理局网站,http://www.satcm.gov.cn/e/action/ShowInfo.php?classid=33&id=22136,登录时间:2016年5月9日。

术领域的空白。① 中国医疗队还通过带教、讲座、培训等方式,将医疗技术传授给当地医护人员,提高受援国卫生治理水平。吉布提医疗水平薄弱,全国仅有3名眼科医生,其中仅有1名眼科医生能实施内眼手术。② 2014年10月,中国"光明行"白内障复明手术项目第一站选在吉布提,向当地医生传授眼科手术。同时,中国政府支持国内卫生机构为发展中国家举办卫生技术研修和培训,截至2011年共举办培训班400多期,培训1.5万余人,涉及卫生管理、紧急救援管理、食品卫生、传统医药、传染病防控、实验室检测、卫生检疫和护理技术等。为帮助发展中国家培养高层次医学卫生人才,中国政府还向在华学习医学和中医药学的发展中国家学生提供政府奖学金。③

综上所述,20世纪中国对中东的医疗援助与中国整体对外援助节奏一致,冷战结束是中国对中东地区医疗援助重要的历史分界点。冷战时期,中国对中东的医疗援助主要受两方面影响:从国际体系结构上看,两极对抗迫使中国加大对外援助力度来争取发展中国家的政治支持;同时,受自身国际角色和国内政策调整,以及自身经济实力的掣肘中国难以稳定、持续地开展对外医疗援助。总体上看,该时期中国对外医疗援助体现了无私的国际人道主义精神,但也具有浓厚的政治色彩。进入21世纪,中国加快了融入世界的步伐,更加重视发挥国际组织和机制的作用,先后成立了中非合作论坛(2000年)、中阿合作论坛(2004年)等多边合作机制,为中国与中东和非洲地区的卫生合作奠定了基石。新时期中国对外医疗援助开始呈现多元化、多层次的复合型态势和格局,在广度和深度上超越了传统的医疗援助模式。

三、近年来中国参与中东地区卫生治理的动因及特征

(一)中国参与中东地区卫生治理的动因

第一,朝觐活动对中东地区公共卫生治理构成重大挑战。伊斯兰教将朝觐作为穆斯林五大功修之一,规定每一位有经济能力和体力的成年穆斯林,一生中应至少前往沙特麦加朝觐一次。大规模朝觐活动对中东地区的公共卫生治理

---

① 《中国援外医疗大事记(1963.4—2012.12)》,卫生部网站,http://www.moh.gov.cn/gjhzs/gzdt/201308/15eb6805aa0c4da9a5c0c092bda08082.shtml,登录时间:2016年4月29日。

② 周吉超:《我为祖国传捷报中国援非"光明行"项目正式启动》,人民网,http://society.people.com.cn/n/2014/1010/c1008-25806202.html,登录时间:2016年5月5日。

③ 《〈中国的医疗卫生事业〉白皮书》,中国国家卫生和计划生育委员会网站,http://www.nhfpc.gov.cn/mohzcfgs/s7847/201301/6fbe5f5264d84e03960eb72dbd752d05.shtml,登录时间:2016年5月7日。

构成了重大挑战。全球16亿穆斯林分布在世界各地，其中约3.573亿(世界银行2014年数据)聚居在中东—北非地区；中国约有2032万穆斯林，分布境内除台湾、香港、澳门外的三十多个省市，主要聚集在新疆、宁夏、甘肃、云南等西北、西南地区。①全球每年有大量穆斯林前往沙特朝觐，2014年10月约有200万穆斯林从世界各地赴沙特朝觐，其中包括1.45万中国大陆的穆斯林。为保证朝觐活动安全有序进行，沙特卫生部门对朝觐者进行严格的健康检查和监控，以防传染性疾病大规模暴发，②表明朝觐活动对公共卫生安全构成了巨大的潜在风险。

第二，中东呼吸综合症(MERS)的爆发加重了全球对中东卫生问题的担忧。据世界卫生组织数据显示，自2012年9月第一例中东呼吸综合症在沙特被发现以来，全球已有27个国家报告了中东呼吸综合症病例，主要分布在中东地区，已造成1,768人感染，630人死亡。③中东地区感染中东呼吸综合症群体主要集中在沙特，截至2015年，沙特仍然未彻底控制中东呼吸综合症的蔓延。2015年，一名从中东返国的韩国人将中东呼吸综合症病毒带入该国，致使165名韩国人感染中东呼吸综合症，感染数量居全球第二。同年5月一名韩国感染者入境中国广东省，成为中国首例输入性病例。近两年来中东局势的持续恶化，导致数千万难民逃离故土前往欧洲。大量没有经过卫生检疫的中东难民很可能携带中东呼吸综合症病毒涌入欧洲，其后果令人堪忧。

第三，中东地区是"一带一路"规划的交汇地，该地区的卫生治理问题对实现"互联互通"构成潜在挑战。有学者指出，中东是"一带一路"的关键地区，习主席2016年首访选择中东，具有重大战略意义，"一带一路"可以说是中国参与全球治理的公共产品。习近平于2016年1月访问中东，带动了"一带一路"与中东沿线各国对接，考验"一带一路"的受欢迎程度，也考验着中国的全球治理能力"。④"一带一路"建设是一项系统性的、复杂工程，任何一个领域出现短板，都将损害互联互通的效果。卫生治理是潜在的短板领域。"一带一路"建设目标最终要靠沿线国家大量的人员往来参与落实，必然会增加公

---

① 《中国穆斯林当前人口研究》，穆斯林在线，http://www.muslimwww.com/html/2013/guonei_0713/17797.html，登录时间：2016年5月10日。

② 王波：《2014年全球穆斯林麦加朝觐拉开序幕》，新华网，http://news.xinhuanet.com/world/2014-10/03/c_1112707475.htm，登录时间：2016年5月10日。

③ "Middle East Respiratory Syndrome Coronavirus (MERS-CoV)," WHO, http://www.who.int/emergencies/mers-cov/en/，登录时间：2016年6月23日。

④ 卢冠琼：《习近平出访中东：推动全球治理牵手"一带一路"谋共赢》，中国青年网，http://news.youth.cn/wztt/201601/t20160121_7549838.htm，登录时间：2016年5月9日。

共卫生危机外溢的可能性,这就要求构建沿线地区卫生治理体系。因此,当从全球卫生治理的视角出发,迫切需要加快填补沿线区域卫生治理体系的缺位,保障人员的健康安全,将卫生问题对"互联互通"的潜在威胁降到最低。

第四,中东地区自身应对公共卫生危机的能力不足。中东地区是发展中国家较为集中的地区,从1990年至2014年间,阿拉伯国家的平均人类发展指数(HDI)低于世界平均水平。[①]"9·11"恐怖袭击事件以来,受西方大国干涉和中东国家内部政治、经济、社会、宗教极端主义、恐怖主义等因素影响,中东地区长期陷入动乱无序的状态,多国经历政权更迭或长期内战。近年来,"伊斯兰国"组织趁乱坐大,致使该地区面临更加严重的安全威胁。对中东地区而言,地区国家对卫生领域的投入严重不足。世界银行数据显示,自2006年至2015年间,中东地区卫生支出严重不足,比世界平均水平低十多个百分点。[②]据世界卫生组织统计,2013年,叙利亚、伊拉克等东地中海地区国家有135,814人感染了利什曼原虫病(leishmaniasis),约占全球总感染人数的67%,[③]近年来叙利亚和伊拉克的动荡局势加剧了该疾病的传播。由于卫生情况欠佳,利什曼病2014年在极端组织"伊斯兰国"控制的区域肆虐,以拉卡情况最为严重,迫使当地医生或卫生组织撤离,而极端分子拒绝就医,则进一步加剧了利什曼病的病变和蔓延。[④]利什曼病传播,也对周边国家卫生安全构成了潜在威胁。2016年1月,山西太原机场检验检疫局发布新闻指出,伊拉克、叙利亚爆发利什曼病疫情,并伴随叙、伊两国难民潮迅速蔓延,短期内难以得到有效遏制。[⑤]

第五,参与中东卫生治理有利于提升中国在该地区的软实力。随着人类相互依赖程度的提高,软实力的独特作用越来越受到国际社会的重视。过去几十年间,囿于客观历史原因,中国一直优先弥补硬实力上的不足,对软实力的重视程度相对不足。近年来外界经常将中国与中东关系的发展简单理解为受石

---

① *Human Development Report 2015*, United Nations Development Programme, 2015, p.215, http://hdr.undp.org/sites/default/files/2015_human_development_report.pdf,登录时间:2016年5月9日。

② 根据世界银行数据统计:"Health Expenditure, Public (% of Total Health Expenditure)," The World Bank, http://data.worldbank.org/indicator/SH.XPD.PUBL/countries/1W-XQ?display=graph,登录时间:2016年5月10日。

③ "World Health Statistics 2015," World Health Organization, p.86, http://apps.who.int/iris/bitstream/10665/170250/1/9789240694439_eng.pdf?ua=1&ua=1,登录时间:2016年5月10日。

④ 《IS横行叙利亚却敌不过传染病已有10万余人感染》,参考消息网,http://world.huanqiu.com/hot/2015-04/6116804.html,登录时间:2015年8月9日。

⑤ 《加强口岸利什曼病疫情防控》,太原机场检疫局网站,http://www.sxciq.gov.cn/tyjcjyj/tyjcjyj_xwdt/184669.shtml,登录时间:2016年5月10日。

油利益驱动，这种论调不利于中国与中东关系健康、持续地发展。对此，中国必须重视通过提升软实力来构建自身在中东地区和国际社会的形象。2016年1月中国国家主席习近平访问沙特、埃及和伊朗，在开罗阿盟总部发表演讲指出，"'一带一路'延伸之处，是人文交流聚集活跃之地。民心交融要绵绵用力，久久为功。"① 参与中东地区卫生治理作为广义上的人文交流活动，是提升中国在中东地区软实力的重要路径之一。李安山教授认为，"医疗队的服务使许多发展中国家的民众进一步了解中国，以一种特有的方式展现了中国的软实力。"② 美国战略与国际研究中心报告《中国的软实力及其对美国的启示》指出，"中国形象的改善一定程度上得益于慈善事业。中国对也门等中东贫穷国家提供了大量的卫生医疗援助……这对中国十分有利，因为中东地区的民众将中国看作前途无量、不寻求以新殖民主义手段剥削该地区人民或资源的国家。言下之意就是，中东民众认为中国主要运用软实力而非硬实力推行其在该地区的政策。"③

总之，中国作为一个在中东地区存在广泛利益的负责任大国，应当从自身、地区及全球健康安全出发，积极参与中东地区的卫生治理，通过提供公共产品的方式，参与该地区卫生治理体系的构建建。

首先，以"共商、共建、共享"为治理理念。2015年10月，习近平主席在讲话中指出，随着全球性挑战的增多，加强全球治理、推进全球治理体制变革已是大势所趋，因此要推动全球治理理念的创新发展，弘扬"共商、共建、共享的全球治理理念"，④ 这是中国首次明确提出全球治理理念。"共商、共建、共享"的治理理念为中国政府部门、社会组织乃至个人等行为体多层次参与包括中东地区卫生治理在内的全球治理提供了指导性原则。

其次，以新安全观构建中东地区卫生治理体系。中国的安全观经历了从注重传统安全到综合安全，再到总体安全的变化过程，这与中国面临的内部和外部安全形势及威胁来源密切相关。2014年4月，习近平主席在国家安全委员会

---

① 习近平：《共同开创中阿关系的美好未来——在阿拉伯国家联盟总部的演讲》（2016年1月21日，开罗），载《人民日报》2016年1月22日，第3版。
② 李安山：《中国援外医疗队的历史、规模及其影响》，载《外交评论》2009年第1期，第37页。
③ Jon B. Alterman, "China's Soft Power in the Middle East," in Carola McGiffert, ed., *Chinese Soft Power and Its Implications for the United States: Competition and Cooperation in the Developing World*, CSIS, March 2009, pp.72, 75, https://csis-prod.s3.amazonaws.com/s3fs-public/legacy_files/files/media/csis/pubs/090403_mcgiffert_chinesesoftpower_web.pdf，登录时间：2016年5月10日。
④ 刘斐、王建华：《中国首次明确提出全球治理理念》，新华网，http://news.xinhuanet.com/politics/2015-10/14/c_1116824064.htm，登录时间：2016年5月10日。

首次会议上指出,"当前中国国家安全内涵和外延比历史上任何时候都要丰富,时空领域比历史上任何时候都要宽广,内外因素比历史上任何时候都要复杂,必须坚持总体国家安全观,以人民安全为宗旨","贯彻落实总体国家安全观,必须既重视国土安全,又重视国民安全,坚持以民为本、以人为本;既重视传统安全,又重视非传统安全;既重视自身安全,又重视共同安全,打造命运共同体,推动各方朝着互利互惠、共同安全的目标相向而行。"① "总体安全观"的提出从侧面反映出安全属性的质变。叶自成教授认为,"所谓国家总体安全,就是把国家安全视为一个超巨复杂的体系,在总体安全体系中,每一个领域的具体的安全,虽然各有侧重点,但首先都必然和必须与其他领域的安全密切相关相联,互不可分;任何时候都不能孤立地片面地理解国家安全的问题。"② 从这个视角看,个体健康安全和外部卫生安全都是总体安全体系中的重要组成部分,人类历史也证明了这种关联性。帮助中东地区治理卫生问题,降低公共卫生危机的输入风险,是践行新安全观的应有之义。

第三,坚持"义利兼顾"原则。中国传统思想与文化中的"义利之辨"已经存在了数千年,孔子的"义利对立论"③、墨子的"义利一致论"④、孟子的"先义后利论"⑤以及荀子的"先利后义论"⑥都反映出世人在道义与利益之间抉择过程的复杂性。新中国成立后的很长一段时期内,中国受政治斗争、意识形态等因素影响,在自身能力远远不足的情况下,非理性地承担了过度的国际道义,给国家带来了沉重的负担。历史教训告诉我们,承担国际道义的多寡取决于中国自身的发展阶段和国际角色定位。就中国参与中东地区卫生治理而言,一方面,中国须考虑到国内医疗资源比较紧张的现实,在此背景下中国向中东卫生治理体系投入太多资源,可能会引发内部过激的争论和民族主义情绪,反而会扰乱中国参与中东卫生治理的进程;另一方面,中国也要承担起大国的责任,弘扬国际道义精神,"坚持正确义利观,做到义利兼顾,要讲信义、

---

① 《习近平主持国安委首次会议阐述国家安全观》,新华网,http://news.xinhuanet.com/video/2014-04/16/c_126396289.htm,登录时间:2016年5月10日。
② 叶自成:《习近平总体安全观的中国意蕴》,人民网,http://world.people.com.cn/n/2014/0606/c1002-25114044.html,登录时间:2016年5月10日。
③ 《论语·里仁》曰:"君子喻于义,小人喻于利。"
④ 《墨子·经说上》曰:"义,利也。"
⑤ 《孟子·告子上》曰:"生,亦我所欲也;义,亦我所欲也。二者不能兼得,舍生而取义者也。"
⑥ 《荀子·荣辱》曰:"先义而后利者荣,先利而后义者辱。"

重情义、扬正义、树道义"[①]。因此，采取平衡的"义利观"，有利于中国可持续地参与中东地区的卫生治理。

（二）中国参与中东地区卫生治理的途径

首先，在世界卫生组织的框架内参与中东卫生治理。中国参与全球卫生治理越来越受到国际社会的重视和支持，《中国—世界卫生组织国家合作战略(2013—2015)》指出，几十年来，中国以派遣援外医疗队、捐赠医疗设备和药品、建设医院和其他卫生机构、培训卫生人员等形式，为发展中国家，尤其是非洲的发展中国家，提供资金和技术支持。近年来，这种合作拓展到了疟疾控制等疾病防控项目方面。中国还参与跨国合作，尤其是在共同应对卫生安全威胁方面。中国多次成为世卫组织执行委员会成员，是"全球抗击艾滋病、结核和疟疾基金"的创始成员和联合国艾滋病规划署项目协调委员会的成员。中国积极参加世界卫生大会中重大全球卫生事项的讨论和相关政策的制定。陈冯富珍博士是世界卫生大会选举出的首位来自中国的世卫总干事。2012年，中国缴纳的世卫组织核定会费为1,481万美元，成为世卫组织核定会费的第8大缴费国。2006—2012年，中国政府向世界卫生组织的自愿捐款达1,466万美元。此外，中国每年向联合国艾滋病规划署捐款10万美元(2012年增至15万美元)；向全球抗击艾滋病、结核和疟疾基金共计捐款2,500万美元。由此可见，中国为全球卫生工作做出的重要贡献。[②]

长期以来，中国为全球卫生治理体系提供了大量物质和非物质的公共产品，世界卫生组织高度肯定中国对全球卫生治理所作的贡献，并希望中国在全球卫生治理体系中发挥更重要的作用。2016年3月，中国国家卫生计生委与世卫组织在北京共同签署了《中国—世界卫生组织国家合作战略(2016—2020)》，报告第四章"中国—世界卫生组织合作议程"中设定了六大战略重点，其中一项是扩大中国对全球卫生的贡献，具体体现在六个方面：支持中国实施《国际卫生条例(2005)》，促进全球卫生事业发展；促进中国通过积极参与现有平台并创建新的平台，更深入地参与全球卫生议程等政策的制定；支持中国生产出可负担、高质量的卫生产品，为全球卫生做贡献；支持中国同其他发展中国家

[①] 胡军：《"习近平提'四义'点明中国外交'新含义'"》，中国共产党新闻网，http://cpc.people.com.cn/pinglun/n/2014/1201/c241220-26125799.html，登录时间：2016年5月11日。

[②] 《中国—世界卫生组织国家合作战略（2013—2015）》，世界卫生组织，2013年2月，第14—15页，http://www.who.int/countryfocus/cooperation_strategy/ccs_chn_zh.pdf?ua=1，登录时间：2015年8月1日。

分享国家卫生工作的经验和教训，并提供相关的技术支持，包括南南合作；支持中国向国际宣传卫生和非卫生部门卫生领导力和治理工作的重要性；支持中国全球卫生人才队伍建设。①

其次，依靠中国—阿拉伯国家合作论坛机制开展区域卫生治理。通过地区组织和多边平台开展卫生治理越来越受到国际社会的重视，有学者认为，全球卫生治理的下一阶段将加强区域性组织的力量，整合全球卫生倡议的成效，解决地区性问题，使健康成为区域一体化的目标。以美国为例，美国国务院、卫生与公众服务部、疾病控制与预防中心等政府部门和机构共同协作，注重通过地区组织开展区域卫生治理。②因此，中国在参与对中东地区卫生治理的过程中，应当重视借助地区组织的作用，尤其是在中阿合作论坛框架下，开展卫生治理的多边合作。中阿合作论坛自2004年成立至今，已形成了十余项集体合作机制，促进了中国与阿拉伯国家在政治、经济、社会、人文与卫生等领域的合作。近年来，中国和阿拉伯国家在卫生领域的合作意愿不断加深。2012年，中阿双方在第五届中阿合作论坛上签署了《中阿关于建立卫生合作机制的谅解备忘录》。2013年4月，首届中国—阿拉伯国家联盟卫生高官会议在北京举行，会议通过《中阿卫生高官会议联合声明》。声明提出，双方可以在包括传染病防控、传统医药合作、慢性非传染性疾病防控、医学教育和疫苗生产等一系列领域开展合作，确认将每两年召开一次中阿卫生高官会议。③2016年1月，中国政府发布《中国对阿拉伯国家政策文件》，《文件》提出中阿双方将"加强在传统和现代医学领域的交流与合作，重视防治传染性疾病和非传染性疾病防控等相关工作，特别是传染病疫情信息通报、监测等合作，推动双方专家互派互访。推动医疗机构间的合作，加强临床技术交流。继续派遣医疗队，不断提高服务水平"。④从历届中阿合作论坛发布的《部长级会议公报》与《行动执行计划》中可以发现，中国与阿拉伯国家在卫生治理的机制化建设、医学技术研究、传染病防控、医药贸易等方面取得了长足进步，呈现出机制化、多元化、多层次、全方位的合作格局，超越了派遣医疗队、援建医疗设施等传统医疗援助模式。

---

① 《中国—世卫组织国家合作战略（2016—2020）》，WPRO/2016/DPM/003，世界卫生组织，2016年3月，第19页，http://www.wpro.who.int/china/160321_ccs_chn.pdf，登录时间：2016年5月11日。
② David P. Fidler, "The Challenges of Global Health Governance," p.24.
③ 胡浩：《中阿发布卫生合作联合声明》，新华网，http://news.xinhuanet.com/world/2013-04/10/c_124559437.htm，登录时间：2015年6月7日。
④ 《中国对阿拉伯国家政策文件（全文）》（2016年1月），中国外交部网站，http://www.fmprc.gov.cn/web/zyxw/t1331327.shtml，登录时间：2016年5月12日。

这些合作机制的建立有利于中国更好地参与构建中东国家卫生治理体系。

再次，在"南南合作"的框架下向中东地区提供医疗卫生援助。"南南合作"始于20世纪50年代，核心要义是"发展中国家自己发起、组织和管理的，在双边、多边、地区和地区间等多个层次为促进共同的发展目标而开展的合作"。① 数十年来，中国始终坚持贯彻"南南合作"精神，尤其是不遗余力地推动中国与非洲地区的合作，广受国际社会好评，联合国秘书长潘基文评价中非合作是"南南合作"的最佳典范。2008年，中国以创始捐资国身份向世界银行"南南知识合作基金"捐款30万美元，并于2013年追加捐款100万美元。2014年，中国决定出资5,000万美元，在世界银行成立中国基金，促进中国和其他发展中国家的共同发展。2015年9月，中国国家主席习近平在联合国发展峰会上承诺，中国将设立"南南合作援助基金"，首期提供20亿美元，支持发展中国家落实2015年后发展议程；中国还将设立南南合作与发展学院，并向世界卫生组织提供200万美元的现汇援助。② 全球卫生资源的分布极不平衡，发展中国家缺医少药的局面至今未得到有效缓解，发展中国家民众获取健康的机会远远低于发达国家，单纯依赖发达国家的医疗援助又不现实。当前面临的融资问题是无法使富裕国家负责地向能力欠缺的国家提供大量的、稳定的医疗援助。发达国家甚至还没有履行在1975年作出的承诺，即把每年0.7%的国民总收入用于官方发展援助。三十多年后，发达国家的实际付出直到最近才上升至0.33%。③ 中国作为发展中国家，在"南南合作"框架下向中东地区提供医疗卫生援助，有助于全球卫生治理体系中树立威望和道义优势。

最后，在"一带一路"框架下推动中国与中东地区的卫生合作。2014年6月，习近平在中阿合作论坛第六届部长级会议上呼吁中阿共建"一带一路"，得到中东地区国家热烈回应。有学者指出，在与阿拉伯友人交谈时，发现他们对"一带一路"倡议怀有浓厚兴趣，表示欢迎"丝绸的逻辑"，因为他们已经厌倦了"铁与火的逻辑"。④ 埃及、沙特、伊朗等中东地区大国都已同中国签署了共建"一带一路"协议。2015年10月，中国国家卫计委发布《推进"一带一路"卫生交流合作三年实施方案(2015—2017)》，明确了推进"一带一路"

---

① 黄梅波、唐露萍：《南南合作与中国对外援助》，载《国际经济合作》2013年第5期，第66页。
② 习近平：《谋共同永续发展 做合作共赢伙伴——在联合国发展峰会上的讲话》。
③ Lawrence O. Gostin and Emily A. Mok, "Grand Challenges in Global Health Governance," *British Medical Bulletin*, Vol. 90, No. 1, 2009, p.15.
④ 薛庆国：《"一带一路"倡议在阿拉伯世界的传播：舆情、实践与建议》，载《西亚非洲》2015年第6期，第45页。

卫生交流合作的总体思路、战略目标、合作原则、重点合作领域、重点项目和活动。① 《推动共建丝绸之路经济带和21世纪海上丝绸之路的愿景与行动》文件提出，推进"一带一路"建设既是中国扩大和深化对外开放的需要，也是加强和亚欧非及世界各国互利合作的需要，中国愿意在力所能及的范围内承担更多责任义务。② 中国参与中东国家卫生治理，完全符合共建"一带一路"的政策理念和目标。

四、结论

几十年来，中国参与中东地区卫生治理的理念和路径均已发生较大转变。过去中国对西亚北非国家的卫生治理主要采用派遣医疗队、援建医院等传统医疗援助模式。如今，中国参与中东地区卫生治理的内涵和外延都在不断延伸。在内涵上，中国参与中东地区卫生治理基本上已摆脱"政治挂帅"和基于意识形态的国际人道主义援助；在外延上，卫生治理目的将人的健康置于首要位置，并以卫生治理促进双方在其他领域的互利合作。

在各类非传统安全威胁日益突出的当下，传统"点对点"的医疗援助模式已无法适应全球化时代中东地区公共卫生治理的新要求。如今，中国参与全球治理的愿望和能力比过去任何时候都强，在党中央领导下，中国以更加自信、更加主动的心态在全球治理中发挥了重要参与者、建设者和贡献者的作用。在全球治理议程上，中国正从规则接受者向制定者转变，从被动参与者向主动塑造者转变，从外围协商者向核心决策者转变。③ 这种转变，正在促使中国重新思考其与外部世界的关系和定位自身的国际角色。

当前，世界卫生组织、中阿合作论坛、"南南合作"、"一带一路"等框架和机制令中国参与中东地区卫生治理的路径日趋多元，地区国家对中国卫生治理理念的认知和接受度较以往也有大幅提升，这为中国与中东国家在其他领域开展合作奠定了坚实的社会民意基础。如今，中国与中东地区的卫生合作正在形成复合型的跨区域卫生治理模式与格局。卫生治理是"精细活"，中国应不

---

① 《国家卫生计生委关于推进"一带一路"卫生交流合作三年实施方（2015—2017）》，中国国家卫生和计划生育委员会网站，http://www.nhfpc.gov.cn/ewebeditor/uploadfile/2015/10/201510231619 15772.docx，登录时间：2016年1月9日。
② 参见《推动共建丝绸之路经济带和21世纪海上丝绸之路的愿景与行动》。
③ 《习近平全球治理十大成就》，中国日报，http://www.chinadaily.com.cn/interface/toutiaonew/53002523/2016-01-18/cd_23128427.html，登录时间：2016年5月11日。

断完善参与中东国家卫生治理的手段与内容。"一带一路"倡议的提出,为中国参与中东地区卫生治理提供了新的历史机遇,卫生治理与合作机制化和系统化,无疑将为深化其他领域的治理与合作奠定坚实的民意基础。

Abstract

Reports on Middle East Development (2016-2017) is aimed to analyze and evaluate the development of the situation in the Middle East region and major countries within through analysis on key topics and fields, so as to deepen studies on Middle East situation and China's Middle East policies.

The situation of the Middle East in 2016 continued the basic characteristics of intertwined transitions and turbulences that the regional situation has presented since the upheaval. On the one hand, the turbulence in this region has been deepening, expanding and spilling, which can be particularly proved by the diplomatic crisis between Saudi Arabia and Iran, the intensified game between the US and Russia, the attempted military coup in Turkey, terrorism attacks launched by the ISIS in Europe and the Middle East, the heating Kurdish problem, continued downturn of the oil price, and the sluggish transition of the Middle East countries. On the other hand, the Middle Eastern region, which has experienced long-term turbulence, has already shown a silver lining. From the regional level, in spite of growing intensified games among powers within and outside the region, consensuses on resolving regional hotspots, such as the Syrian problem, through political negotiations and jointly coping with terrorism and refugee crises have been enhanced. In 2016, China's Middle East diplomacy has made great achievements. The publishing of the China Arab Policy Paper, Chinese President Xi Jinping's visits to Saudi Arabia, Egypt and Iran, the successfully held 7th Ministerial Meeting of China-Arab Cooperation Forum, and joint building of the "One Belt One Road" have all significantly promoted the development of the relationship between China and the Middle East countries.

This report evaluates the annual situation of major countries in the Middle East. Generally, Middle Eastern countries can be divided into three groups: The first group is countries that have experienced turbulence and expected for stability, represented by Egypt. Although the overall situation in these countries has improved, the future of them is still unlikely to be promising in short term. They have initially accomplished the mission of national reconstruction; however, these countries still have not found a development path that is suitable for their own conditions. The second group is the countries that are still in turbulence, represented by Syria, Yemen, Libya and Iraq. Situation in these countries is volatile and national construction is stalled. The third group is other Middle East countries that face the pressure of transition. These countries try to resolve long existing problems through political and economic reforms, and enhance their capability in national governance as well. In 2016, countries in the first two groups are in stalemate with intertwined transitions and turbulences without any breakthrough. Countries facing the transition pressures have presented two notable characteristics: the first is that the Gulf Arab countries are actively promoting the transition of national economic development; the second is that attempted coup in Turkey has exposed its deep internal pressure. Viewing from the whole region, it has already been the common demands of regional countries and peoples to pursue stability, governance and development.

This report contains a special report on the Middle East extremism and terrorism, in which studies were carried out revolving the extremism ideology of the "Islamic State", the competition on ideology and leadership between Al-Qaeda and the "Islamic State", foreign armed forces in Syria civil war, development of Al-Qaeda in the Islamic Maghreb, as well as development and influence of extremism organizations in Yemen, aiming to comprehensively deepen the understandings on the ideology, organizational structures, branches and regional influence of extremism and terrorism.

The other special report, entitled China's participation in Middle East governance, highlighted the important constructive role of China in economic, security and social governance in the Middle East through analyzing the principles and practices of China's participation in the Middle East nuclear governance (Iran nuclear issue), economic governance, drug control, refugee crisis and health management and governance.

Key words: Middle East; West Asia; North Africa; Middle East polities; Middle East economy; Middle East security; Regional governance; Chinese diplomacy

Contents

***Part 1*: Middle East Regional Situation and China's Middle East Diplomacy**
General Evaluation on the Middle East Situation (LIU Zhongmin)

Abstract: The situation of the Middle East in 2016 continued the basis characteristic of intertwined transitions and turbulences that the regional situation has presented since the upheaval. On the one hand, the turbulence in this region has been deepening, expanding and spilling, which can be particularly proved by the diplomatic crisis between Saudi Arabia and Iran, the intensified game between the US and Russia, the attempted military coup in Turkey, terrorism attacks launched by the ISIS in Europe and the Middle East, the heating Kurdish problem, continued downturn of the oil price, and the sluggish transition of the Middle East countries. On the other hand, the Middle Eastern region, which has experienced long-term turbulence, has already shown a silver lining. From the regional level, in spite of growing intensified games among powers within and outside the region, consensuses on resolving regional hotspots, such as the Syrian problem, through political negotiations and jointly coping with terrorism and refugee crises have been enhanced. From the national level, although difficulties are still lying in the way of the transitions of the Middle Eastern countries, it has already been the common demands of regional countries and peoples to pursue stability, governance and development.

Key words: Middle East; Major-power competition; Regional pattern; Development and transitions

Situation in West Asia (BAO Chengzhang)

Abstract: In the year of 2016, characteristics of the region, fragile security, imbalance order and difficult transitions, have been highlighted. On political level, frequent crises, intensified conflicts and powers' competition have constituted the main theme of the situation in West Asia, which can be particularly proved by hotspots of the diplomatic crisis between Saudi Arabia and Iran, the Syria crisis and regional counter-terrorism activities. On economic level, impacted by weak recovery of global economy, continued downturn of oil prices and upgrade of regional conflicts, internal and external environment of the economic development in West Asia is worse compared with the previous year. Against such backdrop, West Asian countries, especially the Gulf Arab countries, successively carried out mid- and long-term development strategies aimed to adjust structures and promote development. On security level, turbulence in West Asia has deepened, internal differentiation in terrorism forces had been prominent, terrorism attacks have increased continuously and counter-terrorism has been growing difficult.

Key words: West Asia; Political situation; Economic situation; Security situation

Situation in North Africa (ZHAO Jun)

Abstract: The situation in North Arica in 2016 was relatively stable in general, without important event that could irrigate changes in regional pattern. Generally, North African countries continue to carry out difficult transitions like other Arab countries did after the upheaval. Politically, political negotiations among forces have become the consensus in Libya; Political reconstruction and integration in Egypt and Tunisia are carried out orderly; Politics reforms in Morocco have entered the crucial period with difficulties and contradictions; Potential crises are hidden in Algeria, Sudan and Mauritania's political stability. On security level, traditional and non-traditional security problems are intertwined, coupled with frequent happened domestic contradictions, the security situation in North Africa is still grim. Economically, impacted by low oil prices and security environment, low growth or even negative growth of the North African countries, high level of deficit rate, inflation rate and unemployment rate make it possible for the underdevelopment of the society in spite of seldom economic growth in several countries.

Key words: North Africa; Political situation; Economic situation; Security situation

China's Middle East Diplomacy (LIU Shengxiang, KE Yanting)

Abstract: China's Middle East diplomacy has made great achievements in 2016. On January 13th, the publishing of China's Arab Policy Paper has laid foundation for China's Middle East policy. On 19th to 23rd, President Xi Jinping's visits to Saudi Arabia, Egypt and Iran have promoted China's Middle East policy to a new level. On May 12th, the 7th Ministerial Meeting of the China-Arab Cooperation Forum was held successfully, which becomes a booster for the development of China-Arab relationship. In spite of the regional turbulence, China's cooperation with the Middle East in fields of politics, investment trade, social governance, security field and cultural exchange have been enhanced comprehensively, Sino-Arab strategic cooperation has been deepened, the "One Belt One Road" has been jointly build by China and Middle East countries, and the strategic docking of development between two sides have already been promoted. China continues to promote the resolving of the hotspots in this region through political negotiations. China has already become the strategic stabilizer in this region, and played its role as a responsible power.

Key words: China's Middle East diplomacy; Political mutual trust; Economic cooperation; Cultural exchange

Part 2: **Reports on Major Countries in the Middle East**
Politics, Economy and Foreign Relations of Saudi Arabia (DING Jun)

Abstract: In 2016, Saudi Arabia faces multiple crises and challenges internally and externally. Politically, since King Salman got the throne in 2015, Saudi Arabia reorganized the government, replaced many officials, and completed personnel changes relative smoothly. However, competitions among factions in the royal family still exist. The crises are hiding in the stability of the regimes, contradictions are prominent among ethnics and sects in local areas, and the threats of terrorism are growing intensified, which all undermine national security situation. Economically, continued downturn of international oil prices put great pressure on Saudi economy which has long relied on energy revenues. The gap between the rich and the poor increased and unemployment rate maintained on a high level. The royal family has proposed the "2030 version" in April 2016, trying to comprehensively adjust economic structures. However, the version is too general to produce significant results in short term. Diplomatically, due to the continuous turbulence in neighboring areas, especially because of the worsening of its relationship with its neighbor Iran, coupled with its deep involvement in Yemen and Syria crisis, Saudi Arabia's ambition of a regional power in the Middle East becomes frustrated. Also, its relationship with its traditional ally, the US, is increasingly alienated. In 2016, the highlight of Saudi diplomacy is the increasing prominent of the tendency of its "Look East" policy, which can be especially proved by its growing stronger will in deepening cooperation with China.

Key words: Saudi Arabia; Political situation; Economic situation; Foreign relations

Politics, Economy and Foreign Relations of Five Gulf Arab Countries (YU Yong)

Abstract: In 2016, continued downturn of the international oil prices affects the political and economic development of five Gulf Countries — the UAE, Oman, Bahrain, Qatar and Kuwait. Changing situation within and outside the region stimulates them to accelerate steps in reforms. Politically, these five countries have all put more efforts in reforms, focusing on maintaining social stability through improving people's livelihood. Economically, five countries have increased the non-oil revenue to increase national income and contain inflation. Diplomatically, these countries basically follow Saudi Arabia, which plays a dominant role in GCC, to maintain the overall situation of GCC's foreign relationships. In the past year, five Gulf countries have achieved stage results in their transitions, while the future development of them still face many potential difficulties.

Key words: Gulf countries; Political situation; Economic situation; Foreign relations

Politics, Economy and Foreign Relations of Egypt (LI Yi)

In 2016, politically, initial success has already been achieved in Egyptian transition. Egypt has gradually accomplished its mission of political reconstruction and the nation has recovered normal operation. However, the security situation in this country remains not optimistic, especially in the background of many terrorism attacks made by the Sinai branch of "Islamic State" and the expanding of this organization. Against the crackdown of the Sisi government, the development trend of the Sinai branch of "Islamic State" has been contained. Economically, national economy of Egypt faces difficult and many people are living in poverty. Egyptian government has carried out new policies including the free exchange rate policy of the Egyptian pounds, which has made initial achievements. Diplomatically, foreign relationship of Egypt in 2016 still continues Sisi's pragmatic policies. With the aims to achieve economic recovery, improve counter-terrorism cooperation and expand its influence, the government has taken moderate and diversified diplomacies, trying to reshape Egyptian image as an Arab power.

Key words: Egypt; Political situation; Economic situation; Foreign relations

Politics, Economy and Foreign Relations of Iran (ZHANG Liming)

Abstract: The year 2016 marks the first year that Iran could enjoy the bonus of the lifting of the sanctions, which is reflected by the positive changes of Iran's internal affairs and foreign diplomacy. Politically, the conservatives led by religious leader Khamenei still firmly control the political situation of Iran. Political pattern of the political parties and sects have been reorganized, forming two camps which support and oppose the Ruhhani government respectively. During the 10th parliamentary elections and the 5th assembly of experts election, alliance of moderates and reformists supporting the government gained seats that could content with the conservatives, and the hardline conservative members were out. Economically, with the implementation of the Iranian nuclear agreement, international communities lifted the sanctions against Iran in field of oil and gas, finance and insurance, and unfroze part of Iranian assets. Iran has been back to the international economic system. In 2016, the situation of Iran's macroeconomics has improved a lot, import and export trade have grown significantly, investment inviting of the country has also made progress. Diplomatically, although the diplomatic crisis between Iran and Saudi Arabia has seriously impacted the relationship between Iran and Gulf countries, however, overall speaking, the year 2016 could be marked as a harvest year of Iranian diplomacy, the regional and international influence of this country has been further promoted. The relationship between Iran and powers, including the EU, Russia and China, has been continuously deepened, while the US-Iranian relationship has not changed substantively. The taking office of the Trump administration add further uncertainties to the relationship between the US and Iran.

Key words: Iran; Political situation; Economic situation; Foreign relations

Politics, Economy and Foreign Relations of Turkey (ZOU Zhiqiang)

Abstract: In 2016, internal and external situation of Turkey has experienced significant changes. Political centralization has been increasingly prominent, frequent terrorism attacks have led to the worsening of security situation, the development trend of stalled and weak economy has been difficult to reverse, and pragmatic diplomatic policies have not greatly improved its diplomatic dilemma. Politically, strongman positon of President Erdogan has become even more consolidated, and the presidential constitutional reform has been accelerated. The attempted coup has seriously affected the internal political pattern. Large-scale cleaning and suppressing the "Gülen movement" led to the intensification of the turbulence and added pressure for maintaining domestic stability. Economically, Turkish weak economy has not significant improved, which not only obstructed the rise of the country, but also expanded the gap between the ambition and capability of its diplomacy. Diplomatically, the gap between Turkey and the EU has been expanded, and the Turkish-EU relationship is quite subtle. Contradictions often take place between the US and Turkey, which makes the bilateral relationship somehow lukewarm. Turkish relationship with Russia has eased, the two have deepened pragmatic cooperation. Also, Turkey's interaction with regional powers Iran and Israel has increased, and its participation in Middle East affairs has also become growing appropriate. Fighting against Kurdish separatist forces becomes the top priority of Turkey's regional policy.

Key words: Turkey; Political situation; Economic situation; Foreign relations

Politics, Economy and Foreign Relations of Israel (NIU Song, ZHANG Xuan)

Abstract: Overall speaking, the internal affairs and diplomacy of Israel in 2016 is relatively stable, while international pressure on this country has increased at the end of this year. Politically, in 2015 elections, Likud-led coalition took office with a slim advantage. In 2016, it continues its previous policy to a large extent. However, the differentiation in the rightist forces in Israel becomes more prominent. Economically, Israeli economy has maintained its momentum of strong growth, and the downturn trend has been improved. From the security perspective, overall situation of Israeli security has greatly improved. The number of terrorism attacks has decreased, and the spillover of the regional wars in areas such as Syria has not seriously affected Israel. Diplomatically, the relationships between Israel and countries including the US and Turkey have made progress. However, at the end of 2016, UN Security Council has made the agreement on Jewish settlement, which caused dissatisfaction from the Israeli side. Sino-Israeli relationship has been growing close in 2016. The two sides launched Free Trade Zone negotiations, and sighed many cooperative agreements.

Key words: Israel; Political situation; Economic situation; Foreign relations

Politics, Economy and Foreign Relations of Algeria (SHU Meng)

Abstract: The overall situation of Algeria in 2016 was stable, while difficulties still exist in its development. Politically, due to the deterioration of the economic environment, intervention from the military forces, frequent happened protests, unstable health status of the president, uncertainties have risen in Algerian politics. Economically, although the economic situation of Algeria has improved compared with the previous year, it is still too early to be optimistic. Currency devaluation, increased deficit, pressure of inflation, heavily dependence on energy export, problematic investment environment, lack of regional economic cooperation, ineffective governmental measures, all brew risks for economic crises. On security level, Algeria faces triple security challenges of complex regional situation, tension of its relationship with Morocco and the threat from terrorism. Berbers' pursuit for interdependence has also affected the situation of the country. Diplomatically, Algeria tries to expand its regional influence with terrorism as the vital point, and attaches more importance in North African and Sub-Saharan regional affairs.

Key words: Algeria; Political situation; Economic situation; Foreign relations

Politics, Economy and Foreign Relations of Sudan (MIN Jie)

Abstract: In 2016, political reconciliation has not made important achievement. Opposition forces were still active in areas including Darfur region, South Kordofan State and Blue Nile State, and homeless people has increased further. Economically, dilemma of Sudanese economy has not improved. In spite of government's emphasis, development of non-oil sectors has not produced any significant effect. Diplomatically, the relationship between Sudan and South Sudan has not significantly improved. Sudan continues to deepen its friendship with the important countries in Arab world and African areas. The relationship between Sudan and the US has also gradually improved, and it has received more international aids compared with the previous. The bilateral relationship between China and Sudan has developed steadily. There's broad prospect for Sudan in building the "One Belt One Road".

Key words: Sudan; Political situation; Economic situation; Foreign relations

Part 3: **Special Reports on Middle East from Ambassadors**
Evaluation and Preview of Egyptian Internal and External Affairs during the Sisi Administration (YANG Fuchang)

Abstract: Since the taking office of Sisi, Egyptian government makes the maintaining stability and economic development as its top proprieties, while views the democratic construction as a long-lasting process. Most people in Egypt call for stability and support Sisi government to maintain social stability and develop economy. In such circumstances, large-scale turbulence in political situation is unlikely to be taken place in Egypt. Although Egyptian economy has developed somehow, it is still fragile on the other side to a certain extent, due to the lack of funds and technology, heavy debt and dependence on foreign funds, low-level degree of industrialization and self-hematopoietic ability. Diplomatically, Sisi government has committed to adjust its foreign relationships. The Egypt's relationship with the Gulf countries and Western countries have improved, but its regional influence cannot recover to the previous level in short term. In short, Egypt has made progress since the taking office of Sisi, however, difficulties still stand in the way of the development of this country. The speed of economic development is not quick enough to meet the demand of the people to improve their livelihood. Therefore, pursuits for stability and development have become the core task for the Egyptian government in quite a long period of time.

Key words: Egypt, Political situation; Economic situation; Foreign relations

China—Active Participant in Middle East Regional Governance (LI Chengwen)
Abstract: The Middle East governance is an important part of global

governance. In UN multilateral governance mechanism, the Middle East topics, such as hotspot conflicts, terrorism and refugee crisis, are the most involved. Common demands of the countries and people in the Middle East are the strong driving force of the Middle East governance. History has repeatedly shown that development cannot be achieved without peace, and prosperity is impossible without stability. Based on such principles, as a permanent member of the UN Security Council and a responsible power, China has been active in participating in Middle East governance. With the pursuit for regional peace, stability and development as the starting point and footholds of its policy, China has developed the governance philosophy and practices with Chinese characteristics.

Key words: Middle East; Regional governance; Peace, stability and development

Part 4: Middle East Extremism and Terrorism
Extremist Ideologies of the "Islamic State" (LIU Zhongmin, YU Haijie)

Abstract: Since the Middle East upheaval, the "Islamic State" (IS) rose abruptly by making use of the turbulence in Syria and Iraq, and has become the most radical and the most extremist terrorism force surpassing the Al-Qaeda. Ideologically, IS inherits and develops all kinds of extremism in history, and is profoundly affected by Jihadist Salafism. There are many ideological similarities between the IS and Al-Qaeda, but ideologies of IS are more radical and more extremist than that of the Al-Qaeda. The ideologies of the IS include four points: insisting on the purpose of constructing so-called Caliphate; emphasizing the sectarian differences between the Sunni and the Shia, and inciting sectarian conflicts and hatreds; laying stress on the radical principle of hereticization (Takfir); underlining the importance of Offensive Jihad and putting it into practice. Contorting and misusing the central values of Islam, the extremist ideologies of IS are not only huge threats to the peace and security of the Middle East and the whole world, but also harmful to the image of Islam.

Key Words: Extremism; The "Islamic State"; Ideology

Jihadi-Salafi Rebellion and its Crisis of Authority (Haim Malka)

Abstract: Jihadi-Salafists are a part of Salafist movement with the prominent feature of insisting on establishing Caliphate State with the implementation of Islamic Law (Sharia) through violent Jihad. The Hanbali School of Jurisprudence in the medieval, Wahhabism in modern times, and Sayyid Qutb's religious extremism are ideological resources of Jihadi-Salafism. In the decade between the September 11 attacks and the emergence of the "Islamic State" (ISIS), Al-Qaeda had been the center of global Salafist movement. With the rise of the ISIS, the differences and conflicts between Al-Qaeda and the ISIS led to severe division of Jihadi-Salafist. This division is reshaping the Jihadi-Salafist landscape, and it has widespread implications for the future Jihadi-Salafi tactics, strategies and priorities. The schism splitting the Jihadi-Salafi community is unlikely to be resolved in any conclusive way. Instead, for the foreseeable future, Jihadi-Salafists will be forced to choose sides on Al-Qaeda or the ISIS in an increasingly polarized struggle, which would define the movement for the next generation.

Key Words: Jihadi-Salafism; Al-Qaeda; "Islamic State"; Crisis of authority

Studies on Armed Personnel with Foreign Nationalities in Syrian Civil War (WANG Bo)

Abstract: Since the outbreak of the civil war in Syria, more than 20,000 armed personnel with foreign nationalities from many countries joined the war. Viewing from its realistic impacts, the joining of foreign armed men not only worsened the conflicts in the protracted civil war, but also promoted the expanding of the radical organizations emerged in the war. Viewed from the potential threats, these armed men with foreign nationalities, who received extremism thoughts and experienced violence during the Syrian civil war, will become potential terrorist threats after their return, which could be proved by large-scale terrorism attacks in countries such as France in 2015 and 2016. However, relative countries' precautionary measures toward these threats remain in vain.

Key Words: Syrian civil war; Foreign armed personnel; Terrorist threat; Extremism

An Analysis of the Background, Characteristics and Influences of AQIM (WANG Tao, CAO Fengyu)

Abstract: The establishment of Al-Qaeda in the Islamic Maghreb (AQIM) has deep relation with the power struggle between the religious and the secular people, the economic development dilemma and the huge income gap between the rich and the poor in Algeria, and the change of international situation. From Groupe Islamique Armé (GIA), Groupe Salafiste pour la Prédication et le Combat (GSPC) to AQIM, it devotes itself to the jihad in and out of Algeria. It also tries to find a balance between the independence and dependence on external resources, and between the centralization and decentralization of power inside the organization. AQIM remains mainly as an Algerian-led terrorist organization, but tries to conscript locally. The goal of its actions become mixed with both political and economic purposes. The activities of AQIM bring huge casualties and property losses to Western and Northern Africa. It influences the geopolitics, geo-economy and geo-culture of these areas, and its negative impacts will expand.

Key Words: Islamic extremist group; AQIM; Algeria; Sahel; The terrorism arc of instability

The Evolution, Causes and Impact of Extremist Organizations in Yemen (LIU Zhongmin, REN Hua)

Abstract: Since the September 11 attacks, extremism organizations have developed rapidly in Yemen, making this country an emerging hotbed for extremist organizations. Two main extremist organizations, branches of which can be traced to Al-Qaeda and the "Islamic State" respectively, have formed. The development of extremist organizations in Yemen can be summarized for three reasons as follows: Viewing from the domestic perspective, long-term turbulence, chaotic political parties, expanding tribal forces, failure of the development of economics and society, coupled with the prevailing of the tribal culture of violence, have all contributed to the expanding of extremist organizations. Viewing from the outside, long-term instability in surrounding areas, lack of efforts in counter-terrorism alliance led by the US and utilitarian counter-terrorism methods are all standing in the way of containing extremist organizations in Yemen. Viewing from the extremist organizations themselves, the change of the policies of extremist organizations including Al-Qaeda has improved their survivability. The competition for leadership between the "Islamic State" and Al-Qaeda has further stimulated the development of extremist organizations in Yemen. The development of extremist organization there has not only challenged the political legitimacy of Yemeni regime, but also worsened economic and social situation and intensified political confrontation and sectarian conflicts. Counter-terrorism situation in Yemen has become even more complex and regional security situation has been seriously impacted.

Key Words: Yemen; Extremist organization; Al-Qaeda; "Islamic State"

Part 5: China's Participation in Middle East Regional Governance

China's Participation in Governance of the Iranian Nuclear Issue (SUN Degang, ZHANG Yuyou)

Abstract: China has been actively participating in the governance of nuclear proliferation, particularly aiming to deal with the Iranian nuclear issue, by which it can lay a strong foundation for constructing a new pattern of relationship between great powers and the participation in the regional governance. This paper mainly probes the theory and practice of Chinese participation in the nuclear proliferation governance in the contemporary Middle East, including the dynamics, approaches and institutions, with Chinese performance at the Iranian nuclear negotiation as a case study. This preliminary study finds that China in a new era, in an approach of multilateral mediation diplomacy, has four important dynamics of participation in the governance of the Middle East nuclear proliferation: energy interests, image building, strategic interests and the defense of the principle of sovereignty. China's efforts are made through multilateral mechanisms, IAEA and P5+1, and bilateral mechanisms which are China-US Strategic and Economic Dialogue and China-Russia strategic security consultation.

Key words: China; Middle East; Nuclear proliferation governance; Middle East governance; Iran nuclear problem

China's Participation in Governance on Drug Control of the Middle East (YU Yong)

Abstract: Intertwined drug problem and the complexities of the regional situation in the Middle East constitute the particularities of the drug control in this region. Difficulties in the governance on drug problem in Afghanistan is an epitome of such particularities. China has been committed to participate in drug control governance in the Middle East. It carries out multilateral or bilateral activities to fight against drug crimes through cooperating with the UN, regional organizations and regional countries. At the same time, China also tries to contain the negative influence brought out by drug crimes in drug production processes of cultivation, production, transportation and use. China has put great efforts in participating in the Middle East drug control governance and gained substantial effects. However, since the regional environment of the Middle East has not fundamentally improved, China's efforts are still long required.

Key words: China; Middle East; Drug control; Afghanistan

China's Participation in the Middle East Refugee Governance (XING Xinyu)

Abstract: The refugee issue is a long-standing complex problem in the Middle East, which affects regional stability and security. Main concern of Western countries lies on the financial and physical assistance to refugees, while Chinese focuses more on deeply root causes of the problem. Hence, China highlights the strengthening of the political stability and economic development, so as to solve the problem from the root. In participation in the Middle East refugee governance, China has kept balance between interests and responsibility, wiliness and capability, tactics and strategy, domestic and international demands, and between short-term and long-term measures. Within its capacity, China offered refugees economic and material assistance, attending bilateral and multi-lateral dialogues on refugee issues, which is conducive to fostering China's image as a responsible power and facilitating China's overall diplomacy toward the Middle East.

Key Words: Refugee; Governance; China's Middle East diplomacy; Syrian refugees

Global Economic Governance Cooperation between China and Islamic Powers (ZOU Zhiqiang)

Abstract: "The Belt and Road" Initiative is of rich significance of global economic governance. Islamic powers are strategic pivots of the "Belt and Road" and crucial partners for China to participate in economic governance in countries and regions along it, as well as emerging strategic support for China to participate in global economic governance in the new era. China and Islamic powers have solid foundation of cooperation at mutual relationships, convergence of interests and cooperation mechanisms. China should take Islamic powers as important partners in the process of improving global economic governance, establish new cooperation mechanisms and improve cooperation level on "One Area, Three Levels and Eight Aspects". Under the framework of the "Belt and Road", regional economic governance along the Road should be the focus of China and Islamic powers, and topics including energy, trade, infrastructure and development should be the breakthrough, so as to improve the effectiveness of governance based on new-type partnership and gradual practices.

Key Words: "The Belt and Road"; Global economic governance; Islamic powers; China

China's Participation in Public Health Governance of the Middle East (WEN Shaobiao)

Abstract: It has been over half a century since the first time China offered medical assistance to Greater Middle East area, which enhanced local people's understanding of China. However, China could not completely cope with public health crises in the era of globalization as the traditional Chinese medical assistance model is point-to-point and policy-oriented over decades. The ongoing international interaction of global health and its impact on non-traditional security shapes China's involvement in health cooperative governance of regional and global levels, especially with the developing movement of the "Belt and Road Initiative", highlighting the problems hidden from China's health governance in the Middle East. Therefore, it is highly necessary to incorporate the cooperation between China and Middle East into the framework of global governance, theoretically or practically. The goal of this analysis is to lead China to get involved into health governance of different levels with new methods in the new era.

Key Words: Global governance; Pubic health governance; Medical assistance; China's Middle East diplomacy; National image

图书在版编目（CIP）数据

中东地区发展报告.2016—2017 / 刘中民主编.—北京：世界知识出版社，2017.8
ISBN 978-7-5012-5571-9

Ⅰ.①中… Ⅱ.①刘… Ⅲ.①经济发展—研究报告—中东—2016-2017②政治—研究报告—中东—2016-2017 Ⅳ.①F137.04 ②D737

中国版本图书馆CIP数据核字（2017）第211306号

书　名	中东地区发展报告（2016—2017） Zhongdong Diqu Fazhan Baogao (2016—2017)
作　者	刘中民　孙德刚 / 主编
责任编辑	贾如梅
责任出版	赵　玥
出版发行	世界知识出版社
地址邮编	北京市东城区干面胡同51号（100010）
网　址	www.ishizhi.cn
电　话	010-65265923（发行）　010-85119023（邮购）
经　销	新华书店
印　刷	北京朝阳印刷厂有限责任公司
开本印张	720×1020毫米　1/16　23¼印张
字　数	468千字
版次印次	2017年11月第一版　2017年11月第一次印刷
标准书号	ISBN 978-7-5012-5571-9
定　价	78.80元

版权所有　侵权必究